本书成果受如下项目资助

国家自然科学基金青年项目："适宜性产业集聚视角下的人口城镇化空间推进机制研究"（项目编号：71603124）

江苏省自然科学基金青年项目："产业集聚驱动人口城镇化区际协同发展的空间机制研究"（项目编号：BK20161054）

适宜性产业集聚与人口城镇化协同发展研究

Research on the Suitable Industrial Agglomeration and Synergetic Development of Population Urbanization

中国财经出版传媒集团
经济科学出版社
Economic Science Press

图书在版编目（CIP）数据

适宜性产业集聚与人口城镇化协同发展研究/韩峰著.
—北京：经济科学出版社，2020.5
ISBN 978-7-5218-1429-3

Ⅰ.①适… Ⅱ.①韩… Ⅲ.①产业集群-关系-人口-城市化-协调发展-研究-中国 Ⅳ.①F269.23 ②C924.24

中国版本图书馆CIP数据核字（2020）第056236号

责任编辑：孙怡虹 赵 岩
责任校对：杨 海
责任印制：李 鹏 范 艳

适宜性产业集聚与人口城镇化协同发展研究

韩 峰 著

经济科学出版社出版、发行 新华书店经销

社址：北京市海淀区阜成路甲28号 邮编：100142

总编部电话：010-88191217 发行部电话：010-88191522

网址：www.esp.com.cn

电子邮件：esp@esp.com.cn

天猫网店：经济科学出版社旗舰店

网址：http://jjkxcbs.tmall.com

北京季蜂印刷有限公司印装

710×1000 16开 19.5印张 330000字

2020年5月第1版 2020年5月第1次印刷

ISBN 978-7-5218-1429-3 定价：75.00元

（图书出现印装问题，本社负责调换。电话：010-88191510）

谨以此书献给我敬爱的恩师柯善咨教授以及我的家人、学生、朋友和所有关心我的人！

前　言

党的十九大报告中指出，要以城市群为主体形态构建大中小城市和小城镇协调发展的城镇格局，加快农业转移人口市民化。这昭示着政府依托高质量产业集群推进人口城镇化协同发展的强烈愿景。然而，我国各地区人口城镇化发展中依然面临着地方政府过度干预、地方保护主义和市场分割不断加深、产业布局过早分散、产业结构同质化等诸多不平衡、不协调和不可持续的突出问题。这些问题的解决，关键在于正确识别我国不同地区和城市之间的空间作用机制，根据各地区不同类型的空间集聚优势因地制宜地合理安排经济活动布局，促进重点与统筹发展相结合，实现城镇化在空间上的协同共进和互利共赢。但是，目前对于地区之间人口城镇化的空间互动内容和有效作用方式、空间集聚优势的识别和测度方法、产业集聚在各地区的适宜性等方面的研究，现存文献仍不够全面、深入或完全缺失。本书正是为弥补这些不足或缺失而作的努力。

本书基于适宜性产业集聚视角，从集聚经济产生的具体机制入手，在比较优势理论、集聚经济理论、新经济地理理论、城市空间一般均衡理论和财政俱乐部理论基础上，构建产业集聚推进人口城镇化协同推进的空间分析框架。以此研究人口城镇化推进过程中：(1) 区域综合集聚优势的协同作用；(2) 市场化机制的主导作用；(3) 集聚外部性和便利外部性的协同效应。实证分析中，运用系统广义矩模型GMM、空间滞后解释变量模型和微观计量模型研究要素和市场空间外部性对人口城镇化的推进作用；利用空间杜宾模型和空间滞后解释变量模型探讨集聚外部性和拥挤效应对人口城镇化的空间互动作用；利用系统GMM模型和空间滞后解释变量模型研究人口城镇化中的市场主导机制；利用空间杜宾模型和空间滞后解释变量模型探讨集聚外部性和便利外部性对城市规模扩张、进而人口城镇化的协同作用。

通过系统的理论和实证研究，本书主要得到了以下主要结论：(1) 国际和国内市场潜力均显著推进了人口城镇化，而政府的过度干预却削弱了市场潜力的人口城镇化效应；国际、国内市场潜力及技术进步均有助于城镇化推进，且技术进步的作用效果更为明显。(2) 伴随产业集聚水平不断提高，城市道路交通密度与当地及周边地区人口城镇化均存在先增后降的倒“U”型关系，且拥挤效应已经在我国大多城市中显现。(3) 专业化集聚和多样化集聚均有助于提高本市人口规模，但对周边城市却产生了负向空间外溢效应，且专业化集聚的作用效果更为明显；公共服务供给不仅对本市和周边城市人口规模扩大起到显著促进作用，而且能够在城市人口增长中与产业集聚形成协同效应和相互强化效应。(4) 产业集聚模式越符合当地优势条件，其集聚效应和空间外溢效应发挥得就越充分。其中，专业化集聚主要基于第一自然集聚优势、专业化劳动力蓄水池效应和制造业中间投入的空间共享机制而发挥作用，而多样化集聚则主要基于中间服务的空间共享机制和空间技术外溢效应而产生影响。(5) 在适宜性产业集聚和公共服务供给的双重作用下，我国多数Ⅰ型及以上大城市的拥挤效应得到明显缓解，依然具有很强的人口吸纳能力；Ⅱ型大城市和中小城市的产业集聚模式与城市规模特征更为匹配，有助于扭转结构错配、持续推进人口城镇化。(6) 充分且均衡的城市就业是人口城镇化推进的根本保障，城市产品市场潜力和厚的劳动力市场在推进城市就业增长中存在协同效应；二者不仅在城市层面提高了城市非农就业规模，而且也提高了微观劳动者个体的非农产业就业概率。

基于理论和实证研究结论，本书进一步从如何促进各地区发挥综合区域优势因地制宜推进人口城镇化、如何加强区间经济联系与合作以实现人口城镇化协同推进、如何优化地方政府治理和服务功能构建人口城镇化协同推进的制度环境和政策保障以及如何利用国际国内两个市场两种资源推进人口城镇化四个方面提出了依托空间集聚优势推进人口城镇化协同发展的政策方案。

与现有研究相比，本书有望在以下三个方面对现有研究做出重要创新性贡献。首先，在理论框架方面，综合传统比较优势理论、集聚外部性理论、新经济地理理论、城市空间一般均衡理论和财政俱乐部理论构建城镇化推进的空间分析框架和理论模型，弥补了现有研究中单一理论分析的片面性。以往研究多数从传统比较优势或集聚优势单方面研究城镇化推进机制，本书基于适宜性产业集聚视角，提出构建城镇化空间机制的“四个结合”，即要素供给外部性与市场需求外部性相结合、市场主导与政府参与相结合、集聚经济与拥挤效应相结合、集聚外部性和便利外部性相结合。从而将本质上具有互补性的传统比较优势理论、集聚外部性理论、新经济地理理论和财政俱乐部理论统一于同一空间分析框架，从空间角度研究城镇化动力机制。在此基础上本书从推动城镇化的根本动因入手、结合空间因素，从地区自身及区域一体化方面提出推进城镇化，尤其是促进城镇化区间协调发展的系统方案。其次，本书以“要素与市场的空间外部性—城市适宜性产业集聚—人口城镇化”为主线，基于适宜性产业集聚视角、从供给和需求两个方面识别城镇化的空间协同推进机制，具有研究视角的创新性。人口城镇化与经济城镇化相辅相成，人口城镇化根本动力在于经济城镇化。以往研究简单陈述人口城镇化的实现过程，忽视了人口城镇化过程中的产业基础和根本动力。本书在比较优势理论、集聚经济理论、新经济地理理论和财政俱乐部理论基础上，从要素供给和市场需求两个方面识别城镇化推动的四大核心空间驱动力，即供给方面的传统比较优势和要素集聚外部性、需求方面的市场空间外部性和便利外部性，论证传统比较优势、要素集聚外部性等要素供给推动和便利外部性、市场外部性（市场的空间关联）的需求拉动共同作用下的城镇化推进过程。最后，本书把空间视为地区静态和动态优势的主要来源，结合潜力模型构建要素供给外部性、市场需求的空间外部性和便利外部性指标，从而实现了城镇化空间协同推进机制的指标化和量化。以往研究仅关注城市本身对人口转移的吸引力，忽视了其他城市的集聚效应和便利设施的影响。本书根据城镇化推进的四大核心空间驱动机制，分别构建相应的度量指标，力求将其指数化。一是根据集聚经济三个微观机制构建“要素供给空间外部性”的度量指标—空间中专业化劳动力资源的可得性、中间投入可得性、空间技术外溢，从而将传统地域化的集聚机制扩展到更大空间；二是根据新经济地理模型中市场潜力的思路，构建国际、国内“市场需求空间外部性”的度量指标；三是“传统比较优势”的度量指标：依据赫克歇尔—俄林的要素禀赋理论，采用各地区制造业生产中消耗的自然资源、能源资源及农业原材料等指标来综合反映各地区比较优势差异；四是“便利外部性”的度量指标：从教育类公共服务、医疗卫生类公共服务、能源资源基础设施类公共服务、交通运输类公共服务、环境保护类公共服务等方面构建反映城市公共服务供给状况的指标体系，衡量城市便利化水平。

总之，本书是对“工业化驱动城镇化”理论分析的进一补充和拓展，不仅为中国依托工业化和产业集聚持续推进人口城镇化提供了崭新的分析框架，而且也为实践中有效发挥各地区集聚优势，实现各地区人口城镇化协同推进提供了理论支撑和现实依据。

目　　录

第一章 绪 论

一、研究背景和意义

城镇化是最大的内需潜力和发展动能所在，是现代化的必由之路。关于如何有效推进人口城镇化，十八届三中全会、五中全会报告及《国家新型城镇化规划（2014—2020 年）》均提出了“坚持走中国特色新型城镇化道路，推动工业化和城镇化良性互动，促进城镇发展与产业支撑、就业转移与人口集聚相统一”的要求。党的十九大报告中也指出，要以城市群为主体构建大中小城市和小城镇协调发展的城镇格局，加快农业转移人口市民化。这昭示着政府依托高质量产业集群推进人口城镇化协同发展的强烈愿景。然而，从总体上来看，目前我国城镇化发展却依然面临诸多问题。首先，目前的城镇化水平依然是滞后的（简新华和黄锟，2010；刘瑞明和石磊，2015）。这不仅表现在滞后于国外同等发展水平国家或相同发展阶段的城镇化水平，而且滞后于国内经济发展水平、工业化或非农化进程（Henderson，2009；周其仁，2012）。2017 年中国城镇化率已到达 58. 52%，按户籍人口算仅为 42. 35% 左右，明显低于发达国家 80% 和同等发展阶段国家平均 60% 左右的城镇化水平。[①] 其次，各地区人口城镇化发展不均衡。2017 年占国土面积 11% 的东部地区常住人口城镇化率达到 69. 97%，而国土份额 70% 以上的中西部地区城镇化率分别只有 55. 70% 和 51. 11%。最后，各等级城市人口城镇化发展不协调。2017 年市辖区非农人口在 200 万人以上的城市占全部地级及以上城市数的 20. 76%，而城市人口占到 54. 05%，非农业 GDP 占全国总量的 69. 57%；而

---

① 数据来自于历年《中国统计年鉴》和世界银行数据。

非农人口100万以下的中小城市占到城市数的46.02%，城市人口却仅占17.64%，非农业GDP也仅占到全国的10.63%。[①] 由于区域和城市发展的不协调，近1亿的人口流离于东部与中西部地区、大城市与中小城市之间，难以在邻近城市实现就近城镇化，严重制约了新型城镇化的顺利推进和内需潜力的有效发挥。可见，我国不仅需要进一步推进人口城镇化水平，而且要更加注重不同地区及不同等级规模城市间人口城镇化发展的不平衡、不协调和不可持续的问题。

目前我国工业化进程中存在诸多制约人口城镇化有效推进的不利因素。第一，重工业优先发展和资本偏向型发展战略降低了城市对人口的吸纳能力。在政绩考核体制和税收最大化的激励之下，中国执行了旨在鼓励资本密集型部门优先发展的政府战略（林毅夫和陈斌开，2013），使得产业发展脱离比较优势，造成城市部门就业需求相对下降，农村居民不能有效向城市转移，进而延缓城镇化进程（陈斌开和林毅夫，2013）。第二，政府资源配置的大城市偏向不利于各等级城市间人口城镇化进程的协同推进。政府对资源配置的大城市偏向使得本应以现代服务业发展为导向的大城市集聚了大量资本密集型制造业，不仅挤占了现代服务业发展空间、限制了大城市集聚效应的有效发挥，而且使中小城市缺乏产业就业基础、阻碍了中小城市发展（Henderson，2009；魏后凯，2014）。第三，中国式分权改革带来的地方保护和市场分割，以及地方政府跟进中央的相似产业政策，均阻碍了地区间人口城镇化的协同推进。大量研究证实，地方保护主义、市场分割以及地方政府跟进中央的相似产业政策均是区际产业同构现象加剧的直接原因（Poncet，2005；赵永亮和才国伟，2009；黄亮雄等，2015）。趋同的产业结构，弱化了区间要素流动和经济联系（白重恩等，2004；陈敏等，2007；黄新飞等，2014；徐保昌和谢建国，2016），不利于人口城镇化协同推进。第四，各地区围绕招商引资而展开的“竞次式”补贴性竞争行为阻碍了人口城镇化有效推进。竞次式补贴使得各类企业违背市场规律，为获取“政策租”而盲目集聚（李晓萍等，2015），导致各地区产业集聚模式“千篇一律”，弱化了地区间的内在联系与人口城镇化协同发展。

由此可见，导致我国人口城镇化水平滞后及区间发展不平衡、不协同的原因，归根到底在于地方政府对城镇产业发展的过度干预，使各地区推行了不适宜的产业发展和集聚模式，从而降低了产业集聚的就业吸纳能力及其对人口空

---

① 2018年《中国城市统计年鉴》。

间流动的有效牵引作用。推进以人为核心的城镇化，关键在于处理好产业发展、就业吸纳和人口集聚的关系；而政府过度干预却使以上关系脱离了良性发展轨迹。如果要提高城市经济部门的就业吸纳能力，就必须减少政府对城镇招商引资和经济发展的过度干预（陆铭和欧海军，2011），使各地区产业发展回归市场规律，产业政策符合当地优势条件，推行适宜的产业发展和集聚模式。

本书提出适宜性产业集聚下的人口城镇化空间推进机制。所谓适宜性产业集聚，从我国工业化进程中制约人口城镇化发展的各类因素来看，至少应具备以下两个特点：（1）制度安排上体现市场主导性。与政府主导的产业发展策略不同，适宜性产业集聚要求每一区域或城市规划体现市场的主导性。这意味着应按照市场规律、遵循各地区优势条件来选择重点发展行业、促进产业集聚，而政府则主要发挥因势利导的作用。（2）产业选择及布局中体现各地区（或城市）优势条件。决定产业集聚的区域优势条件既包含传统意义上的比较优势，也包含由特定区位条件而决定的空间外部性优势（王永进等，2009；韩峰和柯善咨，2012；2013）。林（2012）认为，成功的产业发展策略，必须针对各地区有潜在比较优势的产业。因而，区域产业集聚只有体现该地区的优势条件，才能克服区际产业结构趋同困境，充分发挥集聚效应，创造有效就业需求。

依托适宜性产业集聚推进人口城镇化，符合党的十八届三中全会与《国家新型城镇化规划（2014—2020年）》所强调的“完善城镇化健康发展体制机制，推动大中小城市协调发展、产业和城镇融合发展”的要求，也与2015年中央城市工作会议提出的“各城市要结合资源禀赋和区位优势，明确主导产业和特色产业，强化大中小城市产业协作协同”的要求基本一致。要素和人口集聚是城镇化的主要特征（Glaeser，1992；王小鲁，2010），城市间要素和市场的空间分布直接决定了城镇化协同发展水平。各地区在市场主导下依据优势条件积极推进适宜性产业集聚不仅能够为农业转移人口创造充足就业，促进就地城镇化，而且有助于产业与人口融合发展，强化区间产业分工、要素集聚和市场需求的协调联动，实现城镇化在空间上的协同发展。正如陆铭（2011）所言，尽管经济集聚导致了地区间差距扩大，但这并非是一个永久持续的现象。在要素自由流动条件下，经济集聚与发展协调并不矛盾；产业集聚将有助于经济走向平衡与协同（陈钊、陆铭，2009）。如果说对外开放和全球化促使人口和经济活动向东部地区集聚加剧了地区发展的非均衡趋势，那么适宜性产业集聚将促使人口城镇化和区域发展走向协调、均衡，从而实现城镇化进程中效率与公平的统一。

可见，从适宜性产业集聚视角出发，综合产业集聚中的各类要素供给和市场需求优势建立城镇化推进的空间分析框架、研究促进城镇化协调发展的空间驱动机制及其决定因素不仅可将城镇化与区域经济一体化的实现过程统一起来，从而形成大、中、小城市优势互补、协调共进的城镇化格局，而且对于各级政府合理规划城市规模、城市空间和经济结构，实现区间城镇化的良性互动发展都具有重要的理论和现实意义。

二、研究脉络与内容框架

（一）研究脉络

本书以人口城镇化的协同推进为研究对象，基于以下四方面的研究目标而展开深入探讨：（1）识别驱动人口城镇化协同发展的空间集聚优势并以此为基础界定适宜性产业集聚的内涵、构建和测算适宜性产业集聚指标。（2）构建人口城镇化推进的空间分析框架和理论模型，论证要素集聚外部性、市场需求的空间外部性和便利外部性通过“四个结合”（要素供给外部性和市场需求外部性相结合、市场主导和政府引导相结合、集聚效应和拥挤效应相结合、集聚外部性和便利外部性相结合）作用于城镇化的机理，揭示要素供给空间外部性、市场需求空间外部性和便利外部性是影响我国人口城镇化协同推进的重要空间机制。（3）综合应用空间计量及各类宏微观计量分析方法，结合我国不同地区和地级市层面的面板数据和微观企业数据，对我国城镇化区际协同推进的“四个结合”进行实证检验，为理论分析提供实证依据。（4）根据理论与实证研究结果，提出合理、积极、稳妥推进城镇化、促进区间城镇化协调发展的基本思路与对策措施。

本书严格遵循“归纳事实、理论分析、提出假设、实证检验、政策建议”的分析线索。首先，识别和量化人口城镇化推进的空间集聚优势，为从适宜性产业集聚视角探讨人口城镇化推进机制奠定基础。其次，在传统比较优势理论、集聚经济理论、新经济地理理论、城市空间一般均衡模型、财政俱乐部理论（Tiebout，1956）的综合视角下构建人口城镇化推进的空间分析框架和理论模型。再次，使用空间计量模型以及各类宏观计量和微观计量方法实证分析地区间要素供给和市场需求的空间关联性与便利外部性对城镇化的影响差异，识别城镇化进程中适宜性产业集聚模式和空间集聚效应的来源。最后，根据区域之间空间联系的有效方式和作用路径提出进一步推进城镇化、促进城镇化的协调发展的政策建议。具体而言，本书主要依据人口城镇化推进中的要素供给外部性和市场需求外部性相结合、市场主导和政府引导相结合、集聚效应和拥挤效应相结合、集聚外部性和便利外部性相结合等“四个结合”开展了以下分析和探讨。(1) 在要素供给外部性和市场需求外部性相结合方面主要探讨了三方面内容。一是市场潜力和中间服务品空间可得性对人口城镇化的影响；二是市场潜力和劳动力蓄水池效应对人口城镇化的影响；三是市场潜力和空间技术外溢对人口城镇化的影响。其中探讨市场潜力和中间服务空间可得性、市场潜力和空间技术外溢对人口城镇化的影响时，用到了空间计量方法和城市面板数据；而探讨市场潜力和劳动力蓄水池效应对人口城镇化影响时用到了城市面板数据和微观数据、宏观计量和微观计量相结合的方法。(2) 在市场主导和政府引导相结合方面，主要探讨了市场潜力和政府干预共同作用下的人口城镇化推进机制。该部分主要使用城市面板数据对市场潜力和政府干预对人口城镇化的综合影响进行实证检验。(3) 在集聚效应和拥挤效应相结合推进人口城镇化方面，主要使用空间计量模型和城市面板数据进行实证检验。(4) 在集聚外部性和便利外部性相结合推进人口城镇化方面，则主要基于适宜性产业集聚和公共服务供给的综合视角构建理论分析框架，使用城市面板数据和工业企业数据以及空间计量方法进行实证检验。该部分系统探讨了集聚外部性和公共服务供给在人口城镇化推进中的协同效应和空间外溢效应。依托空间集聚优势推进人口城镇化的逻辑分析框架如图 1 - 1 所示。

（二） 内容框架

本书内容共分为十章，其逻辑结构和基本内容如下：

第一章是对本书的综合介绍和说明。该章主要介绍本书写作的背景、意义、研究思路、内容框架、研究方法以及可能的创新点。

第二章至第五章研究了要素供给外部性和市场需求外部性对人口城镇化的影响。探讨人口城镇化中的适宜性产业集聚模式，关键在于识别推进人口城镇化的空间集聚优势。只有科学界定、识别和测度各类空间集聚优势才能更好地分析城镇化进程中产业集聚是否与集聚优势相吻合、究竟与哪类优势相吻

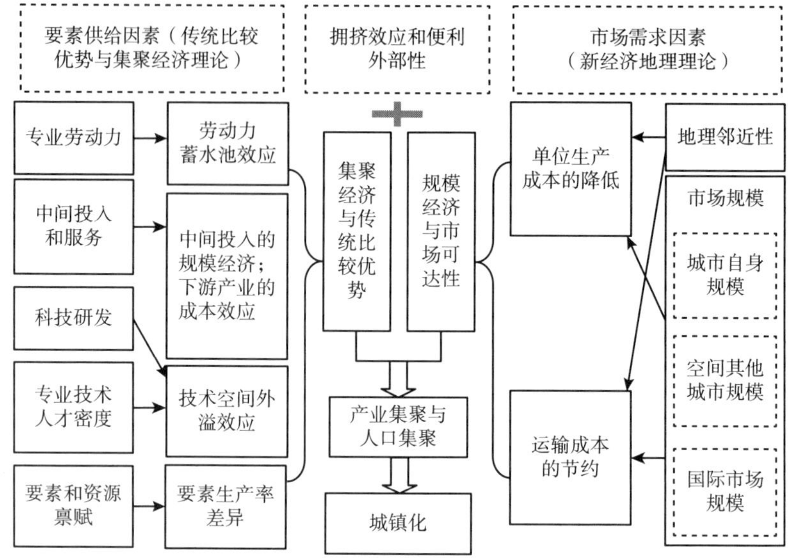

图 1－1　空间集聚优势推进人口城镇化的逻辑分析框架

合。而第二章至第五章正是基于这一考虑而展开的系统研究。其中，第二章探讨了市场潜力和中间服务空间可得性对人口城镇化的影响。该章将生产性服务界定为制造业生产中的中间服务投入，在新经济地理理论中引入生产性服务业集聚外部性构建市场潜力和中间服务空间可得性影响人口城镇化的空间分析框架，进而利用系统 GMM 方法和城市面板数据对城镇化进程中市场潜力和中间服务空间可得性的综合作用进行实证检验。第三章探讨了市场潜力和劳动力市场蓄水池效应对人口城镇化的影响。该章打破了城市间劳动力供给完全弹性的假设，在艾伦和阿科拉基斯（Allen and Arkolakis，2014）模型基础上嵌入劳动力流动的迁移成本，因而城市在区域中获取劳动力的能力也将从供给方面影响工资和就业在空间上的均衡分布，与此同时该章还借鉴莫滕和奥利维拉（Morten and Oliveira，2018）的研究构建了代表劳动力市场厚度的指标—劳动力的空间可得性，结合产品市场和劳动要素市场的空间关联性探究其影响城市均衡就业、进而人口城镇化的作用机制。第四章分析了市场潜力和空间技术外溢效应对人口城镇化的影响。该章是在新经济地理模型中引入技术进步和空间技术外溢效应构建市场潜力和技术外溢效应影响人口城镇化的空间分析框架，进而使用系统 GMM 方法和城市面板数据对其进行实证检验，并对不同城市间技术外溢效应的相互作用方式进行了深入探讨。第五章进一步在第四章基础上扩展了城镇化内涵，从人口城镇化、经济城镇化、空间城镇化和社会城镇化四个层面构建新型城镇化指标体系、测算新型城镇化综合指数，探讨了内外市场需求潜力和空间技术外溢对新型城镇化的影响。

第六章是研究人口城镇化推进中市场潜力和政府干预的综合作用。该章在新经济地理理论基础上，将政府干预因素引入新经济地理框架构建市场潜力和政府干预共同影响人口城镇化的理论模型，并在此基础上进一步使用城市面板数据和系统 GMM 方法对市场潜力和政府干预影响人口城镇化的机制进行实证检验，并分别利用不同地区的样本进行了异质性分析。

第七章探讨了集聚效应和拥挤效应对人口城镇化的综合作用。其中集聚效应使用市场潜力来测度，拥挤效应则使用单位道路面积上的车辆数来表示。该章通过在新经济地理模型中引入车辆交通密度及其非线性影响效应，使用城市面板数据探讨了市场潜力和交通拥挤对人口城镇化的影响。在交通拥挤空间外溢效应的测度上，该章使用了空间杜宾模型和空间滞后解释变量模型相结合的方法。空间杜宾模型用于反映交通拥挤空间外溢效应的整体情况，并界定交通拥挤外部性的空间作用边界；空间滞后解释变量模型用于分析全国及不同地区层面各等级城市间交通拥挤的空间外溢效应。

第八章基于集聚经济理论和蒂布特（Tiebout，1956）“用脚投票”机制（财政俱乐部理论）的综合视角探讨集聚外部性和便利外部性对城市规模、进而人口城镇化的影响。该章首先在格拉泽等（Glaeser et al.，1995）的城市人口增长模型中进一步引入集聚外部性和便利外部性因素构建了产业集聚和公共服务供给影响城市人口规模扩张的理论分析框架，进而利用空间杜宾模型以及中国工业企业数据和城市面板数据对产业集聚和公共服务供给对城市人口规模的影响机制进行了实证检验。该章不仅分析了二者在城市人口规模扩张、进而人口城镇化推进中的协同效应，而且识别和测度了城市中引起产业集聚的第一自然集聚因素、劳动力蓄水池效应、中间投入和中间服务的空间可得性、空间技术外溢效应等各类集聚经济机制，并结合潜力模型和容量耦合系数模型构建适宜性产业集聚指标来衡量产业集聚与各类集聚优势的吻合度，以此来进一步探讨适宜性产业集聚视角下城市的人口吸纳能力和规模扩张效应。

第九章是在以上研究结果的基础上从促进各地区综合集聚优势发挥、加强区间经济联系与合作、优化地方政府治理和服务功能、利用国内国际两个市场等方面提出依托空间集聚优势或适宜性产业集聚推进人口城镇化的政策建议。

第十章是总结和展望，用以对各章内容进行总结并对后续需要进一步研究的方向和内容进行概括。本书的技术路线如图 1－2 所示。

研究背景
文献回顾
现实解析
适宜性产业集聚内涵界定及空间集聚优势的识别
适宜性产业集聚的内涵界定
产业集聚与地区综合集聚优势相吻合
市场机制为主导的制度安排
空间集聚优势的识别
传统比较优势
要素供给的空间外部性
市场需求的空间外部性
基于公共服务供给的便利外部性
适宜性产业集聚视角下人口城镇化推进的空间机制与理论框架
人口城镇化推进的空间机制
市场化机制的主导作用
地区综合集聚优势的协同作用
适宜性产业集聚下人口城镇化推进的理论框架构建
市场主导与政府引导相结合
要素供给外部性与市场需求外部性相结合
集聚效应与拥挤效应相结合
集聚外部性与便利外部性相结合
适宜性产业集聚视角下人口城镇化推进的实证分析
市场和政府对人口城镇化的综合影响
要素供给和市场需求外部性与人口城镇化
拥挤效应、空间外溢与人口城镇化
产业集聚、公共服务供给与人口城镇化
城市面板数据
城市面板数据
城市面板数据
工业企业数据库匹配的城市面板数据
GMM模型
全国样本
地区样本
GMM模型
全国样本
地区样本
SDM模型
SLX模型
or
城市样本
SDM模型
IV估计
or
城市样本
依托适宜性产业集聚实现人口城镇化协同推进的策略分析
综合集聚优势的发挥
强化区际联系与合作
优化地方政府治理功能
充分利用国内外两个市场

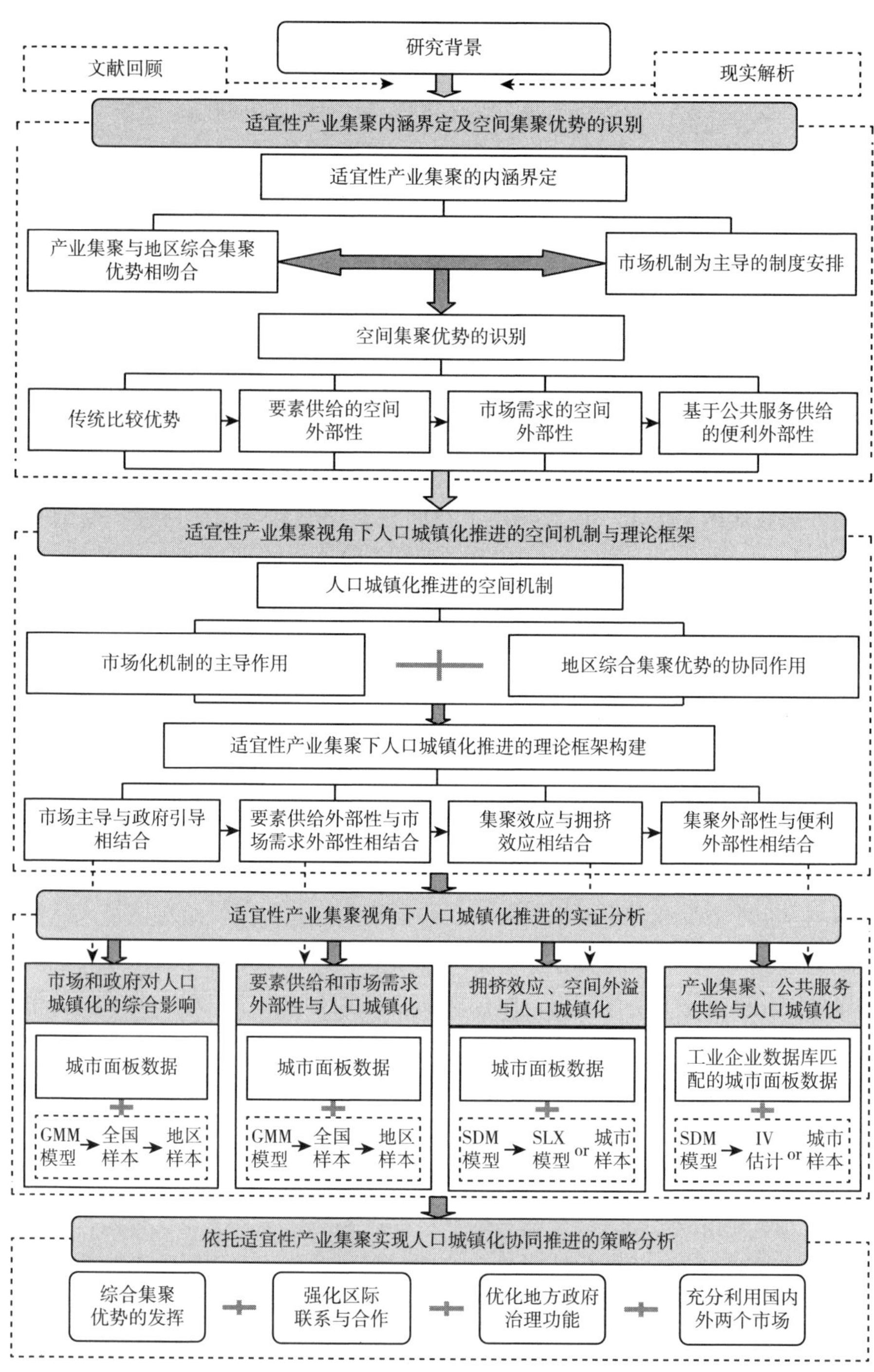

图1-2 本书的技术路线

三、研究方法

研究工作开展过程中，本书主要使用理论建模、微观计量、空间计量、宏观计量以及基于潜力模型的空间关联分析方法对产业集聚及其空间外部性影响人口城镇化的机制进行深入探讨。

1. 理论建模

本书基于适宜性产业集聚视角，分别从要素供给推动与市场需求拉动相结合、市场主导与政府参与相结合、集聚效应与拥挤效应相结合、集聚外部性与便利外部性相结合四个相对独立而又密切相关的方面，构建人口城镇化协同推进的空间分析框架。具体而言，为从集聚外部性与新经济地理理论的综合视角构建人口城镇化协同推进的空间分析框架，需要将马歇尔集聚外部性纳入新经济地理框架构建理论模型；为探讨集聚效应和拥挤效应对人口城镇化的影响，本书将车辆密度引入新经济地理框架构建理论模型；为分析集聚外部性和便利外部性对人口城镇化的影响，本书整合马歇尔集聚经济理论和城市一般均衡模型来构建产业集聚和公共服务供给影响城市规模扩张的理论分析框架；为探讨市场和政府对人口城镇化的综合影响，本书将政府干预因素纳入新经济地理模型构建市场潜力和政府干预综合作用下的人口城镇化分析框架。

2. 微观计量方法

本书系统整理了流动人口动态监测数据和中国劳动力动态调查数据等微观数据进行实证分析。劳动力信息主要包括迁出地区、流动方向、就业状况、教育状况、技能水平、收入水平等信息。搜集整理的劳动力微观数据与城市信息进行匹配，进一步得到能够用于计量估计的样本数据。在分析微观数据时，本书采用 Probit 模型极大似然法、广义精确匹配法估计（CEM）及两步法工具变量 Probit 模型估计模型控制内生性，对劳动力的空间定位及就业状况进行分析。

3. 空间计量分析与宏观计量分析

本书在研究城镇化进程中各类空间关联机制的衰减特征、作用范围时，综合运用了空间滞后解释变量模型（SLX）与空间杜宾模型（SDM）两类空间计量模型。其中SLX模型用于测度空间地理矩阵中的衰减参数，而SDM模型则用于度量不同地理范围空间矩阵下产业集聚及集聚外部性的空间溢出效应。除微观计量与空间计量之外，为检验和对比分析空间计量模型估计结果的稳健性，本书还综合运用传统的宏观计量方法比如面板数据相关估计方法（固定效应模型、随机效应模型、FGLS模型、GMM模型等）进行了实证研究。

4. 基于潜力模型的空间关联效应分析法

本书第二章开始便用到潜力模型来测度不同类型的空间关联机制。潜力模型从其产生之日起，便具有空间相互作用的内在含义。典型的潜力模型是 $P_i = \sum_{j=1}^{n}(M_j/d_{ij}^{\gamma})$，其中 M_j 相当于物理学中的质量，一般用城市 j 的人口或经济总量表示，d_{ij} 为两城市中心间的距离，γ 为距离衰减参数。然而，以往利用潜力模型测度空间关联效应或空间外部性的研究中，多先验性地假定其衰减参数为0～3中的某个常数。本书在研究城镇化进程中的拥挤效应时首次将地理距离空间衰减参数内生化，通过空间SLX模型和样本数据结构来内生获得。此外，利用潜力模型测度空间关联性的另一优势在于能够脱离传统空间计量模型中的权重矩阵，精准测度任何距离范围内的空间效应。

四、研究创新

首先，本书从适宜性产业集聚这一新视角探讨我国城镇化推进的空间机制，有效补充和拓展了现有对我国工业化驱动城镇化理论分析的研究。

城镇化滞后及区间不协同问题并非是我国经济发展中的新课题，目前已有大量文献针对我国城镇化推进机理展开深入探讨，且多数研究认为工业化或产业集聚依然是我国推进城镇化的有力抓手。诸多学者也从我国推行的制度、发展战略及财政政策等视角，对于如何依托工业化有效推进城镇化，给出了大量不同的解决方案。然而现实观察与现有研究（周其仁，2012；刘瑞明和石磊，2015；Combes et al.，2015）均显示，多年来我国城镇化滞后以及区间差异扩大的问题始终未能得到根本解决。究其原因便在于，多数研究未能对我国各地区城镇化进程中工业化或产业集聚的适宜性做更为深入的探讨。正是因为各地区推行了与自身条件不适宜的工业化战略及产业集聚模式，才使得城市部门无法充分发挥集聚效应，也就无法为进城务工人员创造充足就业机会，因而阻碍了城镇化进程。本书提出了“从适宜性产业集聚视角推进城镇化”的命题，这不仅为解决我国城镇化滞后和发展不协同问题提供了一个新的视角和思路，也是对我国现有工业化与城镇化互动研究的有益补充。

其次，本书在理论框架方面，综合传统比较优势、集聚外部性、新经济地理理论、城市空间一般均衡模型和蒂布特（1956）“用脚投票”机制构建统一的城镇化空间分析框架和理论模型，弥补了现有研究中单一理论分析的片面性。

以往研究多数从传统比较优势或集聚优势单方面研究城镇化推进机制，而我国是不均质大国，不同地区或城市的人口城镇化的推进模式各异，单一方面的研究难以全面反映城镇化推进的真实动因。本书将针对中国城镇化滞后及空间协同机制缺失的根源，从适宜性产业集聚视角提出构建城镇化空间分析框架的四条路径，即要素供给外部性与市场需求外部性相结合、市场主导与政府引导相结合、集聚效应与拥挤效应相结合、集聚外部性与便利外部性相结合。同时，通过将异质性劳动力纳入传统集聚经济理论框架，探讨城镇化推进中异质性空间集聚效应对劳动力或人口空间流动的作用差异。由此，本书将本质上具有互补性的传统比较优势理论、集聚外部性理论、新经济地理理论和财政俱乐部理论统一于人口城镇化的空间分析框架，为有效反映我国城镇化推进的真实动因，实现区间人口城镇化的有效、协同推进提供学理支撑和依据。这一理论框架的构建是对“工业化驱动城镇化”理论分析的进一步补充和拓展，为中国依托工业化和产业集聚持续推进人口城镇化提供了崭新的分析框架。

再次，在研究方法上，本书采用空间计量、宏观计量、潜力模型和微观计量相结合的方法，量化人口城镇化推进中不同空间关联机制的空间特征及作用方式。

目前多数研究在测度城镇化或集聚效应的空间关联机制方面存在以下不足：其一，先验的给出空间溢出效应的地理衰减参数，而未从研究对象及数据结构本身内生地对其进行量化；其二，多数研究并未具体界定不同空间关联机制的空间边界，而是在同一空间尺度下进行实证研究，比如，未分别界定专业化劳动力、中间投入品可得性及空间技术外溢等集聚外部性的空间尺度，这就无法具体判定各类空间作用机制对城镇化的影响差异；其三，未具体考察产业集聚或城镇化中不同空间集聚效应（专业化劳动力、中间投入品可得性及空间技术外溢等）的作用效果差异。本书将采用空间计量、宏观计量、潜力模型和微观计量相结合的方法，量化人口城镇化推进中不同空间关联机制的空间特征及作用方式。第一，利用空间杜宾模型测度各类集聚机制的空间溢出效应、识别不同溢出效应（或关联机制）的有效作用距离；第二，利用潜力模型测度有效距离范围内集聚效应的各类空间关联机制；第三，利用 SLX 模型和宏观计量、工具变量法等来控制空间计量模型的内生性，探讨各类空间集聚优势对人口城镇化的深层次作用机理；第四，在分析微观劳动力个体迁移决策时，将城市层面有效距离范围内的各类空间集聚效应与劳动力微观个体数据相匹配，采用微观计量进一步分析各类空间集聚效应在人口或劳动力流动、进而人口城镇化推进中的作用效果。

最后，本书把空间视为地区静态和动态优势的主要来源，通过系统构建便利外部性以及要素供给和市场需求的空间外部性指标，实现了城镇化空间协同推进机制的指标化和量化。

以往研究仅研究城市本身对人口转移的吸引力，忽视了其他城市集聚效应的影响。即使有些研究已经注意到城镇化的空间影响，但仅停留在简单描述分析，未进行定量研究。本书将根据城镇化推进的四大核心空间驱动机制，分别构建相应的度量指标，力求将其指数化。一是“传统比较优势”的度量指标：依据赫克歇尔—俄林的要素禀赋理论，采用各地区自然资源禀赋、劳动力数量、能源禀赋等指标来综合反映各地区比较优势差异；二是根据集聚经济三个微观机制构建“要素供给空间外部性”的度量指标—空间中专业化劳动力资源的可得性、中间投入可得性、空间技术外溢，从而将传统地域化的集聚机制扩展到更大空间；三是根据新经济地理理论构建国际、国内“市场需求空间外部性”的度量指标综合反映国内外市场需求的空间外部性的作用；四是从教育类公共服务、医疗卫生类公共服务、能源资源基础设施类公共服务、交通运输类公共服务、环境保护类公共服务等方面构建反映城市公共服务供给状况的指标体系，衡量城市便利化水平。本书估算的要素供给的空间外部性、市场需求空间外部性、传统比较优势和公共服务供给等指标可为后续研究直接测度各地区空间集聚优势提供重要统计指标。

第二章　市场潜力、中间服务供给与人口城镇化

依托适宜性产业集聚有效推进人口城镇化既要科学识别各地区空间集聚优势、根据各城市比较优势和区位特征强化城市产业就业支撑，从而促进产业发展与人口集聚相融合，又要破除行政壁垒和垄断，推动城市间产业分工、要素集聚和市场需求的协调联动，以在更大空间范围内发挥规模经济效应、带动人口城镇化在空间上实现相互促进与联动。因而准确识别城镇化进程中各地区空间集聚优势的具体形式及其作用机制，对于判断一个地区产业集聚的适宜性，进而促进各地区更有效、更深入地推进人口城镇化具有重要意义。

与人口城镇化有关的空间集聚优势既包含传统意义上的比较优势，也包含要素供给和市场需求的空间外部性以及由公共服务设施带来的便利外部性。要素供给空间外部性是基于马歇尔集聚机制从供给方面探讨某一区位从空间获得专业化劳动力、中间投入和技术的能力，而市场需求空间外部性是利用新经济地理框架从需求方面分析地区经济在规模报酬递增作用下克服运输成本获得本地市场效应的能力。空间中的供给和需求因素同时存在、共同作用于某一地区的城镇化。单从某一侧面或单以一种理论为基础难以全面把握人口城镇化推进的真实动因。第二章至第五章便是基于要素供给外部性和市场需求外部性相结合的作用机制，在马歇尔外部性和新经济地理理论的综合视角下，借鉴一些学者（Au and Henderson，2004）的分析思路，分别将中间投入品空间可得性、专业化劳动力空间可得性、空间技术外溢纳入克鲁格曼（Krugman，1991）的新经济地理模型构建市场潜力与各类要素供给外部性共同影响人口城镇化的统一分析框架，探讨人口城镇化的空间外部性作用机制。

一、引　　言

城镇化是现代化的必由之路，是破除城乡二元结构的重要依托。积极稳妥推进城镇化、提升城镇化质量已成为我国扩内需调结构、促进经济持续、稳定增长的重要动力来源。然而，伴随金融危机负面影响的深度释放，我国城市经济增长下行压力加大，突出表现为工业内部结构性矛盾突出、工业增速趋缓、工业化与城镇化矛盾集中显现等。仍然依靠传统工业化推进城镇化的战略难以为继，必须积极探索城镇化推进的新型机制，真正提高城镇化质量和发展潜力。

近年来，面对不利的国际经济环境，在工业增长减速的情况下，以生产性服务业为主体的现代服务业保持了良好的发展势头，对保持我国经济平稳较快增长做出了突出贡献。加快生产性服务业发展，可同时实现保增长、调结构等多重目标（吕政，2009）。我国各省市越来越重视发展服务业集聚区和生产性服务业功能区，在做好规划、明确定位的基础上引导企业向集聚区集中，以期实现生产性服务业的专业化、规模化经营，进一步增强城市经济发展和城镇化的产业支撑。经验研究表明，与工业相比，生产性服务业具有更强的空间集聚效应（顾乃华，2011）。国际经济危机中，我国外贸企业依托各种生产性服务连接的供应链体系而创造的“抱团取暖”的经验（裴长洪等，2011），便是生产性服务业集聚提升制造业竞争力、促进城市经济发展的集中体现。李克强在2014年政府工作报告中指出，产业结构调整要依靠改革，进退并举；要优先发展生产性服务业。可见，加快发展现代生产性服务业可以成为优化工业结构、促进产城融合，大力推进城市经济转型升级，进而积极稳妥推进城镇化的突破口。

目前诸多研究显示市场开放程度差异将对生产性服务业集聚的技术溢出效应和空间规模经济效应的有效发挥产生重要影响。顾乃华（2010）认为在服务业发挥外溢效应过程中，对外开放起着显著调节作用，中国各地区经济绩效差距不断扩大的一个重要原因就在于在低对外开放地区，服务业扩大就业、与工农业互动等外溢效应会受到限制。裴长洪等（2011）也认为对外开放程度不同的地区具有不同的生产性服务组织化水平，并决定了不同地区制造业企业集群实行专业化分工协作的能力。而韩峰、郑腾飞（2013）的研究显示，在对城市劳动生产率的作用中，国际市场对生产性服务空间溢出的作用效果具有促进作用，而国内市场的作用为负。那么，内外市场的空间分布差异是否会影响生产性服务业集聚对城镇化的作用效果呢?

此前诸多研究多从行政制度、政府职能、财政政策、经济结构以及工业集聚等方面探讨了城镇化的推进机制（Kam Wing Chan，2010；陈斌开、林毅夫，2013；李金滟、宋德勇，2008），而基于生产性服务业集聚和发展视角探讨城镇化推进机制的研究尚不多见，基于内外市场潜力和生产性服务业集聚的综合视角探讨人口镇市化推进机制的研究则更是少见。且在较长时期内，对生产性服务业集聚的实证研究大多停留在对集聚这一特征事实的统计描述阶段（李文秀、谭力文，2008；程大中，2008；王恕立、胡宗彪，2012），系统的理论和经验研究依然不足（申玉铭等，2009；江小娟，2013）。本章拟从市场潜力和生产性服务业集聚的综合视角，尝试理清市场潜力和生产性服务业集聚影响城镇化的内在机理，探讨破解城市经济发展转型和城镇化困境的路径，为积极稳妥推进城镇化提供新的理论支撑，也为各地区加快发展现代服务业、促进经济发展方式转变提供现实依据。本章的结构如下：其一归纳和总结生产性服务业集聚和市场潜力对城镇化影响的文献；其二构建生产性服务业集聚和市场潜力影响城镇化的理论和计量模型；其三对相关变量和采用的数据进行说明；其四报告计量分析结果；其五是总结和政策启示。

二、文献综述——生产性服务业集聚和市场潜力对城镇化的作用机制

制造业或工业集聚推进城镇化的观点已为大多数学者所共识（葛立成，2004；高鸿鹰、武康平，2007；戴永安，2010），然而目前关于生产性服务业集聚影响城镇化的研究依然偏少。纵观国内外研究，生产性服务业发展对城市经济增长、进而城镇化的影响主要从三个方面展开。

（一）从产业层面研究服务业和生产性服务业对城镇化的影响

产业层面生产性服务业对城镇化的影响主要通过生产性服务业自身的吸纳就业能力及其与制造业间的互动关系来实现。德伦南（Drennan，1996）对

伦敦、纽约和东京三大金融中心进行了研究，认为生产性服务业在越大的城市越发达。在这些城市，生产性服务业具有高度的专业化和多样化性质，大规模生产性服务业不仅成为城市出口部门及推进城市经济增长的重要支撑，而且能为城市创造大量就业岗位，提高城市吸纳就业能力。布莱森等（Bryson et al.，2008）认为尽管有关技术进步和技术转型方面的研究更多关注制造业部门，但随着服务经济的不断发展，生产性服务业在技术转型中的作用愈加突出。郑吉昌、夏晴（2004）等认为服务业与城镇化存在相互依赖和促进的关系，服务业的发展从产业结构、城市功能、服务业的集聚效应等方面推动城镇化的进程。俞国琴（2004）认为服务业的发展会增强城市的吸纳能力，加速城镇化的进程。中国经济增长与宏观稳定课题组（2009）也表明在工业化的中后期，服务业成为推动城镇化水平的主要力量。在发达国家模式中，服务业与工业同时推动城镇化水平的提高。戴永安（2010）在研究中国城镇化效率时指出提高服务业产出份额有利于提升社会城镇化率。王向（2013）在此基础上进一步比较了两者相互作用的强弱，通过建立误差修正模型及自回归模型，得出城镇化进程对服务业发展的影响要强于服务业发展对城镇化的影响，且两者的动态存在持久性。顾乃华（2011）却认为中国城镇化与服务业发展互动不足与各省市的制度和政策机制有关，指出中国以市场化改革、对外开放、公共财政为主线，以省级政府为“第一行动集团”的中间扩散型制度变迁，对中国城镇化和服务业互动发展产生重要影响。这些理论和实证研究显示，生产性服务部门不仅通过产业关联效应对工业和整体经济及城镇化具有乘数作用，而且还能够促进创新并产生技术外部经济。

（二）生产性服务业集聚通过技术溢出效应作用于城镇化

生产性服务业集聚有利于生产性服务业之间，以及生产性服务业与其他企业之间形成集聚企业网络，在产业关联效应作用下带动制造业及服务业本身获得递增收益、实现产业升级，进而促进就业增长和城镇化。外部性理论为解释经济增长中生产性服务业集聚的功能提供了理论基础。生产性服务业集聚的技术经济外部性来源于同一产业的专业化集聚或多个产业的多样化集聚（Marshall，1890/1961；Jacobs，1969），这些布局方式有利于企业间的联系与合作，从而注重知识的“集体学习过程”在外部性产生、产业发展和城镇化中的作用（Keeble and Wilkinson，2000）。格拉泽等（Glaeser et al.，

1992）则将这种由同一产业的专业化集聚和不同产业的多样化集聚引起的知识或技术溢出称为“动态外部性”。这种技术外部性是促使生产性服务业本身不断集聚，进而激发整个城市经济部门发展活力的重要来源（陈国亮、陈建军，2012）。科菲（Coffey，1992）的研究显示，从事知识密集型行业或创造性工作的劳动者数目具有不断增长的趋势，尤其对于信息通信、市场营销、广告等知识密集型商务服务业来说，行业内高素质专业人才的集聚有利于整个国民经济技术水平的提高。亨德里克斯（Hendriks，1999）认为通信科技、电子商务等生产性服务业专业化集聚可以增加信息沟通渠道、改进生产和交易流程，减少信息不对称，提高技术溢出效应和整个经济的运行效率。埃斯瓦兰和科特瓦尔（Eswaran and Kotwal，2002）指出，保险、银行及研发、计算机软件、技术咨询和广告等商务服务业是意大利拥有创新型企业最多的服务部门，生产性服务业集聚有利于改善地区投资经营环境，加强厂商间技术交流与合作，推动区域技术创新和科技进步，并通过吸纳高素质专业性人才向该地区集聚，进一步提高地区劳动生产率，促进城镇化水平提高。翁德（Wood，2006）指出知识密集型商务服务及其专业化集聚主要通过组织结构和管理模式改进、技术创新和市场的智能化分析等三个方面推动下游厂商、进而整个经济的创新活动。因而生产性服务业集聚规模扩大提高了技术扩散效率，并引导所服务企业采用新技术、新方法和新生产工艺，增强区域经济适应外部市场竞争环境变化的能力，提高区域经济增长潜力。阿斯莱森和伊萨克森（Aslesen and Isaksen，2007）进一步分析了生产性服务业与城市经济增长的互动关系。他们认为，生产性服务业集聚有利于催生高新技术，进而促进城市化和经济增长；而经济的高速增长又会对高新技术产生更多需求，反过来促进生产性服务业的集聚和升级。顾乃华（2011）进一步将生产性服务业集聚提高城市工业全要素生产率的微观机制归纳为知识扩散、劳动力蓄水池、投入品共享与风险投资分散效应等方面。这些研究均论证了生产性服务业集聚不仅对其本身而且对整个经济部门都具有明显的技术溢出效应，但对技术溢出效应具体来源于生产性服务业的哪种集聚模式并未给出明确解答。探讨生产性服务业集聚推进城镇化中技术外部性产生的具体集聚模式将是本章的重点工作之一。

（三）生产性服务业集聚通过规模经济效应作用于城镇化

传统集聚经济理论（Marshall，1890，1961）和新经济地理理论的最新进展（Venables，1996；Puga，1999）均认为生产性服务业集聚通过上下游产业的投入—产出链接产生规模经济，不仅有利于下游厂商便捷地获得物美价廉、品种多样的中间服务品，降低其交易成本和生产成本，而且有助于生产性服务业与整个经济部门产生协同效率和累积因果关系（Andersson et al.，2004），并驱动城市经济增长和城镇化进程。罗森塔尔和斯特兰奇（Rosenthal and Strange，2001）检验了美国制造业集聚的微观机制，指出中间服务品集聚有利于国家层面的产业集聚。杜兰顿和普加（Duranton and Puga，2004）进一步将马歇尔集聚经济的共享、匹配和学习三方面微观机制模型化，分析了专业化劳动力、中间投入和生产性服务规模经济与技术溢出效应对城市劳动生产率的影响，认为中间投入的规模经济是提升城市经济效益、促进城镇化的动力来源。费瑟（Feser，2002）进一步将生产性服务业规模经济效应扩展至更大空间范围，利用美国县市级数据的实证检验发现美国各县市 50 英里范围内中间投入品及生产性服务活动对中心县市农业园林机械部门与测量和控制装置部门的经济增长均具有明显的规模经济效应；德鲁克和费瑟（Drucker and Feser，2012）进一步利用厂商微观数据的分析也发现美国各县市 75 英里范围内生产性服务业影响着中心市县的塑料和橡胶、金属加工机械及测量和控制装置三个制造业行业的劳动生产率。对中国所有地、县级城市集聚效应的研究也发现，100 公里范围内邻近城市间的生产性服务业与制造业集聚存在协同效应，邻近市县间基于生产性服务业的投入—产出关联效应是集聚经济在空间上成片连续的重要机制（韩峰、柯善咨，2012；Ke et al.，2013）。要素集聚产生的规模收益能抵消城市扩张产生的高成本，是城镇化发展的必要条件（中国经济增长与宏观稳定课题组，2009）。柯善咨、韩峰（2013）进一步基于马歇尔外部性和新经济地理理论的综合框架，扩大了生产性服务业规模经济效应的作用范围，认为 100 公里范围内的生产性服务可得性是决定城市经济发展潜力、进而城镇化的重要因素。

（四）城镇化进程中市场潜力对生产性服务业集聚效应的调节作用

生产性服务业集聚和发展具有明显的市场敏感性，市场在各地区的分布差异也会影响到生产性服务业对经济增长和城镇化的作用效果。一些学者（Jeffrey Kentor Source，1981）认为投资的外部依赖性会刺激第三产业和信息部门的发展，而制约工业劳动部门增长，且这种制约会促进发展中国家城镇化水平的提高。雅各布斯等（Jacobs et al.，2012）认为在地区经济中知识密集型服务和跨国公司之间存在共同集聚的关系。郭文杰（2007）指出FDI能够给东道国服务经济发展带来资本，进而促进该地区服务业发展。顾乃华（2010）和裴长洪等（2011）也认为在服务业发挥外溢效应过程中，对外开放起着显著调节作用，对外开放程度越高的地区，其依靠跨国生产组织和外商企业提供的生产性服务组织生产的能力就越强，反之亦然。

综合来看，目前研究主要有以下特点：（1）对生产性服务业的研究多侧重产业层面，但对空间维度方面的集聚效应研究不足；（2）认同生产性服务业集聚影响城镇化的机制来自要素供给方面的技术溢出效应和市场需求方面的规模经济效应，但并未从理论与实证上探讨二者在同一框架下的影响效果，也未明确区分生产性服务业集聚的具体模式和集聚效应的具体来源；（3）认识到内外市场在生产性服务业集聚效应发挥中的重要性，但未能系统分析内外市场共同作用下生产性服务业集聚对城镇化的影响差异。鉴于此，本章将在以往研究的基础上，系统探讨依托生产性服务业集聚推进城镇化的内在机理和实现机制，进而在外部性和新经济地理的综合理论框架下构建理论、计量模型和生产性服务业集聚效应指标，采用我国284个地级及以上城市的面板数据检验内外市场潜力作用下生产性服务业集聚的技术外部性和规模经济效应对城镇化的综合影响。

三、理论分析框架及计量模型设定

（一）理论分析框架

1. 需求方面

假设有J个城市，城市中有制造业和生产性服务业两个产业部门。生产性服务产品只为当地和邻近地区生产服务，运输成本为零，而制造业产品可进行区际和国际贸易，运输成本为冰山成本，即地区j生产的1单位商品只有$1/t_{jv}$到达地区v。每个厂商的产品与其他厂商均不相同，且所有制造业商品均在垄断竞争市场中交易。根据雷丁和维纳布尔斯（Redding and Venables，2004）的研究，消费者效用采用以下CES形式：

$$U_v = \left(\sum_j \sum_{k=1}^{N} (y_{jv}^k)^{\frac{\sigma-1}{\sigma}}\right)^{\frac{\sigma}{\sigma-1}} = \left(\sum_j N_j (y_{jv}^k)^{\frac{\sigma-1}{\sigma}}\right)^{\frac{\sigma}{\sigma-1}}, \sigma > 1 \qquad (2.1)$$

其中，U_v为消费者效用，y_{jv}^k为从城市j（包含城市v）销往城市v的第k种商品数量，σ为任意两种不同产品之间的替代弹性，N_j为城市j中制造业最终商品的种类数。式（2.1）中第二个式子运用了均衡状态下的结果，即每个城市v均以相同价格从城市j获得数量为y_{jv}的各种商品。以CES形式表示的任一城市v的价格指数G_v为：

$$G_v = \left[\sum_j N_j (P_{jv})^{1-\sigma}\right]^{1/(1-\sigma)} \qquad (2.2)$$

式（2.2）中，P_j为城市j每种商品的价格指数，$P_{jv} = P_j t_{jv}$为城市v市场中城市j生产的商品的价格。

若I_v为城市v用于制造业产品的总支出，则城市v对城市j生产的每种产品的需求量x_{jv}表示为：

$$x_{jv} = \frac{(P_j t_{jv})^{-\sigma}}{\sum_{k \in J} N_k (P_k t_{kv})^{1-\sigma}} I_v = (P_j t_{jv})^{-\sigma} I_v (G_v)^{\sigma-1} \qquad (2.3)$$

进而对所有城市市场（包含城市j和国际市场）进行加总，我们得到了城市j中每种制造品的总产出q_j。

$$q_j = \sum_v x_{jv} \cdot t_{jv} = (P_j)^{-\sigma} \sum_v (t_{jv})^{1-\sigma} I_v (G_v)^{\sigma-1} \qquad (2.4)$$

其中，$\sum_v (t_{jv})^{1-\sigma} I_v (G_v)^{\sigma-1}$被称为城市$j$的市场潜力，即：$MP_j = \sum_v (t_{jv})^{1-\sigma} I_v (G_v)^{\sigma-1}$。

将式（2.4）变形，我们得到城市j中每种制造品的价格为：

$$P_j = MP_j^{1/\sigma} q_j^{-1/\sigma} \qquad (2.5)$$

可见，城市中制造业商品价格与商品供给量成反比，与市场潜力成正比。

2. 供给方面

假定劳动力为制造品生产中唯一投入要素，根据以往研究（Glaeser et al.，1992；Henderson et al.，1995），厂商的生产函数可设定为：

$$q_j = \alpha_j l_j^{1-\eta} \qquad (2.6)$$

其中，$0 < \eta < 1$，q_j为城市j中某一厂商的产量，l_j是厂商为生产q_j雇用的劳动

量，α_j 为生产的技术系数（或生产效率）。该生产函数没有包含资本投入，因而未能考虑劳动力节约型或资本积累的创新。根据集聚经济理论，生产性服务业集聚能够产生动态技术外部性。知识和技术的空间溢出效应或外部性一方面可促使生产性企业本身的生产效率及推出新产品和服务的能力会由于本地区存在其他企业而提高；另一方面有利于营造良好的投资和发展环境，推动制造业甚至整个经济部门的技术创新和科技进步，提高劳动生产率。这种外部性或技术溢出效应主要来源于同一产业集聚的马歇尔集聚经济或不同种类产业集聚的雅各布斯集聚经济。此外，柯等（Ke et al.，2013）的研究显示地域相邻的生产性服务业与制造业间也可能产生协作关系：某一城市的生产性服务业集聚规模不仅取决于本市的制造业规模，而且还依赖于邻市的市场；同样，每一城市的制造业厂商不仅受益于本市生产性服务业的集聚，而且可能因邻市生产性服务业的集聚而降低成本、提高劳动生产率。地区间生产性服务业集聚与制造业间的这种协同关系与包含本地在内的生产性服务业空间集聚规模及其规模经济效应有关，是生产性服务业集聚对制造业产生的市场外部性或金钱外部性。我们以 S_j 表示城市 j 同一生产性服务业内部企业间的专业化集聚，以 D_j 表示城市 j 不同生产性服务业企业间的多样化集聚，以 PS 代表城市受到的来自自身及其他所有城市生产性服务业集聚的空间影响。企业生产效率可设置为当地生产性服务业专业化集聚、多样化集聚以及更大范围内生产性服务业空间集聚规模的函数：

$$\alpha_j = a_0 S_j^{\lambda_1} D_j^{\lambda_2} PS_j^{\lambda_3} \quad \lambda_1 > 0, \lambda_2 > 0 \tag{2.7}$$

其中，a_0 为除了外部经济其他可能影响企业生产效率的因素。

由于存在递增收益，消费者对多样化产品的偏好使得均衡时每种制造业商品均由一家垄断竞争厂商提供，且每种制造品生产还需一定的固定投入 f。则厂商生产 q_j 过程中需要的劳动总量为：

$$l_T = f + l_j = f + cq_j \tag{2.8}$$

其中，L_T 为厂商生产每种制造业产品使用的劳动总量；c 为边际劳动需求，结合式（2.6），$c = \frac{l^{\eta}}{\alpha_j}$。根据式（2.5）、式（2.6）、式（2.8），城市 j 中制造业厂商的利润表示为：

$$\pi = MP_j^{\frac{1}{\sigma}} (\alpha_j l_j^{1-\eta})^{\frac{\sigma-1}{\sigma}} - w_j f - w_j c \alpha_j l_j^{1-\eta} \tag{2.9}$$

其中，w_j为城市劳动力工资水平。对 l 求导得到一阶条件：

$$l_j = \frac{(1-\eta)(\sigma-1)}{\sigma} w_j^{-\frac{\sigma}{1+\sigma\eta-\eta}} MP_j^{\frac{1}{1+\sigma\eta-\eta}} \alpha_j^{\frac{\sigma-1}{1+\sigma\eta-\eta}} \tag{2.10}$$

此外，达到均衡时，由厂商利润最大化条件可得到城市中制造品的均衡价格：

$$p^* = \left(\frac{\sigma}{\sigma-1}\right)\frac{w_j l_j^{\eta}}{\alpha_j} \tag{2.11}$$

又因为均衡状态下厂商利润为零，均衡价格又可表示为：

$$p^* = \frac{w_j f}{q_j} + \frac{w_j l_j^{\eta}}{\alpha_j} \tag{2.12}$$

利用式（2.6）、式（2.11）和式（2.12）得到厂商雇用劳动量与固定投入之间的关系：

$$l_j = (\sigma-1)f \tag{2.13}$$

由于制造业总就业为所有厂商劳动力数量之和 $L_j = N_j l_T = N_j(l_j + f)$，同时结合式（2.7）、式（2.13），得到城市 j 制造业的总就业量为：

$$L_j = (1-\eta) a_0^{\frac{\sigma-1}{1+\sigma\eta-\eta}} N_j w_j^{-\frac{\sigma}{1+\sigma\eta-\eta}} MP_j^{\frac{1}{1+\sigma\eta-\eta}} S_j^{\frac{\lambda_1(\sigma-1)}{1+\sigma\eta-\eta}} D_j^{\frac{\lambda_2(\sigma-1)}{1+\sigma\eta-\eta}} PS_j^{\frac{\lambda_3(\sigma-1)}{1+\sigma\eta-\eta}} \tag{2.14}$$

令 $\Phi_0 = (1-\eta) a_0^{\frac{\sigma-1}{1+\sigma\eta-\eta}}$、$\phi = \frac{\sigma}{1+\sigma\eta-\eta}$、$\zeta = \frac{1}{1+\sigma\eta-\eta}$、$\varphi_1 = \frac{\lambda_1(\sigma-1)}{1+\sigma\eta-\eta}$、$\varphi_2 = \frac{\lambda_2(\sigma-1)}{1+\sigma\eta-\eta}$、$\varphi_3 = \frac{\lambda_3(\sigma-1)}{1+\sigma\eta-\eta}$，则有：

$$L_j = \Phi_0 N_j w_j^{-\phi} MP_j^{\zeta} S_j^{\varphi_1} D_j^{\varphi_2} PS_j^{\varphi_3} \tag{2.15}$$

3. 要素市场均衡与城镇化决定公式的推导

根据本章假设，城市总就业（L_T）为制造业部门和生产性服务部门就业综和，即 $L_T = L_j + L_s$，其中 L_s为生产性服务部门就业。根据霍伊特（Hoyt）模型，城市服务部门就业与总就业之间具有稳定的比例关系，假定二者比值为 κ，则有 $L_s = \kappa L_T$。经过适当替代和演算，我们可得到城市总就业与制造业就业之间的关系：

$$L_{T,j} = \frac{1}{1-\kappa} L_j, \quad 0 < \kappa < 1 \tag{2.16}$$

式（2.16）意味着当城市制造业部门就业增加时，总就业便会以 $\frac{1}{1-\kappa}$ 的倍数增加。

根据霍伊特（1939），假设城市总就业与城市非农人口（城市居民）之间有一个等于 f 的比例系数，则有：

$$P_{NA,j} = fL_{T,j}, \quad f > 1 \tag{2.17}$$

假设城市所有非农业人口均在城市居住，且城市中包含非农业人口在内的总人口为 P_T，则在式（17）两边同除以 P_T，可得到城镇化的决定方程：

$$Urban_j = \frac{P_{NA,j}}{P_{T,j}} = \frac{fL_{T,j}}{P_{T,j}} \tag{2.18}$$

结合式（2.15）、式（2.16）和式（2.18），可得到：

$$Urban_j = \Phi_1\left(\frac{N_j}{P_{T,j}}\right)w_j^{-\phi}MP_j^{\zeta}S_j^{\varphi_1}D_j^{\varphi_2}PS_j^{\varphi_3} \tag{2.19}$$

其中，$\Phi_1 = \frac{f\Phi_0}{1-\kappa}$。式（2.19）显示，城市中人均商品的种类或厂商数越多、劳动力工资水平越低①、由生产性服务业专业化或多样化集聚导致的技术溢出效应越强、生产性服务业空间集聚规模越大以及市场潜力越大，城镇化水平就越高。

（二）计量模型设定

理论分析显示城镇化是人均商品种类数、工资水平、生产性服务业空间集聚规模、生产性服务业专业化、多样化集聚和市场潜力的函数，即 $Urban_j = f(AD_j, w_j, S_j, D_j, PS_j, MP_j)$，计量方程可设置为：

$$\begin{aligned}\ln Urban_{jt} = {} & \theta_0 + \theta_1\ln AD_{jt} + \theta_2\ln w_{jt} + \gamma_1\ln S_{jt} + \gamma_2\ln D_{jt} \\ & + \gamma_3\ln PS_{jt} + \theta_3\ln MP_{jt} + \xi_{jt}\end{aligned} \tag{2.20}$$

---

① 城市制造业部门工资水平提高对城市化可能有两方面作用：一是对农村剩余劳动力的吸引力增强，农业剩余劳动力为追求更高收入不断向城市集聚，对城市化产生推动作用；二是提高了制造业部门生产成本，工资水平越高，企业为节省成本倾向于雇佣更少劳动力，不利于城镇化的实质性推进。我们认为，工资水平提高促进农业剩余劳动力在城市集聚是城市化推进的必要不充分条件，农业劳动力在城市真正就业并具备在城市生存的稳定条件才是城市化推进的实质所在。因而在同质劳动力假设条件下，工资水平提高将不利于城镇化的顺利推进。

其中，θ_0 为常数项；$\theta_{1\sim3}$ 和 $\gamma_{1\sim3}$ 为相应的弹性系数，且预期 $\theta_1>0$、$\theta_2<0$、$\theta_3>0$、$\gamma_{1\sim3}>0$；ξ_{jt} 为随机误差，反映了其他未知因素的影响。内外市场对经济活动空间分布的影响是近年来经济研究的热点，内外贸一体化成为转变外贸发展方式的必要途径（裴长洪等，2011），为体现内外市场的影响差异，本章将市场潜力分解为国内市场潜力（*DMP*）和国际市场潜力（*FMP*）。此外，考虑到数据可得性和相关区域经济文献的论述，已有普遍共识的影响城镇化水平的重要变量还包括外商直接投资、人力资本、城市交通条件、环境质量等。因此，以 *FDI* 表示外商直接投资、*EDU* 代表人力资本、*TRA* 代表交通条件、*ENV* 为城市环境质量，式（2.20）可重写为：

$$\ln Urban_{jt}=\theta_0+\theta_1\ln AD_{jt}+\theta_2\ln w_{jt}+\gamma_1\ln S_{jt}+\gamma_2\ln D_{jt}+\gamma_3\ln PS_{jt}+\theta_3\ln DMP_{jt}+\theta_4\ln FMP_{jt}+\theta_5\ln FDI_{jt}+\theta_6\ln EDU_{jt}+\theta_7\ln TRA_{jt}+\theta_8\ln ENV_{jt}+\xi_{jt} \tag{2.21}$$

式（2.21）便是本章要估计的计量方程。

四、变量测算与数据说明

除了个别数据严重缺失的城市外，本章样本为 2003～2010 年全国 284 个地级及以上城市。数据主要来自 2004～2012 年《中国城市统计年鉴》《中国区域经济统计年鉴》，价格指数来自 2001 年以来各省统计年鉴。下面是有关变量和测度的说明。

1. 生产性服务业空间集聚或空间可得性

生产性服务业通过上下游产业的关联效应或成本推动效应对最终部门、甚至经济增长产生积极影响，生产性服务业空间集聚（PS）规模越大，其规模经济效应就越明显。目前国外应用较多的产业集聚指标有基尼系数、艾萨德、赫芬达尔和泰尔指数以及 $\hat{\gamma}$ 指数，但由于数据可得性的限制，我们难以得到以这些方法测度的各城市生产性服务业集聚水平。我们借鉴库（Koo，2007）的方法，以该城市某种生产性服务业 s 就业密度与全国生产性服务业 s 总就业的比值来表示城市 j 生产性服务业 s 的集聚程度 g_{js}，即：

$$g_{js}=\frac{l_{js}}{l_{Cs}S_j} \tag{2.22}$$

其中 S_j 为该城市市辖区建成区面积，l_{js} 为城市 j 某种生产性服务业 s 的总就业量，l_{Cs} 为全国生产性服务业 s 的就业量。该指标同时考虑了生产性服务活动在部门和地区之间的分布方式。全国生产性服务业就业人口数据直接取自 2003～2012 年《中国统计年鉴》；城市市辖区建成区面积与制造业就业数据均来源于 2003～2012 年《中国城市统计年鉴》。

然而，传统集聚经济理论主张的生产性服务业规模经济效应仅限于本地区或城市本身（Marshall，1890）。实际上地域相邻的产业也可能产生协作关系：某一城市的生产性服务业集聚规模不仅取决于本市的制造业规模，而且还依赖于邻市的市场；同样，每一城市的制造业厂商不仅受益于本市生产性服务业的集聚，而且可能因邻市生产性服务业的集聚而降低成本（Ke et al.，2013）。我们令 g_{js} 为城市 j 中间服务行业 s 的规模，z_{ms} 为单位最终产出对某一中间服务行业的完全消耗系数，$\bar{z}_{ms}$ 为单位最终产出对全部中间服务行业的完全消耗系数。城市 j 受到的来自自身及其他所有城市生产性服务业集聚的影响可表示为：

$$PS_j = \sum_{v=1}^{V}\left[\left(\sum_{s} g_{vs}\frac{z_{ms}}{\bar{z}_{ms}}\right)\cdot d_{jv}^{-\delta}\right] \tag{2.23}$$

其中，V 为城市数，δ 为距离衰减参数，d_{jv} 为城市间的距离；z_{ms} 和 $\bar{z}_{ms}$ 的计算比较繁复，相关数据需从投入产出表中采集、计算。目前只有 2002 年、2005 年和 2007 年投入产出表，且各年投入产出表中行业标准不尽相同。首先，根据各年行业标准和我国城市分行业就业统计口径对原有表格进行拆分、合并和重新估算，得到 19 个行业投入产出基本流量表；其次，利用插值法补齐缺失年份的表格，然后，根据基本流量表计算 2002～2007 年 19 个行业直接消耗系数表（2008 年以后年份沿用 2007 年表格）。最后，根据公式 $\Omega=(I-A)^{-1}$ 计算各年完全消耗系数表，其中 I 为单位矩阵，A 为 19 个行业直接消耗系数矩阵。

2. 生产性服务业专业化集聚

根据学者们（Ezcurra，Pascual and Rapùn，2006）和李金滟、宋德勇（2008）对专业化指标的构建方法，生产性服务业专业化可表示为：

$$S_j = \sum_{s}\left|\frac{E_{js}}{E_j}-\frac{E'_s}{E'}\right| \tag{2.24}$$

其中，E_{js} 表示城市 j 生产性服务业中 s 产业的就业人数，E_j 表示城市 j 的就业人数，E'_s 表示除了城市 j 外全国 s 产业的就业人数，E' 表示除了城市 j 外全国的就业人数。

3. 生产性服务业多样化集聚

格拉泽等（Glaeser et al.，1992）采用除被研究产业之外就业人口前五位产业占总就业的份额来表示，该指标值越小，代表多样性程度越强。但该指标忽略了经济结构中各产业的重要性以及各产业与国家层面相比的多样性差异。为此，我们采用并改进了库姆斯（Combes，2000）的产业多样化指标，城市 j 的生产性服务业多样化集聚可以用改进的 H-H 系数（Herfindahl-Hirshman-index）来表示：

$$D_j = \sum_s \frac{E_{js}}{E_j}\left[\frac{1\Big/\sum_{s'=1,s'\neq s}^{n}(E_{js'}/(E_j - E_{js}))^2}{1\Big/\sum_{s'=1,s'\neq s}^{n}(E_{s'}/(E - E_s))^2}\right] \tag{2.25}$$

其中，D_j 表示 j 城市生产性服务业的总体多样化程度，该指标越大表示多样性程度越高；E_s 表示全国 s 产业的就业人数，E 表示全国的就业人数。当生产性服务业各部门所占劳动份额相同时，该指标达到最大值。在计量模型中，该指标的正参数表示存在雅各布斯技术外部性。

4. 国内市场潜力

市场潜力（DMP）反映了城市可能获得的整体的市场规模或空间中分布的需求因素（包括市场、收入等）对城市经济产生的影响。在市场潜力 $MP_j = \sum_v t_{jv}^{1-\sigma} I_v G_v^{\sigma-1}$ 中，由于我国没有公开发表的城市产品价格指数统计，奥和亨德森（Au and Henderson，2004）在研究中国城市集聚经济时将 G_j 略去；根据米德尔法特－克纳维克等（Midelfart-Knarvik et al.，2000）的研究，令 $t_{jv}^{1-\sigma} = d_{jv}^{-\delta}$。因此，国内市场潜力可表示为：

$$DMP_j = \sum_{v=1}^{n} \frac{I_v}{d_{jv}^{\delta}} + \frac{I_v}{d_{jj}^{\delta}} \tag{2.26}$$

其中，I_v 为城市对各种产品的消费支出，为了尽量表达新经济地理理论中的实际市场潜力概念，本章以城市市辖区实际发生的社会消费品零售总额（万元）近似衡量当地有效需求；d_{jj} 为城市内部距离。

5. 国际市场潜力 *FMP*

各城市不仅受到国内其他城市市场的影响，还会受到国际市场的作用，国际市场潜力可表示为：

$$FMP_j = \frac{I_{jF}}{d_{j,port}^{\delta}} \tag{2.27}$$

其中，I_{jF} 为城市 j 面临的有效国际市场需求，以该城市（市辖区）实际出口额来表示。我国城市年鉴中没有出口额统计，但可通过计算得到各城市外商直接投资（Foreign Direct Investment，FDI）存量数据，因而首先以每个城市FDI存量占全国FDI总量的比例表示每个城市分得的国外市场份额，然后以此份额乘以全国出口总额近似得到每个城市的出口额，以此表示城市的有效国外市场规模。$d_{j,port}$ 为城市 j 到最近的沿海港口①的距离。该指标衡量了城市临近国际市场的程度。

6. 其他变量

城镇化水平（*Urban*）用城市非农业人口比例表示。市辖区总人口和非农业人口（万人）数据直接取自《中国城市统计年鉴》。各行业就业人数为单位从业人员数（万人），数据直接取自历年《中国城市统计年鉴》。在计算生产性服务业空间溢出变量时，参考韩峰、王琢卓等（2011），并根据我国城市分行业就业统计口径，把19个行业中的电力煤气供水、建筑、交通运输仓储邮政、信息传输计算机服务和软件、批发零售、金融、租赁和商业服务、科技服务和地质勘查、水利环境和公共设施管理九个行业合并代表生产性服务业。人力资本（*EDU*）以中学和大学在校人数占总人口比重表示。城市交通状况或可达性（*TRA*）与路网情况有关，用城市市辖区单位建成区面积上道路长度（公里/平方公里）近似表示。城市中最终部门厂商数量以市辖区地级及以上城市工业企业数近似表示。城市环境质量（*ENV*）主要与工业废水、废气及烟尘的排放量、城市绿化水平有关。本章以市辖区工业废水排放量（万吨）、二氧化硫排放量（吨）、工业烟尘排放量（吨）和建成区绿化覆盖率（%）来表示城市环境质量。首先对以上环境质量中的正向指标和逆向指标分别进行标准化处理，进而采用主成分分析法得到环境质量综合指数（*EVI*）②，该

① 我国的主要沿海港口城市有：东北地区的丹东、大连、营口、锦州，华北地区的秦皇岛、唐山、天津，山东半岛的烟台、威海、青岛江浙地区的连云港、镇江、南通、宁波、上海，福建省的福州和厦门，广东省的汕头、深圳、广州、中山、珠海、湛江以及海南省的海口和三亚。

② 由于篇幅所限，本书未将主成分分析的详细过程列出，欢迎来函索取全部详细统计结果。其中正向指标为建成区绿化覆盖率，逆向指标为市辖区工业废水排放量、二氧化硫排放量、工业烟尘排放量。

指数越大代表城市环境质量状况越好。

FDI 存量的数据准备比较繁复。*FDI* 存量从 2000 年开始计算。假设 2000 年存量是当年吸收 FDI 的三倍（取值大小对几年以后的存量影响并不大），后续各年 FDI 存量用每年实际使用 FDI 和公式 $F_{i,t}=(1-\delta)F_{i,t-1}+FDI_t/\omega_{i,t}$ 累计。其中 $F_{i,t}$ 是市辖区 FDI 存量；δ 是年折旧率，设其为 5%；FDI_t 是市辖区实际外商直接投资；因为没有公开发表的各城市资本价格指数，$\omega_{i,t}$ 是城市所在省的累积资本价格指数。以美元计算的 FDI 流入量按当年平均兑换率换算成人民币数值。由于我国实际利用 FDI 数量每年增长近 20%，2003 ~ 2011 年的 FDI 存量数据应与实际累计利用外资数量比较接近。所有货币价值的数据以 2003 年不变价计算。

利用城市中心坐标和距离公式 $\Omega\times\arccos(\cos(\alpha_j-\alpha_v)\cos\beta_j\cos\beta_v+\sin\beta_j\sin\beta_v)$ 可以计算城市间距离 d_{jv}，式中 Ω 为地球大弧半径（6378 公里），α_j、α_v 为两市中心点经度，β_j、β_v 为两市中心点纬度。为了不遗漏城市本身的影响，同时避免 $d_{jj}=0$ 出现在分母中，本章参照以往文献（Head and Mayer，2004；2006），令 $d_{jj}=(2/3)R_{jj}$，其中 R_{jj} 为城市半径，本章利用城市市辖区建成区面积数据（A）计算得到 $R_{jj}=\pi^{-1/2}A^{1/2}$，并设衰减参数 σ 等于 1 和 2（顾朝林，庞海峰，2008）。根据集聚经济外部性的作用范围和文献中的经验研究结果（Ke，2010），以 100 公里距离作为城市间生产性服务业空间外部性的作用范围。由于产品市场范围可以遍及各地，国内市场潜力变量计算包括全国范围。$d_{j,port}$ 的计算分两种情况：对于非港口城市，分别计算每个城市到每个港口的距离，将每个城市与最短距离的港口城市进行配对，并以此最短距离作为城市获得国外需求的距离；对于港口城市，我们以城市半径作为城市到国外需求的距离。表 2 - 1 报告了我国地级及以上城市各空间变量及其他变量的样本统计值。

表 2 - 1 我国地级以上城市生产性服务业集聚与城镇化等变量的样本统计值

变量	均值	标准差	最小值	最大值
城镇化水平（*Urban*）	0.3373	0.2400	0.0341	0.9916
人均商品种类数（*AD*）（个/万人）	3.2301	4.0474	0.0002	34.6719
工资水平（*w*）（元）	19838.7506	7666.4951	1895.1476	134432.0707
生产性服务业专业化集聚（*S*）	0.4889	0.2018	0.1100	1.8200
生产性服务业多样化集聚（*D*）	0.9309	0.2178	0.3500	1.8900

续表

变量	均值	标准差	最小值	最大值
生产性服务业空间集聚规模（*PS*）（$\delta=1$）	2.4603	4.3065	0.0096	49.1872
生产性服务业空间集聚规模（*PS*）（$\delta=2$）	0.3697	2.6971	0.0017	12.5149
国内市场潜力（*DMP*）（$\delta=1$）	7823154.9200	7883464.0900	115384.2500	56406033.5300
国内市场潜力（*DMP*）（$\delta=2$）	2478964.0700	3054827.3800	96187.2200	27165748.8700
国际市场潜力（*FMP*）（$\delta=1$）	346858837.9000	1060545077.0000	8381023.9000	9318977262.0000
国际市场潜力（*FMP*）（$\delta=2$）	116781612.7600	363547824.0000	2783465.5900	3601523753.0000
外商直接投资（*FDI*）（万元）	1553682.1400	4703119.5800	0.0000	55637780.0800
人力资本（*EDU*）	0.1067	0.1291	0.0119	5.9686
交通条件（*TRA*）（公里/平方公里）	7.2195	4.7173	0.5725	61.5625
城市环境质量（*ENV*）	5.5497	0.7120	0.0478	8.6728

资料来源：作者计算而得。

五、计量检验与结果分析

（一）计量模型选择

进行计量估计之前首先要选择适宜的面板数据模型。本章顺序使用 F－统计量、LM 检验和 Hausman 检验方法分别检验模型不具有固定效应、个体随机效应和具有随机效应的三个原假设。首先，包括城市和年份固定效应的方程估计表明两式不具有个体效应假设下的 F－统计量都远大于任何可接受的临界值，即拒绝原假设，方程中必含有时间和年份的个体效应。其次，LM 检验强烈拒绝“不存在个体随机效应”的原假设，即在“混合效应”与“随机效应”之间，应选择“随机效应”模型。最后，Hausman 检验显示，检验统计量大于可接受临界值，随机效应原假设成立的概率 P＝0.0000，Hausman 检验拒绝随机效应原假设，方程宜采用固定效应计量模型。此外，每个城市均有 8 年的观测值，因而误差项可能存在自相关。式（2.21）的误差项受到可观测值的影响，因而模型估计中可能会存在异方差问题。在接下来的分析中，我们用 Wooldridge test 检验面板数据自相关、LR 检验来检验异方差。表 2－2 列出了式（2.21）的检验结果。

表 2－2　　计量模型检验结果

检验类型	原假设	检验统计量	伴随概率	结论
F 检验（固定效应检验）	不具有固定效应	462.6900	0.0000	拒绝原假设
LM 检验	不存在随机效应	184.7000	0.0000	拒绝原假设
Hausman 检验	采用随机效应模型	90.4600	0.0000	拒绝原假设
Wooldridge 检验	不存在自相关	18.7750	0.0000	拒绝原假设
LR 检验	不存在异方差	1377.1800	0.0000	拒绝原假设

资料来源：作者利用 Stata 软件估计而得。

表 2－2 的检验结果显示，式（2.21）的估计应采用固定效应面板模型且存在年份和城市双向固定效应；同时，检验结果还显示式（2.21）误差项存在一阶自相关，个体间误差项亦存在异方差。因此可用固定效应的可行的广义最小二乘法（FGLS）来估计个体间的误差项存在自相关和异方差的情况。然而，根据区域和城市经济学原理，不仅生产性服务业专业化集聚、多样化集聚和空间集聚规模有利于增强城市吸引力、促进城镇化，而且城镇化的进一步推进也必将促进产业结构进一步提升，对生产性服务业集聚也具有加强作用。因而生产性服务业集聚与城镇化之间可能存在联立内生性。此外，最终市场的空间作用与城镇化之间也可能具有类似的联立内生性问题。出于数据可得性，我们在设置计量模型时也遗漏了诸如制度因素、自然条件、资源禀赋等变量，这些变量可能致使相关解释变量与随机扰动项之间存在相关性。此时无论使用固定效应、随机效应模型还是 FGLS 模型，可能都会导致估计系数有偏和不一致。为了得到无偏、一致的估计量，可采用工具变量法或广义矩（GMM）估计。但是正如祝树金、戢璇等（2010）所言，工具变量法的估计在很大程度上依赖于工具变量选取，而对于不同变量和模型，很难找到合适的工具变量，这将影响模型的稳健性。因此，本章采用面板 GMM 进行估计。面板 GMM 估计方法更适合于“大 N 小 T”特征的微观数据，其估计偏误在 T（时间）固定情况下，随着 N（截面）的增加而减小，本章采用 2003～2010 年 284 个地级及以上城市的面板数据，样本结构符合以上特

征。另外，由于差分 GMM 估计量的有限样本特性较差，尤其是当滞后项和随后的一阶差分项存在非常弱的相关性时，工具变量较弱（Roodman, 2006），此时采用系统广义矩估计更有效、偏差也更小。本章试采用系统 GMM 法解决变量的内生性问题。

（二）计量模型的初步估计结果

为了便于比较和检验各变量参数估计的稳健性，本章采用系统 GMM 进行估计的同时，还列出了混合效应、随机效应、固定效应模型、面板 FGLS 模型的估计结果。表 2－3 报告了衰减参数为 1 时生产性服务业专业化集聚、多样化集聚以及空间集聚规模对城镇化的面板估计结果①。

表 2－3　生产性服务业集聚和市场潜力影响城镇化的面板估计结果

变量	Pooled OLS	RE	FE	面板 FGLS	系统 GMM
lnAD	0.0162 (1.25)	0.0068 (1.31)	0.0081 (1.37)	0.0376 * (1.75)	0.0154 ** (2.30)
ln$w$	−0.1913 *** (−9.51)	−0.0419 *** (−4.68)	−0.0397 *** (−4.50)	−0.0464 *** (−5.69)	−0.1378 *** (−3.35)
ln$S$	−0.0826 * (1.68)	−0.0058 (−0.78)	−0.0063 (−0.86	0.0181 ** (2.22)	0.0722 ** (2. 49)
ln$D$	−0.2968 *** (−5.08)	−0.0034 (−1.30)	−0.0029 (−0.48)	0.0106 (1.37)	0.0311 * (1.85)
lnPS	0.1615 *** (4.39)	0.0128 * (1.95)	0.0289 * (1.73)	0.0563 *** (8.73)	0.1914 *** (4.81)
lnDMP	−0.2609 *** (−9.62)	0.0207 ** (2.19)	0.0299 *** (3.06)	0.0516 ** (2.24)	0.1222 *** (2.67)
lnFMP	0.0700 *** (6.81)	0.0626 *** (3.32)	0.0735 ** (2.51)	0.0556 *** (4.39)	0.0565 * (1.80)

① 我们还估计了衰减参数为 2 时的情况，在众多估计结果中，$\sigma=2$ 的参数估计的显著性及模型拟合度均不及 $\sigma=1$ 时的情况。限于篇幅，本书未列出生产性服务业空间集聚变量衰减参数为 2 时的面板估计结果，欢迎有兴趣的读者来函索取详细检验结果。

续表

变量	Pooled OLS	RE	FE	面板 FGLS	系统 GMM
ln*FDI*	0.0146 *** (3.30)	0.0280 *** (5.62)	0.0346 *** (6.32)	0.0315 *** (9.73)	0.0180 ** (2.33)
ln*EDU*	0.2923 *** (3.96)	0.0217 * (1.82)	0.0058 (1.48)	0.0921 *** (7.94)	0.1779 *** (2.61)
ln*TRA*	0.1680 ** (2.46)	0.0165 (1.02)	0.0022 * (1.87)	0.0364 *** (5.20)	0.0427 * (1.69)
ln*ENV*	-0.0844 (-1.36)	-0.0292 * (-1.89)	-0.0265 (-1.54)	-0.0017 (-1.13)	0.0663 ** (1.98)
Cons	-5.7203 *** (-2.69)	-3.3595 ** (-2.39)	-3.6128 ** (-2.28)	-3.0223 *** (-5.30)	-3.8200 ** (-2.27)
R^2	0.2355				
Within R^2		0.1838	0.1852		
Std dev (*u*)		0.5925	0.6860		
Std dev (*e*)		0.0792	0.0792		
Wald 检验				7642.84 [0.0000]	5341.81 [0.0000]
Sargan 检验					96.846 [0.861]
Hansen 检验					82.94 [0.389]
Arellano-Bond AR (1) test					-2.91 [0.004]
Arellano-Bond AR (2) test					-0.08 [0.935]
样本数	2272	2272	2272	2272	2272

注：本章系统 GMM 估计采用“xtabond2”程序完成，均为 twostep；内生变量为：lnS、lnD、lnPS、lnDMP、lnFMP；圆括号中系统 GMM 估计为 *z* 统计值，其他估计方法为 *t* 统计值，方括号中为统计量的伴随概率；*** 表示在 1% 水平上显著，** 表示在 5% 水平上显著，* 表示在 10% 水平上显著。此外，限于篇幅，本章在固定效应和面板 FGLS 估计中未列出年份和城市固定效应。

资料来源：根据 Stata 软件估计而得。

首先，探讨各控制变量的参数估计。各方程中万人厂商数（即商品种类）对城镇化的参数估计显著为正，但仅在面板 FGLS 和系统 GMM 估计中通过显著性检验，说明在控制了模型本身存在的自相关、异方差，尤其是内生性问题后，该参数估计变得更加合理，符合产品多样性偏好促使消费者在城市集聚，进而促进城镇化的理论预期。各方程中劳动工资的参数估计均显著为负，意味着面对劳动力成本提升，厂商出于降低成本考虑，倾向于雇佣较少劳动力，恶化了劳动力在城市的生存条件，从而抑制了城镇化推进。国内市场潜力（lnDMP）参数估计在各方程中差异较大，其中在混合效应 OLS 回归中显著为负，控制了随机效应、固定效应及异方差和自相关后，其参数估计显著为正，而在进一步控制内生性后，系统 GMM 的参数估计显著为正，且估计值明显高于随机效应、固定效应和 FGLS 的情况。各方程中外商直接投资的参数估计也显著为正，与预期相符，外资分布越是密集的城市，厂商能够更便捷地获得所需资本补给和先进技术，就越有能力为农业转移人口创造更多就业机会。多数方程中人力资本在各显著水平上均有利于城镇化，说明地区人力资本提升有利于增强农村转移人口的教育、技能水平以及自身素质的提升，增强其在城市的生活生存能力，从而促进城镇化进程。多数方程中交通条件（路网密度）的改善对城镇化作用显著为正，表明城市路网的改善有利于降低交易成本、提高劳动生产率，增强城市对农业人口的吸纳能力。系统 GMM 估计中生态环境质量的参数估计为正且通过显著性检验，意味着在目前的城镇化阶段，城市环境质量问题在多数城市中已引起人们的高度关注，农村剩余劳动力除因城市中较为发达的工业和较高的劳动生产率而倾向于在城市集聚外，还会因是否拥有城市健康的工作、生活环境而改变进程意愿。

其次，分析市场潜力以及生产性服务业专业化集聚、多样化集聚及其空间集聚规模在城镇化推进中的作用。多数情况下国内市场潜力的正参数估计意味着我国各级城市彼此之间互为市场，市场规模扩大促使人口和经济活动向具有高市场潜力的地区集聚，推进城镇化。国际市场潜力在各方程中的参数估计为正，说明扩大对外开放将有利于城镇化的进一步推进。反映生产性服务业集聚方式的专业化集聚（ln$S$）与多样化集聚（ln$D$）的参数估计在各方程中变化较大。其中生产性服务业专业化集聚在混合效应、随机效应和固定效应方程中的参数估计均与预期相悖，而控制了异方差、自相关与内生性后的参数估计均与预期相符，且系统 GMM 估计结果在显著性与参数估计值方面均优于面板 FGLS；生产性服务业多样化集聚的参数估计在面板 FGLS 与系统 GMM 估计中均为正，但仅在系统 GMM 方程中显著。可见，生产性服务业专业化和多样化集聚的参数估计在控制内生性后均得到明显改善。系统 GMM

方程中生产性服务业专业化和多样化集聚显著为正的参数估计意味着，生产性服务业专业化集聚和多样化集聚通过供给方面的技术溢出效应对城镇化产生明显促进作用，且专业化集聚的作用更为明显。这不仅印证了马歇尔外部性和雅各布斯外部性在生产性服务业集聚中的存在性，而且揭示了在目前城镇化进程中生产性服务业专业化集聚的突出作用。生产性服务业专业化集聚和劳动分工的进一步深化有力地促进了经济个体间的相互学习、交流与合作，不仅促使生产性服务业本身提高了生产效率，而且有利于改善城市投资经营环境、降低交易成本、加强不同产业间厂商的技术交流与合作，提高城市技术水平和劳动生产率，促进厂商和人口在城市集聚，有效推进城镇化。

生产性服务业空间集聚规模的参数估计无论在混合效应、固定效应、随机效应模型还是在面板 FGLS、系统 GMM 模型中均显著为正，且在面板 FGLS 和系统 GMM 估计中的显著性达到 1%，表明城市间生产性服务业集聚通过投入产出关联产生的空间规模经济效应对城镇化推进具有很强的解释力。一方面，城市间密切的经济联系可为生产性服务业创造巨大的需求空间，有利于中间服务品生产实现规模经济；另一方面，生产性服务业的规模经济降低了最终部门（主要是制造业）生产成本，促进最终产品部门规模扩大和新的最终厂商的集聚。这一结果与改进的新经济地理模型——垂直关联模型（Krugman and Venables，1995；Venables，1996）的结论基本一致，该模型认为基于投入产出关系的前后向关联效应将使生产性服务业与制造业集中于同一区位。生产性服务业与最终部门的协同集聚不仅可为城市新增劳动力和农业转移人口创造更多就业机会，而且有利于劳动力的跨城市就业、促进不同规模城市城镇化的协同发展。这意味着我国 100 公里范围内多数城市之间已建立起生产性服务链接的供应链体系，并通过这一供应链体系形成城镇化推进的协同效应。因此，充分利用城市之间在产业和市场需求方面的互补性、有效发挥以生产性服务为纽带的上下游产业之间的关联效应对于形成优势互补、良性互动的城镇化发展格局具有重要意义。

可见，生产性服务业集聚主要通过技术溢出效应和基于投入产出关联的空间规模经济效应推进城镇化。技术溢出效应又称为技术外部性，反映了生产发展中要素供给的作用，而空间规模经济效应又称为市场外部性，揭示了生产发展中市场机制的作用。二者在解释城镇化推进中相辅相成、具有互补性。生产性服务业集聚正是通过要素和市场的综合作用推动经济活动和人口空间集聚、进而城镇化。

（三）内外市场共同作用下生产性服务业集聚对城镇化的影响

为分析国内市场与国际市场作用下生产性服务业集聚的作用差异，本章在式（2.21）的基础上加入生产性服务业集聚变量与国内、国际市场潜力的交叉项，从而得到式（2.28）：

$$\begin{aligned}\ln Urban_{jt} = {} & \theta_0 + \theta_1 \ln AD_{jt} + \theta_2 \ln w_{jt} + \gamma_1 \ln S_{jt} + \gamma_2 \ln D_{jt} + \gamma_3 \ln PS_{jt} + \theta_3 \ln DMP_{jt} \\ & + \theta_4 \ln FMP_{jt} + \theta_5 \ln FDI_{jt} + \theta_6 \ln EDU_{jt} + \theta_7 \ln TRA_{jt} + \theta_8 \ln ENV_{jt} \\ & + z_1 \ln S_{jt} \times \ln DMP_{jt} + z_2 \ln D_{jt} \times \ln DMP_{jt} + z_3 \ln PS_{jt} \times \ln DMP_{jt} \\ & + z_4 \ln S_{jt} \times \ln FMP_{jt} + z_5 \ln D_{jt} \times \ln FMP_{jt} + z_6 \ln PS_{jt} \times \ln FMP_{jt} + \xi_{jt}\end{aligned} \tag{2.28}$$

其中，$z_1 - z_6$为交叉项系数。表2－4报告了式（2.28）的系统GMM估计结果。

表2－4　内外市场共同作用下生产性服务业集聚对城镇化的作用效果

变量	（1）	（2）	（3）	（4）	（5）	（6）
$\ln AD$	0.0085 （1.39）	0.0051 （1.03）	0.0057** （2.25）	0.0106* （1.73）	0.0347** （2.18）	0.0119** （2.11）
$\ln w$	－0.0480* （－1.91）	－0.0028* （－1.68）	－0.0025* （－1.79）	－0.0019** （－2.53）	－0.0627** （－2.19）	－0.0208* （－1.70）
$\ln S$	0.0634** （－2.24）	0.0570** （－2.43）	0.0502** （2.27）			0.0480*** （2.75）
$\ln D$	0.0214* （1.94）	0.0254* （1.82）		0.0332 （1.57）		0.0291* （1.84）
$\ln PS$	0.0563** （2.35）	0.0271** （2.25）			0.0132*** （2.69）	0.0344** （2.22）
$\ln DMP$	0.0706** （2.18）		0.0053** （2.49）	0.0126 （1.35）	0.0323** （2.12）	0.0347** （2.26）
$\ln FMP$		0.0115*** （4.93）	0.0189*** （4.30）	0.0369*** （5.07）	0.0452*** （3.86）	0.0110* （6.89）
$\ln S \times \ln DMP$	0.0077** （2.16）		0.0073** （2.02）			0.0098** （1.96）
$\ln D \times \ln DMP$	－0.0058 （－1.03）			0.0057 （1.34）		0.0055 （0.89）

续表

变量	(1)	(2)	(3)	(4)	(5)	(6)
lnPS × lnDMP	0.0054 (1.54)				0.0076 ** (2.09)	0.0143 * (1.79)
lnS × lnFMP		0.0046 ** (2.32)	0.0031 (1.64)			0.0065 *** (4.31)
lnD × lnFMP		0.0030 * (1.84)		0.0021 ** (2.21)		0.0059 *** (2.85)
lnPS × lnFMP		-0.0014 ** (-2.13)			-0.0087 (-1.16)	-0.0090 * (-1.88)
lnFDI	0.0019 * (1.91)	0.0280 *** (3.76)	0.0307 *** (2.88)	0.0310 ** (2.18)	0.0280 * (1.83)	0.0235 *** (2.59)
lnEDU	0.0164 ** (2.40)	0.0240 *** (3.66)	0.0160 ** (2.38)	0.0159 *** (2.21)	0.0129 * (1.73)	0.0238 *** (4.24)
lnTRA	0.0025 (1.64)	0.0020 (1.49)	0.0125 ** (2.43)	0.0143 * (1.70)	0.0539 * (1.91)	0.0394 ** (2.12)
lnENV	0.0147 *** (3.86)	0.0168 *** (5.43)	0.0163 *** (4.27)	0.0176 *** (4.99)	0.0164 *** (4.62)	0.0182 *** (5.95)
Cons	-0.1122 ** (-2.06)	-0.3016 *** (-5.64)	-0.2673 *** (-3.85)	-0.1695 *** (-3.57)	-0.0932 * (-1.95)	-0.3079 *** (-5.55)
Wald 检验	5922.87 [0.0000]	7551.57 [0.0000]	6209.49 [0.0000]	6348.54 [0.0000]	5802.78 [0.0000]	5719.98 [0.0000]
Sargan 检验	67.647 [0.836]	65.29 [0.883]	54.58 [0.793]	56.65 [0.732]	53.24 [0.829]	78.20 [0.908]
Hansen 检验	77.581 [0.349]	81.37 [0.407]	73.21 [0.370]	69.81 [0.402]	78.25 [0.436]	80.32 [0.419]
Arellano-Bond AR (1) test	-2.60 [0.009]	-2.59 [0.009]	-2.59 [0.010]	-2.60 [0.009]	-2.57 [0.010]	-2.61 [0.009]
Arellano-Bond AR (2) test	-0.41 [0.680]	-0.42 [0.673]	-0.408 [0.683]	-0.452 [0.651]	-0.441 [0.659]	-0.44 [0.659]
样本数	2272	2272	2272	2272	2272	2272

注：本章系统 GMM 估计采用“xtabond2”程序完成；所有回归模型均为 twostep；内生变量为：lnS、lnD、lnPS、lnDMP、lnFMP；圆括号中系统 GMM 估计为 z 统计值，方括号中为统计量的伴随概率；*** 表示在 1% 水平上显著，** 表示在 5% 水平上显著，* 表示在 10% 水平上显著。

资料来源：作者利用 Stata 软件估计而得。

根据表 2－4 各检验统计量，我们有理由接受残差无自相关、工具联合有效的原假设，工具选择是合理的。各控制变量中，万人厂商数、劳动工资、外商直接投资、人力资本和交通条件的回归系数的符号和显著性与表 2－3 中基本一致，城市生态环境质量也具有显著为正的参数估计。国际市场潜力、国内市场潜力的参数估计的显著性有所降低，但仍对城镇化具有显著影响，说明方程中生产性服务业空间集聚变量与国内、国际市场潜力交叉项的引入，使得国际、国内市场对城镇化的作用有所削弱，进一步印证了国际、国内市场通过影响生产性服务业空间组织方式作用于城镇化的预期。

引入交叉项后，生产性服务业专业化集聚、多样化集聚和空间集聚规模的参数估计的系数值和显著性与表 2－3 基本一致，多数情况下均对城镇化具有明显促进作用。我们重点关注生产性服务业集聚与国际、国内市场交叉项的参数估计。在考察交叉项对城镇化影响时，我们不仅借助变量本身的 t 检验值来判断每个变量的显著性，还结合生产性服务业集聚本身及其与国内外市场交叉项系数的联合检验（F 检验）来断定变量的显著性。从表 2－4 可以看出，国际、国内市场均增强了生产性服务业专业化集聚的本地技术溢出效应，但国内市场的作用效果更为明显；国际市场对生产性服务业多样化集聚的本地技术溢出效应具有强化作用，但国内市场的作用不显著[①]。这一结果意味着，与国际市场相比，依靠国内市场、开拓和扩大国内市场的广度与深度更有利于生产性服务业实现专业化经营，通过深化分工，以专业化的集聚模式有效发挥生产性服务业集聚的技术溢出效应，推进生产性服务业与整个城市产业部门的融合发展，进而推进城镇化；而临近国际市场的城市往往具有相对发达、发展较为成熟的产业部门，各产业部门不仅种类繁多而且结构较为合理，多样化的生产性服务业集聚模式则更易于满足制造业对多样化生产性服务的需求，有效发挥其对城市经济部门的空间技术溢出效应，进而提高劳动生产率、增加城市就业机会，促进城镇化的有效推进。

表 2－4 第（1）列中生产性服务业空间集聚规模与国内市场潜力交叉项参数估计的 t 检验值未通过显著性检验，但生产性服务业空间集聚规模及其与国内市场交叉项系数的联合显著性检验的 F 统计量为 40.71，伴随概率为 0.0000，

① 尽管表 2－4 第（4）列中生产性服务业多样化集聚本身参数估计的 t 检验值仅为 1.57，未通过显著性检验，但生产性服务业多样化集聚及其与国际市场交叉项系数的联合显著性检验的 F 统计量为 38.52，伴随概率为 0.0000，在 1% 水平通过检验，同样说明国际市场对生产性服务业多样化集聚作用效果的强化作用。

在1%水平通过检验。综合生产性服务业空间集聚规模与国内、国际市场交叉项的参数估计可以看出，国内市场有助于生产性服务业集聚空间规模经济效应的发挥，而多数情况下国际市场却抑制了这一效应对城镇化的作用效果。这就意味着，当企业更容易受到国际市场影响时，其更倾向于利用国际生产组织的低成本优势来组织生产，企业之间以及不同城市企业之间基于专业分工协作的市场交易安排和生产性服务多数依靠境外公司或外商直接投资企业来提供，不易形成或缺乏动力形成依靠专业化分工的生产性服务连接和协调的供应链体系，从而降低国内生产性服务与制造业企业之间投入—产出关联和空间规模经济效应对城镇化的推动作用。这一结论与裴长洪等（2011）的研究基本一致，他们在分析外贸转变方式中认为，我国沿海发达地区实行专业化分工的企业集群未能建立起企业自主的供应链管理体系，主要原因在于其专业化分工协作的交易安排主要由境外公司或跨国公司主导，不仅是被动型的专业化分工协作，而且许多服务环节也是由境外公司提供，未能在境内发展起服务供应商，降低了企业应对外部风险的能力。而国内市场的进一步开拓和内需扩大促使制造业企业不断深化分工、优化结构，不断扩大对生产性服务的需求，迫切需要立足本地市场构建生产性服务便捷供给的有效机制。依托本地市场发展生产性服务供应商，对于加强本地企业乃至不同城市企业之间的投入—产出关联、充分发挥生产性服务业集聚的空间规模经济效应都具有重要作用。可见，城镇化进程中国内、国际市场整体上对生产性服务业空间规模经济效应的影响具有替代性。

（四）生产性服务业集聚影响城镇化的分地区估计结果

由于各地区在产业结构、经济活动空间分布及其面临的国际、国内市场存在明显差异，生产性服务业集聚对城镇化的作用方式和影响效果亦可能存在明显不同，因而我国对不同地区的城市样本分别进行估计。由于东北地区样本较小，我们根据2005年全国经济普查对东中西部地区的划分标准，将辽宁归入东部地区，吉林和黑龙江划入中部地区①。分地区城市样本的估计结果见表2-5。

① 我们把全国（不含港澳台地区）分成东、中、西三个地区。考虑到东北地区数据量小，把比较发达的辽宁并入东部地区，吉林和黑龙江并入中部地区。因而，东部地区包括北京、福建、广东、海南、河北、江苏、辽宁、山东、上海、天津和浙江11个省市，中部地区包括安徽、河南、黑龙江、湖北、湖南、吉林、江西和山西8个省份，西部地区包括广西、贵州、内蒙古、宁夏、青海、陕西、甘肃、四川、新疆、云南和重庆和西藏12个省份，全书同。

表 2-5　　东中西部地区样本的系统 GMM 估计结果

变量	东部地区		中部地区		西部地区	
	参数估计	z 统计值	参数估计	z 统计值	参数估计	z 统计值
ln*AD*	0.0897***	9.77	0.0069***	3.57	0.0180***	4.93
ln*w*	0.0225***	6.25	-0.0128***	-5.08	-0.0042**	-2.26
ln*S*	0.0465**	2.39	0.0350*	1.93	0.0319***	6.06
ln*D*	0.0236***	7.97	0.0105***	3.76	0.0196*	1.78
ln*PS*	0.0524***	7.33	0.0376*	1.86	0.0969***	5.01
ln*DMP*	0.0354***	6.98	0.0331***	8.23	0.0117***	5.49
ln*FMP*	0.0064***	3.25	0.0331***	5.45	0.0019	0.52
ln*S*×ln*DMP*	-0.0080	-0.66	0.0029***	8.16	0.0057***	8.79
ln*D*×ln*DMP*	-0.0397***	-6.81	0.0025***	6.22	-0.0021	-0.90
ln*PS*×ln*DMP*	0.0059***	7.21	0.0074***	5.74	0.0055***	5.24
ln*S*×ln*FMP*	0.0011***	4.49	0.0013***	6.25	0.0010**	2.39
ln*D*×ln*FMP*	0.0382***	7.28	0.0016***	6.22	0.0041	1.04
ln*PS*×ln*FMP*	0.0037***	2.91	-0.0027	-0.69	-0.0043***	-3.76
ln*FDI*	0.0127***	9.19	0.0129***	2.66	0.0153***	3.91
ln*EDU*	0.0527***	8.88	0.1251***	9.36	0.0059***	6.17
ln*TRA*	0.0034**	2.51	0.0370***	7.41	0.0070**	2.39
ln*ENV*	0.0022	1.28	0.0162***	2.76	0.0184***	9.30
Cons	-0.1642**	-2.06	-0.4244***	-3.31	-0.2376***	-3.16
统计检验	统计量	伴随概率	统计量	伴随概率	统计量	伴随概率
Wald 检验	8331.31	0.0000	9651.27	0.0000	8563.74	0.0000
Sargan 检验	71.62	0.970	92.88	0.571	61.04	0.898
Hansen 检验	91.39	0.557	80.16	0.845	66.16	0.987
Arellano-Bond AR（1）test	-1.39	0.167	-2.35	0.019	-2.16	0.030
Arellano-Bond AR（2）test	-1.02	0.308	-0.91	0.692	-1.34	0.182
样本数	707		707		574	

注：本章系统 GMM 估计采用“xtabond2”程序完成；所有回归模型均为 twostep；内生变量为：lnS、lnD、lnPS、lnDMP、lnFMP；*** 表示在 1% 水平上显著，** 表示在 5% 水平上显著，* 表示在 10% 水平上显著。

资料来源：作者通过 Stata 软件估计可得。

估计结果中均给出了检验方程联合系数显著性的 Wald 统计量、检验残差自相关的 AR（1）、AR（2）统计量和检验工具联合有效性的 Sargan 统计量及其对应的 p 值。可以看出，我们有理由拒绝各模型联合系数为零的原假设和接受残差无自相关、工具联合有效的原假设，工具选择是合理的。

各控制变量中，万人厂商数对三地区制造业集聚均具有明显正向作用，且以东中部地区估计值更为显著；劳动工资对城镇化的作用在东部地区为正，中西部地区为负，意味着东部地区厂商密集且具有较高劳动生产率，不仅能够吸引农村剩余劳动力向城市转移，而且能够为其提供充足就业机会，从而劳动工资提高有效推进了城镇化进程，而中西部地区生产率较低且产业发展更多依赖于低廉劳动力等传统比较优势，劳动力价格提高更多地促使厂商减少劳动力需求，不利于城镇化进程推进。国内市场潜力对城镇化的影响由东向西依次递减，从而说明我国东部地区城市密集、互为市场，扩大的空间市场有利于充分发挥规模经济效应，而越到内陆地区城市分布越分散，彼此联系越少，受限的市场空间不利于规模经济效应的有效发挥。国际市场潜力对城镇化的作用在中部地区最大、东部次之、西部最小，意味着东部城市已经比较充分地利用了国际市场潜力，逐步消化了比较优势，难以继续依赖国际市场获得经济增长。中部城市因发展较晚，土地、劳动力和其他要素成本优势仍然比较明显，在国际产业分工中有逐渐承接和取代东部城市成熟产业功能的趋势，城市经济规模和增速因此受益，在未来发展中将在承东启西方面发挥越来越重要的作用。外商直接投资对中西部地区城镇化的影响大于东部地区，西部的 FDI 比东部具有更高的集聚效应，鼓励外资流向中西部地区有利于当地产业发展；人力资本对东中西部地区城镇化具有显著的正向影响，以对中部地区的作用最大；交通条件的改善对东中西部地区城镇化影响均有显著促进作用，但对中部地区影响更显著；城市生态环境质量对城镇化的作用由东向西依次递增，说明与东部地区不同，中西部地区尤其是西部地区可以走出一条依靠生态建设推进城镇化的崭新道路，通过打造优质环境，发展旅游文化产业，推进农业转移人口就业和城镇化①。

以下分析生产性服务业集聚变量的参数估计。首先，从东部地区估计

---

① 以中部地区为例，“长株潭”两型社会建设实验区的建设就为长株潭城市群乃至整个湖南省城镇化顺利推进发挥了重要作用，而本书的估计结果便验证了该地区两型社会建设实验区的科学性和有效性。

结果来看，生产性服务业专业化集聚与国内市场潜力交叉项的参数估计为负且不显著，与国际市场潜力交叉项参数估计显著为正，说明东部地区城市对国际市场的临近性强化了生产性服务业专业化集聚的技术溢出效应，而国内市场的作用不显著；生产性服务业多样化集聚与国内市场潜力交叉项系数显著为负，与国际市场潜力交叉项参数估计显著为正，表明东部地区对外开放水平越高的城市，其城镇化从生产性服务业多样化集聚中得到的推力就越大，而依靠国内市场促进生产性服务业多样化发展的模式则不利于城镇化的推进；生产性服务业空间集聚规模与国内、国际市场潜力交叉项参数估计均显著为正，国内市场的作用效果更为明显，意味着国内、国际市场均加强了东部地区城市间基于生产性服务链接的投入产出—关联效应，有利于充分发挥生产性服务的规模经济效应推进城镇化，但国内市场更有利于这一效应的充分发挥。其次，从中部地区估计结果来看，生产性服务业专业化集聚、多样化集聚与国内、国际市场潜力交叉项参数估计均显著为正，说明国内、国际市场在中部地区均强化了生产性服务业集聚的技术溢出效应；生产性服务业空间集聚规模与国内市场潜力交叉项系数显著为正，而与国际市场交叉项系数未通过显著性检验，说明国内市场在加强中部地区各城市空间关联效应、以生产性服务为媒介促进城镇化协同发展中发挥着更为重要的作用。最后，来看西部地区各交叉项参数估计。国内、国际市场潜力与生产性服务业专业化集聚交叉项参数估计均显著为正，而与生产性服务业多样化集聚的交叉项系数未通过显著性检验，说明西部地区国内、国际市场的开拓更有利于各地区生产性服务业的专业化经营和专业化的技术溢出效应，并以此推进城镇化，而对生产性服务业多样化集聚效应的发挥并未起到明显作用；生产性服务业空间集聚规模与国内、国际市场潜力交叉项系数的参数估计结果与中部地区相似，均强调国内市场在城市间投入—产出关联效应发挥中的重要作用，而不同之处在于生产性服务业空间集聚规模与国际市场交叉项系数显著为负，意味着西部企业多倾向依靠国际市场生产性服务业组织生产，降低了国内企业间投入—产出联系及由此产生的规模经济效益。由此可见，国内、国际市场对生产性服务业专业化集聚效应的影响在东部地区存在替代性（以国际市场替代国内市场），而在中西部地区为互补性；对生产性服务业多样化集聚效应的作用在东部地区具有替代性（以国际市场替代国内市场），中部地区存在互补性，而西部地区不显著；在生产性服务业空间规模经济效应发挥方面，国内、国际市场在东部地区具有互补性，在中西部地区存在替代性（以国内市场替代国际市场）①。城镇化进程中国内外市场对生产性服务业集聚效应的影响效果如表 2 - 6 所示。

表 2 - 6 各地区城镇化进程中内外市场对生产性服务业集聚效应的影响效果

地区	生产性服务业集聚变量	国内市场	国际市场
东部地区	生产性服务业专业化集聚（ln*S*）	- - - - -	+
	生产性服务业多样化集聚（ln*D*）	-	+
	生产性服务业集聚规模（ln*PS*）	+	+
中部地区	生产性服务业专业化集聚（ln*S*）	+	+
	生产性服务业多样化集聚（ln*D*）	+	+
	生产性服务业集聚规模（ln*PS*）	+	- - - - -
西部地区	生产性服务业专业化集聚（ln*S*）	+	+
	生产性服务业多样化集聚（ln*D*）	- - - - -	- - - - -
	生产性服务业集聚规模（ln*PS*）	+	-

注：“ + ”表示国内或国际市场的强化作用，“ - ”表示国内或国际市场的抑制作用，“ - - - - - ”表示国内或国际市场的影响不显著。

资料来源：作者测算而得。

为了进一步分析生产性服务业专业化集聚、多样化集聚与空间集聚规模对城镇化影响的地区差异，我们对东中西部地区方程分别对各生产性服务业集聚变量求偏导数，可得到内外市场作用下生产性服务业集聚对各地区城镇化的综合影响。若 m_1、m_2、m_2'分别为生产性服务业集聚变量及其与国内、国际市场潜力交叉项的系数，X 为任一生产性服务业集聚变量，则基于表 2 - 5 的各地区生产性服务业集聚对城镇化的作用可以表示为 $\partial \ln M/\partial \ln X = m_1 + m_2 \ln DMP + m_2' \ln FMP$，将东中西部各城市 8 年的 $\ln DMP$、$\ln FMP$ 均值②分别代入上式便可得到国内外市场共同作用下生产性服务业集聚对城镇化的影响效果，具体结果如表 2 - 7 所示。

① 本书中替代性一般指各地区以国际市场替代国内市场或以国内市场替代国际市场在生产性服务业集聚中的作用，而互补性代表国际市场与国内市场对生产性服务业集聚的强化作用。

② $\ln DMP$、$\ln FMP$ 的均值在东部地区分别为 16.1070、19.2998，在中部地区为 15.4682、17.3029，在西部地区为 14.4910 和 16.8899。

表 2－7　内外市场共同作用下生产性服务业集聚对城镇化的影响效果

变量	地区	各空间变量对制造业集聚的边际影响	影响效果
生产性服务业专业化集聚（$\ln S$）	东部	$0.0465+0.0011\ln FMP$	0.0677
	中部	$0.0350+0.0029\ln DMP+0.0013\ln FMP$	0.1068
	西部	$0.0319+0.0057\ln DMP+0.0010\ln FMP$	0.1331
生产性服务业多样化集聚（$\ln D$）	东部	$0.0236-0.0397\ln DMP+0.0382\ln FMP$	0.1215
	中部	$0.0105+0.0025\ln DMP+0.0016\ln FMP$	0.0717
	西部	0.0196	0.0196
生产性服务业空间集聚规模（$\ln PS$）	东部	$0.0524+0.0059\ln DMP+0.0037\ln FMP$	0.2188
	中部	$0.0376+0.0074\ln DMP$	0.1448
	西部	$0.0969+0.0053\ln DMP-0.0043\ln FMP$	0.1040

资料来源：作者测算而得。

从表 2－7 中各地区生产性服务业集聚对城镇化的综合影响可以看出，生产性服务业专业化集聚对各地区城镇化均有显著促进作用，且其作用效果由东向西依次递增。这意味着生产性服务业的专业化集聚对西部地区城镇化和经济发展至关重要。与东部地区相比，中西部欠发达地区通过充分挖掘和利用当地比较优势，发展与其优势要素、资源和产业相适应的生产性服务业、促进生产性服务业的专业化集聚将更有利于培育和强化基于当地比较优势的竞争优势，加快欠发达地区结构调整、实现专业化和规模化生产，进而促使欠发达地区城市化的积极稳妥推进和城市经济更好更快增长。生产性服务业多样化集聚对城镇化的影响由东向西依次递减，从而说明生产性服务业多样化集聚产生的技术溢出效应在经济发达、产业发展较为成熟的地区更为显著。与欠发达地区相比，经济相对发达地区由于同时具有专业化程度高且相对完善和成熟的产业部门，因而更需要门类齐全、功能多样的生产性服务业与之相适应，生产性服务业在这些地区的多样化集聚有利于加强不同产业部门间的技术溢出效应、为产业发展提供技术支撑和多样化服务，降低了经济运行成本、提高了劳动生产率，有效推进了城镇化和经济增长方式转变。生产性服务业空间集聚规模的参数估计在各地区估计结果均显著为正且由东向西依次递减，从而意味着生产性服务业的空间规模效应在东部地区比在中部和西部地区更为明显，同时也说明单从生产性服务业对城镇化的空间关联效应来看，东部地区城市圈效益明显高于中西部地区。与中西部尤其是西部欠发达地区相比，东部沿海城市之间联系更为密切、产业集聚的空间溢出效应更明显，因而各城市能从邻近城市便捷地获得所需的生产性服务品，而西部地区由于城市分散、交通不便，城市间生产性服务业与最终经济部门的投入—产出联系不及东部地区。

六、小　　结

在结构性矛盾突出、工业增速减缓背景下，生产性服务业及其空间分布将成为推进城镇化、促进经济持续增长的重要动力来源。本章在集聚外部性理论和新经济地理理论的综合框架下构建理论和计量模型，以中国 284 个地级及以上城市面板数据为样本，检验生产性服务业集聚、内外市场潜力对城镇化的影响。结果显示，生产性服务业专业化和多样化集聚主要从供给方面通过技术溢出效应作用于城镇化，且专业化集聚的作用效果更明显；而生产性服务业空间集聚规模则侧重从需求方面通过规模经济效应作用于城镇化。国内市场潜力和国际市场潜力扩大均有助于提升人口城镇化水平，因而扩大对外开放的同时积极促进国内市场整合对于促进以人为核心的城镇化具有重要意义。生产性服务业专业化集聚对西部地区的作用甚于东中部地区；而多样化集聚则对东部和中部相对发达地区影响更显著；生产性服务业空间集聚规模对城镇化的影响由东向西依次递减。国内、国际市场均加强了东部地区生产性服务业空间规模经济效应、中西部地区生产性服务业专业化集聚效应以及中部地区多样化集聚效应的作用效果。但对东部地区生产性服务业专业化和多样化集聚效应、中西部地区空间规模经济效应的影响效果，国内和国际市场则存在明显差异。结论为各地区充分利用国内国际两个市场、依托生产性服务业集聚有效推进城镇化提供了重要政策启示。

第三章　市场潜力、厚劳动力市场与城市就业

一、引　言

充分和平衡就业是高质量发展的必然要求和应有之意。党的十九大报告指出“就业是最大的民主，要坚持就业优先战略和积极就业政策，实现更高质量和更充分的就业”。然而现实中，就业在不同地区却呈现出明显的不充分性和不平衡性。中国人民大学中国就业研究所联合智联招聘共同发布的2017年第四季度《中国就业市场景气报告》表明，中国城市的就业市场景气指数①呈现东部、中部、西部以及东北地区依次递减的趋势。马弘等（2013）基于工业企业数据从企业角度考察了企业就业职位的创造和消失，研究发现南部沿海地区有着最高的就业创造率，东部沿海、北部沿海地区的就业也呈现净增长，而内陆地区则经历了就业的负增长。于是引出以下问题：究竟什么因素导致了有的城市就业机会多而有的城市就业机会少？就业分布何以呈现空间的不均衡性？现有文献往往将就业与当地经济增长、城镇化、产业结构等需求因素联系起来（丁守海，2011），或从劳动力供给角度考察个体和家庭特征等对个人就业机会的影响（刘万霞，2013），忽略了城市之间产品贸易、劳动力流动所形成的空间关联对就业活动分布及城市中个体就业机会的作用。现阶段的中国正处在快速城镇化和区域经济一体化的进程中，城市间的要素和商品流通越来越紧密，生产分工越来越明显，所有城市已在总体上形成了具有明显区位特征，包含地区间要素流动和商品贸易的空间关联体系。脱离空间关联且仅从要素供给或市场需求的某一方面来探讨就业变化机

---

① 就业市场景气指数等于市场招聘需求人数/市场求职申请人数。

制，将无法全面、系统把握劳动就业不充分和不平衡性的全貌及其根本原因。基于城市就业的不充分性和不平衡性特征，理清城市供求潜力如何影响城市的宏观就业水平及微观个体的就业机会，有助于结合区域发展战略促进区域经济发展与就业协同，进而从整体上保障城市就业的充分性和平衡性。

城市的劳动要素供给和产品需求的空间关联性刻画了城市克服距离障碍从整个城市体系中获得劳动要素和产品市场的能力，代表了一个地区劳动力市场的厚度和产品需求的市场潜力，是影响人口和产业空间分布的主要因素（柯善咨和韩峰，2013）。马歇尔早在19世纪末就指出要素供给的空间外部性是企业在区位上集聚的根本原因，处于同一区位的厂商因劳动力“蓄水池”效应、投入产出关联和知识外溢的正外部性而降低了生产成本并提高了生产率。克鲁格曼（Krugman，1991）的研究表明，由于规模经济和运输成本同时存在，厂商考虑到后向联系，倾向于选择在产品市场潜力较大的地区进行生产；而产品市场潜力越大的地区价格指数也越低，作为工人的消费者基于价格指数效应，更倾向于选择在该地区生活和工作。从理论上来说，劳动力要素供给与产品市场需求的空间外部性通过以下机制影响劳动力就业。一是市场潜力的就业规模扩张效应。厂商为了追求规模经济、节约运输成本以及获得丰富专业化的劳动力资源而集聚在市场潜力较大的地区，大量企业集聚的规模经济效应不仅促使现有企业扩大规模，而且有助于吸引新企业进入，从而为劳动力提供了更多的就业岗位和就业机会（Fujita and Krugman，1995；Debaere et al.，2010）。二是市场潜力和厚的劳动力市场引致的集聚具有生产率效应。人口和企业在空间上的集聚通过学习、投入品分享、生产要素匹配三个机制带来劳动生产率提高，增加了厂商对劳动力要素的需求，加速各行业人才向该区域集聚，而人才集聚反过来又会推动技术进步并创造更多的就业机会，从而形成循环累积效应（Fujita et al.，1999；Holl，2012）。三是厚的劳动力市场提高了劳动者与工作（企业）的匹配质量，企业可便捷地从厚的劳动力市场获得所需的低价格专业技能人才，而劳动力也能快速地找到相应的工作岗位，因而每个劳动力个体在较大的市场所获得的就业机遇也相对较高（Di Addario，2011）；四是市场潜力和厚的劳动力市场通过制造业集聚引起就业乘数效应（Moretti，2010），从而导致总体就业规模的扩大。因此，城市市场潜力和厚的劳动力市场无疑是解释就业充分性及其空间平衡性的重要切入点。

然而，现有关于就业的文献往往具有两个明显的偏向：一类偏重于评估国家或地区宏观总体就业趋势、就业结构及变动（蔡昉，2007；马弘等，2013），从需求冲击角度考察如国际贸易、对外直接投资等对就业活动的影响（李磊等，2016）。另一类则偏重于从劳动力供给角度利用劳动力个体微观调查数据考察个体特征，如性别、教育培训、幸福感等，以及家庭、社会关系网络对个人就业机会的影响（刘万霞，2013；李树和陈刚，2015；毛宇飞和曾湘泉，2017）。尽管理论上已证明集聚能带来就业的扩张，但从空间经济学视角探讨集聚对就业影响的文献却较少。国内外仅有少量文献从集聚方式和城市规模等角度考察了集聚的就业效应。格拉泽等（1992）和亨德森等（Henderson et al.，1995）从产业层面分析了专业化集聚和多样化集聚对就业的影响，前者认为多样化集聚对就业的影响更为明显，而后者则支持专业化集聚在就业增长中的突出作用。库姆斯（Combes，2000）对法国数据的研究发现，地区市场规模有利于制造业的就业增长而对服务业就业起着相反的作用。布莱恩等（Blien et al.，2006）对德国的研究发现地区市场规模对制造业和服务业就业增长均有促进作用。有的国际学者（Di Addario，2011）实证分析了市场规模、专业化集聚和多样化集聚对工作搜寻行为以及匹配效果的影响，结果显示市场规模以及产业的专业化提升了工作和劳动者匹配效果，提高了劳动力的就业机会。近年来关于中国的研究也日益增多，陆铭等（2012）基于中国家庭收入调查 2002 年和 2007 年的数据研究了城市的规模经济效应对劳动力个人就业概率的影响，结果表明城市规模每增加 1%，劳动力个人就业概率将平均提高 0.039%～0.041%。李宏兵（2014）利用 2007 年中国工业企业数据实证分析了市场潜能对制造业女性就业的影响，结果发现市场潜能显著促进了制造业女性就业。

综上所述，有关城市集聚对就业影响的研究还比较薄弱，主要集中探讨专业化集聚和多样化集聚以及地区市场规模的就业效应，忽略了地区与周边市场的要素供给和市场需求的关联性对当地劳动力市场的影响。鉴于此，本章试图追溯城市集聚效应的来源，基于空间要素供给和市场需求的综合视角，从理论和实证两方面探讨引起就业不充分和空间分布不平衡的内在动因。具体而言，本章首先借鉴艾伦和阿科拉基斯（Allen and Arkolakis，2014）建立嵌入劳动力流动的迁移成本的空间一般均衡模型，并结合产品市场和要素市场的空间关联性探讨其与地区就业之间的逻辑联系和作用机制，进而在此基础上，从个体微观数据和城市层面数据实证检验市场需求和要素的空间关联性对城市就业规模和劳动者个体就业机会的影响，以期为解决我国各地区就业的不充分和不平衡性问题提供有益借鉴。

二、理论框架

本章理论框架参考雷丁和维纳布尔斯（2004）、艾伦和阿科拉基斯（2014）和唐纳森和霍恩贝克（2016）构建了包含贸易成本和迁移成本的空间一般均衡模型，结合产品市场和要素市场探究其影响地区均衡就业活动的理论机制。考虑一个封闭的经济体 S 包含 N 个城市，总就业人口数为 $\bar{L}$，L_{it} 表示 t 时期居住在 i 城市的就业人口，0 时期人口的分布 $L_{0i} \in N$ 为外生的。假定劳动是唯一的生产要素，产品市场遵循 Armington（1969）设定为完全竞争市场，城市 o 的工人以生产率为 A_{ot} 生产不同种类的产品，参考艾伦和阿科拉基斯（2014）的研究，假设生产率一部分取决于固有生产率 $\bar{A}_{ot}$，由地区特征因素决定，不受经济活动空间外部性的影响，另一部分取决于该城市的就业规模，因而有 $A_{ot} = \bar{A}_{ot} L_{ot}^{\alpha}$，其中 $0 \leqslant \alpha \leqslant 1$，解释为城市规模产生的集聚正外部性促进了城市生产率的提高。劳动力对差异化产品满足不变弹性 CES 偏好，$C_{ot} = \left[\int_0^1 c_{ot}(j)^{\rho} dj\right]^{\frac{1}{\rho}}$，$c_{ot}(j)$ 表示产品 j 的产品的消费数量，不同种类产品之间的替代弹性为 σ（$\sigma = 1/(1-\rho)$），价格指数为 $P_{ot} = \left[\int_0^1 p_{ot}(j)^{1-\sigma} dj\right]^{\frac{1}{1-\sigma}}$。假设城市间存在产品贸易，产品从 o 城市运输到 d 城市的成本 $\tau_{od} > 1$ 符合冰山成本假设，则从 o 城市将产品销售到 d 城市时的价格可表示为：$p_{dt} = p_{ot}\tau_{od} = \tau_{od}\frac{w_{ot}}{A_{ot}}$。根据以上设定可得从 o 城市到 d 城市的销售额为：

$$X_{odt} = \frac{A_{ot}^{\sigma-1}(\tau_{od} w_{ot})^{1-\sigma}}{P_{dt}^{1-\sigma}} Y_{dt} \tag{3.1}$$

式（3.1）即为贸易流的引力模型，其中 P_{dt} 为目的地的价格指数，根据其定义可表示为：

$$(P_{dt})^{1-\sigma} = \left[\sum_{s \in N} A_{st}^{\sigma-1}(\tau_{sd} w_{st})^{1-\sigma}\right] \tag{3.2}$$

产品市场出清意味着城市 o 的劳动收入为出口到所有城市贸易额的加总：

$$Y_{ot} = w_{ot}L_{ot} = \sum_{d \in N} X_{odt} = \sum_{d \in N} A_{ot}^{\sigma-1}\,(\tau_{od}w_{ot})^{1-\sigma}P_{dt}^{\sigma-1}Y_{dt} = A_{ot}^{\sigma-1}w_{ot}^{1-\sigma}MP_{ot} \tag{3.3}$$

其中，MP_{ot}为城市 o 的产品市场潜力：

$$MP_{ot} = \sum_{d \in N} \tau_{od}{}^{1-\sigma}P_{dt}^{\sigma-1}Y_{dt} \tag{3.4}$$

一个地区的市场潜力不仅与当地的收入水平相关，也同周边市场的贸易成本及其市场需求规模息息相关，刻画了城市与其他城市间的需求空间关联性。

假定居住在 o 地区的劳动者 t 时期在 o 地区的效用为：

$$u_{ot} = b_{ot}C_{ot} \tag{3.5}$$

其中，b_{ot}为考虑拥挤外部性后劳动力在 o 城市的宜居度，假设满足 $b_{ot} = \bar{b}_o L_o^{\gamma}$，$\bar{b}_o$ 包含城市 o 的地理特征和公共服务供给水平与拥挤负外部性无关的固有宜居度。假定其他因素不变，城市公共服务供给水平上升则对于居住在该城市的居民来说宜居度上升。$\gamma<0$ 表示该地区宜居度存在的拥挤效应，解释为集聚的分散力。

假设居民可在区间自由流动，从 o 地区迁移至 d 地区的迁移成本为 k_{od}，借鉴蒙特等（Monte et al.，2018）的研究，从 o 地迁入 d 地劳动力效用表示为 $V_{odt} = \frac{\iota_{dt}}{k_{od}}b_{dt}C_{dt}$，$\iota_{dt}$ 为居民对 d 地区的特质性偏好，设其符合独立 Frechet 分布，其累计分布函数为 $G_d(\iota) = e^{-\bar{\iota}_{dt}\iota^{-\upsilon}}$，其中 $\bar{\iota}_{dt}$ 为尺度参数，表示 d 地区特质偏好的平均程度，υ 为形状参数，控制了分布的离散程度，也是迁移对效用的弹性。劳动者 t 时期考虑特质性偏好后在 N 个城市中选择流向期望效用最大的地区，因此劳动力从 o 地区流动至 d 地区的概率为：

$$\mu_{odt} = \Pr(V_{odt} \geqslant \max_{s \neq o} V_{ost}) = \Pr\left(\frac{\iota_{dt}b_{dt}C_{dt}}{k_{od}} \geqslant \max_{s \neq d}\frac{\iota_{st}b_{st}C_{st}}{k_{sd}}\right) \tag{3.6}$$

由于 ι_d 符合独立 Frechet 分布，V_{odt} 是 ι_d 的单调函数，所以也同样符合独立 Frechet 分布，其累计分布函数可表示为：

$$\Pr\left(\frac{\iota_{dt}b_{dt}C_{dt}}{k_{od}} \leqslant V_t\right) = \Pr\left(\iota_{dt} \leqslant \frac{k_{od}V_t}{b_{dt}C_{dt}}\right) = e^{-\bar{\iota}_{dt}(k_{od}V_t)^{-\upsilon}(b_{dt}C_{dt})^{\upsilon}} \tag{3.7}$$

除 d 以外其他潜在地区的净效用的最大值也服从 Fréchet 分布：

$$\Pr\left(\max_{s\neq d}\frac{\iota_{st}b_{st}C_{st}}{k_{sd}}\leqslant V_t\right)=\prod_{s\neq d}^{N}\Pr\left(\frac{\iota_{st}b_{st}C_{st}}{k_{sd}}\leqslant V_t\right)=e^{-[V_t/(\sum_{s\neq d}\bar{\iota}_{st}(b_{st}C_{st}/k_{sd})^{v})^{1/v}]^{-v}} \tag{3.8}$$

令 $X=\frac{\iota_{dt}b_{dt}C_{dt}}{k_{od}}$，$Y=\max_{s\neq d}\frac{\iota_{st}b_{st}C_{st}}{k_{sd}}$，$s_x=\frac{b_{dt}C_{dt}}{k_{od}}\bar{\iota}_{dt}^{\ 1/v}$，$s_Y=\left(\sum_{s\neq d}\bar{\iota}_{st}(b_{st}C_{st}/k_{sd})^{v}\right)^{1/v}$

则有：

$$\begin{aligned}\mu_{odt}&=\int_0^{\infty}\Pr(X\geqslant Y\mid Y=y)f_Y(y)dy=\int_0^{\infty}(1-e^{-(y/s_X)^{-v}})e^{-(y/s_Y)^{-v}}y^{-v-1}s_Y^{v}vdy\\&=1-\int_0^{\infty}e^{-(s_X^{v}+s_Y^{v})y^{-v}}y^{-v-1}s_Y^{v}vdy\end{aligned} \tag{3.9}$$

令 $u=y^{-v}\ du=-vy^{-v-1}dy$，则有：

$$\begin{aligned}\mu_{odt}&=1+\int_{u=\infty}^{u=0}e^{-(s_X^{v}+s_Y^{v})u}s_Y^{v}du=1-s_Y^{v}\int_0^{\infty}e^{-(s_X^{v}+s_Y^{v})u}du\\&=1-\frac{s_Y^{v}}{s_X^{v}+s_Y^{v}}=\frac{\bar{\iota}_{dt}(k_{od})^{-v}(b_{dt}C_{dt})^{v}}{\sum_{s\in N}\bar{\iota}_{st}(k_{os})^{-v}(b_{st}C_{st})^{v}}=\frac{\bar{\iota}_{dt}(k_{od}P_{dt})^{-v}(b_{dt}w_{dt})^{v}}{\sum_{s\in N}\bar{\iota}_{st}(k_{os}P_{st})^{-v}(b_{st}w_{st})^{v}}\end{aligned} \tag{3.10}$$

因此从 o 地区流动至 d 地区的劳动力数量占 o 地区劳动力总量的份额（或 o 地区劳动力异地就业的概率）为：

$$\mu_{odt}=\Pr(V_{dt}\geqslant\max_{s\neq o}V_{st})=\frac{\bar{\iota}_{dt}(k_{od}P_{dt})^{-v}(b_{dt}w_{dt})^{v}}{\Pi_{ot}} \tag{3.11}$$

其中，$\Pi_{ot}=\sum_{s\in N}\bar{\iota}_{st}(k_{os}P_{st})^{-v}(b_{st}w_{st})^{v}$ 为迁移的多变阻力因素（Multilateral resistance to migration）。t 时期 o 地区的就业人口为各个地区迁入 o 地区就业人口的总和：

$$L_{ot}=\sum_{s\in N}\mu_{sot}L_{st-1}=\bar{\iota}_{ot}P_{ot}^{-v}(b_{ot}w_{ot})^{v}LMA_{ot} \tag{3.12}$$

其中，L_{st-1}为上一期就业人口的地区分布，$LMA_{ot}=\sum_{s\in N}\frac{L_{st-1}}{k_{so}^{v}\Pi_{st}}$ 为城市 o 的劳动力空间可得性（labor market access），刻画城市 o 的劳动力市场厚度，即 Marshall 三个外部性中的劳动力“蓄水池”效应，反映了该城市与周边城市的劳动要素供给关联，代表了一个城市从其他城市获得劳动力供给要素的便捷性。厚的劳动力市场能增加工人和工作岗位的匹配度，厂商可便捷地从当地市场获得所需的低价格劳动力，而专业的劳动力也能快速地找到相应的工作岗位，是集聚经济的主要来源之一。它与上期就业人口分布、迁移的多变阻力因素及其他各城市迁入该城市的迁移成本密切相关，随着该城市迁入成本的减小而增加。由式（3.3）和式（3.5）、式（3.12）可得城市 o 的名义工资水平：

$$\ln w_{ot} = \frac{\kappa_1}{\varphi_1} + \frac{1 - \upsilon\gamma}{\varphi_1}\ln \bar{b}_{ot} + \frac{(1 - \upsilon\gamma)(\sigma - 1)}{\varphi_1}\ln\bar{A}_{0t} + \left(\upsilon\alpha + \frac{\upsilon}{\sigma - 1} + 1 - \upsilon\gamma\right)/\varphi_1 \ln MA_{ot} + \frac{(\alpha\sigma - \alpha - 1)}{\varphi_1}LMA_{ot} \tag{3.13}$$

①

其中，$\varphi_1 = \sigma(1 - \gamma\upsilon - \upsilon\alpha) + \upsilon\alpha + \upsilon$，由于 α 和 γ 的取值须满足“非黑洞”均衡条件，因此，可推出 $\upsilon\alpha + \upsilon + \sigma > (\gamma + \alpha)\sigma\upsilon$ ②，从而得到 $\varphi_1 > 0$。根据式（3.13）可知，一个城市的名义工资水平随着该城市的固有生产率水平、固有宜居水平和产品市场潜力的提高而提高。劳动力空间可得性对工资影响的符号则是不确定的，劳动力空间可得性的增加，一方面，意味着劳动力更加容易在该城市集聚，从而通过集聚的正外部性有利于工资水平的提高，另一方面，潜在劳动力供给增加对工资有向下的压力。结合式（3.2）、式（3.3）、式（3.13）进一步可得：

$$\ln L_{ot} = \frac{\kappa_2}{\varphi_1(1 - \gamma\upsilon)} + \frac{\upsilon(\varphi_1 + 1 - \gamma\upsilon)}{\varphi_1(1 - \gamma\upsilon)}\ln \bar{b}_{ot} + \frac{\upsilon(\sigma - 1)}{\varphi_1}\ln\bar{A}_{0t} + \frac{\left(\upsilon\alpha + \frac{\upsilon + \varphi_1}{\sigma - 1} + 1 - \upsilon\gamma\right)}{\varphi_1(1 - \gamma\upsilon)}\ln MA_{ot} + \frac{\alpha(\sigma - 1)}{1 - \gamma\upsilon}\ln LMA_{ot} \tag{3.14}$$

由式（3.14）③ 可知，城市均衡就业规模会随着该城市的固有生产率水

---

① $\kappa_1 = (\alpha(1 - \sigma) - 1)\ln \bar{l}_{ot} + \left(\frac{1}{\sigma - 1} - \alpha\right)\ln\rho$

② 该条件与特雷布·艾伦（Treb Allen，2016）推出的均衡解存在且唯一的条件相同。

③ $\kappa_2 = [\upsilon(\alpha(1 - \sigma) - 1) + \varphi_1]\ln \bar{l}_{ot} + \left(\frac{\upsilon - \upsilon\varphi_1}{\sigma - 1} - \upsilon\alpha\right)\ln\rho$

平、固有宜居度、产品市场潜力和劳动力空间可得性的增加而增加。产品市场潜力和劳动力空间可得性代表了中国城市间的市场需求关联和劳动要素供给关联，两者通过不同的途径影响城市均衡就业量。城市产品市场潜力通过价格指数效应和工资效应从需求的角度影响城市的就业规模，而劳动力空间可得性既从供给角度影响就业，也间接通过厚劳动力市场的正外部性作用于工资从需求角度影响就业水平。较高的劳动力空间可得性意味着丰富而成本低廉的劳动要素获取的便捷性，较大的产品市场需求潜力保证了城市的收入水平。因此，企业和人口更倾向在具有高水平劳动力空间可得性和产品市场潜力的城市集聚，并通过学习、投入品分享、生产要素匹配三个机制带来城市生产率的提高，进而提高工人的实际工资水平，推动劳动力需求曲线的向外移动。一方面，较高劳动力空间可得性也会带来劳动力供给的上升，反映为供给曲线的外移，结果提高了城市的均衡就业水平；而另一方面，城市规模的扩张也会造成拥挤效应从而使得城市宜居度下降，对劳动力的迁入形成阻力。因此，如果集聚正外部性带来就业的增加速度快于城市规模扩张形成拥挤的速度，则城市的均衡就业水平和劳动者个人在城市的就业概率均会上升。

三、计量模型、变量选取与数据说明

（一）计量模型设定与估计方法的选择

由理论分析可知，城市的产品市场潜力和劳动力空间可得性有利于提高城市的就业水平和劳动力的就业概率。本章将从城市和劳动者个体微观两个层面来探讨两者对就业的影响。首先，本章根据式（3.14）建立城市层面的对数计量模型：

$$\ln L_{ot} = \theta_0 + \theta_1 \ln MA_{ot} + \theta_2 \ln LMA_{ot} + \theta_3 \ln \bar{A}_{0t} + \theta_4 b_{ot} + \theta_5 X'_{ot} + \xi_{ot} \tag{3.15}$$

其中，L_{ot}为 o 城市就业量，由于城市间的商品需求关联和劳动力供给关联主要影响第二产业和第三产业，这里的就业量为包含城市第二、三产业的非农就业以及城市私营和个体从业的就业量之和；主要解释变量为城市产品市场潜力和劳动力市场潜力。$\underline{A}_{ot}$为城市平均劳动力生产率，b_{ot}为城市的宜居度，X′为影响城市就业量的其他城市特征。

其次，对于微观个体而言，本章主要关注产品市场需求潜力和劳动力供给市场潜力是否会提高劳动力个体的就业概率。本章通过建立 *probit* 计量模型，探讨两者对劳动力个体就业概率的影响：

$$\Pr(emp_{io}=1)=f(\eta_1\ln MA_o+\eta_2\ln LMA_o+\eta_3 city_o+\eta_4 X_{io}+\zeta_{io}) \tag{3.16}$$

其中，emp_{io}为居住在 o 城市的劳动力个体 i 就业状态的 0～1 变量，若有第二产业或第三产业的工作为 1；没有工作，则取值为 0。主要解释变量为城市产品市场潜力和劳动力市场供给潜力。*city* 为影响劳动力就业概率的其他城市特征。X 为影响就业概率的个体特征。

（二）变量选取与数据说明

1. 产品市场需求潜力

由于城市产品价格指数的不可得性，参考现有文献（Au and Henderson, 2004；韩峰、柯善咨；2012）的做法将价格指数 P 略去。伴随我国改革开放程度的不断推进，国内市场与国际市场均发挥了重要作用，为体现国内外市场对劳动力就业概率的影响，我们将同时纳入国内产品市场潜力和国际产品市场潜力，产品市场潜力为国内产品市场潜力与国际产品市场潜力之和：

$$MA_{ot}=\sum_{d\in N}\frac{Y_{dt}}{(d_{od})^{\varphi}}+\sum_{F}\frac{Y_{oF}}{(d_{o,port}+d_{port,F})^{\varphi}} \tag{3.17}$$

其中，d_{od}为 o 城市与 d 城市之间的经纬度地理距离，d_{oo}为城市 o 的内部距离，令 $d_{oo}=2/3\sqrt{area/\pi}$，*area* 为城市的建成区面积，$Y_{dt}$为目的城市全社会消费品零售总额。$Y_{oF}$用中国重要海路和陆路重要贸易伙伴①的国内生产总值表示，以美元计算的境外收入按当年平均兑换率换算成人民币数值。$d_{o,port}$为城市 o 到最近海路或陆路港口②的地理距离③，$d_{port,F}$为城市 o 的最近海路或陆

① 中国重要海路贸易伙伴包括德国、法国、日本、英国、美国、澳大利亚、韩国、加拿大、马来西亚、新加坡等；重要陆路贸易伙伴有俄罗斯、印度、泰国、越南等。

② 中国主要沿海港口城市包括：丹东、大连、营口、锦州、秦皇岛、唐山、天津、烟台、威海、青岛、连云港、镇江、南通、上海、宁波、福州、厦门、汕头、广州、中山、深圳、珠海、湛江、海口和三亚。主要陆路口岸：凭祥、东兴、喀什、阿拉山口、漠河和满洲里。

③ 本书的地理距离根据城市中心经纬度计算得到。计算公式如下：距离 = 6371004 * ACOS [SIN(北纬 1) * SIN(北纬 2) + COS(北纬 1) * COS(北纬 2) * COS(东经 2 - 东经 1)]。

路港口到贸易伙伴首都的距离，相应地贸易对距离的弹性参考韩峰和柯善咨（2012）的研究取 1。

2. 劳动力空间可得性

劳动力空间可得性衡量了城市劳动力市场的厚度，表示城市克服距离障碍从整个城市体系中获得劳动要素的能力。在 $LMA_{ot} = \sum_{s \in N} \frac{L_{st-1}}{k_{so}^{\upsilon}\Pi_{st}}$ 中，由于我国没有公布连续时间的城市间双边人口流数据，迁移的多边阻力和城市间双边迁移成本无法精确估计，因此我们简化了劳动力空间可得性的衡量，参考传统的人口引力模型，略去了迁移的多变阻力因素，并用城市间的地理距离 d_{so} 表示城市间双边迁移成本 k_{so}，具体见式（3.18）：

$$LMA_{ot} = \sum_{s \in N} \frac{L_{st-1}}{(d_{so})^{\upsilon}} \tag{3.18}$$

其中，L_{st-1} 为上一期城市的就业劳动力数，d_{so} 为城市间的地理距离，劳动力流动对距离的弹性参考夏怡然和陆铭（2015）的回归结果取 0.4。

3. 控制变量

为了减轻可能由劳动力需求因素和供给因素导致的遗漏变量偏误，我们需要控制一系列可能影响劳动力就业的城市特征。由理论模型可知，城市平均劳动力生产率决定了城市的平均工资水平，是影响劳动力就业的重要需求因素，用实际 GDP 除以就业人口数的平均值来衡量；城市宜居度间接影响了城市劳动力的迁入率，从供给端作用于劳动力的就业概率，我们用城市的基础教育、卫生医疗和社会保障三类基本公共服务供给水平来衡量，采用主成分分析法来构建和测度，同时用人均道路铺装面积控制了城市的基础设施水平。此外，产业结构影响了城市的就业容纳能力，从而对就业产生影响（陆铭等，2012），我们用第三产业产值和第二产业产值的比值表示。政府的干预程度影响了资源的有效配置，中国式分权带来的地方保护和市场分割，不利于经济发展中规模经济效应的形成，阻碍了城市劳动生产率的有效提升（徐保昌、谢建国，2016），进而影响城市劳动力的就业，用地方政府预算内财政支出占 GDP 的比重来衡量。对于微观个体就业概率的计量方程，不同特征劳动力的供给弹性不一样，因此，本章控制了不同的劳动力特征对就业机会的影响。个体特征 X，包括年龄、年龄平方、婚否、受教育年限①，是否为共产党员、父亲的受教育年限，是否为本地户口（本市户口为1，外地户口为0），如表3-1所示。

表3-1　变量及说明

维度	变量	变量解释
就业	就业量	Ln（第二、三产业就业量）
	个体就业状态	有非农工作=1，未工作=0
市场潜力	产品市场潜力（lnmp）	参照式（3.12）计算值的对数（万元）
	劳动力市场潜力（lnlmp）	参照式（3.13）计算值的对数（人）
个体特征	年龄（age1）	劳动者的年龄
	年龄的平方（ageq）	劳动者年龄的平方
	性别（sex）	性别为男则为1，女为0
	受教育年限（eduy）	依据受教育程度转化而来
	政治面貌（dangy）	共产党员为1，否则为0
	父亲受教育年限（eduyf）	依据个体父亲的受教育程度转化而来
	婚否（maritus）	未婚为1，否则为0
	是否为本地户口（native）	本市户口为1，外地户口为0
地区特征	劳动力生产率（lnproductivity）	Ln（实际GDP/就业人口数）
	基本公共服务（amenity）	主成分分析法构建城市基础教育、卫生医疗和社会保障三类公共品供给综合指数
	道路铺装面积（lnroad）	人均道路铺装面积（平方米）
	产业结构（industr）	第三产业产值和第二产业产值之比的平均值
	政府干预（govgdp）	地方政府预算内财政支出平均值占GDP平均值的比重

资料来源：作者自己整理而得。

（三）数据来源及描述

本章的数据来源包括个体层面和城市层面。个体数据来自2005年全国1%人口抽样调查微观数据和中山大学社会科学调查中心的“2012年、2014

① 我们将样本调查中的受教育程度转化为受教育年限，受教育程度与受教育年限的对应关系如下：未上过=0年，小学=6年，中学=9年，高中=12年，大学专科=14年，大学本科=16年，硕士研究生=19年，博士研究生=23年。由于2005年数据没有将研究生分类为硕士和博士，本书将2005年研究生受教育年限定为19年。

年和2016年中国劳动力动态调查数据”（CLDS）。CLDS采用多阶段、多层次与劳动力规模成比例的抽样方式，调查的地区范围覆盖了中国29个省、自治区、直辖市（除港澳台地区、西藏和海南）的121个城市或地区，调查对象为样本家庭户中年龄15～64岁的全部劳动力，调查内容涵盖了劳动力个体特征、就业、迁移、参与社会经济活动等多个方面，为本章研究提供了重要的数据支持。采用2012年、2014年和2016年数据可以扩大样本量进而提高研究的可信度。本章的个体数据限于劳动年龄人口，即年龄处于16～60岁的男性，以及年龄处于16～55岁的女性。另外，回归排除了不在劳动力的样本、没有工作意愿样本和在第一产业内就业的劳动力样本，具体而言，样本排除了丧失劳动能力的人、生活不能自理的人员、在校学生、料理家务人员、家庭帮工，现在没有工作且3个月来没有找过工作或接下来一年不准备找工作的人以及在农村未就业人员。经过数据清洗并与城市数据相匹配，本章个体成功识别出CLDS 26266个样本，2005年1%抽样调查个体共577050个样本。

城市层面数据综合了《中国城市统计年鉴》《中国区域经济统计年鉴》《中国统计年鉴》，本章选取2003～2015年地级及以上城市的面板数据进行实证分析，由于拉萨市的数据在2010年之前是缺失的，而巢湖在2010年并入合肥市，为保持数据的完整性和一致性，舍弃部分调整较大的城市数据，最终包含了284个。在个体微观层面的估计中，与时间有关的解释变量均取滞后两年的年度数据的均值，可以部分减少逆向因果关系可能带来的估计偏误，所有与价格相关的变量均用2000年为基期的居民消费价格指数平减为实际值。相关变量的描述性统计，如表3－2和表3－3所示。

表3－2　城市特征描述统计

变量	均值	标准差	最小值	最大值	观察样本数
就业量对数	3.2418	1.0448	0.3221	7.4511	3688
劳动生产率	7.4393	0.5455	4.5903	10.6107	3676
基本公共服务	0.0012	1.9614	－1.5324	18.3308	3661
政府干预	0.1424	0.0830	0	1.4278	3684
人均道路面积	2.1216	0.6383	－3.9120	4.6855	3670
产业结构	1.3898	0.8934	0.2023	10.6026	3683
劳动力市场潜力	6.2858	0.2357	5.5869	6.9328	3689
产品市场潜力	15.6352	0.2411	15.0263	16.8570	3692

资料来源：作者根据历年《中国城市统计年鉴》数据测算而得。

表 3-3　劳动力的个体特征的描述统计

变量	均值	标准差	最小值	最大值	观察样本数
2012～2016 年 CLDS 数据					
是否工作	0.733	0.442	0	1	26074
年龄	38.95	11.27	16	60	26266
年龄的平方	1644	865.3	256	3600	26266
性别	0.521	0.500	0	1	26266
受教育年限	10.04	3.723	0	23	25589
是否为中共党员	0.0980	0.298	0	1	26266
父亲的受教育年限	6.533	4.290	0	23	22754
2005 年 1% 微观调查数据					
是否工作	0.948	0.222	0	1	577050
年龄	35.08	10.15	16	60	577050
年龄的平方	1322	736.8	225	3600	577050
婚否	0.219	0.414	0	1	577050
性别	0.603	0.489	0	1	577050
受教育年限	10.30	2.887	0	19	577050

资料来源：作者根据劳动力个体数据测算而得。

四、基本估计结果与分析

（一）城市面板数据的回归结果及分析

式（3.16）的计量模型可能存在内生性问题，产品市场潜力和劳动力空间可得性不仅能够通过规模经济效应、工资效应及价格指数效应促进企业和劳动力集聚，进而提高城市的就业水平，而且城市就业水平的提高也会进一步扩大城市的产品市场潜力和劳动力空间可得性，因此，我们采用系统 GMM 法解决模型中的内生性问题。表 3-4 报告了 2003～2015 年全国城市面板数据的估计结果。在控制了内生性问题后，在其他控制变量不变的情况下，系统 GMM 方程产品市场潜力和劳动力供给市场潜力均对城市就业量有显著的正向影响，其系数相比混合面板、固定效应及随机效应的系数略有减小。这意味着具有较高产品市场需求潜力和厚的劳动力市场的城市，有助于吸引企业和人口不断集聚并带来城市就业规模的扩张，且集聚正外部性对就业增加的促进作用大于城市规模扩张带来的拥挤效应，从而提高城市均衡就业水平。这一结果同时也说明，我国各城市在最终产品市场和劳动力要素市场中已经形成了明显的空间互动态势，且产品市场需求潜力和劳动力空间可得性在推进

表 3-4　　城市面板估计结果

变量	Pooled ols	FE	RE	系统 gmm
lnmp	1.6244 *** (0.0646)	1.0564 *** (0.1364)	1.2464 *** (0.1336)	0.3012 *** (0.0484)
lnlmp	-0.0284 (0.0586)	0.6855 *** (0.0689)	0.4999 *** (0.0689)	0.3432 *** (0.0354)
amenity	0.3191 *** (0.0111)	0.0532 *** (0.0199)	0.1441 *** (0.0213)	0.0245 *** (0.0078)
lnroad	0.2854 *** (0.0186)	0.0144 (0.0235)	0.0578 *** (0.0233)	0.0079 (0.0100)
industr	0.0636 *** (0.0115)	0.0449 *** (0.0130)	0.0449 ** (0.0185)	0.0336 *** (0.0111)
govgdp	-1.7285 *** (0.1849)	0.0505 (0.1314)	-0.0792 (0.1335)	-0.0197 (0.0567)
lnproductivity	-0.0913 *** (0.0191)	-0.1935 *** (0.0359)	-0.1913 *** (0.0339)	-0.0755 *** (0.0118)
截距项	-21.7448 *** (0.8377)	-16.2508 *** (1.7181)	-18.1394 *** (1.6952)	-4.4554 *** (0.5298)
R^2	0.7390	0.5363	0.6990	
Wthin R^2		0.5491	0.5356	
个体数	3628	3628	3628	2783
城市个数	284	284	284	284

注：括号中为稳健的标准误差，*** 、** 、* 依次表示为 1%、5%、10% 的显著性水平，后文如无特殊说明备注相同。系统 gmm 估计的 AR（2）检验的统计量和概率为 0.25 和 0.79，Sargan 检验的统计量和概率为 141.44 和 0.11，说明工具变量的选择和估计结果是合理的。

资料来源：作者利用 Stata.13 软件计算。

城市就业增长中的作用可能具有互补性。产品市场需求潜力通过规模经济效应吸引企业集聚并创造更多就业岗位和机会的同时，也通过价格指数效应保证城市拥有较高收入水平，从而在需求方面对城市就业产生“拉力”，而劳动力空间可得性则增加了城市劳动力市场的厚度，通过劳动要素的共享、匹配机制在供给方面对城市就业产生“推力”，二者共同推进城市实现充分就业。同时，劳动力空间可得性和产品市场需求潜力对城市就业的“推—拉”合力也将进一步通过城市间产品市场和劳动力市场的不断互动在空间中产生协同作用，从而推进不同城市就业的相互促进和联动发展，促进就业空间的协调和均衡。

根据系统 GMM 方程回归结果，其他大部分控制变量对城市就业具有显著影响。基本公共服务供给水平对就业的影响显著为正，说明更好的基本公共服务可以促进人力资本的提升，有利于城市的就业。城市人均道路面积对就业的影响不显著，可能原因是，一方面我国多数地方政府在基础设施建设中存在盲目扩张现象，导致建成区人口集聚水平偏低，从而影响了集聚的正外部性；另一方面人均道路面积提升了劳动力之间的信息传递效率，有利于改善劳动力市场的匹配效率。因此，城市人均道路面积对就业的影响不显著可能意味着以上两方面作用相互抵消。第二产业与第三产业产值之比对就业产生正向影响，这说明第二产业的就业容纳力高于第三产业。政府干预对城市就业的影响不显著，可能是因为现实中政府干预对就业往往具有正负两方面的作用，一方面地方政府为了政绩往往注重短期利益，侧重发展短平快的产业而不重视劳动力技能的提高，不利于资源的有效配置，从而对就业产生了负效应；另一方面政府干预提升了当地经济的增长，对就业有一定的促进作用，正负两种效应的抵消可能造成了政府干预对就业影响系数不显著。生产率的提高对城市就业的影响为负，可能原因是较高生产率意味着需支付更高水平的工资从而提高了企业生产成本而对城市就业水平产生抑制作用。

（二）个体层面数据的回归结果及分析

表 3 -5 报告了城市劳动力供给市场潜力以及产品市场需求潜力影响劳动力个体就业概率的 Probit 模型极大似然估计结果。回归（1）~（3）列是 2005 年的截面回归估计结果，回归（4）~（6）列是 2012 ~2016 年汇总的混合截

面回归估计结果，两组回归逐步增加了个体特征变量和城市特征变量。结果显示，在其他控制变量不变的情况下，劳动力空间可得性和产品市场需求潜力对个人的就业概率的影响系数显著为正，说明城市间形成了密切的产品市场需求和劳动力要素供给的空间关联，不仅通过集聚的规模扩张效应从需求面提高了各地的就业水平，而且通过提高工作和劳动者的匹配从供给层面提升了劳动者个体的就业机会。计算边际效应后，平均而言，2005 年城市产品市场潜力每增加 1%，个人的就业概率提高 0.0196 个百分点，劳动力供给市场潜力每增加 1%，个人的就业概率提高 0.0562 个百分点；2012～2016 年产品市场潜力和劳动力空间可得性的边际系数分别为 0.0161 和 0.2210，城市间的产品市场潜力结果与 2005 年相比相差无几，但劳动力市场潜力的结果略高于 2005 年，说明近年来厚的劳动力市场对劳动者就业概率正外部性效应在增强。

表 3-5　全样本下的 probit 模型的极大似然估计结果

变量	(1)	(2)	(3)	(4)	(5)	(6)
	2005 年	2005 年	2005 年	2012～2016 年	2012～2016 年	2012～2016 年
lnmp	0.3159*** (0.0128)	0.4188*** (0.0133)	0.1930*** (0.0191) [0.0196]	0.0749*** (0.0060)	0.0923*** (0.0075)	0.0606*** (0.0087) [0.0162]
lnlmp	0.1268*** (0.0296)	0.0764** (0.0303)	0.5516*** (0.0356) [0.0562]	0.8958*** (0.0821)	0.7761*** (0.0986)	0.8318*** (0.1101) [0.2217]
age1		0.0898*** (0.0016)	0.0286*** (0.0021)		0.2931*** (0.0063)	0.2948*** (0.0063)
ageq		-0.0011*** (2.23e-05)	-0.0004*** (2.69e-05)		-0.0038*** (8.14e-05)	-0.0038*** (8.28e-05)
sex		0.0203*** (0.0058)	0.0421*** (0.0058)		0.7873*** (0.0216)	0.7903*** (0.0218)
eduy		-0.0104*** (0.0008)	-0.0025*** (0.0008)		0.0690*** (0.0032)	0.0712*** (0.0032)
dangy					0.3828*** (0.0424)	0.3913*** (0.0427)
eduyf					0.0010 (0.0028)	0.00236 (0.0028)

续表

变量	(1)	(2)	(3)	(4)	(5)	(6)
	2005 年	2005 年	2005 年	2012～2016 年	2012～2016 年	2012～2016 年
maritus			-0.4784*** (0.0095)			
lnproductivity			0.0901*** (0.0072)			0.1985*** (0.0334)
amenity			-0.0218*** (0.00103)			-0.0177*** (0.0036)
govgdp			-0.0489 (0.0817)			-0.3880 (0.2720)
lnroad			0.116*** (0.00578)			0.0211 (0.0232)
industr			0.00269 (0.00481)			-0.0951*** (0.0188)
年份固定效应				控制	控制	控制
地区固定效应	控制	控制	控制	控制	控制	控制
截距项	-4.1297*** (0.1917)	-7.0738*** (0.2078)	-6.409*** (0.2891)	-6.8238*** (0.5053)	-12.7550*** (0.6221)	-14.8858*** (0.7354)
个体数量	577050	577050	577050	25411	21411	21215
Pseudo R^2	0.0038	0.0273	0.0436	0.0151	0.1836	0.1875
Wald chi^2	992.95	5363.41	9208.10	436.13	3582.01	3610.24
Prob > chi^2	0.0000	0.0000	0.0000	0.0000	0.0000	0.0000

注：括号中为城市层面的聚类标准误差。2005 年数据缺少是否为共产党员和父亲的教育程度两个个体特征指标，2012～2016 年 CLDS 数据由于 2012 年缺少了对个体婚否的调查，因此没纳入婚否这个指标。此表报告的是 probit 模型的估计系数，中括号中是计算所得的城市产品市场潜力和劳动力空间可得性在平均值处对就业影响的边际效应。

资料来源：作者利用 Stata. 13 软件计算。

其他影响控制变量中，大部分个体特征和城市特征对劳动力就业具有显著影响。年龄对个体就业概率的影响呈现先增后减的倒“U”型曲线的关系，即随着年龄的增长，劳动者就业概率表现为先提高，在达到一定程度之后转而下降的状态。这可能是因为随着年龄的增长，劳动者工作经验不断丰富，其与企业“讨价还价”的能力不断提高，中年时期是其就业状态最好的时期，随着年龄的进一步增大，其健康状态和知识更新等方面将处于劣势。在其他条件保持不变的条件下，男性就业概率显著高于女性，意味着男性在劳动力市场进行工作搜寻过程中的优势高于女性。劳动者的受教育程度作为重要的人力资本对劳动者个体的就业概率具有重要的影响，但在2005年的回归结果中受教育程度降低了个人的就业概率，可能因为2005年我国劳动密集型产业对体力劳动者需求较大，受教育程度低的劳动个体更容易找到工作。逐步完成产业升级后2012~2016年对高技能劳动者的需求逐步增大，因而更利于受教育程度高的劳动力的就业。这也符合张川川（2018）的研究结果，其研究发现2000~2005年的国际市场的需求关联对低学历人口就业影响更加显著。同时我们发现父亲的受教育程度对个体就业概率的影响并不是十分显著。此外，我们还控制婚否和是否为中共党员，结果发现已婚的劳动力就业概率更高，中共党员身份对就业具有显著正向影响。城市平均劳动生产率的提高增加了劳动者的就业概率，说明劳动效率的提高带来劳动力需求的上升，从而提高了个体的就业概率。基本公共服务供给水平对就业概率的影响显著为负，可能是因为基本公共供给水平跟不上人口的增长，产生了负的外部性。人均道路面积对个体就业显著为正，表明更好的城市道路、交通等基础设施会使得人与人之间信息传递更加方便，提高了劳动力市场的匹配效率，同时也会吸引更多的劳动力流入形成集聚的规模正效应，促进劳动力个体的就业。政府干预对劳动者就业概率的影响系数不显著。第二产业与第三产业产值之比对个体就业机会在2005年的截面数据中的影响系数不显著，在2012~2016年的样本中其影响系数显著为负，与城市层面数据的估计系数相反，这说明尽管从城市层面上来说第二产业的就业容纳力高于第三产业，但对于劳动者个体来说，第三产业的扩张更有利于就业概率的提高。

综合来看，产品市场需求潜力和劳动力空间可得性基于供给推动和需求拉动的双重视角，从两个方面影响了城市就业：一方面，二者不仅提高了微观劳动力个体的就业概率，而且从整体上提升了城市的整体就业水平，从而有助于城市实现充分就业；另一方面，城市就业除受到本身市场需求或劳动力供给影响外，还受到其他城市的空间作用，产品市场需求和劳动力供给的空间关联将不同城市连接为一体，最终促使就业在不同城市间协同推进、均衡发展。

五、稳健性检验

（一）劳动力空间可得性的其他衡量方式

前文的回归我们采取与产品市场潜力类似的方式衡量了劳动力空间可得性，但忽略了劳动力供给中为当地服务的劳动力，鉴于此，我们借鉴韩峰和柯善咨（2012）采取不同方式来衡量劳动力空间可得性，用邻近各城市基础产业部门的富足劳动力之和来衡量对空间中专业化的劳动力资源的可得性，这种衡量方式剔除了为本地服务的劳动力，具体见式（3.19）：

$$LS_{ot} = \sum_{s \in N}\left[\sum_{p,sign\left(\frac{L_{sp(t-1)}/L_{s(t-1)}}{L_{p(t-1)}/L_{(t-1)}}-1\right)>0} L_{sp(t-1)}\left(\frac{L_{sp(t-1)}/L_{s(t-1)}}{L_{p(t-1)}/L_{(t-1)}} - 1\right)\right](d_{so})^{-v'} \tag{3.19}$$

其中，$L_{sp(t-1)}$ 和 $L_{s(t-1)}$ 分别表示上一期 s 城市 p 产业的就业人数和该区全部就业人数，$L_{p(t-1)}$ 和 $L_{(t-1)}$ 分别表示全国 p 产业的就业人数和全国全部就业人数，距离衰减指数取 1，式（3.19）综合了各城市市辖区除农、林、畜、渔业外 18 个行业从业人员数。表 3－6 和表 3－7 报告了劳动力空间可得性的其他衡量方式的城市面板估计结果和 probit 模型估计结果，从中可以看出，用不同方式衡量的劳动力空间可得性和产品市场潜力均有利于提升城市就业水平和劳动者个体的就业概率。

表 3－6　劳动力空间可得性的其他衡量方式的城市面板估计结果

变量	Pooled ols	FE	RE	系统 gmm
lnmp	1.5047 *** (0.0718)	1.3837 *** (0.1223)	1.3735 *** (0.1190)	0.3016 *** (0.0515)
lnLS	0.0649 ** (0.0291)	0.2429 *** (0.0309)	0.2205 *** (0.0303)	0.1987 *** (0.0178)

续表

变量	Pooled ols	FE	RE	系统 gmm
amenity	0.3177 *** (0.0110)	0.0520 *** (0.0188)	0.1381 *** (0.0205)	0.0460 *** (0.0082)
lnroad	0.2823 *** (0.0185)	0.0462 * (0.0238)	0.0776 *** (0.0233)	0.0153 (0.0105)
industr	0.0589 *** (0.0116)	0.0197 (0.0175)	0.0243 (0.0186)	0.0691 *** (0.0127)
govgdp	-1.7739 *** (0.1790)	0.1612 (0.0980)	0.0021 (0.1266)	0.0229 (0.0622)
lnproductivity	-0.0853 *** (0.0204)	-0.1596 *** (0.0370)	-0.1541 *** (0.0355)	-0.1076 *** (0.0105)
截距项	-20.1268 *** (1.0481)	-17.5463 *** (1.7089)	-17.4552 *** (1.6706)	-5.2882 *** (0.6831)
R^2	0.7395	0.5528	0.6949	
Wthin R^2		0.5459	0.5354	
个体数	3628	3628	3628	2783
城市个数	284	284	284	284

注：系统 gmm 估计的 AR（2）检验的统计量和概率为 0.5969 和 0.5506，Sargan 检验的统计量和概率为 139.527 和 0.1325，说明工具变量的选择和估计结果是合理的。

资料来源：作者利用 Stata. 13 软件计算。

表 3-7　　劳动力空间可得性的其他衡量方式的 probit 模型估计结果

变量	(1)	(3)	(5)	(7)
	2005 年	2005 年	2012~2016 年	2012~2016 年
lnmp	0.3162 *** (0.0122)	0.1685 *** (0.0191)	0.0820 *** (0.0067)	0.0586 *** (0.0099)
lnLS	0.0314 *** (0.00632)	0.1390 *** (0.0072)	0.1155 *** (0.0214)	0.0860 *** (0.0300)
控制变量		控制		控制
年份固定效应			控制	控制
地区固定效应	控制	控制	控制	控制

续表

变量	(1)	(3)	(5)	(7)
	2005 年	2005 年	2012～2016 年	2012～2016 年
截距项	-3.3760*** (0.1895)	-2.8066*** (0.2647)	-1.5500*** (0.1261)	-10.40585*** (0.4210)
个体数量	577050	577050	25411	21215
Pseudo R^2	0.0038	0.0442	0.0155	0.1855
Wald chi^2	988.73	9568.66	429.83	3572.17
Prob > chi^2	0.0000	0.0000	0.0000	0.0000

注：此表报告的是 probit 模型的估计系数。

资料来源：作者利用 Stata.13 软件计算。

（二）两阶段 Probit 模型估计

城市产品市场潜力和劳动力空间可得性与就业之间的双向因果关系可能导致联立内生性的问题。另外，遗漏其他影响劳动力供给和需求的因素也会带来内生性引起估计的偏误。我们采用工具变量法做进一步的计量检验，缓解双向因果和遗漏变量带来的内生性问题。本章借鉴海德和迈耶（Head and Mayer，2006）构建每个城市的“中心度”（centrality）来作为市场潜力的工具变量，其计算公式为：$c_o = \ln \sum_{s \neq o} \frac{1}{(d_{so})^v}$，即该城市与其他城市距离的倒数之和的自然对数，我们将距离弹性取 0.4 时作为劳动力空间可得性的工具变量，将距离弹性取 1 时作为劳动力空间可得性其他衡量方式的工具变量，当 d_{so} 表示城市与各个国家首都距离时作为产品市场潜力的工具变量。城市“中心度”与产品市场潜力和劳动力空间可得性有较强的相关性且不直接影响个体劳动者的就业概率，满足作为工具变量的条件。利用两阶段 Probit 模型进行估计，Wald 检验结果显示，可以在 1% 显著水平上认为产品市场潜力和劳动力空间可得性为内生变量。第一阶段的估计结果显示两个工具变量的系数显著，具有较强的解释力，且 F 值远大于 10，表明不存在工具变量问题。表 3-8 中模型（1）～（4）为两阶段 probit 回归，从结果可看出，城市产品市场潜力和两种方式衡量的劳动力空间可得性的系数估计值均显著为正，表明其对个体劳动力的就业概率产生了显著的正向影响。

表 3-8　　两阶段 Probit 模型和广义精确匹配法估计的检验结果

变量	(1)	(2)	(3)	(4)	(5)
	2005 年	2005 年	2012~2016 年	2012~2016 年	2005 年
lnmp	0.2312*** (0.0391)	0.3271*** (0.0257)	0.1229*** (0.0265)	0.2384*** (0.0214)	0.0431*** (0.0055)
lnLS	0.1662*** (0.0412)		0.8367*** (0.2045)		
lnlmp		0.3820*** (0.0378)		0.6689*** (0.1638)	
其他控制变量	控制	控制	控制	控制	控制
年份固定效应	—	—	控制	控制	—
城市固定效应	控制	控制	控制	控制	控制
个体数量	577050	577050	21215	21215	8395
wald 内生性检验	27.94	360.29	3561.21	3663.19	
Prob > chi2	0.000	0.000	0.000	0.000	

注：此表报告的是两阶段 ivprobit 模型的第二阶段的估计系数和广义精确匹配法估计（CEM）的系数。

资料来源：作者利用 Stata.13 软件计算。

（三）广义精确匹配法估计

劳动力可能存在自选择问题，个体劳动者并非随机分布在不同城市居住，劳动者本身具有某些特质影响了其是否选择在高市场潜力城市生活。同时，可能存在其他变量混淆了城市产品市场潜力和劳动力空间可得性与个体就业概率的因果关系，忽略这些复杂变量对自变量与因变量之间关系的干扰将造成选择性偏差。我们采用广义精确匹配法（Coarsened Exact Matching，CEM）来解决由于自选择等原因带来的内生性问题。

我们根据产品市场潜力和劳动力空间可得性两个变量的均值，将都大于均值的城市作为高市场潜力组即处理组，其余作为参照组。采用广义精确匹配法消除自选择等带来的内生性问题。CEM 是一种“单调不平衡性控制”（Monotonic imbalance Bounding，MIB）的非参数匹配方法，通过数据筛选使处理组和参照组数据的协变量保持平衡，使两个组别之间存在特征近似的匹配个体，从而满足因果推断两组别分布的重叠性假设。具体步骤如下：首先，进行数据粗化处理，将原特征变量转化为分类变量，将其划分成互不重叠的区间。其次，用分类变量对个体进行精确匹配，保证每层中至少有一个处理组和一个对照组的个体在特征变量上具有相似分布，否则将该研究对象删除；最后，只保留匹配成功、位于共同支持区间内的个体，用 CEM 匹配后的个体估计以评估城市产品市场潜力和劳动力市场潜力对个体就业概率的影响，从而得到样本的平均处理效应（SATT）。匹配后以 l1（multivariate imbalance measure）检验两组分别在全部特征变量上的整体平衡，l 的取值范围是［0，1］。越接近 1 则说明不平衡程度越大。如前文所述，我们首先对所有控制变量进行广义精确匹配，结果发现年龄、性别、婚否、受教育年限这些个体特征变量的 l 值都比较小，而城市特征变量的 l 相对较大。因此，我们人为设定每个城市特征变量泛化取值的区间来改善匹配效果，具体地，我们是根据变量的 10 分位数、25 分位数、50 分位数、75 分位数和 90 分位数将平均劳动生产率、基本公共服务供给水平、道路面积、产业结构和政府干预这些连续变量分成六个区间，结果发现进行粗化处理后这些变量的 l 值显著变小，最终的平衡性检验结果显示综合 l 值为 0. 119。样本共完成匹配 8050 人。由于匹配率较低 2012 ~2016 年数据完成匹配较少，回归结果只报告了 2005 年的样本。表 3 -8 第（5）列 2005 年 CEM 广义精确匹配加权回归结果显示，居住在具有较高产品市场潜力和劳动力供给市场潜力的劳动者的就业概率较大。

六、进一步分析

（一）市场潜力和劳动力空间可得性对城市就业的交互影响

理论分析以及城市层面和劳动者个体微观层面的估计结果显示产品市场需求潜力和劳动力空间可得性对城市就业的影响可能具有互补性或协同效应，本章进一步在式（3. 18）和式（3. 19）的基础上，加入产品市场需求潜力和劳动力空间可得性的交互项进行计量估计，以识别二者在城市就业增长中的交互影响。

表 3 -9 的模型（1）为城市 2003 ~2015 年面板系统 GMM 回归结果，模

型（2）和（3）为2005年微观个体截面数据和2012~2016年混合截面数据的回归结果，结果显示城市产品市场需求潜力和劳动力空间可得性的交互项均显著为正，这表明无论在城市层面还是在微观个体层面，产品市场需求潜力和劳动力空间可得性对劳动力个体就业机会的作用具有协同效应，产品市场需求潜力对劳动力个体就业概率的影响会随着劳动力空间可得性的增强而增强。城市间产品市场和劳动力市场的互动以互补作用为主导。以上结果意味着我国各城市在最终产品市场和劳动力要素市场中已经形成了明显的空间互动态势，劳动力市场厚度带来的空间外部性和产品市场潜力引致的集聚效应对城市就业的合力通过城市间产品市场和劳动力市场的不断互动在空间中产生协同作用，从而推进不同城市就业的相互促进和联动发展，促进就业的空间协调和均衡。

表3-9　产品市场需求潜力和劳动力空间可得性的交互影响估计结果

变量	(1) 系统 GMM	(2) 2005ivprobit	(3) 2012-2016ivprobit
lnmp	-1.1786** (0.5790)	-90.3243*** (11.8906)	-4.2885*** (1.8011)
lnlmp	-3.6306** (1.4786)	-21.9174*** (2.9201)	-11.6731*** (4.9630)
lnmp * lnlmp	0.2502*** (0.0938)	3.6881*** (0.4835)	0.6993** (0.2829)
其他控制变量	控制	控制	控制
年份固定效应	控制	控制	控制
城市固定效应	控制	控制	控制
个体数量	3346	577050	21411

注：城市面板数据系统gmm估计的AR（2）检验的统计量和概率为0.7947和0.4267，Sargan检验的统计量和概率为191.10和0.0802，说明工具变量的选择和估计结果是合理的。个体微观层面数据的probit模型汇报了工具变量法第二阶段的估计结果。

资料来源：作者利用Stata.13软件计算。

（二）市场潜力和劳动力空间可得性对城市就业的异质性影响

由于城市间贸易需求关联和要素供给关联在不同规模城市产生的空间集

聚度可能存在差异，因此，产品市场潜力和劳动力空间可得性对城市就业的影响在不同规模的城市可能具有异质性。为此，我们对样本中 284 个城市进行了分组，按照国务院 2014 年《关于调整城市规模划分标准的通知》，将市辖区人口在 100 万人以下的城市作为中小城市组，将市辖区人口在 100 万人以上的城市作为大城市组①。表 3 - 10 中模型（1）和模型（2）分组回归结果显示，无论在大城市还是中小城市产品市场需求潜力和劳动力空间可得性对就业的影响仍然显著为正，且产品市场需求潜力对中小城市的边际效应明显高于大城市，而大城市中劳动力空间可得性对就业的作用要强于中小城市。这说明，中小城市的集聚力主要依赖产品市场的空间需求关联，而大城市则主要通过厚的劳动力市场中劳动要素的共享、匹配机制在供给方面促进城市就业。模型（3）和（4）加入了产品市场需求潜力和劳动力空间可得性的交叉项，结果表明产品市场需求潜力和劳动力空间可得性对城市就业影响的协同效应在中小城市存在，而在大城市中不显著。这意味着与中小城市相比，大城市通过各种限制性措施（比如户籍限制、公共服务政策等）对劳动力空间流动和就业的阻碍更为明显，从而使得产品市场与劳动供给市场的空间关联受阻，无法充分发挥协同效应。

表 3 - 10　　不同规模城市的异质性检验估计结果

变量	模型（1）	模型（2）	模型（3）	模型（4）
	中小城市	大城市	中小城市	大城市
lnmp	0. 3650 ***	0. 2701 ***	- 1. 8578 ***	0. 6035 *
	(0. 0274)	(0. 0145)	(0. 4853)	(0. 3507)
lnlmp	0. 3287 ***	0. 3847 ***	- 5. 5819 ***	0. 9633
	(0. 0315)	(0. 0140)	(1. 2203)	(0. 8797)
lnmp * lnlmp			0. 3730 ***	- 0. 0368
			(0. 0779)	(0. 0557)
lnroad	0. 0032	0. 0548 ***	- 0. 566 ***	0. 0374 ***
	(0. 0059)	(0. 0037)	(0. 0609)	(0. 0041)
amenity	0. 0850 ***	0. 0499 ***	0. 0177 ***	0. 0815 ***
	(0. 0115)	(0. 0034)	(0. 0013)	(0. 00241)

① “以上”包括本数，“以下”不包括本数。

续表

变量	模型（1）	模型（2）	模型（3）	模型（4）
	中小城市	大城市	中小城市	大城市
industr	0.0539 ***	0.0248 ***	0.0725 ***	0.0316 ***
	(0.0057)	(0.0046)	(0.0026)	(0.0031)
govgdp	-0.2320 ***	0.4273 ***	-0.1794 ***	0.4216 ***
	(0.0312)	(0.0332)	(0.0043)	(0.0488)
lnproductivity	-0.0665 ***	-0.0907 ***	-0.179 ***	-0.0841 ***
	(0.0084)	(0.0067)	(0.00428)	(0.0053)
Constant	-6.2797 ***	-6.3213 ***	-0.0400 ***	-7.5773 ***
	(0.4538)	(0.2832)	(0.0033)	(2.1473)
Observations	1595	1188	1916	1430
Number of	162	122	162	122
AR（2）检验	0.4899	-0.9756	1.5669	-0.4594
Prob > z	(0.6242)	(0.3292)	(0.1171)	(0.6460)
Sargan 检验	135.4551	109.2350	156.1787	113.6082
Prob > chi2	(0.1911)	(0.7894)	(0.6764)	(0.9990)

随着我国城市间空间贸易关联和要素空间配置的不断变化，城市圈的空间集聚度也不断提高，进而吸引了更多的企业和外来劳动力。那么，空间集聚带来的流动劳动力是否挤占本地居民的就业市场，加剧本地居民的就业压力？就业市场是否对外地流动劳动力存在歧视？针对这些问题，本章把该样本划分为本地劳动者和外来劳动者两个子样本数据分别进行估计，检验劳动力空间可得性和产品市场潜力对不同劳动者的就业机会的影响差异。我们对跨市流动外来劳动力人口的定义为：6 个月以上跨地级市及以上行政单位的人口为跨市流动人口。表 3-11 报告了异质性检验的估计结果。2005 年样本的估计结果显示，在其他条件不变的情况下，产品市场潜力和劳动力市场潜力均有利于外来劳动者的就业，但产品市场潜力损害了对本地劳动者的就业机会。2012~2016 年样本的估计结果显示，无论是外地劳动力者还是本地劳动者，产品市场潜力对个体就业概率的影响均为正，但从影响系数来看，外来劳动者个体的就业概率明显高于本地劳动者，城市的产品市场潜力更加促进了外来人口的就业概率；而空间可得性对本地户籍人口的就业概率显著为正，对外地人口的作用不显著，说明劳动力空间集聚并没有增加本地劳动者

的就业压力，反而提高了本地户籍人口的就业可能性。综合来看，产品市场潜力更加有利于外来人口，而劳动力空间可得性也促进了本地劳动力的就业。其中可能的原因是，本地劳动力市场和外来劳动力存在较强的可替代性，而厂商付给外来劳动力的工资往往低于本地人，因此，产品市场潜力的需求效应引致的就业扩张更有利于外地人的就业而加剧了本地人的就业压力；但劳动力空间可得性主要通过厚的劳动力市场中劳动要素的共享、匹配机制发挥人口集聚的正外部性，外来人口对信息掌握往往弱于本地人，因此，劳动力空间可得性更加促进了本地劳动力的就业。

表 3-11　　异质性检验的 ivprobit 模型估计结果

变量	2005 年 外来人口	2005 年 本地户籍	2012～2016 年 外来人口	2012～2016 年 本地户籍
lnmp	0.1318** (0.0541)	-0.3016*** (0.0370)	0.3194*** (0.0771)	0.1414*** (0.0200)
lnlmp	0.1979* (0.1076)	0.9082*** (0.0423)	0.3954 (0.4923)	0.6393*** (0.1717)
其他控制变量	控制	控制	控制	控制
年份固定效应	—	—	控制	控制
城市固定效应	控制	控制	控制	控制
个体数量	182287.0000	394405.0000	2858.0000	18357.0000
wald 内生性检验	124.3000	13079.9000	20.8200	76.5700
Prob > chi2	0.0000	0.0000	0.0000	0.0000

注：此表报告的是两阶段 ivprobit 估计中第二阶段城市产品市场潜力和劳动市场潜力在平均值除对就业影响的边际效应。

资料来源：作者用 Stata 软件估计而得。

七、小　结

依托城市间产品市场的联合和劳动要素供给的空间互动，扩大国内市场需求和劳动力要素供给的空间尺度，对于实现我国城市就业的充分性和平衡性具有重要意义。本章从空间劳动要素供给和产品市场需求的综合视角切入，建立了包含地区间劳动力流动和商品贸易的空间一般均衡模型，构建产品市场潜力指标和代表地区劳动力市场厚度的劳动力空间可得性指标并探讨其与城市就业之间的逻辑联系和作用机制，分别从城市层面和个体微观层面实证检验市场潜力和劳动空间可得性对城市就业规模和个人就业机会的影响。结果显示，城市产品市场潜力和厚的劳动力市场在推进城市就业增长中存在协同效应，二者不仅在城市层面提高了城市非农就业水平，而且也提高了微观劳动者个体的非农产业就业概率。进一步的异质性分析发现，城市产品市场潜力更加有利于外来人口的就业而对本地劳动力存在一定的挤出效应，而劳动力空间可得性同时提高了外来劳动力和本地劳动力的就业机会，但更加有利于本地劳动力的就业；中小城市主要依赖产品市场的空间需求关联，而大城市则依托厚的劳动力市场，主要通过劳动要素的共享、匹配机制在供给方面促进城市就业，且二者协同效应在中小城市更为明显。本研究对于构建以城市群为主体的城镇格局促进区域经济发展与就业协同，从整体上保证就业的充分性和公平性具有重要的政策启示。

第四章　内外市场需求潜力、空间技术外溢与人口城镇化

一、引　　言

城镇化是保持经济持续发展的强大引擎，是推动区域协调发展的有力支撑，而推进以人为核心的城镇化则是提升新型城镇化质量的关键所在（国家新型城镇化规划，2014～2020年）。我国城镇化已进入深入发展时期，发展顺利与否将直接关系到新常态下的中国经济社会发展进程。然而随着国内外经济发展的不断推进，我国城镇化面临多重挑战，其发展受到严重制约：其一，政绩考核体制和税收最大化激励下，政府片面追求城市规模扩张的城镇化推进模式使产业规模经济效应无法得到充分发挥，导致人口聚集与产业集聚不同步，产城融合不紧密（陆铭，2011，2014），城镇化缺乏内生动力；其二，全球经济产业格局不断调整，供求结构发生深刻变化，我国产能过剩和国外市场空间有限的矛盾不断加剧，城镇化发展面临的外部挑战日益严峻；其三，国内市场与国际市场存在分割现象，内外贸一体化发展不充分（裴长洪，2011；赵永亮，2011），难以充分利用国际、国内两个市场和两种资源有效推进经济健康、持续发展和城镇化质量的有效提升。为此，党的十八届三中全会强调市场在资源配置中的决定性作用，要通过建设统一开放、竞争有序的市场体系，提高资源配置效率和经济发展潜力。2015年政府工作报告中亦指出不仅要实施新一轮高水平对外开放，加快构建开放经济新体制，而且还要以“一带一路”建设为契机，构建内外联动的长效机制。可见，只有充分发挥市场的决定性作用，通过扩大内需、开拓国际市场并积极发挥国内外市场的联动效应才能有效解决我国城镇化内忧外患的困境，才能积极迎合城

镇化实现质量型转型的内在需求，进而实现城镇化健康、持续、稳定发展。那么，在我国推进以人为核心的城镇化进程中，内外市场需求各扮演着怎样的角色？是否存在明显的联动机制？

此外，城市经济本质上就是集聚经济，而技术的空间外溢则是城市集聚经济形成的重要来源（Marshall，1890，1961；Jacobs，1969），也是城市效率动态提升的根本动因（Gleaser et al.，1992；Capello，2007）。城市经济活动空间集聚的技术外溢效应有助于劳动者或企业在与其他经济个体互动中获得先进理念和创新动力，提高劳动生产率；而劳动生产率的进一步提高，则会吸引更多劳动力和企业流向城市（Gleaser et al.，1992），从而增强城市要素集聚和就业吸纳能力，提高人口城镇化水平（刘瑞明和石磊，2015）。因而人口城镇化在受到内外市场作用的同时，还与城市所产生的技术外部性有关。然而，传统集聚经济理论中经济活动空间集聚的技术外溢效应仅限于本城市或城市中的某一区域，具有明显的本地化特征（Fujita and Thisse，2002），并未涉及城市间技术外溢及其对不同等级城市间人口城镇化的影响。在城镇化达到一定阶段之后，城市间的人口流动将取代传统的城乡人口流动。城镇化不仅体现在某一城市对周边农村剩余劳动力的吸纳和非农转化，而且体现为不同规模等级城市间人口的有序流动、合理布局及城镇化的联动发展（辜胜阻，2010）。伴随交通和通信基础设施的快速发展以及区域经济一体化进程的推进，城市内部经济集聚的技术外溢效应将可能突破城市边界（沈能，2013），并对其他城市的劳动生产率和经济活动空间集聚产生影响。费瑟（2002）以马歇尔集聚经济理论为基础，利用美国县市数据检验了各类集聚机制对行业增长的影响，发现空间技术外溢效应在美国各县市50英里通勤范围内对农业机械部门与测量与控制装置部门增长具有显著影响；德鲁克和费瑟（2012）进一步利用美国各县市塑料和橡胶、金属加工机械及测量和控制装置三个制造业行业数据的分析也发现，120.7008公里范围研发外溢影响着三类行业的劳动生产率。利沙金（2016）利用厂商微观数据探讨了技术外溢对厂商空间分布的影响，指出美国各县市厂商间存在明显的空间技术外溢效应，但具有显著的空间衰减特征。而对中国城市间技术外溢效应的研究，韩峰和柯善咨（2012）探讨了地级及以上城市空间技术外溢对制造业集聚的影响，认为100公里范围内的区际研发溢出对制造业空间集聚具有明显的促进作用，而城际沟通的技术外溢效应影响不显著；在此基础上，韩峰和郑腾飞（2013）进一步基于集聚经济理论分析了空间技术外溢对城市劳动生产率的影响，认为城际技术外溢对城市劳动生产率的促进作用在100公里范围内最为显著和稳定。除城市间的技术外溢效应外，一些研究也显示中国省际间也存在明显的研发外溢效应。比如，吴玉鸣和何建坤（2008）指出我国省域创新在空间分布上存在异质性和依赖性，企业的研究与开发表现出明显的知识溢出效应；吴玉鸣（2015）进一步分析了工业研发、产学合作对创新绩效的空间影响，发现省域工业专利和新产品创新存在明显的空间自相关性和依赖性，专利创新存在空间邻近局域集群效应而新产品创新存在空间邻近局域溢出效应；余泳泽（2015）利用中国省级面板数据的研究亦显示中国区域研发活动表现出明显的空间外溢效应和价值链外溢效应。这些研究虽然提供了省际空间技术外溢效应存在的证据，但很难深入考察省际技术外溢的空间边界。

目前关于市场需求对地区经济影响的研究多关注国内或国际单方面市场的作用，其中，国内市场需求作用方面主要探讨区域市场空间分布对地区经济增长、工资、产业布局和科技创新等方面的影响（Hanson，2005；Crozet，2000；范红忠，2007）；国外市场需求方面则主要体现为对外开放和进出口贸易对地区经济发展的影响（Romer，1986；张颖熙和夏杰长，2013）。也有相关文献从内外市场联动视角论证了内外市场对地区经济增长的作用差异及其相互关系（黄玖立和李坤望，2006；赵永亮，2011）。然而直接针对内外市场或空间技术外溢影响城镇化的研究尚在少数，从内外市场及空间技术外溢效应综合视角探讨人口城镇化问题的文献更为鲜见。鉴于此，本章将系统梳理内外市场需求和空间技术外溢对人口城镇化的作用机理，并在此基础上以新经济地理框架为依托构建理论和计量模型，探讨内外市场需求、空间技术外溢及其联动效应对地区城镇化的影响，以期为进一步完善开放型经济体系、实现内外市场和空间技术外溢相互促进与联动、提高城镇化质量提供理论依据和政策启示。

二、内外市场需求对人口城镇化的影响机理

目前多数研究集中在关于内外市场需求（或对内对外开放）对产业布局、劳动生产率及地区经济增长影响机制的探讨，而直接关于国内外市场需求对城镇化的影响研究尚在少数。纵观相关研究，市场需求将分别通过以下三个方面对人口城镇化产生影响。

（一）国内市场需求与城镇化

首先，这部分研究主要基于新经济地理理论，强调本地市场的规模经济效应在城镇化推进中的作用。克鲁格曼（1991）认为产业聚集存在循环累积效应，规模经济效应强或生产份额高的地区较容易吸引企业，而企业的进入会促进地区需求份额增加，进而吸引更多制造商聚集。黄玖立、黄俊立（2008）则进一步指出本地市场规模效应能显著影响我国产业空间布局，且较大的本地和地区市场规模能促进地区的国内市场依赖型产业快速增长。此外，市场潜力较高的地区还能通过较低的价格指数吸引劳动力集聚（Crozet，2000）。

随着国内市场开放程度不断扩大，地区间市场联系更紧密，地区经济的发展将会受到其他地区的影响。克鲁格曼（1992）将哈里斯提出的“市场潜力”概念引入经济地理模型中，探索规模经济和运输成本等因素对地区制造业集聚产生外部性经济的影响。当市场需求的规模经济效应大于交通运输距离的负面效应时，空间集聚能促使更多厂商在该地区专业化生产（Fujita and Krugman，1995）。汉森（2005）指出能促进空间集聚、引起名义工资上涨的地区间需求联系在距离范围超过1000公里时作用较弱。潘文卿（2012）则进一步指出地区市场潜力产生的直接溢出效应在地理范围3000公里以内有效。韩峰、阳立高（2014）却认为即使超过该范围，市场潜力对城市劳动生产率依然存在促进作用，且我国城市间的需求关联效应是通过整合各城市市场，刺激释放城市的有效需求，进而形成规模经济效应，实现区域经济内生增长。

其次，国内市场需求能通过提高技术创新水平刺激产业结构升级，提高全要素生产率，进而促进城镇化。有效需求假说认为市场需求是技术创新的根本动力，新产品的市场需求和销售业绩是决定企业创新投入的重要因素（Griliches and Schmookler，1963）。徐康宁和冯伟（2010）通过实证与案例分析相结合的方法研究技术创新的不同模式，指出巨大的市场潜能有助于促进国际企业与本土企业技术交流与合作，促进本土企业充分汲取知识技术外溢，提高创新能力，进而实现企业技术创新的内生化。张国胜（2011）认为企业能利用产品市场需求拓展自身需求规模，实现规模报酬递增，进而引起企业多样化行为，内生地刺激国内市场分工和企业技能的发展。刘和东（2013）

则指出国内市场需求规模能通过虹吸效应聚集大量创新型人才，人才集聚又不断增强地区需求关联，进而提升地区技术创新水平。

（二）国际市场需求与城镇化

多数文献往往以对外开放中的出口因素代表国际需求，研究国外市场需求对中国地区劳动生产率、产业布局和经济发展的影响。纵观这些研究，主要可分为两方面：

（1）国际市场需求有助于扩大国内商品的外部市场规模，降低贸易成本、实现规模经济，推进经济发展、人口集聚和城镇化。埃尔普曼和克鲁格曼（Helpman and Krugman，1985）认为扩大出口能够产生规模经济，促进生产率提升。昆斯特和马林（Kunst and Marin，1989）认为出口规模扩大有利于提高生产的专业化水平，并通过产业关联效应促进生产要素从低效率部门向高效率出口部门集聚，进而优化资源要素配置。而在全球化背景下，交易成本下降会促进厂商在初步优势的地区集中分布（Krugman et al.，1995），并进一步引导人口向优势地区流动，从而推进产业和人口在特定地区协同集聚。

（2）国际市场需求能够通过技术进步对非出口部门产生正外部性，进而促进经济增长和城镇化（Feder，1983）。罗默（1986）研究表明在开放经济下对外贸易能够促进技术进步和技术溢出。范红忠（2007）则进一步指出进出口规模或开放程度的扩大对一国研发投入的使用效率和自主创新能力起到促进作用。冼国明等（2003）则认为出口能促进外商直接投资向出口地区集聚，而外商直接投资则能通过产生技术溢出效应，促进本土企业技术进步，形成工资溢价，吸引农村劳动力向该地区转移（孙浦阳、武力超，2010）。

（三）内外市场需求联动效应与城镇化

学者们越来越关注内外两个市场的联动效应及其相互关系。结合国内外两个市场来看，学者们主要侧重于两方面，一方面是比较两市场的作用，多数学者认为国内市场需求作用比国外市场需求作用更为显著，且市场需求潜力由东部向西部逐渐减弱（赵永亮，2011；韩峰和阳立高，2014）。另一方面则是关于两市场的关系，主要分为三种观点：一是基于市场规模视角，认为国内外市场存在替代关系，如黄玖立和李坤望（2006）认为在促进中国省区经济增长中，地区市场规模较小可通过加大对外开放力度来弥补。二是则基于市场开放程度的视角，认为两者存在互补关系，如韩峰和柯善咨（2012）认为进一步扩大对内、对外开放能加强内外市场对制造业集聚的促进作用；张颖熙、夏杰长（2013）研究表明对外开放能通过提高区域市场开放，进而促进经济增长。三是则基于不同市场类型，研究内外市场对我国东、中、西三个地区的作用效果，有学者认为国内外市场在中西部地区存在较强替代性，而东部地区表现为互补性（孙军，2009；赵增耀和夏斌，2012）；也有学者认为国内、国际市场对劳动生产率的作用在东西部地区存在互补性，而在中部地区具有替代性（韩峰和阳立高，2014）。

综上所述，国际、国内市场将主要通过三种途径作用于城镇化：一是市场需求空间规模扩大引起的规模经济效应有效提升厂商获利水平和劳动生产率，促使厂商和人口向市场规模较大的城市地区集聚，推进城镇化；二是国际市场和国内市场机制的完善、规模的不断扩大，为技术进步和知识外溢创造良好的市场环境，提升了厂商技术进步水平和要素生产率，进而推进厂商和人口集聚，提高城镇化水平；三是随着国内市场机制不断完善和市场经济发展，内外市场可能存在联动效应，这一联动机制将放大市场需求规模扩大带来的规模经济效应和技术进步效应。图 4 – 1 较为鲜明地描述了内外市场需求对人口城镇化的作用机理。

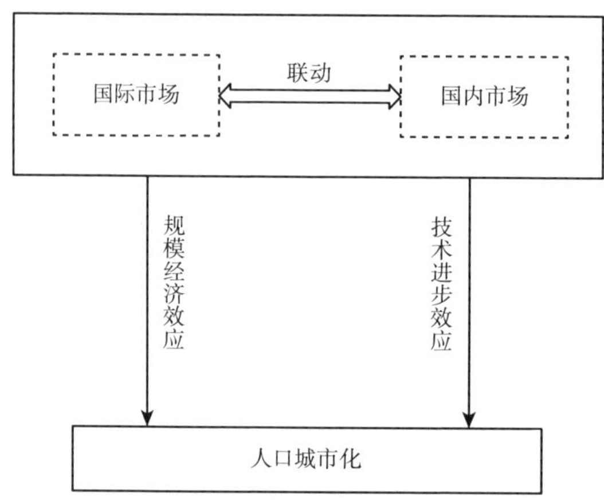

图 4 – 1　内外市场需求对人口城市化的影响

三、理论分析框架与计量模型设定

（一）理论分析框架

假设有 J 个城市，城市中包含制造业和生产性服务业两个产业部门。生产性服务产品只为当地和邻近地区生产服务，运输成本为零，而制造业产品可进行区际和国际贸易，运输成本为冰山成本 t_{jv}。所有制造业商品均在垄断竞争市场中交易。根据雷丁和维纳布尔斯（2004），若 I_v 为城市 v 用于制造业产品的总支出，则城市 v 对城市 j 每种产品的需求量 x_{jv} 表示为：

$$x_{jv} = \frac{(P_j t_{jv})^{-\sigma}}{\sum_{k \in J} N_k (P_k t_{kv})^{1-\sigma}} I_v = (P_j t_{jv})^{-\sigma} I_v (G_v)^{\sigma-1} \quad (4.1)$$

其中，σ 为产品间的替代弹性，N_j 为城市 j 制造业产品种类数，P_j 为制造品价格，G_v 为 CES 形式的城市价格指数。进而对所有市场（包含城市 j 本身和国际市场）进行加总，可进一步得到：

$$q_j = \sum_v x_{jv} \cdot t_{jv} = (P_j)^{-\sigma} \sum_v (t_{jv})^{1-\sigma} I_v (G_v)^{\sigma-1} = P_j^{-\sigma} MP_j \quad (4.2)$$

其中，q_j 为城市 j 每种制造品的总产出；$MP_j = \sum_v (t_{jv})^{1-\sigma} I_v (G_v)^{\sigma-1}$ 为城市 j 的市场潜力，反映了城市所面临的内外市场需求规模。将式（4.2）变形，可得到城市 j 中每种制造品的价格：

$$P_j = MP_j^{1/\sigma} q_j^{-1/\sigma} \quad (4.3)$$

可见，城市中制造业产品价格与市场潜力成正比，而与产品供给量成反比。

假定劳动力为制造品生产中唯一投入要素，根据格拉泽等（1992）和亨德森等（1995）的研究，制造业厂商生产函数可表示为：

$$q_j = \alpha_j l_j^{1-\eta},\ 0 < \eta < 1 \quad (4.4)$$

其中，q_j 为厂商产量，l_j 是厂商为生产 q_j 雇用的劳动量，α_j 为生产的技术系数（或生产效率）。

由于存在递增收益，均衡时每个垄断竞争厂商的产品与其他厂商均不相同，且每种制造品生产还需固定投入为 f 的劳动量。则厂商为生产 q_j，所需的劳动总量为：

$$l_T = f + l_j = f + cq_j \tag{4.5}$$

其中，c 为边际劳动需求，且 $c = l^{\eta}/\alpha_j$。结合式（4.3）、式（4.4）、式（4.5），同时对制造业厂商利润函数取最大化条件，得到：

$$l_j = \frac{(1-\eta)(\sigma-1)}{\sigma} w_j^{-\frac{\sigma}{1+\sigma\eta-\eta}} MP_j^{\frac{1}{1+\sigma\eta-\eta}} \alpha_j^{\frac{\sigma-1}{1+\sigma\eta-\eta}} \tag{4.6}$$

其中，w_j 为劳动工资水平。达到均衡时，由城市中制造品的均衡价格为：

$$p* = \left(\frac{\sigma}{\sigma-1}\right)\frac{w_j l_j^{\eta}}{\alpha_j} = \frac{w_j f}{q_j} + \frac{w_j l_j^{\eta}}{\alpha_j} \tag{4.7}$$

利用式（4.4）和式（4.7）得到厂商雇用劳动量与固定投入之间的关系：$l_j = (\sigma - 1)f$。若为 y_j、L_j 分别为城市制造业总产出和总就业，则城市 j 的全要素生产率 A_j 可表示为 $A_j = y_j/L_j$。由于城市总产出和总就业量分别是所有制造业厂商产出与劳动投入之和，即 $y_j = N_j q_j$，$L_j = N_j(l_j + f)$，进一步可得到：

$$\alpha_j = \frac{\sigma A_j l_j^{\eta}}{\sigma - 1} \tag{4.8}$$

因而城市 j 制造业的总就业量为：

$$L_j = \Phi_0 N_j w_j^{-\sigma} MP_j^{\phi} A_j^{\zeta} \tag{4.9}$$

其中，$\Phi_0 = \left(\frac{\sigma}{\sigma-1}\right)^{\sigma}\left[\frac{(1-\eta)(\sigma-1)}{\sigma}\right]^{1+\sigma\eta-\eta}$，$\phi = \sigma\eta - \eta$、$\zeta = \sigma - 1$。

根据本章假设，城市总就业（L_T）为制造业部门和生产性服务部门就业之和，即 $L_T = L_j + L_s$，其中 L_s 为生产性服务部门就业。根据霍伊特（Hoyt，1954）模型，城市服务部门就业与总就业之间具有稳定的比例关系，假定二者比值为 κ，则有 $L_s = \kappa L_T$。城市总就业与制造业就业间的关系为：

$$L_{T,j} = \frac{1}{1-\kappa} L_j, \quad 0 < \kappa < 1 \tag{4.10}$$

若城市总就业与城市非农人口（城市居民）P_{NA} 之间比例系数为 g，即

$P_{NA}=gL_T$，$g>1$；且城市所有非农人口均居住于城市，则结合式（4.9）和式（4.10），可得到城镇化的决定方程：

$$Urban_j = \frac{P_{NA,j}}{P_{T,j}} = \frac{gL_{T,j}}{P_{T,j}} = \Phi_1\left(\frac{N_j}{P_{T,j}}\right)w_j^{-\sigma}MP_j^{\phi}A_j^{\zeta} \tag{4.11}$$

其中，P_T为城市中包含非农业人口在内的总人口，$\Phi_1=g\Phi_0/(1-\kappa)$。式（4.11）显示，城镇化水平是城市产品多样化水平、全劳动生产率越高及其市场需求规模的增函数，是劳动力工资水平的减函数①。

（二）计量模型设定

理论分析认为城镇化是人均商品种类数、工资水平、城市全要素生产率和市场需求规模的函数。内外市场的作用是本章的研究重点，裴长洪等（2011）认为内外贸一体化成为转变外贸发展方式的必要途径。为体现内外市场对城镇化的影响差异，本章将市场潜力（*MP*）分解为国内市场潜力（*DMP*）和国际市场潜力（*FMP*）。此外，考虑到数据可得性和相关区域经济文献的论述，已有普遍共识的影响城镇化水平的重要变量还包括人力资本、城市交通条件、环境质量等。因此，以 *EDU* 代表人力资本、*TRA* 代表交通条件、*ENV* 为城市环境质量，计量方程可写为：

$$\begin{aligned}\ln Urban_{jt} = \theta_0 + \theta_1\ln AD_{jt} + \theta_2\ln w_{jt} + \gamma\ln A_{jt} + \theta_3\ln DMP_{jt} + \theta_4\ln FMP_{jt} \\ + \theta_5\ln EDU_{jt} + \theta_6\ln TRA_{jt} + \theta_7\ln ENV_{jt} + \xi_{jt}\end{aligned} \tag{4.12}$$

由于内外市场均可通过影响地区技术进步水平作用于城镇化，且城镇化进程中国际、国内市场也可能存在联动效应。本章在式（4.12）基础上进一步加入国际、国内市场潜力及其与技术进步交叉项，以控制可能存在的交互影响。式（4.12）可重写为：

$$\ln Urban_{jt} = \theta_0 + \theta_1\ln AD_{jt} + \theta_2\ln w_{jt} + \gamma\ln A_{jt} + \theta_3\ln DMP_{jt} + \theta_4\ln FMP_{jt} + \theta_5\ln DMP_{jt}$$

① 城市制造业部门工资水平提高对城镇化可能有两方面作用：一是高工资对农村剩余劳动力的吸引作用，促使其不断向城市集聚，提高人口城镇化水平；二是提高了制造业部门生产成本，企业为节省成本而雇用更少劳动力，不利于城镇化的实质性推进。我们认为，工资水平促进农业剩余劳动力在城市集聚是城镇化推进的必要不充分条件，农业劳动力在城市真正就业并具备在城市生存的稳定条件才是城镇化推进的实质所在。理论模型显示，在同质劳动力假设条件下，工资水平提高可能不利于城镇化的顺利推进，而实际的作用过程还有待于进一步的实证检验。

$$\times \ln A_{jt} + \theta_6 \ln FMP_{jt} \times \ln A_{jt} + \theta_7 \ln DMP_{jt} \times \ln FMP_{jt} + \theta_8 \ln EDU_{jt} + \theta_9 \ln TRA_{jt} + \theta_{10} \ln ENV_{jt} + \xi_{jt} \tag{4.13}$$

其中，θ 与 γ 均为待估参数；ξ_{jt} 为随机误差。式（4.13）便是本章要重点估计的计量方程。

四、变量测算与数据说明

本章样本为2003～2012年全国283个地级及以上城市，为保持数据的完整性和一致性，本章舍弃了样本区间中拉萨、中卫、陇南及巢湖等数据变化较大的城市。数据来源于2004～2013年《中国城市统计年鉴》和《中国区域经济统计年鉴》，价格指数来自2002年以来《中国统计年鉴》。下面是有关变量和测度的说明。

（1）国内市场潜力（*DMP*）。国内市场潜力反映了城市的空间市场规模或其对国内市场的可达性。本章在哈里斯市场潜力（Harris，1954）基础上构建国内市场潜力：

$$DMP_j = \sum_{v \neq j, v=1}^{m} \left(\frac{I_v}{d_{jv}^{\delta}} \right) + \frac{I_j}{d_{jj}^{\delta}} \tag{4.14}$$

城市对各种产品的消费支出 I_v 以市辖区社会消费品零售总额来表示，m 为城市数。利用城市中心坐标和距离公式 $\Omega \times \arccos(\cos(\alpha_j - \alpha_v)\cos\beta_j \cos\beta_v + \sin\beta_j \sin\beta_v)$ 可以计算城市间距离 d_{jv}，式中 Ω 为地球大弧半径（6378公里），α_j、α_v 为两市中心点经度，β_j、β_v 为两市中心点纬度。d_{jj} 为城市自身距离，本章参照以往文献（Head and Mayer，2004），令 $d_{jj} = (2/3) R_{jj}$，其中 $R_{jj} = \pi^{-1/2} S^{1/2}$ 为城市半径，S 为城市市辖区建成区面积。δ 为距离衰减参数，设为1（韩峰和柯善咨，2012）。由于最终产品市场范围可以遍及全国各地，国内市场潜力的计算包括全国范围。

（2）国际市场潜力（*FMP*）。各城市还会受到国际市场的拉动作用，国际市场潜力可表示为：

$$FMP_j = \frac{I_{jF}}{d_{j,port}^{\delta}} \tag{4.15}$$

其中，I_{jF} 为城市 j 的国际市场需求，以中国重要海路与陆路贸易伙伴国内生产总值之和表示。[①] $d_{j,port}$为城市 j 到最近的沿海港口的距离。[②] $d_{j,port}$的计算分两种情况：其一，非港口城市获得国外市场需求的距离用城市与其最近港口城市间的地理距离表示；其二，港口城市获得国外市场需求的距离则用城市半径表示。该指标衡量了城市对国际市场的可达性。

（3）城市全要素生产率。采用索洛余值法进行计算，首先令生产函数为 $Y_j = A_j L_{jt}^{\beta_1} K_{jt}^{\beta_2}$ 且 $\beta_1 + \beta_2 = 1$，其中 Y_j为城市非农业产出，L_j为非农就业，K_j为资本存量；其次利用 2003 ~ 2012 年城市面板数据估计该生产函数，进而计算出 A_j。本章用全要素生产率反映城市技术进步水平。

（4）其他变量。城镇化水平（*Urban*）用市辖区总人口与城市总人口之比表示。非农业 GDP（万元）数据从《中国城市统计年鉴》中直接获取。非农就业（*L*）用各城市市辖区个体从业人员与单位从业人员之和（万人）表示。城市资本存量（*K*）参考柯善咨和向娟（2012）的方法来计算。人力资本（*EDU*）以市辖区普通中学与高等学校总人数所占城市总人数的比重表示；城市交通状况或可达性（*TRA*）用人均道路面积（平方米）近似表示。城市中最终部门厂商数量以市辖区地级及以上城市工业企业数近似表示。城市环境质量（*ENV*）以市辖区工业废水排放量（万吨）、二氧化硫排放量（吨）、工业烟尘排放量（吨）和建成区绿化覆盖率（%）来表示。首先对以上环境质量中的正向指标和逆向指标分别进行标准化处理，进而采用主成分分析法得到环境质量综合指数[③]，该指数越大代表城市环境质量状况越好。表 4 – 1 为我国地级及以上城市各变量的样本统计值。

表 4 – 1　我国地级及以上城市国内外市场需求与城镇化等变量的样本统计值

变量	均值	标准差	最小值	最大值
城镇化水平（*Urban*）（%）	33.9879	24.1062	3.4122	100.0000
人均商品种类（*AD*）（种/万人）	3.194784	3.8934	0.0002	34.6719

① 中国重要海路贸易伙伴在第三章的基础上进一步扩展为以下国家和地区：美国、日本、德国、法国、英国、韩国、澳大利亚、加拿大、新加坡、马来西亚等，重要陆路贸易伙伴有俄罗斯、印度、泰国、越南、老挝、哈萨克斯坦、巴基斯坦、吉尔吉斯斯坦、塔吉克斯坦、乌兹别克斯坦、蒙古国等（全书后续章节同）。

② 我国的主要沿海港口城市有：丹东、大连、营口、锦州、秦皇岛、唐山、天津、烟台、威海、青岛、连云港、镇江、南通、上海、宁波、福州和厦门，汕头、深圳、广州、中山、珠海、湛江以及海口和三亚。

③ 由于篇幅所限，本书未将主成分分析的详细过程列出，欢迎来函索取全部详细统计结果。其中正向指标为建成区绿化覆盖率，逆向指标为市辖区工业废水排放量、二氧化硫排放量、工业烟尘排放量。

续表

变量	均值	标准差	最小值	最大值
工资水平（*W*）（元）	22229.1000	9027.8590	1895.1476	134432.0707
全要素生产率（*A*）	0.9157	0.2927	0.1436	2.3555
国内市场潜力（*DMP*）	9108199.5010	9405032.7450	115384.2462	66760365.8400
国际市场潜力（*FMP*）	336414391.5000	1024344332.0000	8257964.8490	9318977262.0000
人力资本（*EDU*）	0.1078	0.1186	0.0120	5.9686
交通条件（*TRA*）（平方米）	9.3248	6.4345	0.3100	85.2000
城市环境质量（*ENV*）	0.3521	0.0261	0.2614	0.4150

资料来源：作者测算而得。

五、计量检验与数据结果分析

（一）计量策略

在进行面板数据计量估计之前应通过检验模型是否存在固定效应、随机效应以及混合效应等，确定合适的估计模型。本章检验结果显示，F 统计量和 LM 检验统计量分别拒绝“不存在固定效应”和“不存在随机效应”的原假设，表明样本数据中必存在个体效应；Hausman 检验结果则拒绝“采用随机效应模型”的原假设，因而固定效应模型在估计中更为适合。此外，自相关和异方差检验结果显示误差项存在自相关和异方差问题，因而可用固定效应的广义最小二乘估计（FGLS）的方法解决自相关和异方差的问题①。然而，模型估计中可能还存在一些以上检验方法无法解决的问题，进而导致估计结果有偏和不一致。一方面，根据城市和区域经济学理论，内外市场需求能够通过规模经济效应和技术进步效应促进产业集聚、引导人口流动，进而提升城镇化水平，而城镇化推进反过来也可能进一步扩大有效需求，因而内外市场需求与人口城镇化间可能存在联立内生性；同时根据新经济地理和经

① 限于篇幅本书未列出详细检验结果，感兴趣的读者可与作者联系索取相应检验结果。

济增长理论，产品多样化和全要素生产率（技术进步）与人口城镇化间同样可能存在联立内生性。另一方面，在设置模型变量时，可能存在遗漏变量问题，如自然条件、制度因素等，这些变量都包括在随机扰动项中，因此可能会导致解释变量与扰动项两者存在相关性。鉴于此，本章将采用系统 GMM 法解决模型中的内生性问题。之所以采用系统 GMM 法估计，原因在于：其一，面板系统 GMM 估计方法具有大样本性质，在时间固定情况下，截面数据越多估计偏误越小，且估计值趋于一致性。本章采用的 2003 ~ 2012 年我国 283 个地级及以上城市面板数据，符合采用 GMM 估计的样本条件。其二，系统 GMM 结合了差分 GMM 与水平 GMM 两种估计方法的优良特征，克服了传统估计中的弱工具变量问题，进而提高了估计效率。

（二）全国样本的初步估计结果

为检验各变量参数估计的稳健性，本章同时报告了包括混合效应、随机效应、固定效应、面板 FGLS 以及系统 GMM 在内的估计结果。表 4 – 2 报告了当衰减参数为 1 时国内外市场需求、全要素生产率对城镇化的全国样本的初步估计结果。首先看控制变量的参数估计。产品多样化（ln*AD*）的参数估计仅在系统 GMM 估计中显著为正，说明在控制自相关、异方差、内生性问题后，该参数估计变得更加合理，与产品多样性偏好有助于吸引人口集聚，进而推进城镇化的理论预期相符。系统 CMM 方程中劳动工资的参数估计为正但不显著，表明工资水平提高通过吸引农村剩余劳动力集聚而对城镇化产生的推力，整体上恰好与通过提高企业生产成本对城镇化的阻力相抵。人力资本（ln*EDU*）的参数仅在系统 GMM 估计方程中显著为正，说明控制内生性后，人力资本水平提高显著推进了人口城镇化水平。这意味着教育水平的提高有利于提升居民自身素质及其接受新知识和先进技术的能力，增强其在城市稳定就业和生存能力。而交通条件（ln*TRA*）的改善并未得到与理论预期一致的作用效果，反而抑制城镇化推进。这意味着，城镇化进程中，我国多数地方政府在基础设施建设及新城新区、开发区和工业园区开发中存在盲目扩张现象，导致建成区人口集聚水平偏低，人口城镇化与土地城镇化发展严重不协调。控制自相关、异方差及内生性后，环境质量（ln*ENV*）参数估计未通过显著性检验，说明单纯依靠改善环境质量以推进城镇化的策略成效甚微。

表4-2　全国层面国内外市场需求、技术进步对城镇化的初步估计结果

变量	pooled OLS	RE	FE	面板 FGLS	系统 GMM
ln*AD*	0.0533 (1.17)	-0.0014 (-0.61)	-0.0016 (-0.74)	0.0014 ** (2.24)	0.0015 *** (2.71)
ln*w*	0.4252 *** (11.84)	0.0404 *** (3.62)	0.0309 *** (2.75)	0.0736 *** (8.17)	0.0003 (0.12)
ln*A*	0.3980 *** (9.88)	0.0423 *** (4.33)	0.0394 *** (4.07)	0.0301 *** (3.61)	0.0131 *** (6.49)
ln*DMP*	-0.1309 *** (-9.89)	-0.0554 *** (-6.35)	0.0636 *** (6.84)	0.0203 *** (3.91)	0.0012 ** (2.21)
ln*FMP*	0.0713 *** (7.78)	0.0756 *** (4.07)	0.0752 *** (2.62)	0.0829 *** (21.89)	0.0026 *** (4.92)
ln*EDU*	-0.3337 *** (-9.98)	-0.0602 *** (-7.31)	-0.0587 *** (-7.19)	-0.0394 *** (-6.31)	0.0074 *** (3.25)
ln*TRA*	-0.0743 *** (-3.06)	-0.0598 *** (-9.06)	-0.0605 *** (-9.24)	-0.0281 *** (-4.60)	-0.0130 *** (-5.82)
ln*ENV*	1.0669 *** (6.46)	-0.0727 ** (-2.28)	-0.0750 ** (-2.37)	-0.0034 (-0.15)	-0.0080 (0.96)
Cons	0.6525 (0.63)	-4.3481 *** (-10.30)	-4.3816 *** (-7.23)	-3.2648 *** (-19.07)	-0.0144 (-0.28)
R^2	0.1753				
within R^2		0.1158	0.1161		
sigma_u		0.6051	0.6771		
sigma_e		0.0846	0.0846		
Wald 检验				614.36 [0.0000]	50063.97 [0.0000]

注：系统 GMM 估计的内生变量为：ln*AD*、ln*A*、ln*DMP*、ln*FMP*；圆括号中为系统 GMM 估计的 *z* 统计值，其他估计方法为 *t* 统计值，方括号中为统计量的伴随概率；*** 表示显著性水平为1%，** 表示显著性水平为5%，* 表示显著性水平为10%（下同）。此外，限于篇幅，本章在固定效应和面板 FGLS 估计中均未列出年份和城市固定效应估计结果。系统 GMM 估计中 Sargan 检验的统计量和伴随概率分别为144.1324和0.2042，AR（1）与 AR（1）检验的统计量和伴随概率分别为-4.19、0.000和-1.07、0.284，说明模型工具选择和估计结果合理。

资料来源：作者测算而得。

其次分析国际、国内市场需求及全要素生产率对我国城镇化的影响。各方程中全要素生产率（ln$A$）的参数估计结果与理论预期完全一致，均显著为正，说明技术进步有助于提高劳动生产率、促进产业结构升级，吸引人口向城市集聚，进而推动城镇化发展。国际市场需求的参数估计在各方程中均显著为正，说明进一步扩大开放依然有助于城镇化推进。尽管国际经济危机以来，受外需萎缩冲击，我国外向型经济发展速度减缓，但本章估计结果显示，依托国际市场推进产业集聚、加快外向型经济发展，对于推进以人为核心的城镇化依然具有重要潜力。国内市场需求的参数估计在固定效应、FGLS 和系统 GMM 模型中显著为正，说明在控制了固定效应、自相关、异方差和内生性后，国内市场潜力的参数估计趋于合理。国内市场潜力的参数估计结果意味着，我国城镇化进程中，城市间已形成密切的市场关联效应。各城市通过市场的互动和联合，扩大国内市场需求的空间尺度，从而对不同地区城镇化均产生了明显的规模经济效应和协同效应。从国内、国际市场潜力的估计结果来看，内外市场需求在城镇化进程中可能存在互补性，即人口城镇化作为扩大内需的主要来源，充分利用国际市场和国际资源有效推进城镇化，可能有助于构筑城镇化推进中内外市场的联动机制。依托内外市场的联动效应可能将进一步推动城镇化的深层次发展。但内外市场的这一互动影响是否真的存在，还有待于进一步的实证检验。而从内外市场与技术进步对城镇化的作用效果来看，技术进步的作用更优于内外市场的规模经济效应。

（三）考虑内外市场需求及技术进步交叉作用的估计结果

理论分析显示，城镇化进程中国际、国内市场不仅可能通过推进技术进步产生影响，而且可能具有联动效应。为探究内外市场需求及技术进步对城镇化可能产生的交叉作用，本章采用系统 GMM 法进一步对式（4.13）进行估计。此外，由于我国各地区在产业结构、经济空间分布及其面临的国际、国内市场距离和环境等存在较大差异，且这种差异可能会导致国内外两市场需求在不同地区作用的异质性。因此本章还对东、中、西三个地区的样本分别进行系统 GMM 估计。表 4－3 为全国及分地区包含内外市场需求及技术进步交叉作用的系统 GMM 估计结果。Wald 检验、Sargan 检验、AR（1）和 AR（2）的检验结果表明，模型内生变量的控制是合理的，其估计结果是可取的。

表4-3 全国及分地区包含内外市场需求及技术进步交叉作用的系统GMM估计结果

变量	全国	东部	中部	西部
ln*AD*	0.0027*** (4.33)	0.0022*** (12.83)	0.0253*** (17.03)	-0.0099*** (-7.86)
ln*w*	-0.0003 (-0.12)	-0.0035 (-1.09)	-0.0375*** (-10.21)	0.0050** (2.44)
ln*A*	-0.1542*** (-2.97)	-0.7213*** (-10.08)	-0.5507*** (-2.91)	-0.6188*** (-8.38)
ln*DMP*	0.0196** (2.15)	0.1277*** (14.75)	-0.2486*** (-5.69)	0.0814*** (4.89)
ln*FMP*	0.0181** (2.28)	0.0965*** (13.75)	-0.2750*** (-5.25)	0.0861*** (5.93)
ln*DMP*×ln*A*	0.0067** (2.16)	0.0499*** (11.82)	0.0038*** (7.39)	0.0100*** (4.31)
ln*FMP*×ln*A*	0.0038* (1.75)	-0.0045** (-2.26)	0.0666*** (5.06)	0.0288*** (9.04)
ln*DMP*×ln*FMP*	-0.0010** (-2.03)	-0.0056*** (-12.92)	0.0194*** (5.66)	-0.0049*** (-4.95)
ln*EDU*	0.0071*** (2.71)	0.0047** (2.01)	-0.0504*** (-13.65)	-0.0134*** (3.96)
ln*TRA*	-0.0112*** (-4.30)	-0.0289*** (-14.48)	0.0050** (2.47)	-0.0036*** (-5.96)
ln*ENV*	-0.0003 (-0.04)	0.0756*** (13.10)	-0.0568*** (-8.00)	-0.0132** (-2.03)
Cons	-0.3128** (-2.03)	-1.7876*** (-8.66)	4.6628*** (5.02)	-1.5938*** (-6.63)
Wald 检验	413601.23 [0.0000]	5743127.82 [0.0000]	597825.88 [0.0000]	3012476.33 [0.0000]
Sargan 检验	143.0745 [0.2221]	77.2086 [0.9999]	86.17898 [0.9991]	61.15895 [1.0000]
AR（1）test	-4.1986 [0.0000]	-2.3364 [0.0195]	-2.8245 [0.0047]	-2.2704 [0.0232]
AR（2）test	-1.0979 [0.2723]	-0.9983 [0.3182]	-0.7931 [0.4277]	-0.1704 [0.8647]

注：系统GMM估计的内生变量为：ln*AD*、ln*A*、ln*DMP*、ln*FMP*；圆括号中为系统GMM估计中的*z*统计值，方括号中为各统计量的伴随概率。

资料来源：作者利用Stata软件估计而得。

首先简要介绍加入国内市场、国际市场与全要素生产率的交叉项后，各变量的参数估计结果。产品多样化的参数估计在全国方程与东中部方程中依然显著为正，但在西部方程中却显著为负。这说明全国整体和东中部地区人口城镇化显著受益于产品多样化水平的提升；而西部地区由于产品多样化水平较低，不仅难以有效吸引人口向城市集聚，而且不利于厂商从上下游关联企业中获利，而且可能会与其他同类行业厂商产生竞争，加速要素成本上升，抑制企业发展和劳动就业，进而不利于城镇化。劳动工资的参数估计在全国方程和东部方程估计结果与表4－2一致，但在中部方程显著为负，在西部方程显著为正，说明东部地区提高劳动工资水平对其城镇化的正负作用相抵，而在中部地区工资水平提高通过吸引劳动力集聚而对城镇化的推力小于因厂商成本提高对城镇化的阻力，西部地区则正好相反。这提醒我们，单纯依靠廉价劳动力推进产业发展和城镇化的策略在中部地区难以为继，而西部地区则依然可利用其廉价劳动力禀赋优势推进城镇化。从人力资本的参数估计来看，东部地区通过提高劳动者人力资本水平有助于进一步推进城镇化，而中西部城市增加人力资本投入反而不利于当地城镇化的顺利推进，其原因可能在于中西部地区提升人力资本的努力可能更多的为东部地区城镇化做贡献，即中西部高素质人才可能更多地流向经济发达的东部地区，而非留在本地。交通基础设施的参数估计在全国方程和东西部方程显著为负，而在中部地区显著为正，意味着我国东部和西部地区基础设施建设存在盲目扩张、城镇土地粗放利用现象，而在中部地区较为完善的基础设施建设则有助于人口城镇化推进。环境质量对城镇化的作用在中西部地区显著为负，东部显著为正，而全国层面依然不显著，说明东部地区进一步完善城市环境有望吸引更多人口在城市集聚，而中西部工业发展依然较为滞后，单纯依靠环境改善无法有效驱动城镇化，需进一步夯实产业基础，以工业化推进城镇化。

其次分析国内、外市场需求及全要素生产率对城镇化的参数估计结果。从全国方程的参数估计来看，内外市场需求及其与技术进步交叉项的估计结果依然显著为正，这意味着国际和国内市场需求显著改变着城镇化进程中的技术进步路径。与国内外市场联系愈密切的城市，拥有更高的市场化和市场一体化水平，愈有利于与其他地区形成共同市场规则和商业规范以及共担风险的网络体系，从而为技术进步提供有效市场保障机制，推进劳动生产率和城镇化水平提高。同时，技术进步水平提高也有助于扩大国内市场的空间尺度，通过深化市场广度与深度，充分发挥国内市场的规模经济效应，提高人口城镇化水平。国际、国内市场交叉项（$\ln DMP \times \ln FMP$）的参数估计显著为负，意味着城镇化推进中，国内、国际市场整体上并未呈现预期的相互作用趋势，而是具有明显的替代性。这一结果与孙军（2009）所持观点基本相符。孙军（2009）认为当本国外部地区对本地产品采取歧视性政策并造成市场分割时，国外市场将可能替代国内市场，而当国外市场受到限制，国内市场并无明显市场分割时，国内市场将替代国际市场。近年来受全球经济危机及产业格局变化影响，我国外部市场环境每况愈下。与此同时，已有研究显示国内最终商品市场分割现象已趋于缓解（韩峰、柯善咨，2012）。这意味着我国现阶段城镇化进程中很可能存在以国内市场替代国际市场趋势，以期通过扩大内需实现产业发展和城镇化推进。

以下分析各地区的参数估计结果。从东部方程的估计结果来看，国内与国际市场交叉项显著为负的参数估计意味着东部地区城镇化进程中存在以国内市场替代国际市场趋势。国内市场潜力与技术进步交叉项显著为正的参数估计以及国际市场潜力与技术进步交叉项显著为负的系数，说明国内市场与技术进步之间存在互动影响，但进一步对外开放却不利于技术进步水平的提高。其原因可能在于东部地区邻近国际市场，经过40多年的对外开放，已充分利用了国际市场潜力，其外向型经济发展可能已趋于成熟，亟需转型升级。若继续从国际市场引进类似技术，则不仅不利于产业发展和结构升级，反而会加大经济运行成本和风险，造成资源浪费和生产率损失。赖明勇等（2005）指出最适宜的技术引进应当是引进最能发挥本国生产潜力、与本国技术吸收能力相匹配且有效提升本国经济结构的急需技术。国际市场对我国东部地区技术要素的配置乏力，使得我国东部地区制造业总是难以摆脱以资源、劳动密集型模式参与国际分工的局面，无法有效提升和优化产业结构，也就无法使先进技术与城镇化进程深度结合，有效推进城镇化。

从中部地区估计结果来看，国际、国内市场潜力与技术进步的交叉项系数显著为正，说明中部地区国际、国内市场发展明显增强了技术进步在城镇化进程中的作用。一方面，国内市场空间规模扩展和市场一体化水平提升通过提供有效的内部市场保障，促进资源、要素在地区间的优化配置，提升城镇化进程中技术进步水平；另一方面，与东部地区相比，中部地区发展较为滞后，积极对外开放有助于吸引技术较为先进的外部资本为当地服务，并通过人才和企业聚集提升对外开放的技术溢出效应，利用“以市场换技术”的开放升级战略推进城镇化。中部地区国内市场潜力与国际市场潜力的交叉项系数显著为正，说明中部地区城镇化进程中，国内、国际市场的作用具有互补性，即国际和国内市场对城镇化的推进作用均将因国际国内市场一体化水平的提升而得到强化。

西部地区估计结果与全国方程基本一致，国内、国际市场潜力及其与技术进步交叉项参数估计均显著为正，而内外市场交叉项系数则显著为负。这意味着西部地区对内对外开放均加强了技术进步对城镇化的作用效果，但国际、国内市场对城镇化的作用却存在替代性。西部地区由于城市分布较分散，市场空间分布受限，地区间运输成本较高使得经济发展在国内市场需求中只能依靠本地需求，因而导致国内市场需求在西部各城市间关联效应偏弱。而与有限的国内市场需求相比，西部地区城市可通过陆路与邻国展开贸易、扩大外部需求。本章估计结果显示提高西部地区与周边邻国的贸易往来密切度有助于城镇化进程中规模经济效应的充分发挥。2000～2012 年，西部地区平均贸易量增长 1000%，分别比东部和中部地区高出 295% 和 212%[①]，因而在西部推进城镇化中可能存在以国际市场替代国内市场的倾向。

为进一步分析内外市场与全要素生产率对我国城镇化的影响及各地区的影响差异，我们将全国和东中西部地区方程分别对国内市场潜力、国际市场潜力以及全要素生产率求偏导数，从而得到各变量对全国及各地区城市镇的综合影响（如表 4－4 所示）。各变量对城镇化的综合影响效果分别采用全国整体和各地区的 ln*DMP*、ln*FMP* 以及 ln*A* 均值进行测算。

表 4－4　全国及各地区国内、外市场与全要素生产率对城镇化的综合影响效果

变量	地区	各空间变量对城镇化的边际影响	影响效果
ln*DMP*	全国	0. 0196 + 0. 0067lnA － 0. 0010lnFMP	0. 0008
	东部	0. 1277 + 0. 0499lnA － 0. 0056lnFMP	0. 0181
	中部	－ 0. 2486 + 0. 0038lnA + 0. 0194lnFMP	0. 0083
	西部	0. 0814 + 0. 0100lnA － 0. 0049lnFMP	－ 0. 0036
ln*FMP*	全国	0. 0181 + 0. 0038lnA － 0. 0010lnDMP	0. 0020
	东部	0. 0965 － 0. 0045lnA － 0. 0056lnDMP	0. 0057
	中部	－ 0. 2750 + 0. 0666lnA + 0. 0194lnDMP	0. 0163
	西部	0. 0860 + 0. 0288lnA － 0. 0049lnDMP	0. 0076

① 数据来源于 2013 年《中国统计年鉴》。

续表

变量	地区	各空间变量对城市化的边际影响	影响效果
lnA	全国	-0.1542 + 0.0067lnDMP + 0.0038lnFMP	0.0179
	东部	-0.7213 + 0.0499lnDMP - 0.0045lnFMP	0.0025
	中部	-0.5507 - 0.0338lnDMP + 0.0666lnFMP	0.0735
	西部	-0.6188 + 0.0100lnDMP + 0.0288lnFMP	0.0134

注：ln*DMP*、ln*FMP* 及 ln*A* 的全国样本均值分别为：15.5444、17.8761、-0.1371；东部样本均值分别为：16.2430、19.2808、-0.0320；中部样本均值分别为：15.5849、17.2819、-0.1651；西部样本均值分别为：14.6348、16.8705、-0.2323。

资料来源：作者根据表4-3估计结果计算而得。

全国层面的内、外市场及全要素生产率对城镇化综合影响的测算结果与表4-2的检验结果基本一致，国际、国内市场潜力及技术进步均有助于城镇化推进，且技术进步的作用效果最佳。从分地区层面来看，国内市场需求对城镇化的作用效果由东向西依次递减，但对西部地区作用为负。其原因可能在于，一方面，我国东部地区市场一体化水平较高，且城市密集、城市间交通便利，对城镇化具有明显的空间规模经济效应，而越往内陆地区，由于城市分布趋于分散、交通不便，城市间市场的联动效应不及东部地区。另一方面，中西部地区尤其是西部地区城市间市场的空间协同障碍还可能与地方保护主义有关的制度因素有关。黄玖立和李坤望（2006）的研究发现，内地省区的保护主义显著影响着产业的空间布局。中西部地区显著的地方保护主义降低了城市间需求关联效应对产业空间布局的影响，从而难以在空间上形成不同城市市场相互促进与联动的状态，降低了国内市场的规模经济效应。而从国际市场与技术进步的综合影响来看，国际市场与技术进步对城镇化的影响效果在中部地区最大，西部次之，而东部最小。这意味着东部城市已经比较充分地利用了国际市场潜力和已有生产技术，逐步消化了比较优势，难以继续依赖国际市场和已有成熟技术推进城镇化。中部城市由于发展较晚，土地、劳动力和其他要素成本优势仍然比较明显，在国际产业分工和产业技术升级中有逐渐承接和取代东部城市成熟产业功能的趋势，城镇化推进因此受益。而西部地区在西部大开发和“丝绸之路”经济带发展战略带动下，其对外开放和技术进步水平正在赶超东部相对发达地区。此外，从国际、国内市场潜力对东西部城镇化的综合影响中还可以发现，东部地区国内市场影响明显大于国际市场，而西部地区尽管国际市场的影响显著为正，但国内市场作用却为负。这也印证了我国目前城镇化进程中，可能存在着东部地区以国内市场替代国际市场，而西部地区以国际市场替代国内市场的倾向。

六、基于空间技术外溢尺度和各等级城市空间外溢效应的进一步分析

以上内容探讨了内外市场需求潜力和技术进步对人口城镇化的影响及其交互效应，本部分进一步利用城市科研活动费用支出 U_j 构建城市 j 受到的其他城市的技术溢出指标，对人口城镇化进程中内外市场需求和空间技术外溢效应的影响进行深入探讨。城际研发的技术溢出（RS）可表示为：

$$RS_j = \sum_{v \neq j, v=1}^{m} \left(\frac{U_v}{d_{jv}^{\delta}} \right) + \frac{U_j}{d_{jj}^{\delta}} \tag{4.16}$$

由于目前尚无法获得城市市辖区 $R\&D$ 研发支出数据，本章以市辖区财政支出中的科学支出近似表示城市科研活动投入 U_j。

（一）全国样本的初步估计结果

为检验各变量参数估计的稳健性，本章同时报告了包括混合效应、随机效应、固定效应、面板 FGLS 以及系统 GMM 在内的估计结果。表 4－5 报告了当衰减参数为 1 时国内外市场需求、空间技术外溢对城镇化的全国样本的初步估计结果。

表 4－5　全国层面空间技术外溢对城镇化的初步估计结果

变量	pooled OLS	RE	FE	面板 FGLS	系统 GMM
$\ln Urban(-1)$	0.3713*** (7.78)	0.3756*** (4.07)	0.3752*** (2.62)	0.3829*** (21.89)	0.3026*** (4.92)
$\ln AD$	0.0533 (1.17)	−0.0014 (−0.61)	−0.0016 (−0.74)	0.0014** (2.24)	0.0015*** (2.71)
$\ln w$	0.4252*** (11.84)	0.0404*** (3.62)	0.0309*** (2.75)	0.0736*** (8.17)	0.0003 (0.12)

续表

变量	pooled OLS	RE	FE	面板 FGLS	系统 GMM
ln*RS*	0. 3980 *** (9. 88)	0. 0423 *** (4. 33)	0. 0394 *** (4. 07)	0. 0301 *** (3. 61)	0. 0131 *** (6. 49)
ln*MP*	-0. 1309 *** (-9. 89)	-0. 0554 *** (-6. 35)	0. 0636 *** (6. 84)	0. 0203 *** (3. 91)	0. 0012 ** (2. 21)
ln*EDU*	-0. 3337 *** (-9. 98)	-0. 0602 *** (-7. 31)	-0. 0587 *** (-7. 19)	-0. 0394 *** (-6. 31)	0. 0074 *** (3. 25)
ln*TRA*	-0. 0743 *** (-3. 06)	-0. 0598 *** (-9. 06)	-0. 0605 *** (-9. 24)	-0. 0281 *** (-4. 60)	-0. 0130 *** (-5. 82)
ln*ENV*	1. 0669 *** (6. 46)	-0. 0727 ** (-2. 28)	-0. 0750 ** (-2. 37)	-0. 0034 (-0. 15)	-0. 0080 (0. 96)
Cons	0. 6525 (0. 63)	-4. 3481 *** (-10. 30)	-4. 3816 *** (-7. 23)	-3. 2648 *** (-19. 07)	-0. 0144 (-0. 28)
R^2	0. 1753				
within R^2		0. 1158	0. 1161		
sigma_u		0. 6051	0. 6771		
sigma_e		0. 0846	0. 0846		
Wald 检验				614. 36 [0. 0000]	50063. 97 [0. 0000]

注：系统 GMM 估计的内生变量为：ln*Urban*（-1）、lnRS、ln*MP*、ln*AD*；圆括号中为系统 GMM 估计的 *z* 统计值，其他估计方法为 *t* 统计值，方括号中为统计量的伴随概率；*** 表示显著性水平为 1%，** 表示显著性水平为 5%，* 表示显著性水平为 10%（下同）。此外，限于篇幅，本章在固定效应和面板 FGLS 估计中均未列出年份和城市固定效应估计结果。系统 GMM 估计中 Sargan 检验的统计量和伴随概率分别为 144. 1324 和 0. 2042，AR（1）与 AR（1）检验的统计量和伴随概率分别为 -4. 19、0. 000 和 -1. 07、0. 284，说明模型工具选择和估计结果合理。

资料来源：作者利用 Stata 软件估计而得。

首先看控制变量的参数估计。各方面中上一期城镇化对本期城镇化均具有显著为正的参数估计，符合理论预期。产品多样化（ln*AD*）的参数估计仅在系统 GMM 估计中显著为正，说明在控制自相关、异方差、内生性问题后，该参数估计变得更加合理，与产品多样性偏好有助于吸引人口集聚，进而推进城镇化的理论预期相符。系统 GMM 方程中劳动工资的参数估计为正但不显著，表明工资水平提高通过吸引农村剩余劳动力集聚而对城镇化产生的推力，整体上恰好与通过提高企业生产成本对城镇化的阻力相抵。人力资本（ln*EDU*）的参数仅在系统 GMM 估计方程中显著为正，说明控制内生性后，人力资本水平提高显著推进了人口城镇化水平。这意味着教育水平的提高有利于提升居民自身素质及其接受新知识和先进技术的能力，增强其在城市稳定就业和生存能力。而交通条件（ln*TRA*）的改善并未得到与理论预期一致的作用效果，反而抑制城镇化推进。这意味着，城镇化进程中，我国多数地方政府在基础设施建设及新城新区、开发区和工业园区开发中存在盲目扩张现象，导致建成区人口集聚水平偏低，人口城镇化与土地城市化发展严重不协调。控制自相关、异方差及内生性后，环境质量（ln*ENV*）参数估计未通过显著性检验，说明单纯依靠改善环境质量以推进城镇化的策略成效甚微。

其次分析国内市场潜力、空间技术外溢对我国城镇化的影响。各方程中研发技术外溢（ln*RS*）的参数估计结果与理论预期完全一致，均显著为正，说明城市之间研发支出所产生的无形知识、技能人才可为邻近城市服务。技术外溢有助于提高劳动生产率、促进产业结构升级，吸引人口向城市集聚，进而推动城镇化发展。国内市场潜力的参数估计在固定效应、FGLS 和系统 GMM 模型中显著为正，说明在控制了固定效应、自相关、异方差和内生性后，市场潜力的参数估计趋于合理。该估计结果意味着，我国城镇化进程中，城市间已形成密切的市场关联效应。各城市通过市场的互动和联合，扩大国内市场需求的空间尺度，从而对不同地区城镇化均产生了明显的规模经济效应和协同效应。而从市场潜力与空间技术外溢对城镇化的作用效果来看，技术外溢的作用更优于市场潜力扩大的规模经济效应。

（二）城市间技术外溢的空间尺度研究

确定空间技术外溢的作用范围有助于把握城市间城镇化推进随距离变化的空间特征。本章使用 0～50 公里、50～100 公里、100～300 公里、300～500 公里、500～1000 公里、1000～2000 公里、2000～3000 公里以及 3000 公里以上各地理范围内的数据构建空间技术外溢变量进行系统 GMM 估计。表 4－6 中报告了不同距离范围内空间技术外溢对城镇化影响的估计结果。

表 4－6　　不同距离的空间技术外溢对城镇化的估计结果

变量	0～50 公里	50～100 公里	100～300 公里	300～500 公里	500～1000 公里	1000～2000 公里	2000～3000 公里	>3000 公里
ln*Urban*(－1)	0.3264*** (3.40)	0.3624*** (4.48)	0.3455*** (2.85)	0.3602*** (4.18)	0.3892*** (5.95)	0.3490*** (4.31)	0.3763*** (5.15)	0.3725*** (5.25)
ln*AD*	0.0759*** (3.45)	0.1075*** (4.71)	0.0518** (2.25)	0.0669*** (3.21)	0.0741*** (3.38)	0.0640*** (2.82)	0.0792*** (3.95)	0.0420*** (3.85)
ln*w*	0.0337 (1.49)	－0.0340* (－1.70)	－0.0096** (－2.20)	0.0297 (0.59)	－0.0147** (－2.28)	－0.0239 (－0.41)	－0.0160* (1.70)	－0.0118** (－2.23)
ln*RS*	0.1215*** (2.78)	0.1229*** (2.89)	0.1047* (1.87)	－0.0526 (－0.52)	0.1316 (1.35)	－0.0835 (－1.08)	－0.0158 (－0.55)	0.0867 (－1.58)
ln*MP*	0.1214*** (9.96)	0.0884*** (6.81)	0.1187*** (9.94)	0.1224*** (11.97)	0.1172*** (11.78)	0.1220*** (11.67)	0.1472*** (13.66)	0.0320** (2.27)
ln*ENV*	－0.0016 (－0.51)	－0.0995 (－0.63)	－0.0027 (－1.03)	0.0477 (0.40)	0.0325 (0.27)	0.0399 (0.40)	－0.0505 (－1.42)	－0.2387* (－1.68)
ln*EDU*	0.1609*** (3.04)	0.1637*** (3.70)	0.1393*** (3.21)	0.1338*** (2.70)	0.1713*** (3.73)	0.1429*** (2.94)	0.2137*** (4.34)	0.1799*** (3.83)
ln*TRA*	0.1497** (2.15)	0.0780 (1.33)	0.1317** (2.37)	0.1050* (1.80)	0.1530*** (2.76)	0.1007 (1.64)	0.0909* (1.79)	0.1331** (1.98)
Cons	9.1651*** (23.28)	9.2971*** (24.19)	9.2143*** (31.58)	9.0751*** (26.40)	9.0524*** (28.91)	8.9666*** (27.05)	9.3162 (30.37)	10.9642 (31.92)
Wald 检验	318.22 [0.000]	274.86 [0.000]	341.36 [0.000]	474.90 [0.000]	565.63 [0.000]	675.41 [0.000]	621.66 [0.000]	169.68 [0.000]
Sargan 检验	57.95 [0.250]	78.72 [0.240]	23.82 [0.261]	33.50 [0.281]	20.99 [0.243]	22.12 [0.218]	84.11 [0.207]	87.17 [0.183]
AR (1) 检验	－5.17 [0.000]	－2.94 [0.000]	－4.00 [0.000]	－4.25 [0.000]	－4.25 [0.000]	－4.17 [0.000]	－4.22 [0.000]	－1.69 [0.492]
AR (2) 检验	0.39 [0.694]	0.05 [0.963]	0.67 [0.590]	－1.06 [0.180]	－1.28 [0.269]	－1.01 [0.251]	－1.37 [0.171]	1.51 [0.130]

注：系统 GMM 估计的内生变量为：ln*Urban*（－1）、ln*AD*、lnRS、ln*MP*；圆括号中为系统 GMM 估计中的 *z* 统计值，方括号中为各统计量的伴随概率。

资料来源：作者利用 Stata 软件估计而得。

由于市场潜力及各控制变量的参数估计与表4－5基本一致，本部分对此不再赘述。从不同距离范围内各空间技术外溢变量的估计结果来看，其回归系数主要在300公里以内显著为正，而超过300公里，城际研发外溢（ln*RS*）的参数估计便不再显著，表明我国各城市之间存在的技术模仿、学习和合作行为仅限于300公里之内的邻近城市。该范围内每个城市均从其他城市的研发支出中获益，并提高自身的经济集聚和城镇化水平。拥有良好区位条件的城市能够方便地与其他城市开展科技项目合作，并交流新理念、新思想，促进知识的传播、扩散和吸收效率，从而获得集聚经济优势，提高厂商劳动生产率和就业吸纳能力，吸引人口不断向城市集聚，提高城镇化水平。可见，城市之间300公里范围内各类创新要素的相互作用是城市获得集聚效益和持续增长能力的重要来源。同时300公里的空间范围与我国城际高铁的时速基本一致，符合一小时经济圈发展战略的预期，这也印证了我国目前采取的城市群发展策略的有效性和科学性。

（三）城镇化进程中不同等级城市空间技术外溢的估计结果

以上分析显示，城市间空间技术外溢的作用范围为300公里，因而本章进一步以300公里的空间尺度构建了如式（4.16）的空间技术外溢指标，进一步对城镇化进程中的空间技术外溢效应进行计量分析。由于不同规模城市在产业结构、经济空间分布及其面临的发展环境等存在较大差异，且这种差异可能会导致空间技术外溢在不同城市作用的异质性。为研究不同城市规模下空间技术外溢对人口城镇化的影响，本章根据魏后凯（2014）提出的我国城市规模格局重构思路，以市辖区总人口为标准将我国地级及以上城市划分为特大城市、大城市和中小城市三个等级。本章分不同规模等级城市样本进行系统GMM估计。

此外，为研究城市体系中不同规模城市间的空间技术外溢效应差异，本章还在式（4.16）基础上分别计算了不同规模城市间的空间外溢变量。若*E*表示特大城市、*B*代表大城市、*M*代表中小城市，则特大城市对其本身及大城市和中小城市的空间外溢效应可表示为*EERS*、*EBRS*和*EMRS*，其他变量以此类推。表4－7为全国及分城市包含内外市场需求及技术外溢交叉作用的系统GMM估计结果。其中，Wald检验、Sargan检验、AR（1）和AR（2）的检验结果表明，模型内生变量的控制是合理的，其估计结果是可取的。

表 4－7　　不同等级城市间的空间技术外溢效应估计

变量	特大城市		大城市		中小城市	
	系数值	*t* 值	系数值	*t* 值	系数值	*t* 值
ln*Urban*（－1）	0.3465***	13.75	0.3750***	5.25	0.3861***	5.93
ln*AD*	0.0022***	12.83	0.0253***	17.03	－0.0099***	－7.86
ln*w*	－0.0035	－1.09	－0.0375***	－10.21	0.0050**	2.44
ln*EERS*	0.2713***	10.08				
ln*BERS*	0.0199***	2.82				
ln*MERS*	0.0745**	2.26				
ln*EBRS*			0.1507***	2.91		
ln*BBRS*			0.0638***	7.39		
ln*MBRS*			0.0356***	5.06		
ln*EMRS*					－0.1689***	－8.38
ln*BMRS*					－0.0258***	－4.31
ln*MMRS*					0.0288***	6.04
ln*MP*	0.1277***	14.75	0.0862***	5.69	－0.0814***	－4.89
ln*EDU*	0.0047**	2.01	－0.0504***	－13.65	－0.0134***	3.96
ln*TRA*	－0.0289***	－14.48	0.0050**	2.47	－0.0036***	－5.96
ln*ENV*	0.0756***	13.10	－0.0568***	－8.00	－0.0132**	－2.03
Cons	－1.7876***	－8.66	4.6628***	5.02	－1.5938***	－6.63
Wald 检验	5743127.82	0.0000	597825.88	0.0000	3012476.33	0.0000
Sargan 检验	77.2086	0.9999	86.17898	0.9991	61.15895	1.0000
AR（1）test	－2.3364	0.0195	－2.8245	0.0047	－2.2704	0.0232
AR（2）test	－0.9983	0.3182	－0.7931	0.4277	－0.1704	0.8647

注：系统 GMM 估计的内生变量为：ln*AD*、ln*RS*、ln*DMP*、ln*FMP*；圆括号中为系统 GMM 估计中的 *z* 统计值，方括号中为各统计量的伴随概率。

资料来源：作者利用 Stata 软件估计而得。

不同规模城市估计中控制变量的参数估计与表 4－5 的结果基本一致，在此不再赘述。以下重点分析市场潜力和空间技术外溢对各等级城市人口城镇化的影响。市场潜力对特大城市人口城镇化的促进作用最为明显，其次是大城市，而对中小城市影响显著为负。这意味着城市规模越大，城市间的市场关联效应产生的规模经济收益就越为明显，就越有助于吸引人口集聚、推进人口城镇化；而中小城市由于市场规模小、与周边城市联系相对不够密切，市场潜力扩大带来的规模经济收益明显小于大城市和特大城市，因而周边地区市场规模扩大反而吸引中小城市人口向外区流动，从而降低中小城市人口城镇化水平。从空间技术外溢效应的估计结果来看，特大城市对其自身城镇化具有显著的空间技术外溢效应，大城市与中小城市空间技术外溢对该类城市的城镇化推进亦具有明显的促进作用。而从各类城市对特大城市空间技术外溢效应的效果来看，特大城市对其自身的空间技术外溢效应明显大于大城市和中小城市，中小城市的空间技术外溢效应次之，大城市最小。从各等级城市对大城市的空间技术外溢效应来看，各等级城市对大城市的城镇化进程均具有显著的空间技术外溢效应，且特大城市的作用最大，大城市次之，小城市最小。而在中小城市方程中，特大城市、大城市对中小城市人口城镇化的空间技术外溢效应显著为负，且特大城市的负向影响大于大城市，说明大城市及特大城市并未对中小城市产生技术扩散效应，反之中小城市创新要素却不断流向大城市和特大城市。特大城市和大城市对中小城市创新要素的集聚作用大于其对中小城市的扩散效应，因而对中小城市人口城镇化产生了明显的抑制作用。中小城市对其自身人口城镇化的空间技术外溢效应显著为正，说明同级城市间的技术外溢效应显著提升了人口城镇化水平。进一步地，由于特大城市对大城市具有最强的空间技术外溢效应，而未对大城市，但对中小城市创新要素产生明显极化效应，因而大城市对特大城市的空间技术外溢效应最小。

总之，我国城镇化进程中城市群各等级城市间的空间外溢效应主要表现为特大城市对大城市，以及同等级城市间的空间技术外溢效应，而特大城市和大城市不仅未对中小城市的城镇化产生明显空间外溢效应，反而通过极化效应不断吸引中小城市创新要素向其集聚，阻碍了中小城市人口城镇化进程的有效推进。从创新要素在垂直城市体系中的相互作用来看，目前城市群各等级城市中存在创新要素不断向大型城市集聚而远离中小城市的状态，这一作用状态必然导致特大城市、大城市与中小城市的人口城镇化水平进一步拉大，依然存在明显的大城市越大、小城市越小的两极化趋势，不利于不同等级城市间人口城镇化的协同推进。

七、小　　结

本章在新经济地理理论框架下建立理论和计量模型，采用系统 GMM 方法探讨了 2003 ~2012 年我国 283 个地级及以上城市国内、国外市场需求潜力及技术进步、空间技术外溢对城镇化的影响机制。结果显示，国际、国内市场潜力及技术进步均有助于城镇化推进，且技术进步的作用效果更为明显；国内市场对城镇化作用由东向西依次递减，且对西部地区作用为负；国际市场与技术进步对城镇化的影响效果均在中部地区最大，西部次之，而东部最小。国内市场明显增强了东西部地区技术进步在城镇化进程的作用，而弱化了中部地区技术进步的作用效果；国际市场强化了中西部城镇化进程中技术进步的作用效果，却弱化了东部地区技术进步的作用。国际和国内市场对城镇化的影响在中部地区表现为互补性，而在东部和西部地区为替代性。我国城镇化进程中整体上存在明显的空间技术外溢效应，且空间技术外溢效应对人口城镇化的有效影响半径为 300 公里。在该空间范围内，同等级城市间空间技术外溢对人口城镇化均具有明显促进作用，且特大城市与大城市间亦存在相互促进的空间技术外溢效应。然而，特大城市与大城市对中小城市的空间技术外溢效应却显著为负，且特大城市的负向影响效果大于大城市，因而特大城市与大城市对集聚创新要素具有明显优势；而中小城市则由于受大城市尤其是特大城市极化效应的影响，非但未能获得其他城市技术外溢，其研发资本的不断外流，反而降低了其人口城镇化水平。

第五章　内外市场需求潜力、空间技术外溢与新型城镇化

一、引　　言

在当前稳增长、调结构、促升级、推创新的经济新常态下，积极有效推进新型城镇化成为我国经济增长提质增效的内在要求。然而，政府主导下的传统粗放型城镇化模式违背市场规律，导致其严重制约城镇化推进的可持续性。问题突出表现在：其一，地方政府过度追求城市空间规模扩张引起的城市周边地区“被城镇化”现象严重，加剧了基本公共服务滞后对人口城镇化的制约，进而导致产业集聚与人口集聚不同步，产城融合不紧密；其二，地方政府在土地财政激励下盲目扩大城市基础设施、新城区、工业园等建设，导致土地城镇化快于人口城镇化，资源要素配置扭曲，建设用地粗放利用；其三，政府主导的城镇化致使我国城市产业部门过度资本深化，导致制造业产能过剩，而与此相随的是，全球经济发展缓慢、外需增长依旧乏力，从而造成产能过剩与国外市场空间有限的矛盾不断加剧。可见，政府主导的传统城镇化正面临日益严峻的内忧外患局面，严重制约着我国城镇化的持续、健康、稳定发展。亟须开展相关研究，探索市场主导下新型城镇化的推进机制和实现路径。为此，党的十八届三中全会强调市场在资源配置中的决定性作用。《国家新型城镇化规划（2014－2020年）》更进一步指出新型城镇化发展要坚持以市场主导、政府引导的基本原则，要更加尊重市场规律。可见，只有充分发挥市场的决定性作用，在全方位主动扩大对外开放的同时，构建扩大内需的长效机制，充分发挥内外市场作用，方能有效打破我国城镇化面临的困境，进而加快推进新型城镇化。那么，新常态下，国际、国内市场究

竟如何影响新型城镇化？在不同地区新型城镇化推进中内外市场又扮演着怎样的角色？

目前，关于市场需求对地区经济影响的研究多关注国内或国际单个市场对新型城镇化单方面的作用，直接探讨内外市场对新型城镇化的综合影响研究尚在少数；而关于内外市场联动对新型城镇化影响机制的研究更为鲜见，即使有学者提出内外联动措施也仅停留于描述性经验研究，而系统的理论和实证分析依然不足（刘力和黄虎波，2010）。鉴于此，本章将在第四章基础上进一步从人口、经济、空间及社会城镇化等方面界定新型城市化内涵、建立指标体系，进而系统梳理内外市场需求对新型城镇化的作用机理，并在此基础上通过构建计量模型，采用我国地级及以上城市面板数据，探讨内外市场需求及其联动效应影响新型城镇化的内在机制，以期为进一步完善开放型经济体系、实现内外市场联动，加快推进市场主导的新型城镇化提供理论依据和政策启示。

二、国内、国际市场需求对新型城镇化的影响机理

关于新型城镇化内涵并没有统一、正式的定义。陈甬军和景普秋（2008）阐述了包括实现工业化与城镇化、农业与工业、城市与农村的协调发展，建立可持续集约型城市等在内的新型城镇化道路基本内容。而研究新型城镇化相关问题时，学者们均建立不同的新型城镇化指标，如戴永安（2010）就将新型城镇化分为人口城镇化、经济城镇化以及社会城镇化等三个指标体系研究我国城镇化效率问题；杜宾宾和白雪（2014）通过对比新型城镇化与传统城镇化，认为新型城镇化是内在机制均衡发展过程，并将其细分经济、人口、空间、社会、人文和环境六要素，强调实现以人为本，六要素协调发展。而本章则在总结国内、国际市场需求与新型城镇化相关文献的基础上，将新型城镇化内涵定义为，以人为核心，以新型工业化为动力，并包括人口、经济、空间和社会城镇化四个维度相互作用、协调发展的质量型城市化。具体地，国内市场和国际市场可通过以下四种途径影响新型城镇化：

（一）内外市场可通过规模经济效应影响新型城镇化

首先，国内、国际市场可通过规模经济效应影响新型城镇化。根据新经

济地理理论，运输成本低、规模经济强或生产份额高的地区较容易吸引企业。而随着企业的进入，地区的需求份额增加又促进更多制造商进入该地区（Krugman，1991），促进产业规模经济，进而推动地区新型城镇化。桑瑞聪等（2013）认为较大的市场需求可利用规模报酬优势和专业化分工优势，加快产业转移速度。宣烨（2013）则具体分析了本地市场规模对生产性服务业集聚过程的影响体现：一方面，大规模市场带来的强需求可吸引各生产要素向该地区转移，促进企业减少额外投资及相互间物质流、信息流的传输费用，进而获得集聚租金；另一方面，大规模市场通过规模报酬递增作用，促进企业专业化、集中化和规模化生产运营，实现要素资源、市场网络与信息共享，降低运营成本，刺激该地区生产性服务业集聚。而生产性服务业又通过降低交易成本、提高交易效率，进一步促进制造业发展和城镇化扩张及质量提升（陈健、蒋敏，2012）。

随着国内市场开放程度不断扩大，地区间联系更为紧密，区域经济发展不再局限于本地市场。城市间的需求关联效应可通过整合各城市市场，释放城市的有效需求，扩大市场规模，进而形成规模经济效应，提高区域经济发展的内生动力（韩峰和阳立高，2014）。较多学者在哈里斯（1954）提出的“市场潜力”基础上，研究地区间需求关联、产业集聚与经济增长的关系。藤田和克鲁格曼（1995）进一步基于垄断竞争框架研究了空间市场需求与制造业空间分布的关系，指出消费者对多样化产品的偏好有助于扩大本地市场规模，当市场需求的规模经济效应大于运输成本的负面影响时，空间集聚能促使更多厂商在特定地区进行专业化生产。陆立军等（2009）将集聚经济产生的低价格要素和产品优势与集聚不经济带来的交通阻塞、环境污染等负外部性进行对比，发现专业化市场对规模报酬递增行业存在较强需求时，往往导致其同类企业在市场周边集聚，而集聚经济的形成促进企业为专业市场提供低价格商品。范剑勇和谢强强（2010）认为利用本地市场效应实现产业集聚时，并未导致区际收入差距拉大，即兼顾劳动力市场公平的产业集聚有助于农村转移劳动力在城市享受均等化待遇，从而实现劳动力市场跨区域城乡统筹，促进区域经济协调发展。

同样，国际市场可通过扩大外部市场规模，产生规模经济效应，促进产业集聚，进而推进新型城镇化（尤其是空间城镇化）发展。克鲁格曼（1995）通过建立空间集聚模型探讨全球化对各国家地区制造业和贸易的影响，认为贸易成本下降会促使制造业厂商在具有初步优势的地区集中分布。袁冬梅和魏后凯（2011）也认为，与海外市场接近程度较大且规模经济效应显著的地区有利于降低运输成本和交易成本，进而吸引产业集聚。赫尔普曼和克鲁格曼（1985）在不完全竞争的市场结构下，将贸易和跨国公司相结合解释贸易模式及其福利效应，认为扩大出口能够产生规模经济，进而提高劳动生产率。昆斯特和马林（1989）则认为扩大出口规模能有效提高生产的专业化水平，并通过产业关联效应吸引生产要素从低效率部门向高效率出口部门转移，从而促进要素资源优化配置。格（Ge，2009）在此基础上，具体分析全球化对不同产业发展的影响，结果显示全球化能够促进中国产业尤其是出口导向型产业和外商投资型产业的集聚。

其次，内外市场在通过产业集聚推动经济和空间城镇化的同时，可进一步促进人口集聚，影响新型城镇化中人口和社会城镇化。克鲁格曼（1991）、普加（Puga，1999）均认为产业集聚和劳动力流动存在相互作用关系，某地区产业集聚能促进劳动力向该地区转移，而劳动力集聚又通过市场的规模经济效应进一步推动该地区产业集聚。因此，空间城镇化往往与人口城镇化相伴，推进二者协调发展是新型城镇化的内在要求。克罗泽（Crozet，2000）认为市场潜力较高的地区一方面具有能满足企业巨大市场需求的优势，可促进企业集聚；另一方面能通过较低的价格指数吸引劳动力集聚。其中，制造业企业的进入又会通过集聚经济效应增加地区就业机会（Head and Mayer，2006）；而较大的市场消费需求及通过地区间需求联系形成的空间集聚，又会引起名义工资上涨（Hanson，2005），进而促进劳动力向该地区加速转移，实现企业集聚与人口集聚的协同发展。李宏兵等（2014）则更为具体地指出真实市场潜能有助于促进女性劳动力向非国有企业和劳动密集型企业转移。然而，单纯的农村劳动力向城市转移仅能在形式上加快城镇化速度，却不能促进城镇化质量的显著提升。推进新型城镇化还需在增加城市常住人口基础上，着力提升居民的公共服务水平。蔡昉（2010）认为人口在城市聚集可有效避免在农村实行社会保障和公共服务时所面临的高成本、长耗时等问题，进而加快覆盖公共服务，有效促进农业转移劳动力与城市的融合和联动。

开放经济下，国际市场需求也可通过扩大市场规模、影响产业结构调整，促进劳动力流动及其结构变化，推动新型城镇化。易苗和周申（2014）以新经济地理理论为依托探讨了经济开放对劳动力流动的作用机制，认为经济开放通过影响迁移成本、就业、实际工资等影响劳动力迁移决定，且经济开放程度越大，其对劳动力跨区域流动的促进作用越明显。陈昊（2014）认为扩大行业开放和出口贸易可促进高学历劳动力流动。盛斌和牛蕊（2009）指出贸易自由化推动中低技术部门就业，而减少中高技术部门就业机会。刘志成和刘斌（2014）则进一步指出贸易自由化有利于增加出口企业就业，而贸易保护能为内销企业带来更多就业机会。此外，出口还能够通过影响外商直接投资间接推动劳动力转移，即出口与外商直接投资存在长期均衡关系，出口增加对我国吸收外商直接投资具有很强的促进作用，有助于外商直接投资企业在相应地区集聚（冼国明等，2003），而外商直接投资一方面能直接增加对当地劳动力的有效需求，同时会产生技术溢出效应，促进本土企业技术进步，形成工资溢价，吸引农村劳动力向该地区转移（孙浦阳和武力超，2010）；另一方面外商直接投资通过提供在岗培训，促进高素质劳动力集聚，有效推进农村剩余劳动力向城市的转移就业进程（许和连和赵德昭，2013）。

（二）内外市场可通过技术溢出效应作用于新型城镇化

技术创新能力不足是产业转型升级的主要阻力，而市场需求可有助于充分发挥技术外部性作用，提高企业技术创新能力，进而推动新型城镇化。有效需求假说认为市场需求是技术创新的根本动力，新产品的市场需求和销售业绩是决定企业创新投入的重要因素（Griliches and Schmookler，1963）。豆建民和汪增洋（2010）指出较大的城市规模可通过集聚众多的科研机构、高技术产业和生产性服务业，形成较强的技术外部性和交流外部性，进而显著促进城市土地产出效率。徐康宁和冯伟（2010）通过实证与案例分析相结合的方法研究技术创新的不同模式，指出巨大的市场潜能有助于促进国际企业与本土企业技术交流与合作，使本土企业充分汲取知识技术外溢，加速知识积累，进而实现企业技术创新的内生化。张国胜（2011）对前者的观点进行补充，认为产品市场需求还能通过为企业提供运营支持，激励企业提高技术能力，拓展更高边际利润的价值创造活动。隋映辉（2003）则认为推动产业结构调整过程中，市场需求与技术进步存在互动性，即市场需求拉动科技创新及其产业发展，而创新又通过加快促进新产品和新工艺的多样化进一步优化市场需求结构。刘冰和周绍东（2014）指出在推动加工制造业节点向高附加值段升级过程中，需以国内需求拉动和技术创新推动两者互动作为基础，即通过分析国内需求特点，开展有针对性的产品和工艺创新，而创新活动通过深化产品内、产品间以及产业间分工，实现市场规模扩张。

开放经济下，对外贸易能够促进技术溢出和技术进步，提高地区技术创新水平（Romer，1986），推进该地区产业结构升级，进而实现新型城镇化。费德（Feder，1983）基于城市部门层面的分析，认为扩大国际需求可通过引进更高效的管理方式和提高生产技术水平，对非出口部门产生正外部性，促进经济增长和城镇化。程时雄、柳剑平（2014）则以行业为视角，指出进出口贸易能带来跨国的技术与知识流动，从而增强本地技术吸收能力，提高技术研发投入的产出效率。且对外开放程度越高，行业研究与开发的产出效率越高。同时，薛继亮（2013）提出在我国总体要素禀赋结构偏低情况下，合理的技术选择将会较大程度地发挥中国人口和资源红利，促进产业结构转型升级处于一个持续动态的发展过程。

（三）内外市场可通过推进产业结构升级作用于新型城镇化

国内市场可通过促进产业转型升级，影响城市经济运行效率，推进新型城市中经济城化发展。孙元欣和于茂荐（2010）在研究上海消费需求变化态势时，根据其投入产出表的分析，得出扩大最终消费需求对产业结构升级具有直接作用，能提高第三产业增加值在地区生产总值中的比重。乔为国和周卫峰（2004）指出我国层次偏低、升级偏慢的居民消费需求不仅制约着产业结构快速升级，还会造成投资低效率，导致我国产业结构存在不合理偏差。而关于产业结构对地区经济的影响效果也有学者进行了深入研究，豆建民和汪增洋（2010）认为城市产业结构对产出效率的影响因城市规模的差异而有所不同，第二、三产业产值比例对城市土地出产率的影响在小城市较大，在大城市较小。柯善咨和赵曜（2014）在此基础上，以中间产品模型为依据，测算生产性服务业与制造业结构调整促进城市人均产出的最低门槛，指出当城市规模跨过最低门槛时，城市的上下游关联产业可同时产生集聚经济，实现服务业比例的增长促进城市产出效率提高；而市场规模低于最低门槛时，地区服务业比重越高，城市经济效率反而越低。同时，政府若过分注重产业结构升级和发展资本技术密集型产业，将对低素质剩余劳动力存在“就业挤出效应”，增加农业转移劳动力就业难度（许和连和赵德昭，2013）。

而在开放经济下，国际市场需求也有助于产业结构转型升级。安礼伟和张二震（2010）通过昆山利用对外开放推动产业结构转型升级、提升产业竞争力的案例分析，指出对外开放是推动新产业建立、成长和高度化演进，提升产业竞争力的有效途径。对外开放能推动我国通过承接国际产业转移形成新产业，进而实现本土产业结构转型升级。然而，目前我国偏低的市场开放度导致生产性服务业发展效率相对滞后，抑制了在促进城镇化发展中其与制造业形成的关联效应充分发挥作用（陈健、蒋敏，2012）。陈飞翔等（2011）则指出目前我国产业结构不合理均与现有的初始开放模式有关，国际市场需求通过诱导我国低端加工产业迅速发展，而形成粗放型经济发展方式，严重制约产业结构升级，只有转变对外开放模式，才能实现对外开放与经济结构升级的相融互动。

（四）内外市场可通过联动效应影响新型城镇化

国内、国际市场除通过集聚效应、技术外溢效应及产业结构升级效应等机制影响新型城镇化外，还可通过两市场的需求联动效应促进城镇化。柯善咨和郭素梅（2010）认为扩大内外市场开放有利于促进地区经济增长，且对外开放促进作用在发达地区较强，对内开放效果则在欠发达地区更为显著。张颖熙和夏杰长（2013）指出对外开放的提高有助于促进区域间开放，进而推动地区服务业增长。刘力和黄虎波（2010）提出广东省可通过整合内外资源与市场，采取内外联动方式推动外源性经济转型与区域经济协调发展。韩峰和柯善咨（2012）则明确提出实现国内与国外市场相互促进与联动，可进一步促进制造业空间集聚。此外，也有学者基于不同市场类型视角，探讨内外市场对我国中东西三个地区的作用效果，认为我国中西部地区国内与国际市场存在较强替代性，在东部地区存在互补性（孙军，2009；赵增耀和夏斌，2012）；而有的则认为两市场对劳动生产率的影响效果在东部和西部地区存在互补性，在中部地区具有替代性（韩峰和阳立高，2014）。

可见，国际、国内市场可通过以下机制作用于新型城镇化：（1）国内、外市场需求通过上下游产业及内外市场产业关联效应，产生空间规模经济效应，进而吸引企业、产业集聚，优化资源、要素配置，促进新型城镇化中经济和空间城镇化发展；（2）国内、外市场在产业集聚的基础上，带动农村劳动力向城市转移，推进公共服务均等化，实现城乡统筹的人口与社会城镇化；（3）国内、外市场需求通过影响空间技术外溢提升技术进步水平，促进产业结构转型升级，进而推动产业、人口深度融合，实现新型城镇化；（4）国内、外市场通过联动效应强化空间规模经济及技术溢出效应，促进新型城镇化。图5-1为内外市场影响新型城镇化的作用机制结构。

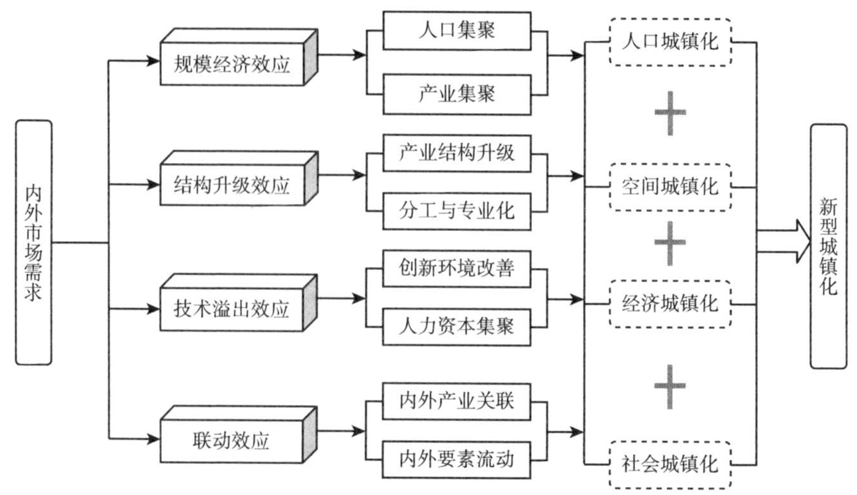

图5－1　内外市场影响新型城镇化的作用机制

综上所述，目前关于国内、外市场需求对新型城镇化的影响研究主要存在以下特点：（1）学者们均侧重于研究国内或国外单个市场对城镇化的影响，即使有学者提到国内外市场，但大多以比较两市场作用及探讨两者相互关系为主，鲜有关于两市场联动作用促进城镇化的研究；（2）尽管有较多学者对新型城镇化内涵进行定义并深入研究，但以市场需求作为研究视角探讨影响新型城镇化内涵的甚少；（3）虽然较多学者从国内或国际市场详细探讨了城市产业空间分布、经济发展和人口城镇化的推进机制，但并未系统探讨内外市场对具有人口、经济、空间和社会城镇化综合意义的新型城镇化的影响。鉴于此，本章在以往研究成果基础上，尝试探索依托国内、外市场需求及其联动效应推进新型城镇化的内在机理，为推进城镇化模式由“政府主导、市场推进”向“市场主导、政府推进”转变，进而为积极稳妥推进新型城镇化提供理论依据和政策启示。

三、计量模型设定与变量测度

（一）计量模型设定

理论机制分析显示新型城镇化是国际、国内市场和空间技术外溢的函数。

此外，考虑到数据可得性及相关区域和空间经济文献的论述，普遍共识下影响城镇化水平的重要变量还包括地区商品多样化水平、劳动成本、人力资本、城市交通条件、环境质量等。因此，以 *AD* 表示城市商品多样化水平、*w* 表示劳动工资、*EDU* 代表人力资本、*TRA* 代表交通条件、*ENV* 为城市环境质量，计量方程可写为：

$$\begin{aligned}\ln NUrban_{jt} = {} & \theta_0 + \theta_1 \ln AD_{jt} + \theta_2 \ln w_{jt} + \gamma_1 \ln RS_{jt} + \gamma_2 \ln CS_{jt} + \theta_3 \ln DMP_{jt} \\ & + \theta_4 \ln FMP_{jt} + \theta_5 \ln EDU_{jt} + \theta_6 \ln TRA_{jt} + \theta_7 \ln ENV_{jt} + \xi_{jt}\end{aligned} \tag{5.1}$$

其中，θ_0 为常数项；$\theta_{1\sim7}$ 和 γ 为相应的弹性系数；ξ_{jt} 为随机误差，反映了其他未知因素的影响。

由于新型城镇化进程中国际、国内市场可能存在联动效应，且内外市场可能通过作用于空间技术外溢来影响新型城镇化推进，因此本章在式（5.1）基础上进一步加入内外市场需求与空间技术外溢交叉项。其中，空间技术外溢通常包括三种来源：一是技术创新厂商与其他厂商之间的“示范—模仿”机制，即不同厂商间通过引进人才和先进设备进行学习、模仿；二是不同厂商之间在科研活动及有关项目方面的正式合作；三是不同厂商的专业技术劳动力之间正式或非正式的接触，即面对面交流而产生的“沟通外部性”。技术外溢的前两种来源与科研活动投入有关，可统称为空间研发的技术溢出；而第三种来源取决于城市和区域的人才密度，可称为空间人际沟通的技术溢出。以 *RS* 代表空间研发的技术外溢，*CS* 表示空间人际沟通的技术外溢，式（5.1）可进一步拓展为：

$$\begin{aligned}\ln NUrban_{jt} = {} & \theta_0 + \theta_1 \ln AD_{jt} + \theta_2 \ln w_{jt} + \gamma_1 \ln RS_{jt} + \gamma_2 \ln CS_{jt} + \theta_3 \ln DMP_{jt} \\ & + \theta_4 \ln FMP_{jt} + z_1 \ln RS_{jt} \times \ln DMP_{jt} + z_2 \ln RS_{jt} \times \ln FMP_{jt} \\ & + z_3 \ln CS_{jt} \times \ln DMP_{jt} + z_4 \ln CS_{jt} \times \ln FMP_{jt} + z_5 \ln DMP_{jt} \times \ln FMP_{jt} \\ & + \theta_5 \ln EDU_{jt} + \theta_6 \ln TRA_{jt} + \theta_7 \ln ENV_{jt} + \xi_{jt}\end{aligned} \tag{5.2}$$

式（5.1）和式（5.2）便是本章要估计的计量方程。

（二）变量测算与数据说明

除了个别数据严重缺失的城市外，本章样本为 2003～2012 年全国 283 个地级及以上城市。数据主要来自 2004～2013 年《中国城市统计年鉴》，价格指数来自 2002 年以来各省《统计年鉴》和《中国统计年鉴》。下面是有关变量和指标测度的说明：

（1）新型城镇化水平（*NUrban*）。借鉴何平和倪苹（2013），张勇（2013）的思路，本章从人口、经济、空间和社会四个维度来构建新型城镇化评价体系（见表5-1）。从人口角度来看，城镇化概念提出伊始，城镇化就表现为人口由农村向城市集中的过程，本章考虑采用城镇常住人口比重和城镇就业人数比重两个指标来表示①。从经济内涵上看，新型城镇化表现为两方面：一是城市地域空间扩展及其空间产出效率的协调发展，本章选用城镇经济密度（单位建成区土地面积万元非农业GDP）来表示；二是以新型工业化为动力，实现产业转型升级是推动城镇化转型的关键环节，本章选取工业化水平和第三产业产值作占GDP比重来表征。从空间活动来看，新型城镇化也表现为两方面：一是城市空间规模的扩张，本章采用城镇建成区面积来表征；二是经济、人口向城市大规模集聚，本章采用工业集聚水平和城镇人口密度表示。从社会层面上看，新型城镇化更强调以人为本，具体表现为以城镇居民消费水平和住房为特征的生活质量改善和教育、医疗、通信等公共服务水平的提

表5-1　新型城镇化综合评价指标体系

目标层	准则层	指标层	单位
新型城镇化综合指数	A-人口城镇化	A1-城镇就业人数占总就业人数比重	%
		A2-城镇人口占总常住人口比重	%
	B-经济城镇化	B1-单位建成区土地万元非农业GDP	万元/平方千米
		B2-工业总产值占GDP比重	%
		B3-第三产业占GDP比重	%
	C-空间城镇化	C1-城镇人口密度	人/平方千米
		C2-工业集聚水平	%
		C3-城镇建成区面积	平方千米
	D-社会城镇化	D1-城镇人均消费支出水平	元
		D2-在校大学生数	万人
		D3-国际互联网数	万户
		D4-教育支出占财政支出比重	%
		D5-医院、卫生院床位数	个

资料来源：作者整理而得。

① 根据我国第六次人口普查统计方法，在城市居住满6个月者均视为城市人口。

升。本章采用主成分分析法来测度新型城镇化综合指标，原因在于该方法是一种客观赋权的方法，能够避免基于主观因素确定权重产生的误差。表5－1为新型城镇化综合评价指标体系表。

（2）国内市场潜力（*DMP*）和国际市场潜力（*FMP*）的测度指标在第四章中已经进行详细介绍，本章不再赘述。

（3）空间技术溢出。传统集聚经济理论认为技术外溢仅存在于本地区，而具有明显的地域性特征。然而诸多研究显示，技术外部性的作用范围随着交通和通信技术的创新和发展而扩大，技术溢出效应不仅来自城市内部的厂商集聚，而且来自邻近地区的集聚（Feser，2002；Drucker and Feser，2012）。为此，我们用区域科研活动费用支出 U_j 构建城市 j 受到的其他城市第一个技术溢出指标——区际研发的技术溢出（*RS*）：

$$RS_j = \sum_{v \neq j, v=1}^{m} \left(\frac{U_v}{d_{jv}^{\delta}} \right) + \frac{U_j}{d_{jj}^{\delta}} \tag{5.3}$$

由于目前多数城市市辖区未统计 *R&D* 研发支出，我们以市辖区财政支出中的科学支出（万元）测度城市科研活动投入 U_j。

专业技能人才的正式和非正式交往促进了知识溢出效应，本章以距离为权重，求得各城市人才数（T_j）的加权和，再除这些城市就业总数（E_j）的加权和，以此城市 j 的区域人才密度测度城市间第二个技术溢出指标——区际沟通的技术溢出（*CS*）：

$$CS_j = \sum_{v \neq j, v=1}^{m} \frac{T_v}{d_{jv}^{\delta}} \Big/ \sum_{v \neq j, v=1}^{n} \frac{E_v}{d_{jv}^{\delta}} + \frac{T_j}{d_{jj}^{\delta}} \Big/ \frac{E_j}{d_{jj}^{\delta}} \tag{5.4}$$

该指标反映了城市间各类人才沟通和接触的可能性，可称为区际人际沟通的技术溢出。由于大多城市未统计专业技术人才数据，本章以信息传输、计算机服务和软件业以及科研技术人数（万人）来近似表示。相应行业就业人数为市辖区单位从业人员数（万人）。

（4）其他变量。人力资本（*EDU*）以市辖区普通中学和高等学校总人数占城市总人数比重表示；城市交通状况或可达性（*TRA*）用人均道路面积（平方米）近似表示。城市中最终部门厂商数量以市辖区地级及以上城市工业企业数近似表示。城市环境质量（*ENV*）主要与工业废水、废气及烟尘的排放量、城市绿化水平有关。本章以市辖区工业废水排放量（万吨）、二氧化硫排放量（吨）、工业烟尘排放量（吨）和建成区绿化覆盖率（%）来表示城市环境质量。首先对以上环境质量中的正向指标和逆向指标分别进行标准化处理，进而采用主成分分析法得到环境质量综合指数①，该指数越大代表城市环境质量状况越好。表 5 – 2 报告了我国地级及以上城市各空间变量及其他变量的样本统计值。

表 5 – 2　中国地级及以上城市国内外市场需求与城镇化等变量的样本统计值

变量	均值	标准差	最小值	最大值
城镇化水平（*NUrban*）（%）	0.0035	0.2411	0.0341	1.0000
人均商品种类（*AD*）（种/万人）	3.1948	3.8934	0.0002	34.6719
工资水平（*W*）（元）	22229.1000	9027.8590	1895.1476	134432.0707
区际技术溢出（*RS*）	50930.9230	206214.6100	3.1285	2497760.1800
区际技术溢出（*CS*）	0.0265	0.0340	0.0017	1.6445
国内市场潜力（*DMP*）	9108199.5010	9405032.7450	115384.2462	66760365.8400
国际市场潜力（*FMP*）	336414391.5000	1024344332.0000	8257964.8490	9318977262.0000
人力资本（*EDU*）	0.1078	0.1187	0.0120	5.9686
交通条件（*TRA*）（平方米）	9.3248	6.4345	0.3100	85.2000
城市环境质量（*ENV*）	0.3521	0.0261	0.2614	0.4150

资料来源：作者自己整理。

四、计量检验与数据结果分析

（一）计量策略

在进行面板数据计量估计之前应先检验模型是否存在固定效应、随机效应以及混合效应等，以确定合适的估计模型。表 5 – 3 报告了计量模型检验结果。其中 F 统计量用以检验固定效应与混合效应，结果显示拒绝“不存在固定效应”的原假设，表明样本数据中存在个体效应，且误差项中不随时间变

① 由于篇幅所限，本书未将主成分分析的详细过程列出，欢迎来函索取全部详细统计结果。其中正向指标为建成区绿化覆盖率，逆向指标为市辖区工业废水排放量、二氧化硫排放量、工业烟尘排放量。

化的非观测效应部分与模型中的某解释变量相关；LM 检验用以检验随机效应与混合效应，结果中统计量大于临界值，伴随概率为 0.0000，拒绝“不存在随机效应”的原假设，表明面板模型中存在个体效应，且随机扰动项与模型中所有解释变量无关；Hausman 检验则用于固定效应与随机效应间的选择，结果显示拒绝“采用随机效应模型”的原假设，因而固定效应模型在估计中更为适合。此外，为了检验模型是否满足计量基本假定条件，我们采用 Wooldridge 检验对自相关进行检验，LR 检验对异方差进行检验，检验结果显示误差项存在自相关和异方差问题。除检验模型的自相关和异方差问题以外，面板数据还可能存在内生性问题，进而导致估计结果违背无偏性和一致性的要求。为此，本章先后采用工具变量法、差分 GMM 以及系统 GMM 的估计方法对模型进行检验。然而，检验结果中显示该模型并没有通过 Sargan 检验或 Hansen 检验，说明模型中各解释变量与被解释变量间不存在显著的联立内生性。鉴于此，本章可以采用固定效应的可行的广义最小二乘法（FGLS）处理模型中自相关和异方差问题。

表 5－3　　计量模型选择结果

检验类型	原假设	检验统计量	伴随概率	结论
F 检验	不具有固定效应	107.51	0.00	拒绝原假设
LM 检验	不存在随机效应	8727.13	0.00	拒绝原假设
Hausman 检验	采用随机检验	159.81	0.00	拒绝原假设
Wooldridge 检验	不存在自相关	61.36	0.00	拒绝原假设
LR 检验	不存在异方差	3053.62	0.00	拒绝原假设

资料来源：作者使用 Stata 软件估计而得。

（二）全国样本的初步估计结果

为检验各变量参数估计的稳健性，本章报告了混合效应、随机效应、固定效应、广义最小二乘估计 FGLS 的估计结果。表 5－4 报告了衰减参数为 1 时国内外市场需求、全要素生产率对城镇化的全国样本的初步估计结果。

首先看各控制变量的参数估计结果。商品种类（即产品多样化，ln*AD*）参数估计在固定效应和随机效应模型中未通过显著性检验，而面板 FGLS 估计中该参数在 1% 水平显著为正，说明在控制了模型本身存在的自相关、异方差问题后，该参数估计变得更加合理，符合产品多样性能带动产业多样化集聚，进而推进新型城镇化的理论预期。各方程中劳动工资（ln*w*）的参数估计结果均为正，且在混合效应和 FGLS 检验中通过显著性检验。这表明工资水平提高通过吸引劳动力转移而推动城市产业结构性调整，深化城市人口与产业协调发展，进而促进新型城镇化。人力资本（ln*EDU*）在各方程中显著为正，这表明人力资本水平提高不仅能提高居民自身素质，更有利于提高其对新知识和技术的学习能力，以期适应工、农业现代化发展要求，进而推动新型城镇化。交通条件（ln*TRA*）参数估计在各方程中差异较大，其中在随机效应和固定效应中该参数为负，且显著性较弱，而 FGLS 估计中该参数在 1% 水平显著为正。这表明在控制了自相关和异方差问题之后，该参数估计与理论预期相符，城市交通条件改善有利于降低运输成本，加强本地间、本地与周边地区间贸易往来，进而促进城市空间规模的扩张及其产出效率的提升，形成规模效应，进一步推动新型城镇化。各方程估计中环境质量（ln*ENV*）参数均为正，但未通过显著性检验。这表明，尽管加大城市污染控制和治理力度，建设城市友好生态环境，提升居民生活环境质量有利于促进新型城镇化，但目前中国整体新型城镇化发展还处在工业结构转型升级、人口与产业融合阶段，单纯的环境质量提升短期内还不足以显著影响新型城镇化。

表 5-4　全国整体初步检验结果

	pooled OLS	RE	FE	面板 FGLS
ln*AD*	0.0062 *** (5.91)	-0.0001 (-0.22)	-0.0004 (-1.00)	0.0013 *** (3.94)
ln*w*	0.0357 *** (11.43)	0.0024 (1.17)	0.00001 (0.01)	0.0067 *** (3.54)
ln*RS*	0.0052 *** (7.72)	0.0008 (1.57)	0.0003 (0.53)	0.0019 *** (4.11)
ln*CS*	-0.0018 (-0.91)	0.0010 (1.00)	0.0008 (0.84)	-0.0017 * (-1.89)
ln*DMP*	-0.0199 *** (-14.39)	-0.0024 (-1.57)	-0.0001 (-0.07)	-0.0090 *** (-7.75)
ln*FMP*	0.0110 *** (14.39)	0.0128 *** (7.40)	0.0018 (0.34)	0.0110 *** (17.07)

续表

	pooled OLS	RE	FE	面板 FGLS
ln*EDU*	0.0292 *** (10.58)	0.0056 *** (3.77)	0.0045 *** (3.09)	0.0042 *** (2.84)
ln*TRA*	0.0035 * (1.76)	-0.0012 (-0.99)	-0.0021 * (-1.84)	0.0032 *** (2.64)
ln*ENV*	0.0701 *** (5.13)	0.0089 (1.55)	0.0075 (1.33)	0.0050 (0.88)
cons	-5.4880 *** (-62.26)	-5.8026 *** (-113.39)	-5.6220 *** (-52.26)	-5.8285 *** (-137.93)
R^2	0.2949			
within R^2		0.0042	0.0064	
sigma_u		0.0441	0.0586	
sigma_e		0.0151	0.0150	
Wald 检验				436.69 [0.0000]

注：*** 表示在 1% 水平上显著，* 表示在 10% 水平上显著。限于篇幅，本章在固定效应和面板 FGLS 估计中均未列出年份和城市固定效应估计结果。

资料来源：作者利用 Stata 软件估计而得。

其次分析国际和国内市场需求及技术溢出对城镇化的影响。区际研发技术溢出（ln*RS*）的估计参数在各方程中均为正，且在混合效应和 FGLS 估计中通过 1% 水平显著性检验。这表明，厂商间关于引进人才和技术设备经验的相互借鉴以及关于技术研发的交流与合作，有利于促进地区产业技术进步、提高地区劳动生产率，进而加快新型城镇化建设。然而区际沟通技术溢出（ln*CS*）的参数估计仅在 FGLS 方程中以 10% 水平显著为负。这意味着，企业或地区出于对核心技术的保护及对技术创新型人才的竞争，阻碍了人才流动和技术交流，进而在促进技术溢出中抑制“沟通外部性”发挥作用。从两种不同技术溢出方式的参数估计结果看，不难发现在全国整体范围内通过技术溢出促进新型城镇化发展中区际研发作用效果远强于区际沟通，区际人才市场呈现明显分割趋势。除固定效应估计结果外，各方程中国际市场需求（ln*FMP*）参数估计均显著为正。这表明尽管全球经济产业格局不断调整变化，但我国城镇化的发展依然依赖于国际市场。进一步扩大对外开放能缓解我国产能过剩压力，促进国内外市场优化资源配置及产业结构转型升级，进而提升新型城镇化发展水平。国内市场需求（ln*DMP*）在各方程中参数均为负，且处理自相关和异方差问题后，其显著性达到1%，这意味着单纯依靠内需无法促进包括人口、经济、空间和社会城镇化等在内的新型城镇化的顺利推进。其原因可能在于，目前我国内需不足严重制约城市产业发展中规模经济效应的充分发挥，以及城市间产业关联效应的形成，不利于产城融合及公共服务均等化，从而导致新型城镇化发展缺乏内生动力。

（三）内外市场需求及技术溢出交叉作用的估计结果

为进一步研究国内外市场是否通过空间技术溢出效应对新型城镇化产生影响，以及内外市场在推动城镇化进程中是否存在联动效应，本章对式（5.2）进行计量估计。表5－5则为全国层面国内外市场需求与技术溢出两两交叉作用的FGLS估计结果。

表5－5 全国层面内外市场需求及技术溢出对新型城镇化的交叉作用

	(1)	(2)	(3)	(4)	(5)	(6)
ln*AD*	0.0015*** (4.38)	0.0012*** (3.69)	0.0012*** (3.77)	0.0012*** (3.61)	0.0013*** (3.94)	0.0013*** (3.92)
ln*w*	0.0043** (2.19)	0.0033* (1.78)	0.0062*** (3.29)	0.0081*** (4.34)	0.0062*** (3.26)	0.0067*** (3.44)
ln*RS*	−0.0061 (−1.28)	−0.0170*** (−3.45)	0.0016*** (3.51)		−0.0075 (−1.07)	−0.0082 (−1.17)
ln*CS*	−0.0144 (−0.91)	−0.0095 (−0.63)	−0.0016* (−1.83)	−0.0156 (−0.84)		−0.0151 (−0.81)
ln*DMP*	−0.0073 (−1.54)		−0.0739*** (−5.68)	−0.0753*** (−5.60)	−0.0601*** (−3.66)	−0.0563*** (−3.40)
ln*FMP*		0.0065 (1.49)	−0.0448*** (−3.79)	−0.0528*** (−3.95)	−0.0350*** (−2.59)	−0.0362** (−2.44)
ln*EDU*	0.0053*** (3.60)	0.0039*** (2.65)	0.0042*** (2.90)	0.0043*** (2.91)	0.0042*** (2.88)	0.0044*** (3.01)
ln*TRA*	0.0052*** (4.16)	0.0026** (2.13)	0.0030** (2.46)	0.0034*** (2.82)	0.0031*** (2.57)	0.0032*** (2.65)

续表

	(1)	(2)	(3)	(4)	(5)	(6)
ln*ENV*	0.0109 * (1.85)	0.0039 (0.71)	0.0063 (1.12)	0.0062 (1.09)	0.0071 (1.26)	0.0065 (1.14)
ln*RS* × ln*DMP*	0.0005 * (1.74)				0.0001 (0.32)	0.0001 (0.36)
ln*RS* × ln*FMP*		0.0010 *** (3.53)			0.0004 (1.20)	0.0005 (1.27)
ln*CS* × ln*DMP*	0.0008 (0.75)			0.0012 (1.15)		0.0011 (0.99)
ln*CS* × ln*FMP*		0.0004 (0.50)		-0.0003 (-0.31)		-0.0002 (-0.19)
ln*DMP* × ln*FMP*			0.0038 *** (5.00)	0.0042 *** (5.48)	0.0029 *** (3.05)	0.0029 *** (3.04)
cons	-5.5571 *** (-66.47)	-5.7975 *** (-67.96)	-4.8013 *** (-22.92)	-4.7715 *** (-20.56)	-4.9450 *** (-21.12)	-4.9991 *** (-19.94)
Wald 检验	121.98 [0.0000]	325.66 [0.0000]	445.07 [0.0000]	445.67 [0.0000]	451.36 [0.0000]	464.42 [0.0000]

注：*** 表示在 1% 水平上显著，** 表示在 5% 水平上显著，* 表示在 10% 水平上显著。

资料来源：作者利用 Stata 软件估计可得。

从整体 FGLS 估计结果来看，加入交叉项后，各变量中商品种类、工资水平、人力资本、交通条件以及环境质量的参数估计结果的符号和显著性均与表 5-4 全国整体的初步检验结果保持一致。以下将重点关注技术溢出与国内、国外间交叉项估计参数结果，以探讨三者的交互影响效果。

第一，分析技术溢出与国内、国外市场对新型城镇化的作用。第（1）、（2）列中，区际研发技术溢出与市场需求交叉项参数均显著为正，而区际沟通技术溢出与市场需求交叉项参数为正，但未通过显著性检验。这表明，在单个市场情况下，市场需求对区际研发技术溢出效应的影响强于对区际沟通技术溢出效应的影响。再进一步分析，在同时加入国内市场和国外市场的情况下，技术溢出与市场需求的交叉项均未通过显著性检验（第（4）～（6）列）。这表明，从全国整体来看，国内、外市场对技术溢出并没有存在显著影响。原因可能在于不同地区产业和技术发展水平不同，其受到内外市场需求对地区技术溢出效应的影响存在差异，部分地区表现为促进作用，而部分地区则表现为抑制作用，从而导致全国层面上，两种作用效果最终相抵，结果显示为全国技术溢出效应并未受到市场作用。因此，关于市场与技术溢出交叉影响不能单纯根据整体估计结果而得出结论，应细分为不同地区作进一步分析。

第二，分析国内、国外市场需求交叉项（$\ln DMP \times \ln FMP$）的参数估计结果。各方程中该交叉项系数均在1%水平显著为正（第（3）~（6）列），从而表明在推动全国整体新型城镇化进程中，国内外市场存在明显的联动效应，即二者具有明显的互补关系。这一结论与韩峰和柯善咨（2012）所得结论基本保持一致。他们指出内、外市场开放对地区制造业集聚存在显著互补关系。实现内外市场联合有助于扩大市场规模和产业集聚空间，以期在促进当地经济和产业发展的同时，也能通过区域关联效应带动周边地区经济，在更大空间范围内实现规模经济，深化新型城镇化发展。

（四）内外市场需求和技术溢出效应的分地区估计结果

表5-5结果显示，各变量尤其是技术溢出与内外市场的交叉作用，并不能在全国层面一概而论。为深入探索技术溢出、内外市场对新型城镇化的作用，本章根据2005年全国经济普查对东中西部地区的划分标准，将我国划分成东中西三个地区分别进行FGLS估计。其中，辽宁归入东部地区，吉林和黑龙江划入中部地区。表5-6报告了各地区包含内外市场需求及技术溢出交叉作用的面板FGLS估计结果。

表5-6　国内外市场需求、技术溢出对各地区新型城镇化的估计结果

变量	东部地区	中部地区	西部地区
$\ln AD$	0.0009*** (2.81)	0.0061*** (3.07)	0.0070*** (3.46)
$\ln w$	0.0133** (2.55)	0.0100*** (2.88)	0.0039 (1.56)
$\ln RS$	-0.0646*** (-3.48)	-0.0037 (-0.11)	0.0128 (0.75)
$\ln CS$	-0.1101 (-1.59)	0.0917 (1.27)	-0.0901** (-2.04)

续表

变量	东部地区	中部地区	西部地区
ln*DMP*	-0.0643* (-1.69)	-0.1079 (-1.40)	0.1640*** (3.36)
ln*FMP*	-0.0480* (-1.70)	-0.1623** (-2.48)	0.1707*** (4.05)
ln*EDU*	-0.0010 (-0.30)	0.0065** (2.24)	0.0064*** (3.29)
ln*TRA*	0.0031 (1.10)	-0.0036 (-1.62)	0.0055*** (3.30)
ln*ENV*	0.0179 (1.34)	0.0002 (0.02)	0.0034 (0.45)
ln*RS* × ln*DMP*	0.0029*** (3.68)	-0.0021*** (-2.99)	-0.0014** (-2.35)
ln*RS* × ln*FMP*	0.0010* (1.69)	0.0022 (1.10)	0.0005 (0.58)
ln*CS* × ln*DMP*	0.0072** (2.11)	0.0033 (1.45)	0.0009 (0.48)
ln*CS* × ln*FMP*	-0.0005*** (-0.31)	-0.0084 (-1.64)	0.0047** (2.35)
ln*DMP* × ln*FMP*	0.0033* (1.85)	0.0074* (1.67)	-0.0100*** (-3.51)
cons	-4.7796*** (-7.73)	-3.2797*** (-2.96)	-8.4952*** (-11.80)
Wald 检验	204.15 [0.0000]	74.46 [0.0000]	135.43 [0.0000]

注：*** 表示在1%水平上显著，** 表示在5%水平上显著，* 表示在10%水平上显著。
资料来源：作者利用 Stata 软件估计而得。

首先，对加入交叉项后的各变量进行分析。东中西部地区的产品多样化估计参数与表5-4中全国整体结果一致，说明各地区商品多样化水平提高不仅能刺激居民消费需求，吸引人口集聚，还有利于带动上下游关联产业发展，促进人口与产业融合，推进新型城镇化发展。工资水平的参数估计在东中部地区仍然显著为正，而西部地区为正，但未通过检验。这意味着，与东中部相比，目前西部地区产业基础薄弱，工业发展相对滞后，其就业环境和发展机会存在弱势，提高工资对劳动力的集聚效应不强，因而无法对新型城镇化产生明显推进作用。人力资本的参数估计在中、西部地区与全国保持一致，而在东部地区未通过显著性检验。可能原因在于随着对外开放的深入，东部地区市场与国外市场一体化程度加大。国外市场对人才吸引力更强，导致东部地区优秀劳动力转移，进而抑制东部新型城镇化进程，而这种抑制作用又与该要素对城镇化的促进作用相互抵消。交通条件的参数估计仅在西部地区显著为正，而东、中部地区未通过检验。这表明在东、中部地区存在过度投入城市基础设施建设，盲目扩张新城区、工业园区等现象，导致要素和资源配置不合理与极大浪费，人口城镇化滞后于土地城镇化，进而抵消了改善交通路网原本可能对城镇化产生的促进作用。各地区环境质量参数估计与全国结果一致，在此不再赘述。

从东部地区方程的估计结果来看，加入各交叉项后，区际研发技术溢出与内外市场需求交叉项均显著为正，这表明市场需求通过扩大地区空间关联效应有效地促进企业间、地区间技术交流与合作，而规避了市场恶性竞争和地区保护主义对城市产业发展的不利影响，进而推动新型城镇化。此外，该技术溢出与国内市场需求的交叉项参数显著性水平达到1%，与国外市场需求的交叉项参数显著性水平仅10%。这意味着，与国外市场相比，国内市场对东部区际研发技术溢出的强化作用更大。其原因在于该地区的外部导向型产业已趋于成熟，长期依赖国外市场发展所存在的问题日益突出。东部地区开始逐步实施以国内市场为导向、促进产业转型升级的发展策略。这种转变为国内市场发挥对区际研发技术溢出的强化作用提供了较大空间及有利的政策支持。区际沟通技术溢出与国内市场的交叉项估计参数显著为正，而与国外市场的交叉项估计参数显著为负。这意味着，国内市场有利于促进东部地区通过区际沟通方式获得技术溢出效应，国外市场则表现为抑制作用。东部地区城市密集度高，国内市场需求通过扩大空间规模形成一体化城市群，增强了对专业技能人才吸引力和区间流动性，进而促进技术溢出效应。然而，东部地区较高的对外开放程度促使国内外企业密切联系，但国外较好的发展平台、员工福利以及完善的社会福利体系对国内企业人才存在较强吸引力，可能导致东部地区人才流失，阻碍以劳动力交流沟通方式促进技术溢出。国内市场与国外市场交叉项的估计参数显著为正，表明内外市场存在相互作用，即东部地区市场一体化能加强国内、外市场对新型城镇化的促进作用。

其次，分析中部地区各交叉项的参数估计。在技术溢出与市场交叉项中，区际研发技术溢出与国内市场交叉项的估计参数显著为负。这可能意味着，中部城市分布较为分散，城市间产业关联性不强，国内市场空间尺度不足阻碍了内需扩大和空间规模经济效应的充分发挥，企业、地区间的技术交流与合作意识不强，反而容易造成市场恶性竞争，产生外部不经济。与此同时，与东部地区相比，中部地区即使存在技术研究合作，但由于其产业发展尚未成熟，企业的自主研发经验不足，可能导致科研经费的投入与产出不成正比，技术效率低，造成资本和资源浪费，进而阻碍新型城镇化进程。国内市场与国外市场交叉项的参数估计在中部地区显著为正，从而说明中部地区国内外市场对新型城镇化的影响存在互补关系。从估计参数值来看，中部内外市场的相互强化作用最大。这进一步说明与东、西部地区相比，该地区扩大对内对外开放、推进内外市场联动对新型城镇化进程的影响最为明显。与东部地区相比，该地区产业发展依然不够成熟，消费者对多样化商品的追求使得国际市场需求对人口集聚产生明显带动效应，进而刺激内需增加。反之，内需增加又能促进企业引进国外资本和技术，提高劳动生产率，实现各部门产业转型升级。中部地区内外市场的联动效应扩大了市场规模、增强了区际关联性，进一步推动产业集聚，带动新型城镇化快速发展。

最后，分析西部地区内外市场需求与空间技术外溢的参数估计。该地区区际研发技术溢出与国内市场交叉项的估计参数也显著为负，但其显著性水平低于中部地区。这表明，与中部地区相比，国内市场对西部区际研发技术溢出的影响效果相对偏弱。在三个地区中，西部地区市场在地理分布上最为分散，较高的运输成本和贸易成本不利于城市间相互联系；而较低的内需和不完善的市场机制则阻碍了区际研发活动合作和技术扩散，也降低了市场间、企业间恶性竞争的可能性。区际沟通技术溢出与国外市场交叉项的参数估计显著为正，表明扩大对外开放能够促进西部沟通技术溢出。近年来，西部大开发战略的实施和推进，使城市与邻国贸易往来较为密切，促进了人才流动及信息与资源共享，充分发挥“沟通外部性”作用以刺激技术溢出效应。这与东部地区得出国外市场对其产生抑制作用的结论相悖，原因在于西部与国外市场形成的一体化体系还处在初步发展阶段，因此西部优秀人才向国外市场转移的可能性小于东部。同时，西部大开发和“丝绸之路经济带”的建设将进一步依托国际市场扩大西部城市间人才流动与集聚，推进新型城镇化水平提高。国内市场与国外市场交叉项的参数显著为负，表明在西部地区内外市场存在替代关系。正如赵增耀和夏斌（2012）所言，当本地市场或周边市场进入成本或运输成本较大时，可以充分利用国外市场部分代替国内市场促进地区经济增长。西部市场空间关联性由于受到地理分布的限制、地方保护主义以及内需不足的影响，导致该地区依靠本地市场或区域市场需求发展产业和经济难度较大。然而，西部占据与邻国进行贸易往来的有利地形，为西部地区依靠国外市场替代国内市场促进经济发展提供条件。

为进一步分析国内、外市场与技术溢出对各地区新型城镇化的影响，本章分别对东、中、西部地区各方程中的国内市场需求、国外市场需求、区际技术溢出以及区际沟通技术溢出四个变量求偏导数，即可得到各变量对城镇化的综合影响（如表5－7所示）。

表5－7　各地区国内、外市场与全要素生产率对新型城镇化的影响

变量	地区	各空间变量对城镇化的边际影响	影响效果
ln*DMP*	东部	$-0.0643+0.0029\ln RS+0.0072\ln CS+0.0033\ln FMP$	－0.0015
	中部	$-0.0021\ln RS+0.0074\ln FMP$	0.1111
	西部	$0.164-0.0014\ln RS-0.01\ln FMP$	－0.0143
ln*FMP*	东部	$-0.048+0.001\ln RS-0.0005\ln CS+0.0033\ln DMP$	0.0171
	中部	$-0.1623+0.0074\ln DMP$	－0.0470
	西部	$0.1707+0.0047\ln CS-0.01\ln DMP$	0.0073
ln*RS*	东部	$-0.0646+0.0029\ln DMP+0.001\ln FMP$	0.0018
	中部	$-0.0021\ln DMP$	－0.0327
	西部	$-0.0014\ln DMP$	－0.0205
ln*CS*	东部	$0.0072\ln DMP-0.0005\ln FMP$	0.1073
	中部	—	—
	西部	$-0.0901+0.0047\ln FMP$	－0.0108

注：ln*DMP*、ln*FMP*、ln*RS*及ln*CS*的东部样本均值分别为：16.2430、19.2808、9.5233、－3.9541；中部样本均值分别为：15.5849、17.2819、7.9910、－3.7798；西部样本均值分别为：14.6348、16.8705、6.8702、－3.6188。

资料来源：作者根据表5－6估计结果计算而得。

从表5－7中不难发现，各变量对新型城镇化综合影响效果在不同地区间差异较大。国内市场对新型城镇化的综合效果在中部为正，但在东西部为负。其原因可能在于，国内市场潜力与地区工业聚集间存在“门槛效应”，只有在市场潜力跨过一定门槛值时，才会促进工业空间集聚效应（赵增耀和夏斌，2012），即不同水平上的城市空间，其产业规模发展需要有不同程度的市场需求作为发展动力。当市场需求作用低于其促进城市空间和产业规模发展的最低阈值时，市场需求会阻碍规模效应发挥作用，进而降低新型城镇化质量。目前，中部地区内需与产业规模的发展相匹配。而东部地区尽管对外开放程度较大，内外市场一体化水平高，有利于形成产业规模经济。但这种规模效应更多依赖于国际市场需求，产业布局及扩张处于被动。伴随着外向型产业的成熟，东部正处在以内部市场为主导的转型升级阶段。然而，国内市场无法为其形成更大规模的产业空间集聚提供充足内需，并出现盲目加大城市建设投入和扩张，导致城市空间产出效率严重滞后于其空间扩展，反而降低了新型城镇化质量。西部地区则因内需不足进一步削弱了城市间的关联，增强了企业在市场中激烈竞争，进而导致各城市对本地产业保护主义加强，恶化了新型城镇化发展环境。

由表5－7得出，国外市场对各地区新型城镇化的影响效果则恰好与国内市场的影响相反，其在东西部为正，而在中部为负。东西部地区经济和产业发展依赖于国外市场，一方面，国外市场通过促进产业多样化发展，吸引企业和人口向地区大规模集聚，进而促进产业空间扩大。另一方面，对外开放为国外企业充分发挥“示范”作用提供平台，地区企业不仅可以借鉴其管理经验和人才培养模式，同时还能加强彼信息共享及研发合作关系，进而促进地区技术进步，加快产业结构调整和升级。然而，中部地区外商投资的流入，可能存在对本地企业的挤出效应大于其促进地区技术溢出效应和产业集聚效应。

关于区际研发技术溢出对新型城镇化的影响在东部地区为正，在中西部为负，且在中部的负向作用最大。其可能原因为，在促进新型城镇化的过程中，区际研发技术溢出与地区产业发展水平由西到东存在“U”型分布。东部地区产业已进入结构转型升级阶段，地区间技术研发合作在丰富的研发经验和先进设备支撑下显现成效，即技术效率为正，进而促进生产率提高。而中西部地区产业仍在基础建设阶段，尤其是中部产业处在承接东西部产业的中间阶段，已有一定的产业基础，且研发合作意识及其相关支持性政策已初步形成。然而，中部地区技术水平、信息把握及技术人才方面还不及东部地区，因此区际研发投入与产出往往不成正比，造成资本和资源浪费，反而不利于地区新型产业的建立。当然，这种影响并非长期存在，而是中部地区在实现新型工业化和新型城镇化进程中的必经过程。

而区际沟通技术溢出对新型城镇化的影响由东部向西部递减，甚至在西部表现为负。这表明，通过劳动力沟通、信息共享产生“沟通外部性”而获得技术溢出的方式与市场自由化程度相关。市场自由化越大、一体化水平越高，人才流动性越强，进而充分发挥“沟通外部性”作用，促进技术溢出效应，加快产业结构升级，实现产城融合。

五、小　结

新常态下，政府主导的传统粗放型城镇化推进模式难以为继，充分发挥市场主导作用已然成为推进新型城镇化的重要动力。本章基于新经济地理理论和集聚经济理论梳理内外市场需求潜力和空间技术外溢对新型城镇化的影响机制，进而采用固定效应的可行的广义最小二乘法（FGLS）方法探讨了2003～2012年我国283个地级及以上城市国内、国际两市场需求及空间技术溢出对新型城镇化的影响。结果显示，国内、国际市场潜力及空间技术溢出对各地区新型城镇化的作用效果存在较大差异。其中，国内市场有利于中部地区新型城镇化推进，而对东西部地区（尤其是西部）产生抑制作用；国际市场对新型城镇化的影响在东部地区最大，西部次之，中部为负；区际研发技术溢出显著推进了东部地区新型城镇化，而不利于中西部新型城镇化推进，且在中部的负作用最大；区际沟通技术溢出对新型城镇化的影响效果由东向西依次递减，且在西部地区为负。新型城镇化进程中，国内市场对东部技术溢出效应存在显著促进作用，而对中西部区际研发技术溢出效应存在抑制作用，对中西部区际沟通技术溢出效应影响不显著；国际市场增强了东部区际研发技术溢出及西部区际沟通技术溢出效应的作用效果，而不利于东部区际沟通技术溢出效应的有效发挥，对中部技术溢出效应和西部区际研发技术溢出效应的作用效果亦不显著。新型城镇化进程中，国内、国际市场在东中部地区均表现为互补关系，在西部表现为替代关系。

第六章　市场潜力、政府干预与人口城镇化

一、引　言

《国家新型城镇化规划（2014—2020年）》指出，走中国特色新型城镇化道路关键在于推进以人为核心的城镇化。经典的人口迁移“推—拉”模型将决定城镇化进程的因素归纳为“农村推力”和“城市拉力”两个方面。其中，“农村推力”主要来源于巨大的城乡差距（Schultz，1953；Henderson，Storeygard and Deichmann，2013），而“城市拉力”则反映了城市中那些吸引劳动力转移和集聚的良好因素，主要指更多的就业机会、更好的公共服务水平、较高的劳动生产率和劳动收入水平等（Lewis，1954；Lucas，2004）。在中国，大量农业剩余劳动力滞留于农村，且城乡差距一直较大（钞小静和沈坤荣，2014），因而由农村向城市迁移的“推力”条件一直存在（刘瑞明和石磊，2015）。但是现实中，我国人口城镇化水平却依然偏低。2015年我国城镇化率已到达56.1%，而按户籍人口算仅为39.9%，明显低于发达国家80%和同等发展阶段国家平均60%左右的城镇化水平。[①] 因而，我国人口城镇化滞后的原因可能并非主要来自农村推力，而是更多地取决于城市拉力。城市拉力反映了城市对人口的吸纳能力，与城市的集聚效应密切相关（王小鲁，2010）。新经济地理理论将城市集聚效应归因于市场扩大带来的本地市场效应和价格指数效应（Head and Mayer，2006）[②]。拥有较大市场潜力的城

---

① 参阅中新网《发改委：2015年城镇化率达56.1% 市民化进展较慢》：http：//news.xinhuanet.com/info/ttgg/2016-01/29/c_135057503.htm.

② “本地市场效应”指垄断竞争厂商倾向于选择市场规模较大的地区进行生产并向市场规模较小的地区出售其产品；“价格指数效应”反映了厂商区位选择对居民生活成本的影响，即更多厂商集聚将在本地生产更多种类和数量的商品，产品多样化和运输成本的节约降低了当地居民生活成本。

市更易于吸引厂商集聚，更多厂商集聚不仅带来就业规模扩张，而且增加了当地商品的种类和数量，降低了居民生活成本，从而吸引人口不断流向城市、推进城镇化，而人口集聚和城镇化反过来又扩大了市场潜力和城市集聚效应。市场潜力使产业集聚和人口转移形成循环累积机制，从而使产业和人口长期锁定在城市区域（Crozet，2004；梁琦，2009）。从这个意义上说，推进以人为核心的新型城镇化，一个关键方面便在于充分发挥城市市场潜力的人口集聚效应。

然而新经济地理理论强调的经济集聚是以市场机制为导向的，即企业和人口在最大化条件引导下自发集聚，但在我国城镇化进程受行政力量普遍干预情况下，一些地区却推行了与市场条件不相适宜的产业发展策略和产业集聚模式，比如盲目跟进中央的产业发展模式（吴意云和朱希伟，2015）、重工化和资本密集型产业发展战略（陆铭和欧海军，2011；陈斌开和林毅夫，2013）、产业发展中的地方保护策略（徐保昌和谢建国，2016）、竞次式补贴导致的“企业扎堆”式集聚行为（李晓萍等，2015）等。由于地方政府过度干预，城市发展和产业集聚将无法充分体现市场潜力的要求，导致人口城镇化滞后于工业化、大量人口跨区域无序流动，阻碍人口城镇化的有效推进和协调发展。因而正确评估并处理好政府和市场的关系对于新型城镇化顺利推进至关重要。为此，党的十八届三中全会和2016年政府工作报告均强调，“使市场在资源配置中起决定性作用和更好发挥政府作用，加快形成引领经济发展新常态的体制机制和发展方式”。“十三五”规划纲要中也提出了“加快形成统一开放、竞争有序的市场体系，建立公平竞争保障机制，打破地域分割和行业垄断”的要求。可见，最大限度发挥市场潜力对人口城镇化的提升效应，需要对地方政府过度干预行为进行纠偏，同时充分发挥市场的决定性作用。那么，在我国推进以人为核心的城镇化进程中，政府干预是否严重影响了市场潜力的作用效果？这一影响效果在不同地区有何差异？本章将基于新经济地理理论构建检验模型，利用我国地级及以上城市面板数据，探讨市场潜力及政府干预对人口城镇化的综合影响，以期探寻借助市场潜力和政府适度干预共同推进人口城镇化的可行路径。

二、文献述评

人口城镇化不仅指农村人口向城市的有效转移，而且表现为不同城市间人口的自由流动。而不论人口的城乡转移还是城际转移，均与市场的规模经济效应有关。市场经济条件下，人口流动服从效率标准，优先向离市场越近或市场需求规模大、规模经济效应显著的城市集聚（王小鲁，2010）。新经济地理理论强调市场的空间规模或市场潜力在产业集聚和城镇化中的作用。市场潜力源于克鲁格曼（1991）的研究，衡量了不同经济个体接近大型市场的程度或获得大型市场的能力，体现了厂商与最终消费市场之间的关联关系。克鲁格曼（1991）认为，良好的市场可达性对厂商和劳动力区位选择均产生积极影响，并通过前后向关联效应形成循环累积机制，促使厂商和人口在特定区域集聚。其中，后向关联反映了市场潜力对厂商区位选择的影响，而前向关联则表示大型市场对劳动力或人口区位选择的作用。根据新经济地理理论，市场潜力可通过以下三种机制对人口城镇化产生影响。一是市场潜力越大的城市越有利于吸引厂商集聚并扩大就业，进而吸引人口集聚。邻近大型市场，有助于制造业部门节约贸易成本、获取规模经济效益和更高的利润（Redding and Venables，2004；赵曌等，2012），因而在运输成本和规模报酬递增情况下，拥有良好市场可达性的区域或城市往往成为厂商集聚的中心（Head and Mayer，2004；Hanson，2005）。伴随城市中企业规模的不断扩大和企业数量的不断增加，城市能够为劳动力提供的就业机会和就业岗位亦随之增加（Fujita and Krugman，1995；李宏兵等，2014），从而吸引更多农村剩余劳动力向城市集聚。二是厂商在大型市场区域具有明显的生产率提升效应，从而能够支付更高的劳动工资，吸引人口向城市集聚。具有较大市场潜力的城市更易于使厂商通过规模经济效应提高劳动生产率，实现报酬递增（Lall and Chakravorty，2005）；而劳动生产率的提升使处于大型市场中的垄断竞争厂商在市场竞争中更有能力支付更高的工资（Head and Mayer，2006；刘修岩和殷醒民，2008；范剑勇和张雁，2009），从而吸引劳动力流入，加速人口向城市集聚。三是较高市场潜力的城市通过价格指数效应吸引劳动力和人口向该地区集聚。价格指数效应反映了厂商区位选择对当地居民生活成本的影响（梁琦，2009）。厂商在大型市场区域的集聚使本地生产的产品种类和数量都不断增加，而市场中的消费者则可便捷地获得种类繁多、价格低廉的商品，这有助于降低当地居民生活成本，吸引更多消费者和潜在消费者向城市集聚（Crozet，2004）。以上三个机制中，前两个属于后向关联效应，体现了市场潜力通过影响厂商区位、进而影响人口城镇化的作用路径；而第三个机制属于前向关联效应，反映了市场潜力通过影响居民效用水平及其区位选择、进而影响人口城镇化的作用路径。人口集聚为厂商集聚提供市场需求保障和规模收益来源，而厂商集聚为人口集聚提供就业和生活保障，二者在市场潜力支撑下相互作用、相辅相成。因而，市场潜力可通过就业扩张效应、生产率提升效应及价格指数效应吸引人口向城市集聚，进而推进人口城镇化。

伴随我国城镇化进程的进一步推进和对外开放水平的不断提升，学者们越来越关注内外市场整合及其联动效应在经济社会发展和城镇化推进中的作用。裴长洪（2011）认为内外贸一体化是我国转变发展方式的必要途径和重要趋势。一般而言，拥有较高市场潜力的城市往往具有较为成熟的市场机制，而完善的市场机制有助于内外市场的对接和融合，构筑内外市场相互促进与联动的良性发展格局。赵永亮（2011）指出国内市场分割并不利于我国外需扩大，应发挥行政化优势来克服国内区间行政壁垒，促使内外市场朝着一体化方向发展。钱学锋和黄云湖（2013）进一步认为，本地市场效应是中国制造业出口竞争力的重要源泉；扩大内需不仅能直接保证宏观经济的持续增长，而且还能通过本地市场效应培育出口竞争力，拓展国际市场。韩峰和柯善咨（2012）以及韩峰和阳立高（2014）的研究也指出，国内与国际市场对我国城市制造业集聚和劳动生产率均产生明显影响且二者存在互补性，国际、国内市场对制造业集聚的作用效果均会由于对内、对外开放的进一步扩大而得到加强。这意味着在我国城市发展中，内外市场的有效对接有利于充分利用国内、国际两个市场、两种资源，最大限度实现要素配置中的规模经济效应。但也有部分学者认为，邻近国际、国内市场并不必然实现内外市场的联动。其中，陈敏等（2007）的研究指出尽管国际市场与国内市场均显著影响区域经济发展，但二者亦存在明显的替代关系。孙军（2009）进一步认为国外与国内市场实现联动的关键在于市场之间是否存在歧视性差别。他认为当一国内部存在市场分割时，国外市场将可能替代国内市场，而当国外市场受到限制，国内市场并无明显市场分割时，国内市场将替代国际市场。柯善咨和郭素梅（2010）的研究也显示商品市场对外开放并没有促进市场的对内开放，不仅期待中的内外联动没有出现，而且一些地区可能用对外开放替代了对内开放。总之，在市场经济条件下，人口流动服从市场效率标准，优先向离市场近或市场需求规模大、规模经济效应显著的城市和部门流动，但人口城镇化进程中是否能够实现内外市场互动还有待于进一步检验。

区域市场潜力的深度整合有助于增强城市的空间优势，强化城市对人口的拉动作用和承载能力，促进人口城镇化进程的深入推进。然而，在财政分权和政绩考核体制下，地方政府对城镇经济发展和产业政策的干预普遍存在，尤其是对项目投资、基础设施建设的干预已成为影响经济增长就业创造能力、进而人口城镇化的重要因素（陆铭和欧海军，2011；陈斌开和林毅夫，2013）。在政府干预作用下，资源配置将被扭曲，市场潜力引致的规模经济效益随之降低，人口城镇化进程也将因此而受阻。首先，在政绩考核体制和税收最大化的激励之下，中国执行了旨在鼓励资本密集型部门优先发展的政府战略（林毅夫等，1998；林毅夫和陈斌开，2013）。地方政府偏好大规模投资，不仅直接造成城市部门就业需求的相对下降，而且使得产业发展脱离比较优势、缺乏自生能力和集聚效应，进而导致农村居民不能有效向城市转移，延缓城镇化进程（陈斌开和林毅夫，2013）。其次，由于资本偏向型发展战略本身限制了劳动力的就业空间，而政府为缓解城市就业压力，不得不采取限制居民在城乡间、城市间自由流动的户籍制度，这直接导致了人口城镇化水平的相对滞后（蔡昉等，2003；Henderson，2009；Combes，Demurger and Li，2015）。再次，中国式分权改革带来的地方保护和市场分割，弱化了区域间要素流动和经济联系，降低了城市的市场潜力，不利于人口城镇化水平的有效提升和区域经济协调发展（白重恩等，2004；陈敏等，2007；徐保昌和谢建国，2016）。最后，地方政府参照中央政府产业政策制定本地产业政策的发展模式，往往使欠发达地区偏离自身条件而被动“复制”发达地区经验，造成地区间分工不足，市场整合不充分，要素和企业集聚效应不明显（吴意云和朱希伟，2015），因而人口城镇化受阻。可见，政府干预不仅通过户籍制度和资本密集型产业结构调整对人口城镇化产生直接抑制作用，而且能够降低产业集聚效应和市场潜力，间接阻碍人口城镇化进程的有效推进。

综合来看，市场潜力在理论上有助于人口城镇化推进，而地方政府过度干预却使市场潜力与人口城镇化推进偏离良性发展轨迹，但是目前多数新经济地理文献主要集中于市场潜力对制造业集聚、劳动生产率及地区经济增长影响机制的研究，直接探讨市场潜力与人口迁移，进而人口城镇化关系的理论与实证研究尚在少数，而从政府干预视角探讨市场潜力的人口城镇化效应的研究更为鲜见。与既有研究相比，本章贡献主要在于三个方面：首先，以新经济地理理论为基础构建市场潜力影响人口城镇化的检验模型，从“城市拉力”方面扩展了城镇化推进的理论分析框架；其次，将市场潜力进一步分解为国内市场潜力和国际市场潜力，研究了我国城镇化推进中内外市场的联动效应；最后，在市场潜力影响人口城镇化的分析框架中进一步引入政府干预因素，探讨了政府干预对人口城镇化的直接效应以及通过市场潜力进而作用于人口城镇化的间接效应。

三、理论框架与计量模型设定

（一）理论分析框架

假设经济系统中的城市总数为 J，且每个城市中包含两个产业部门：制造业和生产性服务业。生产性服务产品只为当地生产服务，运输成本为零；制造业产品可同时进行区际和国际贸易，其运输成本假定为冰山成本 τ_{jv}。所有制造业商品均在垄断竞争市场中交易。根据新经济地理理论的逻辑（Redding and Venables，2004），若 E_j 为城市 j 用于制造业产品的总支出，则城市 j 对城市 i 每种产品的需求量 x_{ij} 表示为：

$$x_{ij} = \frac{(p_i\tau_{ij})^{-\sigma}}{\sum_{k\in J}N_k(p_k\tau_{kv})^{1-\sigma}}E_j = (p_i\tau_{ij})^{-\sigma}E_j(G_j)^{\sigma-1} \tag{6.1}$$

其中，σ 为制造业产品间大于 1 的替代弹性，N_k 为城市 i 制造业产品的种类，p_i 为制造品价格，G_j 为城市 j 的 CES 价格指数。进而对包含城市 i 本身和国际市场在内的所有市场需求进行加总，可进一步得到：

$$q_i = \sum_j x_{ij}\cdot\tau_{ij} = (p_i)^{-\sigma}\sum_j(\tau_{ij})^{1-\sigma}I_j(G_j)^{\sigma-1} = p_i^{-\sigma}MP_i \tag{6.2}$$

其中，q_i 为城市 i 每种制造品的总产出；$MP_i = \sum_j(\tau_{ij})^{1-\sigma}I_j(G_j)^{\sigma-1}$ 为城市 i 的市场潜力，反映了城市 i 面临的内外市场需求规模。将式（6.2）变形，可得到城市 i 中制造业产品的价格：

$$p_i = MP_i^{1/\sigma}q_i^{-1/\sigma} \tag{6.3}$$

可见，市场潜力越大则城市中制造业产品价格越高，而制造业产品供给量越大则其价格越低。

假定劳动力为制造业厂商生产中投入的唯一要素，根据亨德森等（1995）的研究，制造业代表性厂商生产函数可表示为：

$$q_i = \alpha_i l_i \tag{6.4}$$

其中，q_i为厂商产量，l_i是厂商为获得q_i的产量而雇用的劳动量，α_i为生产的技术系数。由于差异化制造业产品具有规模经济性质，规模报酬递增和多样化产品偏好决定了均衡时一家厂商只能生产一类产品，且每种制造品的生产均需固定投入为f的劳动量。则厂商为生产q_i，所需的劳动总量为：

$$l_T = f + l_i = f + cq_i \tag{6.5}$$

其中，c代表边际劳动需求，且$c = 1/\alpha_i$。结合式（6.3）、式（6.4）、式（6.5），同时对代表性制造业厂商利润函数取最大化条件，得到厂商就业数量为：

$$l_i = \left[\frac{(\sigma - 1)}{\sigma}\right]^{\sigma} w_i^{-\sigma} MP_i \alpha_i^{\sigma-1} \tag{6.6}$$

其中，w_i为劳动工资水平。达到均衡时，由城市中制造品的均衡价格为：

$$p^* = \left(\frac{\sigma}{\sigma - 1}\right)\frac{w_i}{\alpha_i} = \frac{w_i f}{q_i} + \frac{w_i}{\alpha_i} \tag{6.7}$$

利用式（6.4）和式（6.7）得到厂商就业量与f间的关系式：$l_i = (\sigma - 1)f$。若y_i、L_i分别是城市制造业总产出与总就业，则城市i的劳动生产率A_i可表示为$A_i = y_i/L_i$。由于城市总产出和总就业量分别是所有制造业厂商产出和就业之和，即$y_i = N_i q_i$，$L_i = N_i(l_i + f)$，因而可进一步得到代表性厂商生产效率与城市劳动生产率间的关系：

$$\alpha_i = \frac{\sigma A_i}{\sigma - 1} \tag{6.8}$$

结合式（6.6）和式（6.8）得到城市i制造业部门总就业量为：

$$L_i = \Phi_0 N_i w_i^{-\sigma} MP_i A_i^{\zeta} \tag{6.9}$$

其中，$\Phi_0 = \frac{\sigma}{\sigma - 1}$，$\zeta = \sigma - 1$。

根据本章假设，城市总就业（L_T）为制造业部门和生产性服务部门就业之和，即$L_T = L_i + L_s$，其中L_s为生产性服务部门就业。根据霍伊特（1954）

的研究，城市生产性服务部门就业往往与总就业之间具有稳定的比例关系，因而假定生产性服务部门就业与总就业间的关系为 $L_s = \kappa L_T$，则城市总就业与制造业就业量的关系可进一步表示为：

$$L_{T,i} = \frac{\Phi_0}{1-\kappa} N_i w_i^{-\sigma} MP_i A_i^{\zeta}, \quad 0 < \kappa < 1 \tag{6.10}$$

式（6.10）显示，城市总就业随劳动成本的提高而减少，随产品多样化（N）、市场潜力（MP）和劳动生产率（A）的提高而增加。根据科斯和王（Coase and Wang，2012）以及吕朝凤和朱丹丹（2016）的研究，市场化改革作为一种制度安排，有助于增进市场交易、提高生产效率，促进社会生产发展。然而，政府对城市产业集聚和经济发展的过度干预使资源配置出现扭曲，经济集聚应有的效率随之降低（师博和沈坤荣，2013）。一般而言，政府干预主要通过以下途径作用于城市劳动生产率：（1）政府对经济的适度干预有助于化解市场失灵，提高劳动生产率水平；（2）在政绩考核体制和税收最大化的激励之下，政府盲目推行重工业优先发展和资本偏向型发展战略使得产业发展脱离比较优势，降低了企业自生能力和生产效率（林毅夫和陈斌开，2013）；（3）中国式分权改革带来的地方保护和市场分割，降低了经济发展中规模经济效应的充分发挥，不利于城市劳动生产率的有效提升（陈敏等，2007；徐保昌和谢建国，2016）；（4）地方政府围绕招商引资而展开的“竞次式”补贴性竞争行为削弱了产业及企业间的内在联系和协同发展，不利于经济集聚效应的有效发挥（李晓萍等，2015）。可见，在我国，多数地区的城市发展和城镇化受到了政府干预的影响。其中，（1）是政府适度干预带来的正向影响，而（2）~（4）是政府过度干预带来的负面作用。本章假设城市劳动生产率是政府干预程度的函数。即：

$$A_i = A_0 (GOV)^{\gamma} \tag{6.11}$$

其中，γ 为政府干预对城市劳动生产率的影响弹性，其值取决于政府对经济发展的干预程度。

城市就业在城镇化进程中扮演着重要角色，从“城市拉力”视角来看，城市就业量变化是城乡及城市间劳动力流动、进而城镇化推进的决定因素（刘瑞明和石磊，2015）。若城市总就业与城市非农人口（城市居民）P_{NA} 之间比例系数为 g，即 $P_{NA} = gL_T$，$g > 1$；则结合式（6.9）、式（6.10）和式（6.11），可得到城镇化的决定方程：

$$Urban_i = \frac{P_{NA,i}}{P_{T,i}} = \frac{gL_{T,i}}{P_{T,i}} = \Phi_1\left(\frac{N_i}{P_{T,i}}\right)w_i^{-\sigma}MP_i\,(GOV)_i^{\zeta\gamma} \tag{6.12}$$

其中，P_T为城市中包含非农业人口在内的总人口，$\Phi_1 = gA_0{}^{\zeta}\Phi_0/(1-\kappa)$。式（6.12）显示，城镇化水平是城市产品多样化水平（人均产品种类）、市场潜力的增函数，是劳动成本的减函数，而与政府干预间的关系还有待于进一步的实证检验，即当地方政府对城镇化采取适当干预行为时，$\gamma>0$；当对城镇化进程实施了过度干预行为时，$\gamma<0$。

（二）计量模型设定

理论分析认为城镇化是人均商品种类数（代表产品多样化）、工资水平、市场潜力和政府干预程度的函数，即 $Urban = F(DIV, w, MP, GOV)$，其中 $DIV = N_i/P_{T,i}$ 代表城市产品多样化水平。伴随我国城镇化进程不断推进，国内市场与国际市场均发挥了重要作用。裴长洪等（2011）认为内外贸一体化成为转变外贸发展方式的必要途径；韩峰和柯善咨（2012）认为内外市场的有效对接有利于充分利用国际和国内两个市场、两种资源，推进中国制造业有效集聚。为体现内外市场对城镇化的影响差异，本章将市场潜力（*MP*）分解为国内市场潜力（*DMP*）和国际市场潜力（*FMP*）。考虑到数据可得性和相关区域经济文献的论述，已有普遍共识的影响城镇化水平的重要变量还包括人力资本、城市交通条件、环境质量等。因此，以 *EDU* 代表人力资本、*TRA* 代表交通条件、*ENV* 为城市环境质量，计量方程可写为：

$$\begin{aligned}\ln Urban_{it} = {} & \theta_0 + \theta_1\ln DIV_{it} + \theta_2\ln w_{it} + \theta_3\ln DMP_{jt} + \theta_4\ln FMP_{jt} + \theta_5\ln GOV_{it} \\ & + \theta_6\ln EDU_{it} + \theta_7\ln TRA_{it} + \theta_8\ln ENV_{it} + \xi_{it}\end{aligned} \tag{6.13}$$

由于城镇化进程中政府干预可通过影响国际、国内市场潜力进而作用于人口的城乡和城市间流动，且国际、国内市场也可能存在联动效应。本章在式（6.13）基础上进一步加入政府干预与国际、国内市场潜力，以及国际与国内市场潜力交叉项，以控制可能存在的交互影响。式（6.13）可重写为：

$$\begin{aligned}\ln Urban_{it} = {} & \theta_0 + \theta_1\ln DIV_{it} + \theta_2\ln w_{it} + \theta_3\ln DMP_{it} + \theta_4\ln FMP_{it} + \theta_5\ln GOV_{it} \\ & + \theta_6\ln EDU_{it} + \rho_1\ln GOV_{it}\times\ln DMP_{it} + \rho_2\ln GOV_{it}\times\ln FMP_{it} \\ & + \rho_3\ln DMP_{it}\times\ln FMP_{it} + \theta_7\ln EDU_{it} + \theta_8\ln TRA_{it} + \theta_9\ln ENV_{it} + \xi_{it}\end{aligned} \tag{6.14}$$

其中，θ 与 ρ 均为待估参数；ξ_{it} 为随机误差。式（14）便是本章要重点估计的计量方程。

四、变量测算与数据说明

本章样本为2003~2014年全国283个地级及以上城市，为保持数据的完整性和一致性，本章舍弃了样本区间中拉萨、中卫、陇南及巢湖等数据变化较大的城市。数据来源于2004~2015年《中国城市统计年鉴》《中国区域经济统计年鉴》和《中国人口和就业统计年鉴》，价格指数来自2004年以来《中国统计年鉴》。下面是对有关变量和测度的详细说明。

（1）国内市场潜力（*DMP*）的测度方法与第四章一致，在此不再赘述。

（2）国际市场潜力（*FMP*）。各城市不仅受到邻近市场的影响，还会受到国际市场的作用。国际市场潜力可表示为：

$$FMP_i = \sum_F \frac{I_{iF}}{(d_{i,port} + d_{port,F})^{\delta} T_F} \tag{6.15}$$

其中，I_{iF} 为城市 i 面临的国际市场需求，以中国重要海路与陆路贸易伙伴国内生产总值表示；$d_{i,port}$ 为城市 i 到最近港口的距离，分两种情况测度：对于港口城市，以城市半径作为城市到港口的距离；对于非港口城市，将每个城市与邻近距离的港口城市进行配对，并以最短距离作为城市到最近港口的距离；$d_{port,F}$ 为距离城市 j 最近的对外口岸与贸易伙伴首都的距离；T_F 为贸易伙伴对中国出口施加的平均有效关税。

（3）政府干预。政绩考核体制和税收最大化激励是地方政府干预经济发展的重要原因（陆铭和欧海军，2011；王文甫等，2014）。本章从地方政府干预经济发展的动机入手，参考陆铭和欧海军（2011）的研究，综合运用城市财政收入占市辖区GDP比重（政府税收干预，*IGOV*）① 和城市财政支出占市辖区GDP比重（政府支出干预，*EGOV*）表示地方政府对经济发展的干预程度。政府税收干预体现了地方政府税收最大化的目标要求，黄玖立和李坤望（2006）以及陈敏等（2007）均用该指标较好地衡量了政府干预程度。除

① 由于地方财政收入中的主要组成部分是税收，因而城市财政收入占非农业GDP比重表示的政府干预称为政府税收干预。

政府税收干预外，陆铭和欧海军（2011）指出由于一部分的地方经济活动还受到了中央对地方财政转移的支持，政府财政支出更好地代表了地方政府规模，因而财政支出占市辖区 GDP 比重从政府购买视角进一步反映了地方政府干预程度，巴罗（Barro，2000）、陆铭和欧海军（2011）以及王文甫等（2014）用该指标衡量地方政府干预程度，并得到了良好的预期估计效果。

（4）其他变量。由于《中国城市统计年鉴》从 2009 年起便不再统计城市非农业人口，我们根据魏后凯（2014）的做法，从历年《中国人口和就业统计年鉴》中搜集和整理 2003 ~ 2014 年 283 个地级及以上城市非农业人口数据，并利用市辖区非农业人口占总人口的比值表示城市非农人口城镇化率。非农业 GDP（万元）数据从《中国城市统计年鉴》中直接获取。非农就业（*L*）用各城市市辖区个体从业人员与单位从业人员之和（万人）表示。城市资本存量（*K*）参考柯善咨和向娟（2012）的方法来计算。人力资本（*EDU*）以市辖区普通中学与高等学校总人数所占城市总人数的比重表示；城市交通状况或可达性（*TRA*）用人均道路面积（平方米）近似表示。根据新经济地理理论，均衡状态下每一制造业厂商均生产一种产品，因而城市产品种类数与城市中制造业厂商数基本一致。基于此，本章以地级及以上城市市辖区工业企业数近似表示城市产品种类数，即产品多样化水平（*DIV*）。城市环境质量（*ENV*）以市辖区工业废水排放量（万吨）、二氧化硫排放量（吨）、工业烟尘排放量（吨）和建成区绿化覆盖率（%）来表示。首先对以上环境质量中的正向指标和逆向指标分别进行标准化处理，进而采用主成分分析法得到环境质量综合指数①，该指数越大代表城市环境质量状况越好。表 6 - 1 为我国地级及以上城市各变量的样本统计值。

表 6 - 1　我国地级及以上城市国内外市场潜力、政府干预与城镇化等变量的样本统计值

变量	均值	标准差	最小值	最大值
城镇化水平（*Urban*）（%）	60.9725	24.1062	12.1728	92.5346
人均商品种类（*DIV*）（种/万人）	3.1948	3.8934	0.0002	34.6719
工资水平（*W*）（元）	22229.1	9027.859	1895.1476	134432.0707
财政收入占 GDP 比重（*IGOV*）（%）	8.2017	3.1562	0.4648	40.3129

① 主成分分析中的正向指标为建成区绿化覆盖率，逆向指标为市辖区工业废水排放量、二氧化硫排放量、工业烟尘排放量。

续表

变量	均值	标准差	最小值	最大值
财政支出占 GDP 比重（*EGOV*）（%）	10.5209	4.1623	0.8651	43.1086
国内市场潜力（*DMP*）	9108199.501	9405032.745	115384.2462	66760365.84
国际市场潜力（*FMP*）	336414391.5	1024344332.0	8257964.849	9318977262.0
人力资本（*EDU*）	0.1078	0.1186	0.0120	5.9686
交通条件（*TRA*）（平方米）	9.324760	6.434473	0.310000	85.2000
城市环境质量（*ENV*）	0.3521	0.0261	0.2614	0.4150

资料来源：作者自己测算而得。

五、计量检验与结果分析

（一）全国样本的初步估计结果

在进行面板数据计量估计之前应通过检验模型是否存在固定效应、随机效应以及混合效应等，确定合适的估计模型。本章检验结果显示，F 统计量和 LM 检验统计量分别拒绝“不存在固定效应”和“不存在随机效应”的原假设，表明样本数据中必存在个体效应；豪斯曼（Hausman）检验结果则拒绝“采用随机效应模型”的原假设，因而固定效应模型在估计中更为适合。此外，自相关和异方差检验结果显示误差项存在自相关和异方差问题，因而可用固定效应的广义最小二乘估计（FGLS）的方法解决自相关和异方差的问题。[①] 然而，模型估计中可能还存在较为严重的内生性问题，进而导致估计结果有偏和不一致。其一，根据城市和区域经济学理论，内外市场需求能够通过规模经济效应和技术进步效应促进产业集聚、引导人口流动，进而提升城镇化水平，而城镇化推进反过来也可能进一步扩大有效需求，因而内外市场需求与人口城镇化间可能存在联立内生性。其二，根据新经济地理和经济增长理论，产品多样化与人口城镇化（人口区间流动）间同样可能存在联立

① 限于篇幅本书未列出详细检验结果，感兴趣的读者可与作者联系索取相应检验结果。

内生性。其三，不仅地方政府干预会影响城市就业和人口城镇化，而且当城市就业弹性较高和人口城镇化水平提升较快时，地方政府往往面临就业和区际经济增长竞争双重压力，反过来更加有动力来干预经济，因而地方政府干预与人口城镇化的双向因果关系将导致严重的内生性。其四，在设置模型变量时，可能存在遗漏变量问题，如自然条件、资源禀赋、制度因素等，这些变量都包括在随机扰动项中，因此可能会导致解释变量与扰动项两者存在相关性。鉴于此，本章将采用系统 GMM 法解决模型中的内生性问题。为检验各变量参数估计的稳健性，本章同时报告了包括混合效应、随机效应、固定效应、面板 FGLS 以及系统 GMM 在内的估计结果。表 6 – 2 报告了当衰减参数为 1 时对式（6.13）的全国样本的初步估计结果。

首先看控制变量的参数估计。产品多样化（ln*DIV*）的参数估计在面板 FGLS 与系统 GMM 估计中显著为正，说明在控制自相关、异方差、内生性问题后，该参数估计变得更加合理，这与产品多样性偏好有助于吸引人口集聚、进而推进城镇化的理论预期相符。工资水平提高往往通过两方面渠道作用于城镇化：一是通过吸引农村剩余劳动力集聚而对城镇化产生推进作用，二是通过提高企业生产成本而对城镇化产生抑制作用。面板 FGLS 与系统 GMM 方程中劳动工资的参数估计未通过显著性检验，意味着工资水平提高对城镇化产生的推力整体上恰好与阻力相抵。人力资本（ln*EDU*）的参数仅在系统 GMM 估计方程中显著为正，因而控制内生性后，人力资本水平提高显著推进了人口城镇化水平。这意味着教育水平的提高有利于提升居民自身素质及其接受新知识和先进技术的能力，增强其在城市稳定就业和生存能力。而交通条件（ln*TRA*）的改善并未得到与理论预期一致的作用效果，反而抑制城镇化推进。这意味着，城镇化进程中，我国多数地方政府在基础设施建设及新城新区、开发区和工业园区开发中存在盲目扩张现象，导致建成区人口集聚水平偏低，不利于人口城镇化的有效推进。控制自相关、异方差及内生性后，环境质量（ln*ENV*）参数估计未通过显著性检验，说明单纯依靠改善环境质量以推进城镇化的策略成效甚微。

其次分析市场潜力及政府干预对我国城镇化的影响。政府税收干预（ln*IGOV*）的参数估计在混合效应和随机效应方程中未通过显著性检验，而在固定效应、面板 FGLS 及系统 GMM 估计中显著为负，说明地方政府对城镇化实施了过度干预行为，因而不利于人口城镇化有效推进。陆铭和欧海军（2011）以及陈斌开和林毅夫（2013）认为，在地方经济增长竞争和税收最大

表 6 - 2　　全国层面国市场潜力、政府干预对城镇化的初步估计结果

	pooled OLS		RE		FE		面板 FGLS		系统 GMM	
ln*DIV*	0. 0533 (1. 17)	0. 0630 (1. 56)	-0. 0014 (-0. 61)	-0. 0131 (-1. 03)	-0. 0016 (-0. 74)	-0. 0028 (-0. 77)	0. 0074 ** (2. 24)	0. 0103 ** (2. 31)	0. 0115 *** (2. 71)	0. 0128 *** (3. 02)
ln*w*	0. 4252 *** (11. 84)	0. 4061 *** (9. 38)	0. 0404 *** (3. 62)	0. 0408 *** (3. 67)	0. 0309 *** (2. 75)	0. 0289 *** (2. 69)	0. 0736 (1. 17)	0. 0681 (1. 53)	0. 0013 (1. 12)	0. 0020 (1. 09)
ln*IGOV*	0. 1980 (1. 08)		-0. 0423 (-1. 33)		-0. 0394 ** (-2. 07)		-0. 0301 *** (-3. 61)		-0. 0131 *** (-6. 49)	
ln*EGOV*		0. 1836 (1. 10)		-0. 0416 (-1. 51)		-0. 0368 ** (-2. 11)		-0. 0277 *** (-2. 99)		-0. 0203 *** (-6. 63)
ln*DMP*	-0. 1309 *** (-9. 89)	-0. 1027 *** (-7. 65)	-0. 0554 *** (-6. 35)	-0. 0601 *** (-6. 82)	0. 0636 *** (6. 84)	0. 0658 *** (6. 81)	0. 0203 *** (3. 91)	0. 0218 *** (3. 66)	0. 0112 ** (2. 21)	0. 0135 ** (2. 29)
ln*FMP*	0. 0713 *** (7. 78)	0. 0803 *** (5. 69)	0. 0756 *** (4. 07)	0. 0803 *** (3. 99)	0. 0752 *** (2. 62)	0. 0683 *** (2. 71)	0. 0829 *** (21. 89)	0. 0792 *** (20. 83)	0. 0126 *** (4. 92)	0. 0146 *** (4. 88)
ln*EDU*	-0. 3337 *** (-9. 98)	-0. 2739 *** (-8. 81)	-0. 0602 *** (-7. 31)	-0. 0621 *** (-6. 98)	-0. 0587 *** (-7. 19)	-0. 0611 *** (-7. 26)	0. 0394 (1. 31)	0. 0288 (1. 44)	0. 0174 *** (3. 25)	0. 0161 *** (3. 00)
n*TRA*	-0. 0743 *** (-3. 06)	-0. 0826 *** (-2. 78)	-0. 0598 *** (-9. 06)	-0. 0602 *** (-8. 88)	-0. 0605 *** (-9. 24)	-0. 0593 *** (-8. 82)	-0. 0281 *** (-4. 60)	-0. 0196 *** (-4. 71)	-0. 0130 *** (-5. 82)	-0. 0152 *** (-6. 01)
ln*ENV*	1. 0669 *** (6. 46)	0. 9833 *** (5. 67)	-0. 0727 ** (-2. 28)	-0. 0733 *** (-3. 07)	-0. 0750 (-1. 37)	-0. 0796 (-1. 51)	-0. 0034 (-0. 15)	-0. 0055 (0. 39)	-0. 0080 (0. 96)	-0. 0101 (1. 04)

续表

	pooled OLS		RE		FE		面板 FGLS		系统 GMM	
cons	0. 6525 (0. 63)	1. 0371 (1. 52)	-4. 3481 *** (-10. 30)	-3. 6157 *** (-10. 11)	-4. 3816 *** (-7. 23)	-4. 4538 *** (-7. 15)	-3. 2648 *** (-19. 07)	-3. 4613 *** (-18. 75)	-0. 0144 (-0. 28)	-0. 0231 (-0. 41)
R^2	0. 1753	0. 2342								
within R^2			0. 1158	0. 1166	0. 1161	0. 1197				
sigma_u			0. 6051	0. 6109	0. 6771	0. 7021				
sigma_e			0. 0846	0. 0792	0. 0846	0. 0916				
Wald 检验							614. 36 [0. 0000]	621. 88 [0. 0000]	50063. 97 [0. 0000]	50107. 13 [0. 0000]

注：系统 GMM 估计的内生变量为：ln*DIV*、ln*IGOV*、ln*EGOV*、ln*DMP*、ln*FMP*；圆括号中为系统 GMM 估计的 *z* 统计值，其他估计方法为 *t* 统计值，方括号中为统计量的伴随概率；*** 表示显著性水平为 1%，** 表示显著性水平为 5%，* 表示显著性水平为 10%（下同）。此外，限于篇幅，本章在固定效应和面板 FGLS 估计中均未列出年份和城市固定效应估计结果。系统 GMM 估计中 Sargan 检验的统计量和伴随概率分别为 144. 1324 和 0. 2042，AR（1）与 AR（2）检验的统计量和伴随概率分别为 -4. 19、0. 000 和 -1. 07、0. 284，说明模型工具选择和估计结果合理。

资料来源：作者利用 Stata 软件估计而得。

化激励下，地方政府偏好大规模投资，推行旨在鼓励资本密集型产业优先发展的产业战略，但这类行业的就业吸纳和就业创造能力却相对有限。不仅如此，地方政府在经济发展中采取的“防御性”保护主义、跟进中央产业政策来制定本地产业规划以及“竞次式”补贴等行为往往导致区际市场分割和产业同构，使各地区产业集聚无法充分发挥规模经济效应，从而也就无法充分吸纳就业人口，阻碍了人口在城乡及城市间的有序流动和有效转移。与政府税收干预相比，陆铭和欧海军（2011）均认为财政支出占非农业GDP比重可能更好地度量了政府干预程度，这是因为一部分的地方经济活动还受到了中央对地方财政转移的支持，政府财政支出更好地代表了地方政府规模。因而本章同样列出了政府支出干预对人口城镇化的参数估计结果。表6－2显示，政府支出干预（ln*EGOV*）的参数估计效果与政府税收干预基本一致，进一步印证了政府过度干预阻碍人口城镇化的理论预期。国际市场潜力（ln*FMP*）的参数估计在各方程中均显著为正，说明进一步扩大开放依然有助于增强城市的国际市场可达性、推进城镇化。尽管国际经济危机以来，受外需萎缩冲击，我国外向型经济发展速度减缓，但本章估计结果显示，依托国际市场推进产业集聚、加快外向型经济发展，对于推进以人为核心的城镇化依然具有重要解释力。国内市场潜力（ln*DMP*）的参数估计在固定效应、FGLS和系统GMM模型中显著为正，说明在控制了固定效应、自相关、异方差和内生性后，国内市场潜力的参数估计趋于合理。该估计结果意味着，我国城镇化进程中，城市间已形成密切的市场关联和协同发展机制。各城市通过市场的互动和联合，扩大了国内市场需求的空间尺度，从而对不同地区城镇化均产生明显的规模经济效应和协同效应。

（二）考虑内外市场潜力及政府干预交叉作用的估计结果

理论分析显示，政府干预不仅能够通过制定户籍限制政策、影响产业结构直接作用于城镇化，而且可通过影响市场潜力对城镇化产生间接影响，且国际、国内市场潜力在城镇化进程中也可能存在联动效应。为分解政府干预、市场潜力对城镇化的不同作用机制，本章进一步在式（6.13）的基础上引入内外市场及其与政府干预的交叉项，采用系统GMM法进行计量估计。此外，由于我国各地区在产业结构、经济空间分布及其面临的国际、国内市场距离和环境等存在较大差异，且这些差异均可能导致国内外两市场需求在不同地区作用的异质性。因此本章还对东部、中部、西部三个地区的样本分别进行系统GMM估计。

表6－3为全国及分地区包含内外市场潜力及政府干预交叉作用的系统GMM估计结果。其中，Wald检验、Sargan检验、AR（1）和AR（2）的检验结果表明，模型内生变量的控制是合理的，因而表6－3的估计结果具有可取性。

表6－3　全国及分地区包含内外市场潜力及其与政府干预交叉作用的系统GMM估计结果

变量	全国		东部		中部		西部	
ln*DIV*	0.0027 *** (4.33)	0.0056 *** (3.89)	0.0022 *** (3.83)	0.0036 *** (3.61)	0.0253 *** (4.03)	0.0246 *** (3.67)	-0.0099 *** (-7.86)	-0.0102 * (-1.78)
ln*w*	-0.0003 (-0.12)	-0.0012 (-0.96)	-0.0035 (-1.09)	-0.0069 (-1.22)	-0.0375 *** (-4.21)	-0.0261 *** (-3.88)	0.0050 ** (2.44)	0.0033 ** (2.19)
ln*IGOV*	-0.0624 ** (-2.51)		-0.0713 (-1.08)		-0.0507 *** (-2.91)		-0.0418 *** (-3.38)	
ln*EGOV*		-0.0723 *** (-2.67)		-0.0625 (-1.14)		-0.0752 ** (-2.44)		-0.0441 *** (-2.77)
ln*DMP*	0.0376 ** (2.15)	0.0428 ** (2.20)	0.0177 *** (4.75)	0.0195 *** (4.16)	0.0686 *** (3.69)	0.0575 *** (3.83)	0.0513 *** (4.89)	0.0505 *** (3.67)
ln*FMP*	0.0381 ** (2.28)	0.0472 ** (2.35)	0.0265 *** (3.75)	0.0183 *** (3.27)	0.0716 *** (4.25)	0.0537 *** (4.16)	0.0861 *** (5.93)	0.0888 *** (4.51)
ln*IGOV*×ln*DMP*	-0.0067 ** (2.16)		-0.0009 (1.58)		-0.0056 ** (-2.39)		-0.0326 *** (-3.31)	
ln*IGOV*×ln*FMP*	-0.0026 ** (1.98)		-0.0056 (1.33)		-0.0028 ** (2.13)		-0.0307 ** (-2.39)	
ln*EGOV*×ln*DMP*		-0.0051 * (1.75)		-0.0012 (-1.66)		-0.0049 *** (5.06)		-0.0338 *** (-4.04)
ln*EGOV*×ln*FMP*		-0.0032 ** (1.96)		-0.0019 (-1.46)		-0.0015 *** (3.24)		-0.0326 *** (-3.30)
ln*DMP*×ln*FMP*	-0.0010 ** (-2.03)	-0.0019 ** (-2.38)	0.0056 *** (3.27)	0.0041 *** (2.92)	-0.0024 *** (-5.66)	-0.0013 *** (-4.71)	-0.0049 (-0.95)	-0.0104 (-1.05)
ln*EDU*	0.0071 *** (2.71)	0.0088 *** (2.65)	0.0047 ** (2.01)	0.0058 * (1.89)	-0.0504 *** (-3.65)	-0.0351 *** (-2.98)	-0.0134 *** (3.96)	-0.0154 ** (2.26)
ln*TRA*	-0.0112 *** (-4.30)	-0.0153 *** (-3.33)	-0.0289 *** (-4.48)	-0.0176 *** (-3.59)	0.0050 ** (2.47)	0.0033 ** (2.20)	-0.0036 *** (-5.96)	-0.0028 *** (-4.33)

续表

变量	全国		东部		中部		西部	
ln*ENV*	-0.0003 (-0.04)	-0.0010 (-0.10)	0.0756*** (13.10)	0.0688*** (12.49)	-0.0568*** (-8.00)	-0.0429*** (6.94)	-0.0132** (-2.03)	-0.0201** (-1.97)
cons	-0.3128** (-2.03)	-0.4761** (-2.44)	-1.7876*** (-2.66)	-1.6721** (-2.39)	4.6628*** (5.02)	2.9637*** (4.22)	-1.5938*** (-6.63)	-1.6895*** (-5.94)
Wald检验	413601.23 [0.0000]	641637.58 [0.0000]	543127.82 [0.0000]	458627.61 [0.0000]	597825.88 [0.0000]	627258.14 [0.0000]	302476.33 [0.0000]	430255.46 [0.0000]
Sargan检验	143.0745 [0.2221]	139.0391 [0.2312]	77.2086 [0.9960]	76.3207 [0.9999]	86.17898 [0.9991]	78.86133 [0.9988]	61.15895 [1.0000]	58.14379 [1.0000]
AR (1) test	-4.1986 [0.0000]	-3.6971 [0.0000]	-2.3364 [0.0195]	-2.4356 [0.0199]	-2.8245 [0.0047]	-3.0126 [0.0032]	-2.2704 [0.0232]	-2.3061 [0.0255]
AR (2) test	-1.0979 [0.2723]	-1.0687 [0.2562]	-0.9983 [0.3182]	-0.9834 [0.3230]	-0.7931 [0.4277]	-0.7792 [0.4451]	-0.1704 [0.8647]	-0.1837 [0.8571]

注：系统 GMM 估计的内生变量为：ln*DIV*、ln*IGOV*、ln*EGOV*、ln*DMP*、ln*FMP*；圆括号中为系统 GMM 估计中的 z 统计值，方括号中为各统计量的伴随概率。

资料来源：作者利用 Stata 软件估计而得。

首先简要介绍加入国内市场、国际市场及其与政府干预交叉项后，各控制变量的参数估计结果。产品多样化的参数估计在全国方程与东部、中部方程中依然显著为正，但在西部方程中却显著为负，说明全国和东部、中部地区居民的多样化偏好效应显著提升了人口城镇化水平；而西部地区由于产品多样化水平较低，难以有效吸引人口向城市集聚。劳动工资的参数估计在全国方程和东部方程估计结果未通过显著性检验，但在中部地区显著为负、西部地区显著为正，这意味着东部地区劳动工资水平提高对城镇化的正负作用相抵，而在中部地区工资水平提高对劳动力集聚的吸引作用小于因厂商成本提高对城镇化的阻力，西部地区则正好相反。从人力资本的参数估计来看，东部地区人力资本水平提高有助于进一步推进城镇化，而中西部城市增加人力资本投入反而不利于当地城镇化的顺利推进，其原因在于中西部地区培养的高素质人才可能更多地流向经济更加发达的东部地区，而非留在本地。交通基础设施的参数估计在全国和东、西部方程显著为负，而在中部地区显著为正，说明我国东部和西部地区城镇基础设施建设可能存在盲目扩张、粗放利用现象，而中部地区较为完善的基础设施建设则有效推进了人口城镇化。环境质量对城镇化的作用在中西部地区显著为负，东部显著为正，说明东部地区进一步改善城市环境质量有望吸引更多人口在城市集聚，而中西部地区由于工业发展依然较为滞后，单纯依靠环境改善无法有效驱动城镇化，需进一步夯实产业基础，以工业化推进城镇化。

其次分析国内、国际市场潜力及政府干预对城镇化的参数估计结果。全国方程中加入内外市场潜力及其与政府干预交叉项后，政府税收干预与支出干预自身的参数估计反映了其对人口城镇化的直接影响，其参数估计显著为负意味着政府干预通过户籍制度和资本密集型产业发展战略直接限制了人口向城市转移，使各地区人口城镇化水平受阻。国际和国内市场潜力的估计结果依然显著为正，说明国际和国内市场需求在城镇化进程中发挥着明显的规模经济效应。政府干预与国内市场潜力交叉项显著为负，说明政府过度干预行为明显抑制了市场潜力对人口城镇化的推进作用。政府干预程度越高的城市，市场化和市场一体化水平均受到限制，不利于信息的自由流动，无法使企业捕捉到价格信号机制所反映的、地区或行业发展中真正的市场潜力与机会，提高企业信息获取成本，降低市场交易和劳动生产效率，也就无法使企业充分吸纳就业。而且各地区政府实施的地方保护主义、跟进中央产业政策以及“竞次式”补贴等行为促使企业以追逐“政策租”为目的而集中布局，间接导致各地区产业发展难以发挥集聚效应，降低城市就业创造和吸引人口能力。政府干预与国际市场潜力显著为负的参数估计意味着，政府干预不仅通过影响外商直接投资类型来作用于城镇化，而且通过影响进出口行业结构对就业和人口流动产生抑制作用。国际、国内市场潜力交叉项（$\ln DMP \times \ln FMP$）的参数估计显著为负，说明城镇化推进中，国内、国际市场并未呈现预期的相互作用趋势，而是具有明显的替代性。这一结果与孙军（2009）所持观点基本相符。孙军（2009）认为当本国外部地区对本地产品采取歧视性政策并造成市场分割时，国外市场将可能替代国内市场，而当国外市场受到限制，国内市场并无明显市场分割时，国内市场将替代国际市场。而进一步从政府干预与内外市场潜力交叉项的估计结果来看，地方政府通过干预国内市场对城镇化的抑制作用（弹性为 -0.0067 或 -0.0051）明显大于对国际市场的干预效果（弹性为 -0.0026 或 -0.0032），这意味着我国现阶段城镇化进程中依然存在以国际市场替代国内市场趋势，以期更多通过扩大外需实现产业发展和城镇化推进。

以下分析各地区的参数估计结果。从东部方程的估计结果来看，加入内外市场潜力及其与政府干预交叉项后，政府税收干预和支出干预的参数估计均未通过显著性检验，说明东部地区政府通过户籍限制及重工化战略而对人口城镇化产生的直接抑制作用正在逐渐失去效力，该地区在户籍制度改革及产业结构调整中显现出明显成效。国际和国内市场潜力的系数依然显著为正，说明国际和国内市场依然是东部地区推进城镇化的重要动力。东部地区政府干预与国际、国内市场潜力交叉项的参数估计均未通过显著性检验，这意味着东部地区城镇化进程中政府干预对国内市场潜力与国际市场潜力的作用效果均未产生明显抑制作用，该地区市场化改革取得明显成效。进一步地，国际、国内市场潜力交叉项系数估计显著为正，说明国内、国际市场潜力对东部地区城镇化的作用具有互补性，即国际和国内市场对城镇化的推进作用均因国际或国内市场潜力的提升而得到强化。这一结果也部分地吻合了孙军（2009）的研究结论。由于东部地区政府干预均未对国际和国内市场产生明显抑制作用，进而国际市场与国内市场相互替代机制产生的条件便无从存在，因而国际与国内市场在推进东部地区城镇化中具有明显的联动发展趋势。

中部地区内外市场潜力与政府干预的交叉项估计结果与全国方程一致，均显著为负，意味着中部地区政府干预不仅直接限制了人口向城市的有效转移，而且通过弱化内外市场潜力对就业人口的集聚作用，而间接阻碍人口城镇化的顺利推进。中部地区政府干预与国内市场潜力交叉项参数估计值明显大于其与国际市场潜力交叉项的参数估计值，且内外市场潜力交叉项系数显著为负，说明中部地区与全国整体情况一样，在城镇化进程中可能存在着以国际市场替代国内市场的趋势。与东、中部地区不同的是，西部地区地方政府对国际、国内市场施加的干预行为不仅程度最强，而且彼此力度相当。通过观察东部、中部、西部地区政府干预及其与内外市场潜力交叉项的参数估计可以发现，无论是参数显著性还是估计值，西部地区均明显大于东、中部地区，且基本呈现由东向西依次递增的趋势。这一结论意味着，西部地区地方政府对内外市场均实施了较高强度的干预行为，且干预程度由沿海向内陆、由经济发达地区向欠发达地区不断加强。黄玖立和李坤望（2006）在研究产业空间布局时发现，与沿海地区相比，内地省区存在更为明显的地方保护主义。吴意云和朱希伟（2015）通过研究产业政策与经济地理的关系指出，地方政府参照中央政府产业政策制定本地政策的行为是导致各地产业政策高度相似、产业结构高度雷同的深层原因，而与发达地区相比，欠发达地区产业结构受政府干预而偏离市场的程度更深。进一步从西部地区未通过显著性检验的内外市场潜力交叉项系数来看，国际、国内市场间并不存在明显的替代或互补作用，这意味着西部政府对国内、国际市场的过度干预降低了国内城市以及国内城市与国际城市间需求关联效应，从而导致国内市场与国际市场相脱节，降低了内外市场的规模经济效应和技术外溢效应，因而未能对人口城镇化水平产生明显影响。

综合分析城镇化进程中国际、国内市场潜力在全国层面及分地区层面的相互作用特征可以发现，内外市场潜力在东部地区表现为互补性、中部为替代性、西部不显著，而在全国层面表现为替代性。这说明中部地区国际、国内市场潜力的替代效应整体上大于东部地区的互补效应，且依然存在以国际市场替代国内市场的趋势。

为进一步分析国际和国内市场潜力与政府干预对我国城镇化的影响及其在各地区的影响差异，本章将全国和东、中、西部地区方程分别对国内市场潜力、国际市场潜力求偏导数，从而得到政府干预和市场潜力对全国及各地区城镇化的综合影响（表6-4）。各变量对城镇化的综合影响效果分别采用

表6-4　全国及各地区国内、外市场潜力对城镇化的综合影响效果

变量	地区	市场潜力对城镇化的边际影响	影响效果
$\ln DMP$	全国	$0.0376-0.0067\ln IGOV-0.0010\ln FMP$	0.0079
		$0.0428-0.0051\ln EGOV-0.0019\ln FMP$	0.0022
	东部	$0.0177+0.0056\ln FMP$	0.1257
		$0.0195+0.0041\ln FMP$	0.0986
	中部	$0.0686-0.0056\ln IGOV-0.0024\ln FMP$	0.0173
		$0.0575-0.0049\ln EGOV-0.0013\ln FMP$	0.0284
	西部	$0.0513-0.0326\ln IGOV$	0.0021
		$0.0505-0.0338\ln EGOV$	0.0066
$\ln FMP$	全国	$0.0381-0.0026\ln IGOV-0.0010\ln DMP$	0.0180
		$0.0472-0.0032\ln EGOV-0.0019\ln DMP$	0.0133
	东部	$0.0265+0.0056\ln DMP$	0.1175
		$0.0183+0.0041\ln DMP$	0.0849
	中部	$0.0716-0.0028\ln IGOV-0.0024\ln DMP$	0.0293
		$0.0537-0.0015\ln EGOV-0.0013\ln DMP$	0.0314
	西部	$0.0861-0.0307\ln IGOV$	0.0398
		$0.0888-0.0326\ln EGOV$	0.0465

注：$\ln DMP$、$\ln FMP$ 及 $\ln IGOV$、$\ln EGOV$ 的全国样本均值分别为：15.5444、17.8761、1.7670、1.3629；东部样本均值分别为：16.2430、19.2808、1.9985、1.6238；中部样本均值分别为：15.5849、17.2819、1.7456、1.3527；西部样本均值分别为：14.6348、16.8705、1.5081、1.2983。

资料来源：作者根据表6-3估计结果测算而得。

全国整体和各地区 ln*DMP*、ln*FMP*、ln*IGOV*、ln*EGOV* 的均值进行测算。

考虑到政府干预与内外市场潜力交叉影响后，全国层面国际、国内市场潜力对城镇化综合影响的测算结果与表6-2基本一致，国际、国内市场潜力均有助于城镇化推进。从分地区层面来看，国内市场潜力对人口城镇化的作用效果基本呈现由东向西依次递减趋势。产生这一结果的原因可能在于：一方面，我国东部地区市场一体化水平较高，且城市密集、城市间交通便利，对城镇化具有明显的空间规模经济效应，而越往内陆地区，由于城市分布趋于分散，运输成本和交易成本较高，城市间市场的联动效应不及东部地区；另一方面，表6-3中本章估计结果显示，政府干预程度由东向西依次递增，因而中西部地区过高的地方干预给城镇化带来的负向效应部分抵消了国内市场潜力扩大给人口城镇化带来的积极影响。国际市场潜力对人口城镇化的综合影响弹性在东部地区最大，西部次之，中部最小。这意味着东部城市在利用外部市场发展本地产业，进而推进人口城镇化过程中依然具有明显优势。而西部地区尽管对国际市场存在明显政府干预行为，但在西部大开发和“丝绸之路”经济带发展战略带动下，西部地区城市可通过陆路与邻国展开贸易、扩大外部需求。西部地区对外开放正在向更深层次推进，产业发展和人口城镇化从外部市场获得的好处正不断增加，因而其外部市场优势仅次于东部地区。与东、西部地区相比，中部城市由于深居内陆，既未靠近海陆外贸港口也没有便捷的陆路贸易口岸，因而其城镇化可能主要受益于国内市场，而受国际市场影响最小。

总之，在我国城镇化进程中，东部地区市场化改革成效明显，国内与国际市场潜力对人口城镇化的推进作用最为突出；中部地区国内市场影响较为突出，但国际市场影响最小，同时受政府干预影响却存在以国际市场替代国内市场的倾向，这势必不利于该地区产业发展和人口城镇化的有效推进，需采取有效措施扩大国际市场潜力的人口城镇化效应，并尽可能降低政府干预，促使国际市场和国内市场向协调联动方向发展；西部地区城镇化受国际市场影响较为突出，但受国内市场影响最小，受政府干预的程度也最高，这提示我们尽管该地区经济发展和城镇化在很大程度上受益于“西部大开发”和“丝绸之路经济带”战略，但同时也存在着最为严重的政府干预行为，过高的政府干预可能部分地抵消该地区的“政策红利”，从而降低政策实施可能带来的应有效果。

六、小　结

在中国城镇化推进过程中，政府行政力量发挥着重要作用，尤其是在制定城市产业发展政策、产业结构调整及引进外资等方面。本章在新经济地理理论框架下建立理论和计量模型，采用系统 GMM 方法探讨了 2003～2014 年我国 283 个地级及以上城市国际、国内市场潜力及政府干预对我国人口城镇化的影响。结果显示，国际、国内市场潜力均对人口城镇化具有明显的促进作用，而政府过度干预不仅直接阻碍人口城镇化，而且削弱了内外市场潜力对人口城镇化的促进作用；国内市场潜力对城镇化作用由东向西依次递减，而国际市场潜力对城镇化的影响效果在东部地区最大，西部次之，中部最小。政府干预均削弱了全国层面以及中西部地区国际和国内市场潜力的人口城镇化效应，且对国内市场的抑制作用明显大于国际市场；而在东部地区，政府干预并未对国际和国内市场潜力产生明显影响。政府干预对城镇化进程中内外市场潜力的抑制作用由东向西依次递增。国际和国内市场对城镇化的影响在整体上存在替代性，但分地区的估计结果却表现各异。其中，国内市场和国际市场在东部地区表现为互补性，在中部地区为替代性，而在西部地区却不存在明显相互影响。由于城镇化进程中政府干预对全国层面和中部地区国内市场的抑制作用明显大于国际市场，因而中部地区内外市场的替代效应可能大于东部地区的互补效应，表现为我国整体上存在着以国际市场替代国内市场的倾向。

第七章　交通拥挤、空间外溢与人口城镇化

集聚效应在吸引人口不断向城市流动的同时，也会产生房价攀升、竞争加剧、交通拥堵等拥挤效应。拥挤效应会增加人们的生活成本、降低生产生活效率，进而降低人们向城市流动的效用水平，最终对人们的进城意愿产生影响。本章将在以上章节探讨集聚效应对人口城镇化影响的同时，进一步从集聚的反面——拥挤效应方面探讨人口城镇化的影响机制，以期得到拥挤效应的作用边界和空间作用尺度，为更好发挥集聚效应促进人口城镇化有效推进提供理论依据和经验支撑。

一、引　　言

进入21世纪以来，中国以人口计算的城镇化率已经由2000年的36.22%增至2015年的56.10%，以年均1.33%的幅度高速增长。城镇化的快速推进，吸纳了大量农村剩余劳动力转移就业，提升了城乡居民生活水平，但与此同时，人口的大规模集聚也给中国城市现有道路交通的承载能力带来严峻考验。2003～2014年，中国城市市辖区道路面积由246393万平方米增加到539669万平方米，年均增长9.92%，而同期城市民用汽车拥有量年均增长率则高达20.87%①。城市民用汽车量的高速增长，城市道路负荷过重，势必造成交通拥堵的日益加剧，并反过来制约城镇化水平的进一步提升。《2015年度中国主要城市交通分析报告》指出，在高德交通大数据监测的45个城市中，2015年有44个不同规模的城市和地区拥堵状况都在进一步恶化，且各

① 2004～2015年《中国城市统计年鉴》、2004～2014年《中国区域经济统计年鉴》以及2015年各省统计年鉴。

城市每月拥堵程度均有加重现象。不仅如此，拥堵城市在空间中还具有明显的集聚特征，呈现连续成片的分布状态。拥堵较为严重的城市多分布于城镇化水平相对较高、区际联系较为密切的城市群地带，且越是接近拥堵地区，城市拥堵效应就越明显。拥堵效应在城市间具有较强的空间关联性，交通拥堵正以大城市为中心不断向邻近城市扩散。因而，拥堵已不再是大城市的特有“景观”，而是已经出现在各种规模的城市和地区，并有不断向中小城市蔓延的趋势。拥堵的空间扩散和空间关联将使产生于某一城市的交通拥堵效应在空间上进一步放大，阻碍城市群乃至整个区域的城市经济一体化和城镇化水平有效提升。那么，中国城镇化进程中交通拥堵的空间关联或空间溢出效应究竟具有怎样的作用效果？是否存在一定空间作用边界？该空间边界下不同地区和不同等级城市的拥堵效应有何差异？这些问题的解决对于全面、系统评估中国城市交通拥堵成本，进而精准、精确制定更合理的城市及城市群交通规划，促进新型城镇化有效推进都具有重要的理论和现实意义。

中国新型城镇化以人的城镇化为核心内容。人口城镇化不仅指农村人口向城市的有效转移，而且表现为不同城市间人口的自由流动。对于城市自身而言，交通状况恶化不但降低居民出行、工作效率，而且带来空气污染和噪音等环境问题，降低城市生活质量，不利于吸引农村人口向城市有效集聚和转移。而对于城市所在的城市系统而言，严重的交通拥堵还将导致在区际联系中，城市内部消耗时间所占比重不断增大，从而阻碍城市间人口的有效流动和区域城镇化水平的整体提升。2015 年中央城市工作会议和“十三五”规划纲要中均强调，坚决治理拥堵、污染等城市病，让出行更方便、环境更宜居。然而目前关于交通拥堵的大量研究，多着眼于城市自身探讨拥堵效应产生的原因、拥堵成本测算以及拥堵的收费与计价等内容（Lemp and Kockelman，2008；杨励雅、朱晓宁，2012；Bigazzi and Figliozzi，2013；柯善咨、郑腾飞，2015），忽视了本市交通拥堵可能对其他城市乃至整个区域经济系统产生的外部性影响，从而大大低估了交通拥堵造成的外部性损失。可是迄今从空间关联视角系统探讨交通拥堵对人口城镇化影响的研究尚不多见，基于地区和城市异质性系统探讨不同地区各等级城市交通拥挤的空间外溢效应及其空间尺度的研究更在少数。本章将基于空间关联视角，利用中国 2003 ~ 2102 年和 2003 ~ 2014 年两个时间段的城市面板数据，通过构建空间杜宾模型和空间滞后解释变量模型（Spatial Lag of X model，SLX），研究城市道路交通密度对人口城镇化的影响及其空间效应，重点识别中国城镇化进程中的交通拥挤外部性及其空间尺度，以期为科学制定城市治堵缓堵政策、促进城市间互联互通，进而为有效推进新型城镇化提供依据。

二、文献综述

城市拥堵效应伴随经济集聚而产生，并反过来作用于经济活动空间分布。布拉克曼等（Brakman et al.，1996）将集聚效应和拥挤效应整合于新经济地理模型中分析了拥挤效应对产业布局的影响，结果显示在某一区位的完全专业化是不可能实现的，拥挤效应促使产业分散布局，是产业由经济高度集聚区向其他地区转移的推动力。霍普曼（1998）将城市土地作为不可移动要素修正了传统新经济地理模型，指出随着城市人口增加，表征拥堵效应的地租也越来越高，这势必会减少大城市吸引力，导致扩散。藤田等（1999）以及藤田和蒂斯（Fujita and Thisse，2002）进一步指出经济活动集聚到一定程度便会产生集聚不经济，当集聚效益无法弥补运输成本、劳动力和地价等成本时，城市就业、人口，甚至经济增长便会下降，进而产业和各类要素将在“离心力”作用下向其外围区域扩散。福斯利德和奥塔维亚诺（Forslid and Ottaviano，2003）将促使经济活动趋于分散的离心力定义为市场拥挤效应，即企业间激烈竞争导致劳动成本和地价升高、进而利润降低等，并分析了城市经济活动在市场规模效应（market size effect）和市场拥挤效应共同作用下的空间分布规律。村田和蒂斯（Murata and Thisse，2005）尤其指出，现实世界中的离心力除市场拥挤效应外，劳动力在核心区的集聚也将产生拥堵效应，从而降低经济活动空间集聚效益。由此可见，以土地（住房）价格和通勤成本为主要形式的拥堵成本将使城市产业和人口集聚效率随运输成本呈现先增加后降低的倒“U”型发展趋势，而非单纯的单调递减关系。进一步地，阿克图罗（Accetturo，2010）构建了一个包含拥堵成本和集聚效应的内生增长模型，分析了拥堵成本的福利效应。他指出，拥堵成本使产业集聚呈现倒“U”型变化趋势，且该情况下拥堵成本尤其不利于城市边缘地区非技能劳动者福利的增加，阻碍边缘地区人口向城市区域的有效转移。王（Wang，2014）通过改进赫尔普曼（1998）和福斯利德和奥塔维亚诺（2003）的模型，将影响经济活动空间分布的因素更加细分为包含市场规模效应（market size effect）、生活成本效应（cost of living effect）的集聚力和包含市场拥挤效应（market crowding effect）、城市拥堵效应（urban congestion effect）的离散力，并分别研究了城市居民效用与各因素的关系。其研究结果进一步印证了城市拥堵效应使城市居民效用水平（进而人口集聚）呈现先增后减的倒“U”型发展趋势的结论。尽管多数文献并未直接针对城市的交通拥堵效应展开探讨，城市人口或产业集聚与交通密度间的逻辑关系也可从已有相关研究中得到进一步说明。即，城市交通密度伴随经济活动集聚而增加，在达到路网设计上限以前，交通密度的增加有利于提高经济个体间的交往频率，提高要素生产率和溢出效应；但一旦人口和车辆超出城市道路设计上限，增加的车辆和人口非但自身难以达到正常速度，而且会提高其他出行者通勤成本。通勤成本的提高将不但降低城市劳动供给和净收入水平，而且抑制知识的空间溢出效应和劳动生产率提升，促使劳动力远离大城市地区（Fujita and Thisse，2002；Ottaviano et al.，2002；Picard and Zeng，2005）。因而促使经济活动空间集聚的“向心力”将因城市规模过大而受到限制，集聚经济外部性也将在城镇化过程中受交通拥堵效应的制约而变得不那么有效。

尽管在理论上对城市拥堵效应的研究已取得明显进展，但关于拥堵效应尤其是交通拥堵效应的实证研究却依然不足。迄今仅有个别文献针对交通拥堵对城市经济增长和经济效率的影响进行了实证检验。博阿内特（Boarnet，1997）的一项研究探讨了1977～1988年美国加利福尼亚州各县交通拥堵对经济产出的影响。他发现交通拥堵对产出具有显著为负的非线性影响，且这一影响效果在越拥挤的县越明显。费纳尔德（Fernald，1999）则研究了1953～1989年道路基础设施和交通拥堵对美国各行业产出的影响，他也得到了交通拥堵对行业产出具有负向影响的证据，但这一影响仅从1973年才开始变得显著。格雷厄姆（Graham，2007）则进一步强调，导致城市低效率或通勤成本提高的诸多因素中①，最突出的在于城市交通系统的堵塞；道路交通堵塞在解释高度城镇化地区收益递减方面发挥着重要作用。除研究交通拥堵对产出的影响外，海默（Hymel，2009）还研究了交通拥堵对美国大都市区就业增长的影响，其研究结果显示，较高的初始交通拥堵水平对以后的就业增长产生明显抑制作用，且该负向影响在高拥堵地区的作用效果更大，亦具有明显的非线性特征。国内文献对交通拥堵的研究多集中于对具体城市拥堵问题的

① 布雷克曼等（Brakman et al.，1996）认为，城市拥堵效应产生的原因主要有环境污染、空间和资源的稀缺性、道路拥堵、交通和通信设施的短缺等。

治理方面（郭锐欣、毛亮，2007；佟琼等，2014；朱永中、宗刚，2014），针对城市交通拥堵效应的识别及其影响的研究依然较为罕见。多数研究认为城市私人汽车拥有量高速增长是造成道路拥堵的主要原因（杨励雅、朱晓宁，2012；王丰龙、王冬银，2014；潘彦江等，2014），因而主张通过改善交通基础设施、完善运输网络，以降低拥堵成本、推进区域经济一体化（刘生龙、胡鞍钢，2011；张学良，2012；李煜伟、倪鹏飞，2013）。然而，也有学者指出改善交通条件的单一政策并不能从根本上解决交通拥堵问题（韩小亮、邓祖新，2006；范红忠，2008），还应对私人汽车或非公共交通征收交通拥堵费，适当限制出行者数量（徐曌、欧国立，2012；佟琼等，2014），使交通密度回归到城市可承载的合理区间内。因而研究城市交通拥堵及其影响应对城市交通基础设施发展状况及出行者数量变化等两方面因素进行综合考察。为此，柯善咨和郑腾飞（2015）进一步研究了城市民用汽车使用量密度对城市劳动生产率的影响，发现劳动生产率随城市车辆密度变化呈现倒“U”型发展趋势，并据此测算出我国百万人口以上和以下城市最佳车辆密度分别为1813辆/平方千米和2812辆/平方千米。

虽然国内外许多学者对城市经济增长、产业布局及劳动生产率变化过程中的拥堵效应进行了较为深入的探讨，然而在解释交通拥堵效应及其影响时，人们往往将每个城市从经济系统中分割开来，仅关注城市自身在交通拥堵约束下的最优化行为，忽视了交通拥堵对区际联系，进而整个区域经济系统的外部性影响。城镇化是劳动力等要素按市场原则由农村向城市以及在不同城市间自由流动和相互作用的动态过程。研究交通拥堵对城镇化的影响及其空间效应对于理解交通拥堵在区间联系及区域经济一体化进程中的作用至关重要。与现有文献相比，本章贡献在于：（1）基于空间关联视角构建了空间杜宾模型（SDM）和空间滞后解释变量模型（SLX）对城镇化进程中交通拥挤的空间外溢效应进行实证检验；（2）在使用空间杜宾模型进行空间效应分析的同时，还利用SLX模型对参数化空间权重矩阵的空间衰减参数进行估计，克服空间权重矩阵中衰减参数外生给定的缺陷；（3）区别于传统简单0～1邻阶矩阵，同时采用城市层面的地理距离权重矩阵、经济距离权重矩阵和综合反映地理邻近性和经济邻近性的引力模型空间权重矩阵对交通拥挤影响人口城镇化的空间交互效应进行探讨；（4）将潜力模型与SLX模型相结合，系统考察了不同地区各等级城市交通拥挤对人口城镇化的异质性空间影响，探讨城镇化进程中交通拥挤及其空间外溢效应的深层次作用机理。

三、理论分析与研究假说

集聚经济和新经济地理理论认为城市人口和经济活动空间分布受到向心力和离心力的共同作用（Fujita and Thisse，2002）。其中向心力促使人口和经济活动趋于集聚，比如市场规模效应（Krugman，1991；Forslid and Ottaviano，2003；Wang，2014）、生活成本效应（Forslid and Ottaviano，2003；Wang，2014）等，而离心力则促使产业分散布局，比如市场拥挤效应（Fujita and Thisse，2002；Wang，2014）、城市拥堵效应（Forslid and Ottaviano，2003；Wang，2014）等。城镇化进程中集聚效应和拥挤效应同时对人口和经济活动的空间分布产生影响，且随着经济活动空间密度不断提高，拥挤效应将限制城市集聚效应的充分发挥，进而导致人口城镇化与经济活动空间密度间的非线性变化关系。作为城市拥堵效应的一种重要表现形式，交通拥挤效应也必然伴随交通密度的不断提高而产生，并进一步对人口空间分布，进而城镇化产生影响。

首先，交通密度通过影响企业劳动生产率，进而作用于城市就业和人口城镇化。要素和人口集聚是城镇化的主要特征（王小鲁，2010），而企业则是生产要素集聚的渠道和载体。城市因拥有大规模专业化劳动力和中间品市场以及多样化的知识溢出机制而使人口和经济活动不断向城市集聚（吴建峰和符育明，2012；韩峰和柯善咨，2012）。起初，伴随人口在城市的不断集中，汽车拥有量的提升，进而交通密度提高将有助于降低通勤成本，提高交易效率和企业劳动生产率（Ottaviano，2002）。劳动生产率提高将使现有企业规模不断扩大或新企业建立，从而进一步扩大城市企业对劳动力的需求，增加城市就业机会，吸引大量人口向城市部门流动；更多农村剩余劳动力进入城市并逐渐成为城市居民，则有助于提升人口城镇化水平。但随着城市中人口集聚水平和交通密度的不断提高，拥挤效应越来越明显，城市生产率水平最终趋于下降，不利于城镇化的进一步推进（Henderson et al.，2013）。柯善咨和郑腾飞（2015）进一步认为，城市交通密度伴随经济活动集聚而增加，在达到路网承载上限之前，交通密度增加有利于提高经济个体间的交往频率；然而一旦人口和车辆超出城市道路设计上限，增加的车辆和人口将同时提高自身及其他出行者通勤成本。通勤成本的提高不但降低了城市劳动者净收入水平，而且抑制知识空间溢出效应和劳动生产率提高，促使劳动力远离城市地区（Picard and Zeng，2005）。因此，随着城市交通密度提高，人口向城市转移也可能存在临界点，超过这一临界点，城镇化将是无效率的（王曦和陈中飞，2015）。

其次，交通拥挤效应通过影响消费者收入和福利水平，进而作用于人口城镇化。新经济地理理论指出，城市产品多样化水平提高有助于增进劳动者福利，吸引更多人口向城市集聚。布雷克曼和范·马尔雷维克（Brakman and Van Marrewijk，1995）称这种由商品多样化产生的福利效应为“多样化偏好”效应。经典新经济地理理论认为，不存在拥堵效应情况下，区域劳动力数量与该区域的商品种类数存在一一对应关系①。然而布雷克曼等（1996）进一步指出，当在新经济地理模型中考虑拥堵效应时，这一对应关系将不再成立，因为城市中过高人口集聚水平产生的拥堵效应将导致商品种类增加幅度相对降低。具体而言，人口由于偏好多样化产品而向城市集聚，城市道路交通密度则因经济活动空间集聚而提高，在达到路网能够承载的最大能力以前，交通密度的提高有助于提升经济活动和居民交往频率，从而吸引厂商集聚，进一步提高城市商品的多样化水平。但随着人口不断向城市集中，交通密度达到某个门槛以后，每增加一辆车和一个出行者便会降低原有的车辆和出行人员的速度，导致城市劳动生产率和厂商集聚水平下降，降低城市商品多样化水平及其对劳动力的吸引作用。因而，城市交通密度与商品多样化水平之间的倒“U”型关系也将导致其与人口城镇化间同样存在类似非线性关系。

最后，交通密度通过影响环境质量作用于人口城镇化水平。城市交通密度过高除带来劳动生产率和劳动力福利损失外，汽车密集使用而增加的尾气排放，也会造成生态破坏和环境污染。波等（Poon et al. ，2006）指出，尽管中国私家车拥有率相比美国等西方国家依然偏低，但伴随人均收入不断提高，交通拥堵对中国城市环境的威胁将愈发严重。郑思齐和霍燚（2010）以及王锋等（2010）均指出交通拥堵是碳排放水平不断提高的重要原因。马丽梅等（2016）的研究也进一步指出，交通拥堵已成为困扰我国经济发达地区改善城市环境质量的重要障碍，汽车在拥堵状态下排放的 PM2.5 是顺畅通行时的 5 倍。近年来，我国多地出现雾霾天气，PM2.5 大大超标，影响了居民的公共健康和日常生活。苗艳青和陈文晶（2010）的研究发现，空气污染对

① 在满足经典新经济地理假设条件下，通过求解厂商最大化条件可得到城市 j 劳动力总量为 $L_j = N_j f\sigma$，因而城市劳动力数量与商品种类数间存在一一对应关系。

城市居民的健康需求具有显著的不利影响，且 PM10 对居民健康需求的不利影响更大。《中国环境发展报告（2013）》指出，中国经济的快速发展使生态环境受到严重破坏，环境污染已经成为居民公共健康和生活生存的严重威胁（刘鉴强，2013）。祁毓和卢洪友（2015）进一步指出，环境污染不仅带来健康威胁，而且由环境污染所引致的健康效率损失还会进一步影响地区和城乡居民收入差异，可能已成为中国“中等收入陷阱”风险的重要来源。可见，交通拥挤引发的生态破坏和环境污染将进一步影响城市居民生活质量和健康状况，阻碍人口向城市非农部门以及由小城市向大城市转移。

基于以上理论分析，提出假说 1：由于拥堵效应，人口城镇化随城市道路交通密度提高而呈现倒“U”型发展趋势。

正如经济增长和集聚效益在城市间存在溢出效应一样，交通拥堵产生的负外部性也将在关联城市间不断扩散，影响城市群乃至整个区域系统的城镇化效率。城镇化是劳动力等要素按市场原则由农村向城市以及在不同城市间自由流动和相互作用的动态过程，与劳动力、资本、技术、信息等生产要素在城市间的高效流动密不可分。新经济地理的中心—外围理论（Krugman，1991）认为城市发展受到向心力和离心力共同作用。在城市发展初期向心力大于离心力，会吸引周边的优质资源（比如人口、资本等）向本市集聚，给周边城市带来负的外部性；随着城市的发展，交通拥堵等成本的上升使得离心力大于向心力，则会使得要素和资源分散布局，因此会给周边邻近城市带来正的外部性。可见，根据中心—外围理论，本城市将对周边城市产生“U”型影响。然而新经济地理理论实际上将空间单元（比如城市）程式化为点（Capello，2007），即假设城市内部是同质的，主要运用集聚经济和拥挤效应来分析城市间的人口或要素流动问题，而并未涉及空间单元内部的经济活动空间结构，也无法反映交通拥挤给城市内部人口和要素流动带来的影响。而区间经济联系程度除与区际要素流动有关外，还包含要素在城市内部的流动速度和运行效率。城市道路交通密度提升带来的正（或负）外部性将通过影响人口和要素在本市的运行效率，进而作用于人口的城乡、城际流动及要素的空间配置，最终对其他地区的人口城镇化产生影响。适当的城市交通密度提高将有助于加强本市与邻市间的经济联系、促进周边地区城镇化，但当城市道路交通密度超过某一临界值而出现拥堵效应时，严重的交通拥挤将导致在区际联系中，城市内部消耗时间所占比重不断增大，进而制约区际有效联系（潘彦江等，2014）。过高交通密度导致的城市交通拥堵可通过两种路径对其他地区城镇化产生影响：首先，城市交通拥堵将通过提高区间联系中本市的运输成本和时间成本，加深区域间的市场分割，降低劳动力、资本、技术等要素流动速度和城市间联系的频度，阻碍区域市场一体化的顺利推进和规模经济效应在更大空间范围上的充分发挥，进而抑制本市以外其他地区的城镇化进程；其次，交通拥堵通过限制人口出行频率、降低生产要素流动速度，使不同区域的经济活动无法连为一体，强化了知识外溢在空间范围上的限制，使城市和城市群边界更为明晰，进而降低经济活动和人口在不同城市间集聚的可能性，阻碍城镇化进程在空间上的协同推进。

据此，提出假说2：交通拥挤对城镇化的负外部性影响存在空间外溢效应，周边地区交通密度与本地城镇化间亦存在倒“U”型关系。

城镇化进程中交通拥挤的空间外溢效应有效边界与城市规模密不可分。大城市通勤距离较长的客观规律使得大城市道路同时为邻近城市车辆服务，而与小城市相比，大城市拥有更多的公车和军车，这些特点都决定了大城市交通设施实际上为更大空间范围的区域服务，而非为城市内部生产和生活所独用。这就意味着，城市规模越大，其对腹地的交通辐射能力就越强、辐射范围也越大，改善交通的经济效益就越明显；反之，大城市拥堵效应对周边地区造成的外部性损失也必将越大，影响范围也更广。正如柯善咨和郑腾飞（2015）所言，由于规模越大的城市往往对“腹地”拥有较强的辐射能力和较广的辐射范围，因而大城市道路基础设施建设的经济效益和交通拥堵的经济损失都可能被大大低估。可见，交通拥挤效应在空间中的传导范围与城市规模密切相关，城市规模越大，交通拥挤的空间外溢效应越明显，且空间范围亦越大。

据此，提出假说3：交通拥挤对人口城镇化的空间外溢效应及其作用边界与城市规模正相关；城市规模越大，则交通拥挤的空间外溢效应越明显，其作用范围也越大，反之亦然。

四、计量模型设定、指标确定与数据说明

（一）计量模型设定

理论分析显示城镇化与本市及邻市道路交通密度间具有倒“U”型函数

关系。若以交通密度的二次项（D^2）来控制城市交通密度对城镇化的非线性影响，则城镇化的一般函数形式可表示为 $Urban = F(D, D^2, W*D, W*D^2)$，其中 W 为空间权重矩阵。新经济地理理论认为，市场的空间规模是企业能否获得递增收益以及消费者能否获得“多样化”福利效应的决定因素。本章在城镇化决定方程中进一步引入市场潜力指标以控制市场规模的这一作用效果。为区别城市化中内外市场的作用差异，本章进一步将市场潜力分解为国内市场潜力（DMP）和国际市场潜力（FMP）。较高的要素生产率是城市吸引企业集聚、进而创造更多劳动就业机会的重要保障，因而也是影响城镇化水平的重要因素，本章通过在城镇化决定方程中引入全要素生产率（A）来控制生产率对人口城镇化的影响。此外，工资水平差异也是城乡及城市间劳动力流动的重要动因，本章也在城镇化方程中控制工资因素（w）。根据相关区域经济文献的论述（Au and Henderson，2006；韩峰和柯善咨，2012；Henderson et al.，2013），具有一定共识且影响城镇化水平的重要变量还包括人力资本（EDU）、外商直接投资（FDI）、通信技术（TEL）、环境质量（ENV）等。对数形式的城镇化决定方程可表示为：

$$\begin{aligned} \ln Urban_{jt} = {} & \alpha + \beta_1 \ln A_{jt} + \beta_2 \ln w_{jt} + \beta_3 \ln D_{jt} + \beta_4 (\ln D_{jt})^2 + \theta_1 \sum_v W_{jv} * \ln D_{vt} \\ & + \theta_2 \sum_v W_{jv} * (\ln D_{vt})^2 + \beta_5 \ln DMP_{jt} + \beta_6 \ln FMP_{jt} + \beta_7 \ln FDI_{jt} \\ & + \beta_8 \ln EDU_{jt} + \beta_9 \ln TEL_{jt} + \beta_{10} \ln ENV_{jt} + \xi_{jt} \end{aligned} \tag{7.1}$$

其中，j 和 t 分别代表城市和年份；α 为常数，$\beta_1 \sim \beta_{10}$ 及 θ_1、θ_2 为变量弹性系数；ξ_{it} 为随机扰动项。人口城镇化不仅指农村人口向城市的有效转移，而且表现为不同城市间人口的自由流动。劳动力在城市间流动以及城际交通基础设施（高铁、轻轨等）和通信技术的发展，使得城市间经济联系更为密切、空间关联效应更为显著，城镇化在不同地区间可能存在较强的空间相关性。另外，城市集聚经济的空间扩散效应也会导致城镇化存在空间关联性。诸多研究已证实，城市集聚经济外部性不仅来自同一城市内部的企业集聚，还来自邻近地区的集聚（Ke，2010；Drucker and Feser，2012）。因而城镇化不仅有赖于城市本身的经济特征，还会通过人员流动、资本输出、知识扩散等经济活动与邻近城市形成溢出效应。此外，本章在计量模型设置中也遗漏了诸如制度环境、区位条件、自然资源等变量，这些不可观测遗漏变量也可能对城市化产生影响并导致空间依赖性。任何忽略空间相关性的计量检验都将无法得到一致性的参数估计。本章利用空间计量模型来表征城镇化及道路交通密度间的空间关联效应。空间计量模型可设定为以下形式：

$$\ln Urban_{j,t} = \alpha + \rho \sum_{v=1}^{J} W_{j,v} \ln Urban_{v,t} + \beta X_{j,t} + \sum_{\eta=1}^{K} (\vartheta_{\eta} \sum_{v=1}^{J} W_{j,v} x_{\mu,v,t}) + \mu_j + \lambda_t + \varepsilon_{j,t}$$

$$\varepsilon_{j,t} = \psi \sum_{v=1}^{J} W_{j,v} \varepsilon_{v,t} + \mu_j \tag{7.2}$$

其中，$\varepsilon_{j,t}$为残差；μ_j、λ_t分别表示空间个体效应、时间效应，J为城市数，η为解释变量个数。ρ和ψ分别为空间滞后系数和空间误差系数。$W_{j,v}$代表空间权重矩阵。其中，X为包含城市道路交通密度和其他控制变量在内的自变量向量。

一般而言，空间依赖源于三方面原因：一是被解释变量间的内生空间交互效应；二是解释变量间的外生空间交互效应；三是误差项间的空间交互效应。根据维加和埃尔霍斯特（Vega and Elhorst，2015）的研究，内生交互效应和外生交互效应是产生空间溢出效应的原因，而误差项的交互效应却无法反映空间外溢效应。因而在实际空间计量检验中，若$\rho \neq 0$、$\vartheta = 0$、$\psi = 0$，则式（7.2）为空间滞后（自回归）模型（SAR），度量了内生的空间交互效应；若$\rho = 0$、$\vartheta = 0$、$\psi \neq 0$，则式（7.2）为空间误差模型（SEM），度量了误差项的空间交互效应；若$\rho \neq 0$、$\vartheta \neq 0$、$\psi = 0$，则式（7.2）为空间杜宾模型（SDM），同时度量了内生和外生空间交互效应；若$\rho = 0$、$\vartheta \neq 0$、$\psi = 0$，则式（7.2）为空间滞后解释变量模型（SLX），反映了外生空间交互效应。由于SEM模型本身并未提供任何空间外溢效应的信息（Pace and LeSage，2009；Vega and Elhorst，2015），因而本章在研究道路交通密度与城镇化在城市间的空间溢出作用时，需用到SLX、SAR与SDM三类模型。

（二）指标确定与数据说明

除个别严重缺失数据的城市外，本章样本为除拉萨、巢湖、陇南和中卫市外的2003～2012年全国283个地级及以上城市。数据主要来自2004～2013年《中国城市统计年鉴》《中国区域经济统计年鉴》，价格指数来自2001年以来各省统计年鉴。以下将详细说明本章的有关变量和测度。

（1）城市道路交通密度。城市交通密度（D）与路网和车辆情况有关。

格拉泽和卡恩（Glaeser and Kahn，2004）指出，城市汽车数量增加降低了运输成本，加快了城市经济增长向腹地扩散效率，然而，当汽车拥有量超过城市道路承载能力，过多的汽车将产生拥挤效应，因为汽车比步行者多使用50倍的空间。此外，汽车密集使用而增加的尾气排放，也会造成城市生态破坏和环境污染等负外部性。因此，单位道路面积上的车辆数可作为度量城市交通密度的代理变量。本章用地级及以上城市民用汽车拥有量与道路面积的比值（辆/万平方米）表示道路交通密度，用以测度城市交通状况。①

（2）本章使用国内市场潜力（*DMP*）和国际市场潜力（*FMP*）来表示集聚效应对人口城镇化的影响，其测度方法与第六章一致，本章不再赘述。

（3）城市环境质量（*ENV*）。环境质量主要与工业废水、废气及烟尘的排放量、城市绿化水平有关。本章以市辖区工业废水排放量（万吨）、二氧化硫排放量（吨）、工业烟尘排放量（吨）和建成区绿化覆盖率（%）来表示城市环境质量。为消除多重共线性，本章采用主成分分析法对以上指标提取公因子，用以表示城市环境质量。首先对以上环境质量中的正向指标和逆向指标分别进行标准化处理，进而采用主成分分析法得到环境质量综合指数（*EVI*）②，该指数越大代表城市环境质量状况越好。

（4）其他变量。城镇化水平（*Urban*）用城市市辖区人口与总人口比例表示。市辖区人口、城市总人口（万人）和劳动工资（元）数据直接取自《中国城市统计年鉴》《中国区域经济统计年鉴》。人力资本（*EDU*）以中学和大学在校人数占总人口比重表示。城市中最终部门厂商数量以市辖区地级及以上城市工业企业数近似代替。全要素生产率（*A*）采用索洛余值法来计算。非农业 GDP（万元）数据直接取自《中国城市统计年鉴》。非农就业（万人）为各城市市辖区单位从业人员与个体从业人员之和。城市资本存量与 FDI 存量用永续盘存法来计算，具体计算方法参考韩峰、柯善咨（2013）的研究。通信条件以每万人固定电话和移动电话数（*TEL*，台/万人）表示。所有货币价值的数据以 2003 年不变价计算。表 7－1 报告了我国地级及以上城市道路交通密度、人口城镇化及其他变量的样本统计值。

---

① 数据来自 2004～2013 年《中国区域经济统计年鉴》。

② 由于篇幅所限，本书未将主成分分析的详细过程列出，欢迎来函索取全部详细统计结果。其中正向指标为建成区绿化覆盖率，逆向指标为市辖区工业废水排放量、二氧化硫排放量、工业烟尘排放量。

表 7-1　中国地级及以上城市城镇化水平及其他变量的样本统计值

变量	均值	标准差	最小值	最大值
Urban（城镇化水平,%）	0.6097	0.2461	0.1217	1
AD（人均商品种类，种/万人）	3.2301	4.0474	0.0002	34.6719
A（全要素生产率）	0.9157	0.2927	0.1436	2.3555
Wage（劳动工资，元/人）	19839	7666	1895	134432
DMP（国内市场潜力）	7801748	7884641	115384	56406034
FMP（国际市场潜力）	347900604	1062272862	8381024	9318977262
FDI（FDI 存量，万元）	1709971.2	5144076.8	0.00	64056487.1
EDU（每万人中学和大学生数，人/万人）	1041.0	390.9	119.5	5557.9
ENV（环境质量综合指数）	5.5497	0.7120	0.0478	8.6728
D（道路交通密度，辆/万平方米）	185.6	164.3	9.1	1539.2
TEL（万人电话数，台/万人）	3894.6	2391.2	199.9	29927.6

资料来源：作者根据统计年鉴数据测算整理而得。

五、空间计量检验与结果分析

（一）中国交通密度和城镇化的空间相关性分析

城镇化的推进必然伴随人口、要素及产业在空间上的相互作用。判断城镇化的空间相关性有助于研究城镇化进程中交通拥堵效应的空间传导机制。探讨地区间变量的空间相关性和反映地区间集聚格局特征，一般采用 Moran's I 指数，具体公式如式（7.3）。

$$Moran's\ I = \frac{n}{\sum_{i=1}^{n}\sum_{j=1}^{n} W_{ij}} \times \frac{\sum_{i=1}^{n}\sum_{j=1}^{n} W_{ij}(X_i - \bar{X})(X_j - \bar{X})}{\sum_{i=1}^{n}(X_i - \bar{X})^2} \tag{7.3}$$

式（7.3）中：x_i为区域 i 的观测值；W_{ij}为行标准化的空间权重矩阵。根据式（7.3），Moran's I 指数值取值范围位于［-1，1］，在给定显著性水平下，若 Moran's I 值为正，表明相似观测值的区域在空间集聚分布，反之，则表明相似观测值的区域呈离散分布；若 Moran's I 值接近为 0，则表明相似观测值的区域在空间上呈随机分布。

准确度量个体间的空间相关关系，构造适当的空间权重矩阵是展开空间计量研究的关键（周亚虹等，2013）。基于统计推断的可靠性和稳健性考虑，本章弥补以往文献中采用二元邻近矩阵的不足，借鉴经济地理学在考察区间互动关系时提出的多维邻近思想（Broekel and Boschma，2012；周亚虹等，2013）构造了三种空间权重矩阵。具体如下：

第一类是地理距离矩阵。经验分析表明，地理距离对区域经济空间分布有较为显著的影响，尤其是集聚效应呈现出随距离迅速衰减的特征（Rosenthal and Strange，2003）时，地理权重矩阵对刻画空间单元相互关系更为有效。地理距离权重矩阵 W_{dij} 设定方式为：根据地级市经纬度数据计算城市 i 和城市 j 之间的地理距离 d_{ij}，令 $W_{dij}=1/d_{ij}^{2}$，且 $i\neq j$，$i=j$ 时则为 0，2 为地理衰减参数。

第二类是经济距离矩阵。根据张学良（2012），反映经济距离的空间权重矩阵可用人均 GDP 空间权重矩阵 $W_{pergdpij}$ 表示：

$$W_{pergdpij} = 1/|X_i - X_j|,\ i \neq j \tag{7.4}$$

其中，X_i 为 2003～2012 年城市 i 的人均 GDP 均值。经济距离矩阵度量了城市间经济上的邻近性，经济发展水平越接近的城市可能具有相似的经济运行模式和城镇化推进策略，因而具有较强的空间关联性。

第三类是引力模型矩阵。距离矩阵和经济矩阵分别从地理空间和经济行为模式上反映了地区间的联系程度。然而，现实中纵然两城市紧密相邻，但由于其具有迥然不同的经济发展水平和运行模式，二者的空间联系可能并不密切；反之，即使两城市具有相似的经济运行模式和发展水平，但由于其在地理上相距遥远，也不可能存在非常密切的空间关联。因而，地区间的空间关联可能来自地理距离和经济行为的双重影响。因此，仅考虑地理或经济信息来构造权重矩阵并非最佳选择，综合考虑地理信息与经济特征来构建权重矩阵在逻辑上似乎更具吸引力。基于此，我们在引力模型基础上构建了地理与经济距离综合权重矩阵：

$$W_{gav} = \begin{cases} (\bar{Q}_i \times \bar{Q}_j)/d_{i,j}^2, & i\neq j \\ 0, & i=j \end{cases} \tag{7.5}$$

其中，$\overline{Q}_i$ 和 $\overline{Q}_j$ 分别表示两个城市实际人均 GDP。该权重矩阵认为区域间的联系不仅和两者的地理距离有关，而且还受区域经济活跃程度的影响，可以较好地拟合变量的空间影响随距离连续衰减的规律（侯新烁等，2014）。本章均对各矩阵进行标准化，使各行元素之和等于 1（如表 7－2 所示）。

表 7－2　　城镇化的面板全局 Moran's I 值

	地理距离矩阵	经济距离矩阵	引力模型矩阵
Moran's I 值	0.060 [0.0000]	0.167 [0.0000]	0.112 [0.0000]
解释变量数	11	11	11
样本量	2830	2830	2830

资料来源：作者使用 matlab 软件测算而得。

为考察空间相关性的稳健性，表 7－2 列出了城镇化指标基于三种空间权重矩阵的面板 Moran's I 指数值，结果显示，控制解释变量后，城镇化的面板全局 Moran's I 指数均表现出显著为正的空间关联性，说明高度城镇化的城市周边也必然集聚着大量拥有较高城镇化水平的城市，即某一城市的城镇化水平提高（降低），也会导致其邻近城市的城镇化水平提高（降低）。图 7－1 则反映了依据地理距离矩阵、经济距离矩阵和引力模型空间权重矩阵计算的交通密度和城镇化的截面 Moran's I 指数值（所有截面 Moran's I 指数值的 P 值均在 1% 显著性水平下显著）。该图显示，无论城镇化还是交通密度，Moran's I 指数值均大于零，且在三种权重下的波动路径基本吻合。需注意的是，引力模型矩阵的 Moran's I 指数值近乎处于地理距离与经济距离矩阵 Moran's I 指数之间，从而意味着引力模型矩阵 Moran's I 指数值可能反映了经济吸引与距离衰减两种力量共同作用下的空间相关性。由于引力模型权重矩阵不仅能较好地反映变量作用随空间距离连续衰减的规律，而且其对地区经济相互关联的统计描述具有一定优越性，因而基于引力模型思想构建的权重矩阵更切合空间经济研究主题（侯新烁等，2013）。

（二）空间计量估计方法识别

进行空间计量分析前，应首先选择适宜的空间计量模型。早期学者们通常采用空间滞后模型（SAR 模型）和空间误差模型（SEM 模型）。然而现实

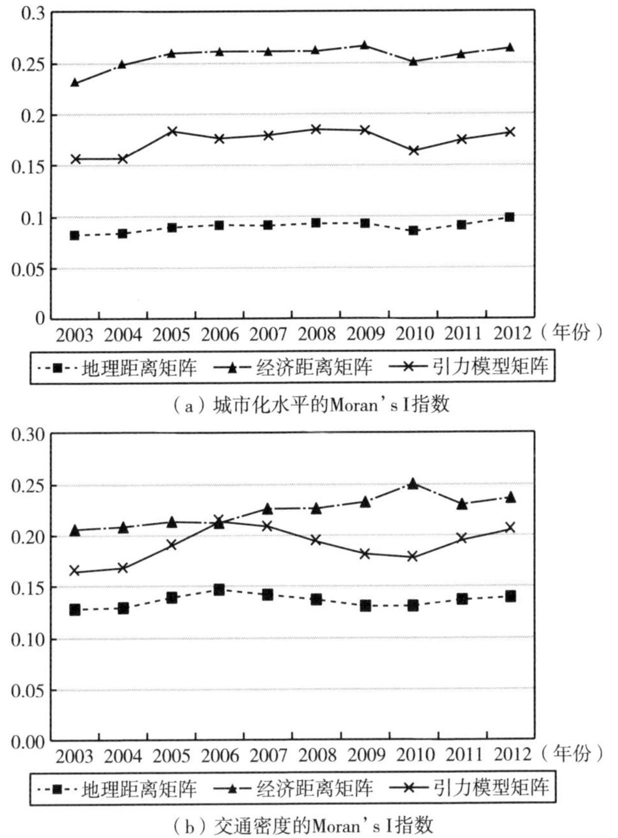

（a）城市化水平的Moran's I指数

（b）交通密度的Moran's I指数

图 7-1 2003~2012 年不同空间权重矩阵下交通密度与城镇化的 Moran's I 指数

经济世界中不同空间个体的经济行为往往存在时间依赖性和空间上的异质性，同时我们在设置计量模型时，也遗漏了诸如社会制度、自然条件及资源禀赋等变量，将不可避免地产生变量选择和模型设定中的不确定性，这些因素均可能导致空间计量模型中不仅存在被解释变量和误差的空间滞后项，而且包含解释变量的空间影响。遗漏自变量空间滞后项的空间模型将无法完全捕捉经济空间中的相互作用和关联效应。此时，空间计量模型的扩展形式——更为一般的空间杜宾模型（SDM 模型）的应用就显得尤为重要（Pace and LeSage，2009）。埃尔霍斯特（Elhorst，2010）和埃尔霍斯特等（2012）对空间面板计量方法进行了进一步的完善和发展，并采用数值模拟方法证明了莱萨奇和佩斯（Pace and LeSage，2009）构建的 SDM 模型相较于传统的 SAR 模型和 SEM 模型可得到无偏估计结果。侯新烁等（2013）结合国外新近空间计量模型的设定及方法进行系统梳理，提出通过开展检验来确定适当模型的思路。因此，本章参考莱萨奇和佩斯（Pace and LeSage，2009）、埃尔霍斯特（2010）、埃尔霍斯特等（2012）、侯新烁等（2013）的研究思路，依据“OLS-SAR 或 SEM-SDM”的路径依次检验适用的计量模型，倘若检验结果支持 SAR 或 SEM 模型的其中之一或二者同时成立，则应当进一步采用 SDM 模型。

在计量估计前，为捕捉不可观测的空间异质性和时间冲击，我们首先以最小二乘法（OLS）作为参照系，利用对应的拉格朗日乘数（LM）或稳健的拉格朗日乘数（R-LM）检验合适的空间计量模型，进而通过 Hausman 检验面板空间计量模型的固定效应和随机效应估计方法。如果存在固定效应，则进一步通过似然比（LR-test）检验是否存在空间固定效应（spatial fixed effects，SFE）和时间固定效应（time fixed effects，TFE）；若存在随机效应，则采用随机效应空间计量模型进行估计。最后，根据 Elhorst（2014）的方法，分别采用通过 Wald 和 LR 检验法检验假设：H_0^1：$\vartheta=0$ 和 H_0^2：$\vartheta=-\rho\beta$，用以判断空间 Durbin 模型（SDM）是否会弱化为空间滞后（SAR）或空间误差模型（SEM）。如果检验结果不能同时支持原假设，则意味着 SDM 模型无法简化为 SAR 或 SEM。即在 SAR 模型和 SEM 模型的检验中，只要检验结果支持其中之一或两者同时支持，则可进一步选择更具普遍形式的 SDM 进行估计。表 7-3 分别列出了地理距离矩阵、经济距离矩阵和引力模型矩阵空间计量模型的检验结果。

表 7-3　　三种空间矩阵下的空间计量模型检验

检验方法		地理距离矩阵		经济距离矩阵		引力模型矩阵	
		统计值	伴随概率	统计值	伴随概率	统计值	伴随概率
空间效应检验	LM-lag	329.8069	0.0000	338.5755	0.0000	177.2164	0.0000
	R-LM-lag	5.5576	0.0180	142.0084	0.0000	22.1954	0.0000
	LM-err	467.2372	0.0000	232.6983	0.0000	156.5815	0.0000
	R-LM-err	142.9880	0.0000	36.1312	0.0000	1.5605	0.2120
Hausman 检验	SAR	-202.3317	0.0000	-221.8094	0.0000	-117.2020	0.0000
	SEM	-188.8809	0.0000	-214.5105	0.0000	-284.8737	0.0000
	SDM	144.2939	0.0000	167.0450	0.0000	246.6104	0.0000
SAR 模型 LR 检验	SFE	6283.7040	0.0000	6286.1458	0.0000	6318.3363	0.0000
	TFE	94.4339	0.0000	73.0092	0.0000	60.8051	0.0030

续表

检验方法		地理距离矩阵		经济距离矩阵		引力模型矩阵	
		统计值	伴随概率	统计值	伴随概率	统计值	伴随概率
SEM 模型 LR 检验	SFE	6235.6490	0.0000	6436.8070	0.0000	6286.7529	0.0000
	TFE	44.2579	0.0000	123.9623	0.0000	157.6506	0.0000
SDM 模型的弱化检验（双固定效应）	Wald-lag	30.1631	0.0015	23.6616	0.0142	314.4650	0.0000
	LR-lag	39.4547	0.0000	27.0910	0.0045	284.1952	0.0000
	Wald-err	30.8575	0.0012	24.0065	0.0127	217.7988	0.0000
	LR-err	39.8907	0.0000	27.4220	0.0040	107.4831	0.0000

资料来源：作者利用 matlab 软件测算而得。

其一，来看空间效应的检验结果。地理距离矩阵、经济距离矩阵与引力模型矩阵中拉格朗日乘子滞后、误差及其稳健性检验均在 5% 水平下通过显著性检验，说明 SAR 模型与 SEM 模型均能够有效控制地理距离与经济距离矩阵下的空间相关性。不同的是，地理距离矩阵中 LM-lag 统计量明显小于 LM-err，且 R-LM-lag 统计量及其显著性明显小于 R-LM-err，因而空间误差模型（SEM）优于空间滞后模型；而经济距离矩阵与引力模型矩阵中 LM-lag 统计量明显大于 LM-err，且 R-LM-lag 统计量大于 R-LM-err，因而空间滞后模型（SAR）更为适合。其二，三种权重矩阵下 SAR、SEM 及 SDM 模型的 Hausman 检验结果均支持固定效应空间计量模型的估计。其三，SAR 与 SEM 模型的 LR 检验结果均显示，固定效应的空间计量模型中应同时控制空间和时间双重固定效应。其四，三种空间权重矩阵下 Wald-lag、LR-lag 以及 Wald-err 和 LR-err 统计量均在 5% 水平上通过显著性检验，表明双重固定效应的 SDM 模型不能简化为 SAR 或 SEM 模型，采用更具普遍意义的 SDM 进行估计更恰当。因而，本章采用空间和时间双重固定效应的空间杜宾模型来估计式(7.2)，以控制不同形式的空间交互效应及个体、时间固定效应。

（三）空间计量模型估计结果

为了便于比较和检验各变量参数估计的稳健性，本章采用 SDM 模型进行估计的同时，还分别列出了地理距离下双重固定效应 SAR 和 SEM 模型的估计结果。表 7－4 报告了城市道路交通密度对城镇化的面板空间计量估计结果。

表 7-4　　城市道路交通密度对城镇化的面板空间计量估计结果

变量	地理距离矩阵			经济距离矩阵			引力模型矩阵		
	模型 1	模型 2	模型 3	模型 4	模型 5	模型 6	模型 7	模型 8	模型 9
	SAR	SEM	SDM	SAR	SEM	SDM	SAR	SEM	SDM
ln*A*	-0.0368 (-1.40)	-0.0399 (-1.50)	-0.0484* (-1.89)	-0.0981*** (-3.71)	-0.0781*** (-2.90)	-0.1333*** (-4.93)	-0.0351 (-1.34)	-0.0499* (-1.93)	-0.0608** (-2.39)
ln*w*	-0.0414 (-1.20)	-0.0138 (-0.39)	0.0806** (2.27)	-0.1237*** (-3.54)	-0.0734** (-2.04)	-0.2187*** (-5.96)	-0.0405 (-1.17)	0.0451 (1.28)	0.0837** (2.41)
ln*AD*	0.0270*** (3.34)	0.0431*** (4.77)	0.0943*** (8.84)	0.0137* (1.68)	0.0183** (2.21)	0.0048 (0.59)	0.0248*** (3.06)	0.0742*** (7.15)	0.1216*** (10.45)
ln*D*	0.0910*** (3.20)	0.0969*** (3.38)	0.1078*** (3.88)	0.0926*** (3.24)	0.0879*** (3.03)	0.1015*** (3.60)	0.0866*** (3.04)	0.0829*** (2.99)	0.0920*** (3.37)
$(\ln D)^2$	-0.0806*** (-6.53)	-0.0768*** (-6.17)	-0.0678*** (-5.62)	-0.0979*** (-7.91)	-0.0961*** (-7.65)	-0.1012*** (-8.25)	-0.0799*** (-6.48)	-0.0623*** (5.20)	-0.0657*** (5.57)
ln*DMP*	-0.0136 (-1.49)	-0.0023 (-0.22)	-0.0214 (-1.31)	0.0062 (0.68)	0.0143 (1.55)	0.0049 (0.54)	-0.0133 (-1.46)	0.0087 (0.76)	0.0115 (0.70)
ln*FMP*	-0.0119* (-1.95)	-0.0033 (-0.49)	-0.0146 (-1.17)	0.0041 (0.67)	0.0060 (0.97)	0.0020 (0.32)	-0.0096 (-1.57)	0.0039 (0.52)	0.0070 (0.81)
ln*FDI*	0.0073*** (2.90)	0.0056** (2.25)	0.0053** (2.16)	0.0026 (1.05)	0.0021 (0.81)	0.0012** (2.47)	0.0072*** (2.86)	0.0015 (0.67)	0.0043* (1.80)
ln*EDU*	0.2213*** (2.79)	0.2115*** (9.06)	0.2184*** (9.39)	0.1782*** (7.85)	0.1806*** (7.84)	0.1718*** (7.67)	0.2070*** (9.15)	0.1958*** (8.47)	0.2072*** (9.11)
ln*TEL*	0.4642*** (3.10)	0.4745*** (3.67)	0.4140*** (6.41)	0.4417*** (8.35)	0.4738*** (10.65)	0.3768*** (8.50)	0.4708*** (9.24)	0.4819*** (5.81)	0.4130*** (9.30)
ln*ENV*	-0.0193 (-0.54)	-0.0056 (-0.16)	0.0136 (0.40)	0.0066 (0.18)	0.0109 (0.30)	0.0064 (0.86)	-0.0269 (-0.75)	-0.0093 (-0.27)	0.0258 (0.76)
ρ/ψ	0.8940*** (5.06)	0.9220*** (8.15)	0.7510*** (10.18)	0.3650*** (12.65)	0.3140*** (8.66)	0.1810*** (4.86)	0.5140*** (10.47)	0.6870*** (5.14)	0.5100*** (9.85)
W×ln*A*			0.9161*** (2.66)			0.3358*** (4.41)			0.1139* (1.78)
W×ln*w*			-1.6781*** (-4.90)			-0.0007 (-0.99)			-0.5037*** (-5.62)
W×ln*AD*			-0.4624*** (-7.74)			-0.0340 (-1.43)			-0.2106*** (-10.07)

续表

变量	地理距离矩阵			经济距离矩阵			引力模型矩阵		
	模型 1	模型 2	模型 3	模型 4	模型 5	模型 6	模型 7	模型 8	模型 9
	SAR	SEM	SDM	SAR	SEM	SDM	SAR	SEM	SDM
$W \times \ln D$			0.6773** (2.06)			0.0243 (0.30)			0.2837*** (3.57)
$W \times (\ln D)^2$			-0.5750*** (-3.96)			-0.0088 (0.25)			-0.1922*** (5.50)
$W \times \ln DMP$			0.1598* (1.76)			0.0704*** (2.97)			0.0812** (2.43)
$W \times \ln FMP$			0.1323** (2.00)			0.0041 (0.25)			0.0134 (0.75)
$W \times \ln FDI$			0.0673 (1.51)			0.0299*** (5.30)			0.0059 (1.08)
$W \times \ln EDU$			0.1999 (0.79)			0.0870** (2.40)			0.1463 (1.45)
$W \times \ln TEL$			-0.1637 (-0.76)			0.1547*** (2.75)			0.0247** (2.42)
$W \times \ln ENV$			1.2729** (2.39)			-0.2613 (-1.01)			0.3898*** (2.95)
log-*lik*	2295.1668	2294.9488	2314.8941	2295.5888	2295.4233	2309.1343	2295.7833	2295.2157	2324.4704
R^2	0.5141	0.4573	0.5591	0.5110	0.4597	0.5316	0.5141	0.4358	0.5734
样本	2830			2830			2830		

注：***、** 和 * 分别表示在 1%、5% 和 10% 水平上显著，log-*lik* 为 log-*likelihood* 下同。

资料来源：作者利用 matlab 软件估计而得。

表 7-4 显示，各类空间面板模型中 ρ 和 ψ 系数均高度显著，说明我国人口城镇化水平存在明显的空间依赖性，从而印证了本章面板 Moran's I 指数的测度结果。各控制变量中，全要素生产率（ln*A*）对城镇化的系数显著为负，而其空间交互项（W × ln*A*）的参数估计显著为正。这说明本地技术进步不利于城镇化推进，而邻近城市技术进步水平提升对本地城镇化推进具有显著促进作用。一般而言，技术进步可对城镇化产生两方面作用：一是通过提升城市劳动生产率，吸引人口集聚，推进城镇化；二是劳动生产率提升有助于节约劳动力，通过要素替代效应延缓城镇化进程。全要素生产率显著为负的参

数估计可能意味着，当前技术进步对劳动力的替代效应大于人口集聚效应。而相邻城市的技术进步对本地区可能存在示范效应、模仿效应与带动效应，从而对本地城镇化起到促进作用。地理距离矩阵与引力模型矩阵 SDM 模型中工资水平提升对城镇化的作用显著为正，而邻近城市工资水平对本地城镇化的作用却显著为负，说明工资水平提高有利于提升城市对人口的集聚效应，但这一效应在空间上可能存在负的溢出效应，即邻近城市的工资水平越高，对周边人口的吸引作用越强，越不利于本地城镇化水平的提高。而经济距离矩阵 SDM 模型中工资水平的参数估计却显著为负，空间交互项不显著，这说明经济发展水平越是相近的地区，其工资水平提高可能更多地体现为厂商生产成本的提升，促使厂商雇佣较少劳动力，不利于城镇化推进，城市之间的负向溢出作用亦不明显。多数方程中产品多样化水平提高对城镇化水平具有显著促进作用，而邻近城市产品多样化对本地城镇化的影响却显著为负，说明消费者对多样化产品的偏好使其不断向城市集聚并推进了城镇化，但产品多样化水平越高的城市可能吸引其他城市人口向该城市流动，从而降低其他城市城镇化水平。多数方程中 FDI 和人力资本对本地城镇化具有显著促进作用，而其空间交互项仅在经济矩阵估计中显著为正，表明经济上的邻近性是 FDI 和人力资本外溢效应产生的决定因素，而单纯地理空间的邻近性则无法在城镇化进程中充分提升 FDI 和人力资本的外溢效应。通信条件改善不仅有助于当地城镇化水平提高，而且在经济距离矩阵和引力模型矩阵估计中均具有明显的外溢效应。环境质量提升对本地城镇化作用不显著，但在地理距离矩阵与引力模型矩阵中其交互项显著为正，说明环境改善有助于提高邻近城市的城镇化水平。

表 7-4 显示，各方程中国内市场潜力对当地城镇化影响不显著，但对其他城市的影响却显著为正，说明城镇化推进并非依赖本地市场，而是更多的受全国市场邻近性的影响，面对的市场空间可达性越强、一体化水平越高，则城镇化从城市间市场互动中获得的动力越强。国际市场潜力对本地城镇化的作用并不显著，其空间交互项仅在地理权重矩阵估计中显著为正，说明国际市场可达性对城镇化的作用正在失去效力，纯粹的地理空间邻近性有助于国际市场影响的空间扩散，但经济发展越相似的地区，由于对国际市场的竞争性越强，受外部市场的空间外溢效应可能越不明显。地理距离矩阵、经济距离矩阵及引力模型矩阵方程中交通密度一次项（$\ln D$）系数显著为正，二次项系数显著为负，说明伴随城市道路交通密度提高，城镇化水平呈现先增

后减的倒“U”型变化趋势，从而印证了交通密度对城镇化具有倒“U”型影响的理论预期。这同时也暗示我国城镇化进程中，地级及以上城市的交通可能已出现较为明显的拥堵效应，且必存在某一最优的交通密度，使得在该交通密度水平上，城镇化水平达到最优值。地理距离矩阵、经济距离矩阵及引力模型矩阵的SDM估计中，城市交通密度一次项与二次项的空间交互项系数一正一负，且在地理距离矩阵与引力模型矩阵模型中通过了显著性检验，说明本地城镇化水平与邻近城市交通密度间亦存在倒“U”型非线性关系。以上估计结果意味着，伴随城镇化推进，人口和产业依据市场原则在有条件的城市集聚。在产业和人口集聚初期，城市规模的扩大和交通密度的提高，有助于降低交易成本，提高城市与乡村及城市与其他城市间经济运行效率，推进城镇化。但城市交通密度达到一定水平后，更高的交通密度会提高城市居民和厂商的出行时间和成本，增加区际联系中城市内部消耗时间所占比重，降低本市及本市与其他地区间的经济活动频率，进而对本地区及其他地区城镇化水平均产生阻碍作用。可见，在我国城镇化进程中，交通拥堵效应并非仅限于本地区，而是能够扩展至除本地以外的更远空间范围。尽管研究目的不同，一些学者（Dinkelman and Schulhofer-Wohl，2015）研究了基础设施投资对人口迁移与拥堵效应的影响，并指出人口稀疏地区新的基础设施投资有助于引导人口从拥堵地区向该地区迁移，降低拥堵地区居民的通行和生活成本，提升两地区居民福利水平；但伴随新基础设施投资地区人口密度进一步增加，拥堵效应将使两地区居民福利水平均趋于降低，从而邻近地区人口密度与本地居民福利水平间存在先增后减的倒“U”型关系。

为进一步研究交通拥堵的空间外溢效应及其作用效果，本章计算了空间计量模型的直接和间接效应。各类空间权重矩阵估计中面板SDM模型的log-*lik*值与R^2值均显著高于SAR模型和SEM模型，说明面板SDM模型与其他两类模型相比在拟合优度方面具有显著提升。表7－5报告了SDM模型下各类空间矩阵计量估计中的直接效应、间接效应及总效应。其中，直接效应反映了本地区交通密度等变量对城镇化的影响；间接效应表示邻近地区道路交通密度对本地区城镇化的空间影响，反映了空间溢出效应；而总效应则表示交通密度对城镇化的综合影响效果。

考虑到各控制变量对城镇化的综合影响，技术进步整体上有助于城镇化推进，工资水平提升则对城镇化的综合效应为负；国内市场潜力在整体上也显著推进了城镇化，而国际市场潜力的作用多数情况下却未通过显著性检验。

表 7-5 不同空间矩阵下交通密度影响城镇化的面板 SDM 模型空间溢出效应估计

变量	地理距离矩阵			经济距离矩阵			引力模型矩阵		
	直接效应	间接效应	总效应	直接效应	间接效应	总效应	直接效应	间接效应	总效应
ln*A*	-0.0332 (-1.27)	3.7222** (2.14)	3.6890** (2.11)	-0.1249*** (-4.65)	0.3726*** (4.01)	0.2478** (2.49)	-0.0558** (-2.19)	0.1696 (1.05)	0.1138* (1.68)
ln*w*	0.0510 (1.44)	-6.8981*** (-2.97)	-6.8471*** (-2.94)	-0.2172*** (-5.74)	-0.0506 (-0.43)	-0.2678** (-2.14)	0.0614* (1.72)	-0.9219*** (-5.30)	-0.8604** (-4.80)
ln*AD*	0.0880*** (8.44)	-1.6560*** (-3.59)	-1.5680*** (-3.40)	0.0056 (0.70)	-0.0405 (-1.43)	0.0461 (1.50)	0.1136*** (10.39)	-0.2974*** (-8.88)	-0.1838*** (-6.19)
ln*D*	0.0813*** (4.13)	2.1433* (1.91)	2.2246** (1.97)	0.1228*** (3.55)	0.0479 (-0.49)	-0.1507* (1.82)	0.0750*** (3.87)	0.4470*** (4.15)	0.5206*** (4.61)
$(\ln D)^2$	-0.0085*** (-6.32)	-0.2228*** (-2.96)	-0.2313*** (-3.04)	-0.0122*** (-8.14)	-0.0095 (-0.75)	0.0238 (1.02)	-0.0080*** (-6.39)	-0.0469*** (6.45)	-0.0550*** (-7.21)
ln*DMP*	-0.0187 (-1.21)	0.6119 (1.38)	0.5932 (1.36)	0.0035 (0.40)	0.0832*** (2.93)	0.0867*** (2.59)	-0.0068 (-0.46)	0.1505*** (2.76)	0.1437*** (3.02)
ln*FMP*	-0.0123 (-1.60)	0.5175* (1.73)	0.5051* (1.70)	0.0020 (0.32)	0.0050 (0.24)	0.0069 (0.31)	-0.0065 (-0.79)	0.0193 (0.62)	0.0128 (0.45)
ln*FDI*	0.0064** (2.44)	0.3005 (1.61)	0.3069 (1.64)	0.0018 (0.69)	0.0361*** (5.31)	0.0379*** (5.11)	0.0046* (1.78)	0.0158 (1.40)	0.0204* (1.68)
ln*EDU*	0.2235*** (9.34)	1.4958 (1.28)	1.7193 (1.04)	0.1748*** (8.03)	0.1416** (2.00)	0.3164*** (4.13)	0.2050*** (9.34)	-0.0808 (-0.69)	0.1242* (1.77)
ln*TEL*	0.4170*** (10.09)	0.6288 (0.65)	1.0458 (1.08)	0.3825*** (17.94)	0.2693*** (4.38)	0.6518*** (9.95)	0.4255*** (9.61)	0.4712*** (4.36)	0.8967*** (8.15)
ln*ENV*	0.0355 (0.98)	5.3111** (1.99)	5.3466** (1.99)	-0.0006 (-0.68)	-0.3178 (-1.09)	-0.3184 (-1.55)	0.0470 (1.32)	0.8000*** (2.99)	0.8470*** (3.03)

资料来源：作者利用 matlab 软件估计而得。

FDI 和人力资本对城镇化的综合影响在地理矩阵估计中未通过显著性检验，但在经济距离矩阵和引力模型矩阵估计中却对城镇化产生了显著的促进作用。多数情况下通信条件改善和环境质量提高也对城镇化推进产生了明显的积极影响。与其他控制变量相比，产品多样化对城镇化的综合影响与预期截然不同。产品多样化对城镇化的综合效应在地理矩阵和引力模型空间矩阵估计中均显著为负，意味着城市多样化水平提升对城市间人口流动产生的竞争效应整体上大于其对人口的集聚或吸引作用。

表7－5中关于交通密度的地理距离及引力模型矩阵SDM估计结果显示，交通密度（ln$D$）的一次项与二次项系数在直接、间接及总效应估计中一正一负且均通过显著性检验，说明单纯考虑地理距离以及同时考虑经济和地理距离共同影响情况下，本地城镇化均随本城市及邻近城市交通密度增加，呈现先增加后减少的倒“U”型变化趋势。各城市必然存在某一最优的交通密度，在这一车辆密度下，城镇化水平达到最大值。而经济距离矩阵的SDM估计中，尽管交通密度一次项与二次项系数均一正一负，但在间接效应估计中并未通过显著性检验，说明城市间单纯在经济方面的邻近性并非是导致交通拥堵效应空间溢出的充分条件。若m_1、m_2分别为交通密度与城镇化二次函数的一次项（ln$D$）和二次项（lnD^2）的系数，最优交通密度可用$X=-m_1/(2\times m_2)$估计。表7－6列出了各空间矩阵SDM估计中交通密度的临界值及影响效果。Z为城市交通密度均值与极值点差值，表示城市交通密度实际均值与最优值的差异，其中$Z>0$表示实际均值超过最优值，意味着多数城市在城镇化进程中存在交通拥堵效应，实际均值超过最优值越大则表示交通拥堵效应越明显；$Z<0$表示实际均值小于最优值，表示多数城市的交通密度仍未达到人口城镇化要求的最优值，进一步提高民用汽车拥有量则有助于提升城乡人口流动效率和城市人口集聚水平，推进人口城镇化。其中直接效应对应的交通密度均值为城市本身民用汽车拥有量与道路面积的比值，间接效应对应的交通密度均值为除本城市外的其他城市民用汽车拥有量与道路面积的比值，而总效应对应的交通密度均值为全部城市民用汽车拥有量与道路面积的比值。

表7－6　各空间矩阵SDM估计中交通密度的临界值及影响效果

变量	效应类型	交通密度极值点（lnD^*）	均值（A）	$Z=A-\ln D^*$	交通密度对城镇化的影响效果
地理距离矩阵	直接效应	$\frac{0.0813}{2\times 0.0085}=4.7830$	5.2234	0.4404	阻碍
	间接效应	$\frac{2.1433}{2\times 0.2228}=4.8099$	4.9957	0.1858	阻碍
	总效应	$\frac{2.2246}{2\times 0.2313}=4.8089$	5.1549	0.3460	阻碍

续表

变量	效应类型	交通密度极值点（$\ln D^*$）	均值（A）	$Z=A-\ln D^*$	交通密度对城市化的影响效果
经济距离矩阵	直接效应	$\frac{0.1228}{2\times0.0122}=5.0328$	5.2234	0.1906	阻碍
	间接效应	-------	4.9957	--------	-------
	总效应	-------	5.1549	--------	-------
引力模型矩阵	直接效应	$\frac{0.0750}{2\times0.0080}=4.6875$	5.2234	0.5359	阻碍
	间接效应	$\frac{0.4470}{2\times0.0469}=4.7659$	4.9957	0.2298	阻碍
	总效应	$\frac{0.5206}{2\times0.0550}=4.7330$	5.1549	0.4219	阻碍

资料来源：作者根据表7-5估计结果测算而得。

表7-6面板SDM估计中交通密度的测算结果显示，城市道路交通密度的总效应极值点均小于实际均值，说明我国多数地级及以上城市在空间上已存在明显的交通拥堵效应[①]。进一步的直接效应与间接效应估算结果显示，地理距离矩阵估计中交通密度直接效应和间接效应的均值与最优值之差（Z）分别为0.4404和0.1858，而引力模型矩阵估计中交通密度直接效应和间接效应的均值与最优值之差（Z）则分别为0.5359和0.2298。从该测算结果中，我们可得到两方面的重要结论：其一，直接效应估计的拥堵外部性大于间接效应，说明城市道路交通密度过高引起的本地拥堵效应明显高于邻近城市，即交通拥堵的空间外溢效应呈现出明显的距离衰减特征；其二，交通密度实际均值与间接效应最优值的差异在引力模型矩阵估计中的结果明显大于地理矩阵估计，从而意味着综合考虑经济和地理邻近性双重空间作用下的交通拥堵效应更为明显。因此，交通拥堵对人口城镇化的空间外溢效应更多地发生在地理上相互邻近并且经济上联系密切的城市之间，而城市间单纯的经济上或地理上的邻近性均不能构成交通拥堵效应在空间上有效、充分扩散的充分条件。

① 尽管在经济距离矩阵SDM估计中城镇化未随交通密度增加呈倒“U”型发展趋势，但交通密度一次项总效应估计显著为负，同样说明交通密度过大不利于城镇化水平的进一步提高。

六、城镇化进程中交通拥堵效应的空间边界

虽然多数学者考察了经济增长及产业集聚的空间溢出效应，但对于城镇化进程中交通拥堵效应的空间边界问题却较少涉及。由于交通密度对城镇化的空间外溢效应既取决于地理邻近性又决定于经济上的邻近性，因而本章以引力模型矩阵的 SDM 模型估计为重点，研究交通拥堵效应的空间边界问题。若两城市间距离为［$d_{\min}$，$d_{\max}$］，将式（7.6）的引力模型空间权重矩阵分别代入 SDM 模型进行连续回归，考察交通拥堵效应空间溢出随地理距离衰减的变化规律。

$$\left\{W_{gav} = \frac{\bar{Q}_i \times \bar{Q}_j}{d_{ij}^2} \mid d = d_{\min}, d_{\min} + \pi, d_{\min} + 2\pi, \cdots, d_{\max}\right\} \tag{7.6}$$

其中，π 为 $d_{\min}$ 到 $d_{\max}$ 的步进距离，本章每隔 50 公里对交通密度影响城镇化的模型进行一次回归，直到 1000 公里，即分别对 0 ~ 50 公里、50 ~ 100 公里、100 ~ 150 公里、150 ~ 200 公里、200 ~ 250 公里等的空间权重矩阵进行 SDM 估计，得到不同空间距离范围内城市交通密度对城镇化的外溢效应。表 7 - 7 报告了不同空间距离范围内交通密度及其二次项间接效应的估计结果①。

表 7 - 7　　不同空间距离范围内的 SDM 估计结果

空间距离	间接效应		空间距离	间接效应	
	lnD	(lnD)²		lnD	(lnD)²
0 ~ 50 公里	0.6274*** (3.11)	-0.0639*** (4.18)	500 ~ 550 公里	0.3707* (1.95)	-0.0351** (2.14)
50 ~ 100 公里	0.4788*** (3.85)	-0.0477*** (5.21)	550 ~ 600 公里	1.5818* (1.77)	-0.1446** (2.21)
100 ~ 150 公里	0.5553*** (2.95)	-0.0534*** (3.22)	600 ~ 650 公里	0.6881* (1.85)	-0.0643* (1.76)

① 由于各控制变量估计结果与表 7 - 5 基本一致，且间接效应反映了空间中其他地区交通密度对本地城镇化的外溢效应，因而表 7 - 7 中仅报告了不同距离范围内交通密度一次项和二次项的间接效应的估计结果。

续表

空间距离	间接效应		空间距离	间接效应	
	lnD	(lnD)²		lnD	(lnD)²
150～200 公里	0.7476*** (5.12)	-0.0723*** (6.06)	650～700 公里	0.3894* (1.68)	-0.0363* (1.82)
200～250 公里	0.6497*** (3.33)	-0.0627*** (5.01)	700～750 公里	0.0963** (2.28)	-0.0469 (1.39)
250～300 公里	0.5186** (2.37)	-0.0499*** (3.45)	750～800 公里	0.1062** (2.42)	-0.0627 (0.99)
300～350 公里	0.3926*** (3.15)	-0.0368*** (4.65)	800～850 公里	0.7138 (1.43)	-0.1360 (1.17)
350～400 公里	0.4733*** (4.15)	-0.0459*** (6.45)	850～900 公里	0.1122 (1.55)	0.0582 (1.15)
400～450 公里	1.4889** (2.02)	-0.1388* (1.95)	900～950 公里	-0.1086 (1.31)	0.0381 (0.81)
450～500 公里	1.1150** (1.99)	-0.1067** (2.05)	950～1000 公里	0.1362 (1.11)	-0.0419 (1.64)

资料来源：作者利用的 matlab 软件估计而得。

表 7－7 显示，0～700 公里范围内城市道路交通密度的一次项与二次项系数至少在 10% 水平上通过了显著性检验，说明 700 公里范围内的城市道路交通密度与本地区人口城镇化之间均呈现倒“U”型关系。利用交通密度一次项、二次项的两个参数估计值，我们计算了不同距离范围内使本地城镇化水平达到最优状态的城市道路交通密度。图 7－2 显示，各距离范围内的最优城市道路交通密度对数值区间范围为 4.9096～5.4695（即车辆密度为 136～238 辆/万平方米），且随距离增加最优交通密度有不断增大趋势。若各距离范围内的实际道路交通密度变化不大，那么这一结果就意味着城镇化进程中交通拥堵更易于在距离接近的城市间发生，而城市间距离越大，则其他城市交通拥堵对本地城镇化产生外溢效应的可能性就越小。这就进一步印证了拥堵效应在空间上具有明显衰减特征的结论。700～800 公里范围内交通密度的二次项系数尽管未通过显著性检验，但其一次项系数显著为正，说明该范围内城市交通密度的提高不仅未产生明显的拥堵效应，而且有利于城镇化的有效推进。而 800～1000 公里范围内交通密度一次项和二次项均未通过显著性

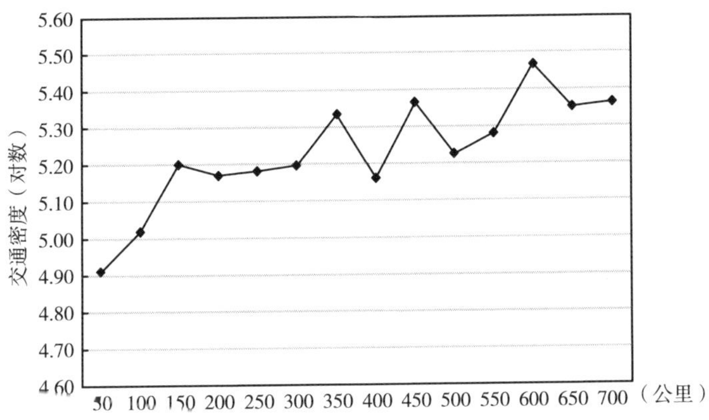

图7－2　最优交通密度（对数）随空间范围的变化

检验，说明该范围内交通密度未对本地城镇化产生明显外溢效应。

以上分析显示，交通密度与邻近地区城镇化的倒“U”型关系存在于700公里的空间尺度内，因而本章主要关注这一空间范围的交通拥堵效应的变化。为进一步探讨城镇化进程中交通拥堵效应的空间边界，我们在得到不同距离范围内的最优交通密度基础上，还分别计算了每个城市0～50公里、50～100公里、100～150公里直至650～700公里等距离范围内实际城市道路交通密度的均值，并通过比较不同距离范围内交通密度实际均值与最优值的差异（即前文的Z）来判断交通拥堵效应的空间边界。图7－3反映了不同距离范围内交通密度实际均值与最优值差异的空间变化。图7－3显示，伴随空间距离的不断增大，邻近地区交通密度提高对本地城镇化产生的拥堵效应呈不断

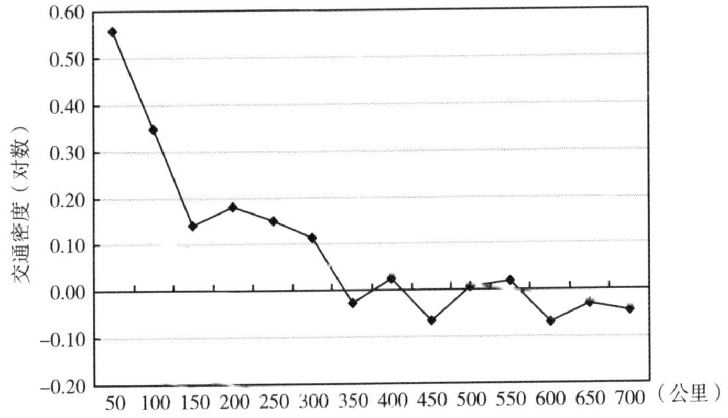

图7－3　交通密度实际均值与最优值差异的空间变化

降低趋势。在0～300公里范围内，交通拥堵效应显著为正；在300～550公里范围内，拥堵效应在0附近上下波动；而当距离超过550公里后，拥堵效应降为负值，并有不断下降趋势。由此可见，我国城镇化进程中交通拥堵效应的空间作用边界平均为300公里，而超过550公里后，交通密度的进一步提升非但未产生拥堵效应，反而对本地城镇化推进具有明显促进作用。

以上分析显示，我国城镇化进程中交通拥堵效应的空间边界平均为300公里，这意味着交通拥堵不仅对城市自身人口城镇化产生负面影响，而且阻碍300公里范围内其他城市的人口城镇化进程。因此，研究城市交通拥堵的负外部性、测度交通拥堵的成本及其效率损失，不能仅局限于城市本身，而是要在300公里的有效范围内对城市交通拥堵的空间外部性进行综合评估。然而目前多数研究却将城市从整个城市系统中孤立出来，仅针对城市自身的交通拥堵效应及其外部成本展开探讨（佟琼、王稼琼等，2014；柯善咨、郑腾飞，2015），这势必大大低估城市交通拥堵对区域经济系统带来的负面影响。本章第七部分将基于300公里的有效空间范围，粗略评估我国各级城市交通拥堵效应的相对大小及其分布特征，以期在一定程度上弥补现有研究的不足，也为后续关于交通拥堵空间效应的精确研究奠定基础。

另外，为化解目前各城市交通拥挤状况，我国各地纷纷在人口稠密的都市圈或城市群规划和建设城际高铁、城际轻轨等交通设施，意在缩短城市群内各级城市间的相对距离、降低城市互动的时间成本，加强城市间经济联系与合作，以城市群为主体形态有效推进新型城镇化。若干省区规划的城际高铁最高时速达250～350公里/小时，符合全国各地规划的一小时城市群或经济圈的发展要求。目前修建完工并顺利运行的京津、昌九、沪宁、长吉、沪杭、广珠等城际铁路亦已在加强城际互动与交流中发挥了重要作用。正如一些学者（Zheng and Kahn，2013）所言，高铁大大缩短了通勤时间，有利于劳动力市场整合和城市一体化，从而促进城市规模扩大，对于城镇化起到了非常重要的推动作用。然而，本章结果认为我国城市间交通拥堵效应的扩散范围在300公里以内，与城际高铁规划的最高时速基本吻合。这意味着尽管城际交通大大提高了城市间要素流动和经济运行效率，但由于城市内部交通拥堵效应的空间扩散作用，城际高铁带来的高效率及其对城镇化的促进作用将大打折扣。因而，降低交通拥堵、促进城市一体化，进而实现人口城镇化的协同推进，必须统筹城内与城际两个方面，将城际高速交通建设与城市自身交通治理相结合，统筹兼顾、合理规划。

七、有效距离范围内交通密度对城镇化的影响

以上分析显示300公里内城市交通密度的提高均会对城镇化产生明显的拥堵效应，因而本章重新以300公里范围为界，构建了各城市的引力模型空间权重矩阵，并将其引入式（7.2）进行时空双重固定效应的SDM估计，以检验有效距离范围内的拥堵效应及其对人口城镇化的影响。表7-8报告了300公里内引力模型空间权重矩阵估计的直接效应、间接效应和总效应测算结果。

表7-8　300公里内引力模型空间权重矩阵估计的直接效应、间接效应和总效应测算结果

变量	直接效应	间接效应	总效应
ln*A*	-0.1036*** (-3.82)	2.8794*** (4.65)	2.7758*** (4.76)
ln*w*	0.0065 (0.17)	-3.2872*** (-4.63)	-3.2807*** (-4.56)
ln*AD*	0.0189** (2.19)	0.0054 (1.07)	-0.0135* (-1.75)
ln*D*	0.3412*** (2.64)	9.1674*** (3.29)	9.5082*** (3.45)
$(\ln D)^2$	-0.0346** (-2.10)	-0.9057*** (-3.47)	-0.9404*** (-3.61)
ln*DMP*	0.0014 (0.52)	0.0097 (0.94)	0.0112* (1.93)
ln*FMP*	-0.0087 (-1.27)	-0.1492 (-1.60)	-0.1579 (-1.66)
ln*FDI*	0.0079*** (2.87)	0.0463 (1.50)	0.0542* (1.71)
ln*EDU*	0.1941*** (7.85)	-0.0166 (-0.79)	0.1775** (2.37)
ln*TEL*	0.5431*** (5.35)	1.0897** (2.32)	1.6327*** (3.44)
ln*ENV*	0.0667* (1.83)	2.9723*** (3.25)	3.0390*** (3.30)

资料来源：作者利用matlab软件估计而得。

由于表7－8中控制变量参数估计的显著性及符号与表7－5中引力模型矩阵的估计结果基本一致，因而本章重点探讨300公里范围内交通密度对城镇化的系数估计结果。鉴于交通拥堵效应的空间边界为300公里，本章在考察每个城市交通拥堵对城镇化的影响时不仅要考虑城市本身的拥堵效应（直接效应），而且要分析包含城市周边300公里范围内的城市交通拥堵状况（间接效应）。从总效应估计结果来看，交通密度对城镇化的一次项系数和二次项系数均在1%水平通过显著性检验。根据该系数估计值，我们可测算300公里范围内使本地城镇化达到最优值的最佳交通密度为157辆/万平方米。为检验各城市在城镇化进程中交通拥堵的程度，本章还测算了300公里范围内的交通密度（即300公里范围内的民用汽车拥有量与道路面积比值），结果显示该范围内交通密度均值为169辆/万平方米，最小值与最大值分别为51辆/万平方米和455辆/万平方米。这一测算结果说明多数城市的实际道路交通密度已落在了倒“U”型曲线拐点右侧，即对于特定地区的城镇化发展而言，300公里范围内的多数城市的实际交通密度已经超过最优值，存在明显的拥挤效应。表7－9报告了2003～2012年300公里范围内不同地区交通拥堵城市在各自规模等级城市中的数量及其比例分布。①

表7－9显示，伴随交通密度逐渐提高，历年交通拥堵城市的数量和比例也在不断增加。从全国及各地区拥堵城市分布来看，从2008年开始，交通拥堵城市占各规模等级城市的比重便在多数情况下均超过了50%，而到2012年，该比重达到了80%以上。这进一步印证了300公里范围内的多数城市在城镇化推进中存在交通拥堵效应的结论。从全国层面交通拥堵城市的分布来看，超大城市、特大城市和Ⅰ型大城市中拥堵城市比例的增加速度明显大于Ⅱ型大城市和中小城市，且各级城市的平均拥堵程度由大到小依次为超大城市、特大城市、Ⅰ型大城市、小城市、中等城市和Ⅱ型大城市。这意味着我国300万以上人口的大城市的拥堵效应尤为明显。而出人意料的是，50万以下人口的小城市及50万～100万人口的中等城市的拥堵效应也较为明显且具

---

① 括号外部为拥堵城市数量，括号内为拥堵城市所占比重。城市规模等级划分标准参照2014年11月21日国务院颁布的《关于调整城市规模划分标准的通知》的要求，按市辖区常住人口将我国城市划分为超大城市（人口1000万人以上）、特大城市（人口500万人至1000万人）、大城市（人口100万人至500万人）、中等城市（人口50万人至100万人）和小城市（人口50万人以下）五类，其中大城市又分为Ⅰ型大城市（人口300万人至500万人）和Ⅱ型大城市（人口100万人至300万人）。

表 7－9　　2003～2012 年 300 公里内交通拥堵城市在不同地区各自规模等级城市中的分布

地区	年份	平均实际交通密度（辆/万平方米）	超大城市	特大城市	Ⅰ型大城市	Ⅱ型大城市	中等城市	小城市
全国	2003	106	0（0.00%）	0（0.00%）	0（0.00%）	3（3.26%）	5（4.55%）	6（9.09%）
	2004	116	1（33.33%）	1（25.00%）	0（0.00%）	5（5.38%）	12（11.01%）	9（13.64%）
	2005	127	1（33.33%）	0（0.00%）	2（22.22%）	12（12.37%）	19（17.76%）	13（20.31%）
	2006	138	1（33.33%）	2（50.00%）	3（30.00%）	16（16.16%）	31（29.25%）	22（35.48%）
	2007	150	2（66.67%）	3（50.00%）	4（50.00%）	30（29.70%）	36（33.03%）	22（38.60%）
	2008	165	2（66.67%）	4（66.67%）	4（50.00%）	46（43.81%）	55（51.40%）	28（50.91%）
	2009	191	3（100%）	4（66.67%）	5（62.50%）	63（58.88%）	70（65.42%）	35（66.04%）
	2010	212	3（100%）	7（100%）	6（75.00%）	80（74.07%）	81（76.42%）	38（73.08%）
	2011	234	3（100%）	8（88.89%）	7（100%）	93（86.92%）	93（86.92%）	43（84.31%）
	2012	260	3（100%）	8（88.89%）	9（100%）	94（88.68%）	94（89.52%）	45（86.54%）
	平均	169	2（66.67%）	4（53.61%）	4（48.97%）	44（41.34%）	50（46.48%）	36（47.82%）
东部地区	2003	99	0（0.00%）	0（0.00%）	0（0.00%）	0（0.00%）	0（0.00%）	0（0.00%）
	2004	110	1（50.00%）	1（50.00%）	0（0.00%）	1（2.38%）	2（6.06%）	0（0.00%）
	2005	117	1（50.00%）	0（0.00%）	0（0.00%）	3（6.82%）	2（6.45%）	0（0.00%）
	2006	130	1（50.00%）	1（50.00%）	1（14.29%）	5（11.63%）	6（18.75%）	3（20.00%）
	2007	143	1（50.00%）	1（33.33%）	2（33.33%）	6（13.95%）	8（22.22%）	3（27.27%）
	2008	159	1（50.00%）	2（66.67%）	2（33.33%）	16（37.21%）	19（52.78%）	5（45.45%）
	2009	179	2（100%）	2（66.67%）	3（50.00%）	26（57.78%）	24（70.59%）	7（63.64%）
	2010	204	2（100%）	3（100%）	4（66.67%）	34（75.56%）	27（79.41%）	8（72.73%）

续表

地区	年份	平均实际交通密度（辆/万平方米）	超大城市	特大城市	Ⅰ型大城市	Ⅱ型大城市	中等城市	小城市
东部地区	2011	227	2（100%）	4（80.00%）	5（100%）	42（93.33%）	33（97.06%）	9（81.82%）
	2012	252	2（100%）	4（80.00%）	7（100%）	41（97.62%）	33（97.06%）	9（81.82%）
	平均	162	1（50.00%）	1（20.00%）	2（28.57%）	18（42.86%）	19（55.88%）	7（63.64%）
中部地区	2003	98	0（0.00%）	0（0.00%）	0（0.00%）	1（3.45%）	1（2.04%）	1（5.00%）
	2004	110	0（0.00%）	0（0.00%）	0（0.00%）	2（6.90%）	4（8.16%）	2（10.00%）
	2005	122	0（0.00%）	0（0.00%）	2（100.00%）	4（13.33%）	10（20.41%）	3（15.79%）
	2006	129	0（0.00%）	0（0.00%）	2（100.00%）	6（18.75%）	16（33.33%）	7（38.89%）
	2007	143	0（0.00%）	0（0.00%）	2（100.00%）	10（29.41%）	17（36.17%）	7（41.18%）
	2008	159	0（0.00%）	0（0.00%）	2（100.00%）	15（42.86%）	18（39.13%）	9（52.94%）
	2009	185	0（0.00%）	0（0.00%）	2（100.00%）	20（57.14%）	28（60.87%）	13（76.47%）
	2010	205	0（0.00%）	2（100.00%）	2（100.00%）	25（73.53%）	31（67.39%）	13（76.47%）
	2011	227	0（0.00%）	2（100.00%）	2（100.00%）	29（87.88%）	38（79.17%）	14（87.50%）
	2012	252	0（0.00%）	2（100.00%）	2（100.00%）	29（87.88%）	40（85.11%）	15（88.24%）
	平均	163	0（0.00%）	2（50.00%）	2（100.00%）	13（39.39%）	20（42.55%）	10（58.82%）
西部地区	2003	123	0（0.00%）	0（0.00%）	0（0.00%）	2（9.52%）	4（14.29%）	5（16.67%）
	2004	130	0（0.00%）	0（0.00%）	0（0.00%）	2（9.09%）	6（22.22%）	7（23.33%）
	2005	144	0（0.00%）	0（0.00%）	0（0.00%）	5（21.74%）	7（25.93%）	10（34.48%）
	2006	157	0（0.00%）	1（100.00%）	0（0.00%）	5（20.83%）	9（34.62%）	12（41.38%）
	2007	165	1（100.00%）	2（100.00%）	0（0.00%）	14（58.33%）	11（42.31%）	12（41.38%）

续表

地区	年份	平均实际交通密度（辆/万平方米）	超大城市	特大城市	Ⅰ型大城市	Ⅱ型大城市	中等城市	小城市
西部地区	2008	178	1（100.00%）	2（100.00%）	0（0.00%）	15（55.56%）	18（72.00%）	14（51.85%）
	2009	213	1（100.00%）	2（100.00%）	0（0.00%）	17（62.96%）	18（66.67%）	15（60.00%）
	2010	231	1（100.00%）	2（100.00%）	0（0.00%）	21（72.41%）	23（88.46%）	17（70.83%）
	2011	252	1（100.00%）	2（100.00%）	0（0.00%）	22（73.33%）	22（88.00%）	20（83.33%）
	2012	278	1（100.00%）	2（100.00%）	0（0.00%）	24（77.42%）	21（87.50%）	21（87.50%）
	平均	187	1（100.00%）	2（100.00%）	0（0.00%）	16（51.61%）	14（58.33%）	14（58.33%）

资料来源：作者测算而得。

有不断扩大趋势。其原因可能在于，伴随我国新型城镇化不断推进，多数农村剩余人口出于大城市移居成本不断高涨的考虑，开始倾向于选择就近的中小城市就地城镇化，不断向中小城市集聚；然而与不断增加的人口和车辆相比，由于中小城市交通设施供给成本高、规模效应不明显，因而交通基础设施的发展水平和完善程度又是相对滞后的，从而使得中小城市拥堵效应不断提高。2003～2012 年我国中小城市民用汽车拥有量年均增加 25.24%，而道路面积年均却仅增加 6.69%，交通基础设施发展的相对滞后导致明显的拥堵效应，限制了中小城市城镇化进程的有效推进。与其他规模等级城市相比，100 万～300 万人的Ⅱ型大城市中的拥堵城市比重最小，这意味着该类城市在多数情况下受邻近城市交通密度提升的积极影响大于拥堵效应，其城镇化进程因此而受益。

历年东、中、部地区的交通密度基本相当，而与之相比，西部地区的交通密度均明显偏高，从而说明西部地区交通拥堵对城镇化的抑制作用均高于东、中、部地区。进一步从各地区拥堵城市的平均分布来看，东部地区拥堵城市比重占 50% 及以上的城市为超大城市、中等城市和小城市，而特大城市和Ⅰ型大城市所占比重仅为 20.00% 和 28.57%，说明东部地区城镇化中的拥堵效应主要来自超大城市和中小城市，而特大城市和Ⅰ型大城市交通密度提升多数情况下则有利于提高本市及邻近城市的城镇化水平。除超大城市在中部地区没有分布外，该地区各等级城市中拥堵城市比重超过 50% 的主要有Ⅰ型大城市、特大城市及小城市，因而这些城市是中部地区城镇化进程中拥堵效应的主要来源。西部地区样本中Ⅰ型大城市没有分布，除此之外，各等级城市中平均拥堵城市比重均在 50% 以上，说明西部地区各等级城市中的交通拥堵效应普遍偏高，不利于该地区城镇化的有效推进。与东、中、部地区相比，西部地区因受经济发展水平和地理地形制约，城市数量较少且分布稀疏，城市对人口的承载能力有限；加之城市交通基础设施发展滞后且城市间交通不及东中部便利，城市间经济联系和人口流动受限更多、阻力更大。而东、中、部地区由于城市数量多、分布密集，且城际交通便利，拥堵城市的人口和车辆可便捷地分流至邻近其他交通状况相对较好的城市，有助于缓解一定空间范围内的交通密度。因而西部地区城镇化推进中产生的交通拥堵效应更甚于东中部地区。

八、不同规模等级城市交通拥挤的空间外溢效应

由于城镇化进程中交通拥堵效应的空间尺度与城市规模密切相关，本章进一步使用2003～2014年城市面板数据，运用SLX模型考察不同规模等级城市交通拥挤对城镇化的外部性影响及其空间尺度。本章城市规模等级划分标准参照2014年11月21日国务院颁布的《关于调整城市规模划分标准的通知》的要求，按市辖区常住人口将中国城市划分为Ⅰ型及以上大城市（人口300万人以上）、Ⅱ型大城市（人口100万人至300万人）、中等城市（人口50万人至100万人）和小城市（人口50万人以下）五类。之所以将Ⅰ型大城市、特大城市和超大城市归为一类，是因为这些城市在全国分布较少且在城市群或某一区域发展中的功能基本一致，均扮演着中心城市的角色。本章首先在式（7.6）的基础上，以50公里为步进距离，利用潜力模型（potential model）分别构建不同距离范围内Ⅰ型及以上大城市、Ⅱ型大城市、中等城市和小城市交通密度空间交互指标，进而借助空间滞后解释变量模型（SLX），采用两阶段最小二乘法（2SLS）估计城镇化进程中各等级城市交通拥挤效应的空间边界。Ⅰ型及以上大城市、Ⅱ型大城市、中等城市和小城市交通密度空间交互指标分别为：

$$HD_i = \sum_H \frac{\overline{Q}_j \times \overline{Q}_H}{d_{j,H}^{2.5017}} D_H; \quad BD_j = \sum_B \frac{\overline{Q}_j \times \overline{Q}_B}{d_{j,B}^{2.5017}} D_B$$

$$MD_j = \sum_M \frac{\overline{Q}_j \times \overline{Q}_M}{d_{j,M}^{2.5017}} D_M; \quad SD_j = \sum_H \frac{\overline{Q}_j \times \overline{Q}_S}{d_{j,S}^{2.5017}} D_S \qquad (7.7)$$

其中，H、B、M、S分别代表Ⅰ型及以上大城市、Ⅱ型大城市、中等城市和小城市；HD_j、BD_j、MD_j、SD_j分别表示任意城市j受到的d范围内Ⅰ型及以上大城市、Ⅱ型大城市、中等城市及小城市交通密度的空间影响。通过分别在0～50公里、50～100公里、100～150公里、150～200公里、200～250公里等的空间范围内计算相应距离圈层的交通密度空间滞后变量，用以分析不同距离范围内Ⅰ型及以上大城市、Ⅱ型大城市、中等城市和小城市交通密度对城镇化的空间外溢效应，如表7－10～表7－13所示。

表7－10～表7－13的估计结果显示，0～700公里范围内的Ⅰ型及以上大城市、0～600公里范围内Ⅱ型大城市、0～450公里范围内中等城市以及0～350公里范围内小城市的道路交通密度的一次项与二次项系数均至少在10%

表 7-10 I 型及以上大城市交通密度对周边地区城镇化的空间外溢效应

变量	(0, 50]	(50, 100]	(100, 150]	(150, 200]	(200, 250]	(250, 300]	(300, 350]	(350, 400]	(400, 450]	(450, 500]
$\ln HD$	0.6927*** (3.11)	2.2838*** (3.85)	0.4690*** (2.95)	1.4637*** (5.12)	0.5600*** (3.33)	1.3024** (2.37)	0.3307*** (3.15)	0.3867*** (4.15)	0.1117** (2.02)	0.1802** (1.99)
$(\ln HD)^2$	-0.0675*** (4.18)	-0.2193*** (5.21)	-0.0452*** (3.22)	-0.1403*** (6.06)	0.0518*** (5.01)	-0.1206*** (3.45)	-0.0303*** (4.65)	-0.0349*** (6.45)	-0.0100* (1.95)	-0.0160** (2.05)
变量	(500, 550]	(550, 600]	(600, 650]	(650, 700]	(700, 750]	(750, 800]	(800, 850]	(850, 900]	(900, 950]	(950, 1000]
$\ln HD$	0.7211* (1.95)	0.7765* (1.77)	1.0512* (1.85)	0.2542* (1.68)	0.0865** (2.28)	0.5344** (2.42)	0.3607 (1.43)	0.8214 (1.55)	0.5377 (1.31)	0.3458 (1.11)
$(\ln HD)^2$	-0.0624** (2.14)	-0.0667** (2.21)	-0.0856* (1.76)	-0.0209* (1.82)	-0.0075 (1.39)	-0.0178 (0.99)	-0.0123 (1.17)	0.0570 (1.15)	0.0192 (0.81)	-0.04433 (1.64)

注：括号中为距离范围（单位：公里），方括号表示包含该距离范围，而圆括号则表示不包含相应距离范围。

资料来源：作者利用 matlab 软件估计而得。

表 7-11 II 型大城市交通密度对周边地区城镇化的空间外溢效应

变量	(0, 50]	(50, 100]	(100, 150]	(150, 200]	(200, 250]	(250, 300]	(300, 350]	(350, 400]	(400, 450]	(450, 500]
$\ln BD$	0.5762*** (3.04)	0.4867*** (3.55)	0.5489*** (2.73)	0.7068*** (4.67)	0.6649*** (3.07)	0.5242** (2.43)	0.4216*** (3.15)	0.4581** (2.15)	1.6283** (1.96)	0.9638** (2.01)
$(\ln BD)^2$	-0.0557*** (-3.61)	-0.0478*** (-4.35)	-0.0533*** (-3.07)	-0.0667*** (-5.31)	-0.0635*** (-4.25)	-0.0496*** (-3.18)	-0.0396** (-2.22)	-0.0433** (-2.04)	-0.1499* (-1.86)	-0.0907 (-1.05)

续表

变量	(500，550]	(550，600]	(600，650]	(650，700]	(700，750]	(750，800]	(800，850]	(850，900]	(900，950]	(950，1000]
$\ln BD$	0.2679* (1.85)	0.8954* (1.69)	0.5997* (1.70)	0.4027 (0.84)	0.0852 (1.08)	0.0935** (2.13)	0.6593 (1.61)	0.3627 (1.09)	-0.1602 (1.33)	0.4462 (1.60)
$(\ln BD)^2$	-0.0243** (-1.98)	-0.0802** (-2.00)	-0.0531 (-1.04)	-0.0355 (-1.12)	-0.0746 (-1.03)	-0.0439 (-1.55)	-0.0893 (-1.47)	0.0799 (1.54)	0.0137 (0.60)	-0.0258 (1.14)

注：括号中为距离范围（单位：公里），方括号表示包含该距离范围，而圆括号则表示不包含相应距离范围。

资料来源：作者利用 matlab 软件估计而得。

表 7-12　中等城市交通密度对周边地区城镇化的空间外溢效应

变量	(0，50]	(50，100]	(100，150]	(150，200]	(200，250]	(250，300]	(300，350]	(350，400]	(400，450]	(450，500]
$\ln MD$	0.5789*** (5.36)	0.5239*** (3.61)	0.5788*** (3.06)	0.7518*** (4.39)	0.6517*** (3.01)	0.5367*** (3.50)	0.4518*** (4.12)	0.5762*** (4.71)	0.4784** (2.44)	0.5301 (0.73)
$(\ln MD)^2$	-0.0572*** (-3.27)	-0.0511*** (-4.64)	-0.0569*** (-2.66)	-0.0722*** (-3.93)	-0.0635*** (-2.88)	-0.0518** (-2.57)	-0.0435*** (-3.47)	-0.0553** (-2.27)	-0.0452* (-1.74)	-0.0493** (-1.98)
变量	(500，550]	(550，600]	(600，650]	(650，700]	(700，750]	(750，800]	(800，850]	(850，900]	(900，950]	(950，1000]
$\ln MD$	0.3567 (1.17)	1.0202 (1.50)	0.7831* (1.75)	0.3512** (1.99)	0.2668 (1.11)	0.9501 (1.22)	0.2251 (1.30)	-0.0212 (-1.35)	0.1245 (1.31)	0.8820 (1.31)
$(\ln MD)^2$	-0.0329 (-1.04)	-0.0939* (-1.72)	-0.0711 (-1.27)	-0.0316 (-1.17)	-0.0202* (-1.94)	-0.0505 (-0.83)	-0.0769 (-1.64)	0.0053 (0.76)	-0.0085 (-1.36)	-0.1181 (-1.07)

注：括号中为距离范围（单位：公里），方括号表示包含该距离范围，而圆括号则表示不包含相应距离范围。

资料来源：作者利用 matlab 软件估计而得。

表 7－13　　小城市交通密度对周边地区城镇化的空间外溢效应

变量	(0，50]	(50，100]	(100，150]	(150，200]	(200，250]	(250，300]	(300，350]	(350，400]	(400，450]	(450，500]
lnSD	0.1509*** (2.66)	0.7865** (2.22)	0.3780*** (2.83)	0.1751** (2.31)	0.5824*** (2.65)	0.1237** (2.29)	0.1378* (1.75)	0.0789 (1.26)	0.6920 (1.51)	0.7464 (1.15)
(lnSD)^2	－0.0155** (－2.35)	－0.0794*** (－3.22)	－0.0378*** (－2.84)	－0.0174** (－2.31)	－0.0578* (－1.70)	－0.0122** (－2.31)	－0.0132* (－1.76)	－0.0077** (－2.27)	－0.0670* (－1.72)	－0.0712** (－2.49)
变量	(500，550]	(550，600]	(600，650]	(650，700]	(700，750]	(750，800]	(800，850]	(850，900]	(900，950]	(950，1000]
lnSD	0.6829 (1.08)	0.9789* (1.70)	0.3986 (1.65)	0.9327 (1.09)	0.2477** (2.45)	－0.6861 (－1.35)	0.0255 (1.02)	0.3458 (1.12)	0.2945 (0.78)	0.2271* (1.94)
(lnSD)^2	－0.0648 (－1.10)	－0.0918 (－1.15)	－0.0377 (－1.66)	－0.0871 (－1.11)	0.0419 (1.49)	－0.1162 (－1.39)	－0.0018 (－0.93)	0.0625 (1.11)	0.0568* (1.80)	－0.0438 (－1.51)

注：括号中为距离范围（单位：公里），方括号表示包含该距离范围，而圆括号则表示不包含相应距离范围。

资料来源：作者利用 matlab 软件估计而得。

水平上通过了显著性检验，说明这些距离圈层范围内的城市道路交通密度与本地区人口城镇化之间均呈现倒“U”型关系。利用交通密度空间交互项的一次项、二次项的两个参数估计值，本章计算了不同距离圈层范围内使本地城镇化水平达到最优状态的各等级城市道路交通密度①。图7-4显示随距离增加各等级城市最优交通密度有不断增大趋势。若各距离范围内的实际道路交通密度变化不大，那么这一结果就意味着城镇化进程中交通拥堵更易于在距离接近的城市间发生，而城市间距离越大，则其他城市交通拥堵对本地城镇化产生外溢效应的可能性就越小。此外，不同距离圈层内城市最优交通密度值基本上随城市规模增大而不断增加，说明规模等级越高的城市具有更高的车辆承载能力，其对周边地区往往具有更强的交通服务功能。

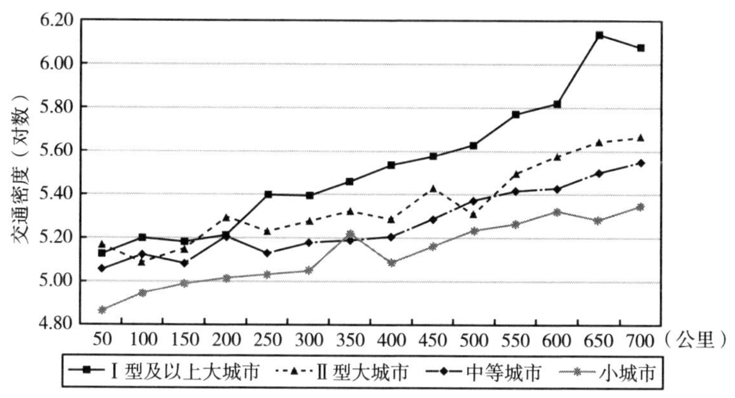

图7-4 各城市最优交通密度（对数）随距离的变化

为进一步分析不同空间范围内各等级城市交通拥堵效应的变化，本章在得到各等级城市不同距离范围内的最优交通密度基础上，还分别计算了每个城市所面临的各距离圈层内不同规模等级城市道路交通密度的实际均值，并通过比较不同规模等级城市交通密度实际均值与其最优值的差异（Z）来判断各等级城市交通拥堵效应的空间边界。图7-5反映了各距离圈层内不同等级城市交通密度实际均值与最优值差异的空间变化。图7-5显示，城镇化进程中各等级城市交通拥挤效应的空间外溢边界及其影响效果截然不同。其中Ⅰ型及以上大城市交通拥挤对周边地区城镇化的空间外溢效应边界大概为

① 为使图形更加美观匀称，也为使结果更加清晰，图7-4和图7-5中补齐了Ⅱ型大城市600~700公里、中等城市450~700公里及小城市350~700公里范围内的最优交通密度测算结果。

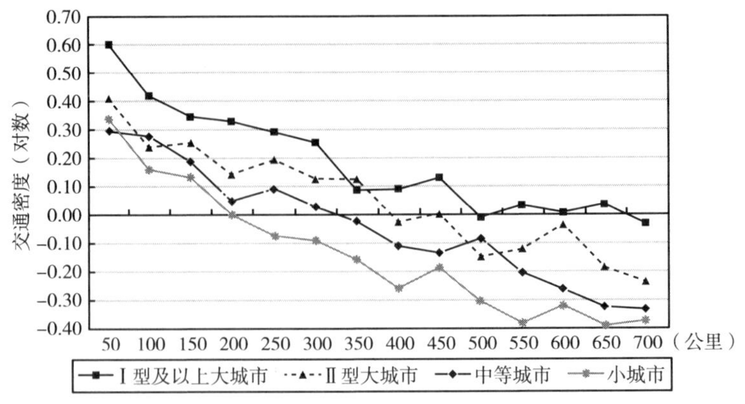

图7－5　各等级城市交通拥挤的空间外溢效应

450公里，而超过450公里后，拥堵效应在0附近上下波动；Ⅱ型大城市交通拥挤外溢效应的空间边界大概为350公里，超过该距离其拥堵效应降为负值且有不断下降趋势；中等城市交通拥挤的空间外溢效应边界约为300公里，而小城市交通拥挤效应空间外溢的范围最小，约为150公里。从图7－5还可进一步发现，除个别异常值外，各距离范围内Ⅰ型及以上大城市、Ⅱ型大城市、中等城市及小城市的交通拥挤效应在整体上依次降低，因而城市规模等级越高，其交通拥挤的空间外溢效应则越明显。由此可见，城镇化进程中各城市的交通拥挤效应与城市规模密切相关，城市规模越大，则其交通拥挤效应的空间外溢尺度及其作用效果也越大。

九、不同地区各等级城市交通拥挤的空间外溢效应

中国是不均质大国，不同地区的城市数量、密度及城市规模迥然不同，因而推进城镇化进程中各地区不同等级城市的交通特征亦存在明显差异。为分析不同地区城镇化进程中各等级城市的交通拥挤状况及其空间外溢效应，得到更有针对性的结论，本章利用与前文（第八部分）同样的分析方法、依据式（7.7）进一步分析了中国东、中、西部地区Ⅰ型及以上大城市、Ⅱ型大城市、中等城市及小城市的交通拥挤状况及其空间外溢效应。SLX模型的估计结果显示，东部地区Ⅰ型及以上大城市、Ⅱ型大城市、中等城市及小城市交通密度的一次项与二次项系数分别在0～700公里、0～650公里、0～

550 公里和 0～400 公里范围内通过显著性检验；中部地区各规模等级城市交通密度的一次项与二次项系数分别在 0～650 公里、0～500 公里、0～500 公里和 0～350 公里范围内通过显著性检验，而西部地区各等级城市交通密度一次项与二次项系数显著的空间范围依次分别为 0～450 公里、0～300 公里、0～200 公里和 0～200 公里。以上结果意味着城市间交通密度与城镇化的空间关联性由东向西依次递减，西部地区各等级城市间的空间关联效应依然偏低。

进一步通过比较分析交通密度最优值与实际均值的差异，得到东、中、西部地区各等级城市交通拥挤空间外溢效应的测算结果，如图 7－6 所示。图 7－6 显示，东部地区Ⅰ型及以上大城市、Ⅱ型大城市、中等城市的交通拥挤外溢效应空间边界与全国情况一致，分别约为 450 公里、350 公里和 300 公里，但小城市交通拥挤的空间外溢边界约为 200 公里，大于全国的 150 公里。

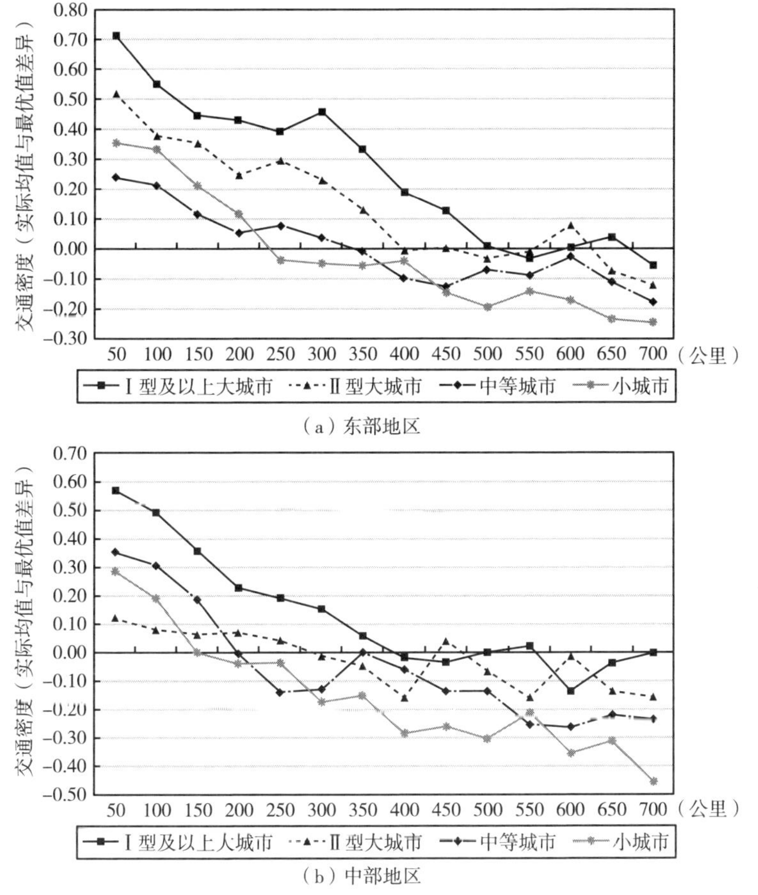

（a）东部地区

（b）中部地区

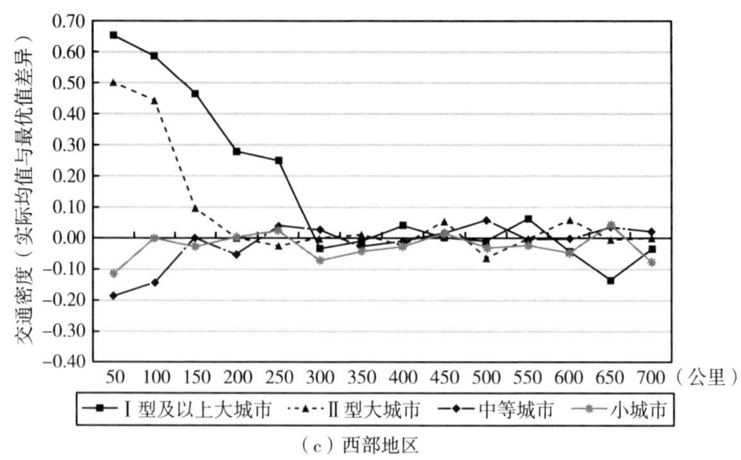

（c）西部地区

图7－6　东、中、西部地区各等级城市交通拥挤的空间外溢效应

而与全国平均情况不同，在作用效果上东部小城市交通拥挤在有效空间范围内的空间外溢效应明显大于中等城市，其原因可能在于，伴随新型城镇化不断推进，东部地区小城市发展水平及就业吸纳能力与中等城市相比相差并不大，多数农业转移人口可能更倾向于选择就近的小城市就地城镇化，不断向小城市集聚；然而与不断增加的人口和车辆相比，小城市交通基础设施的发展水平和完善程度又是相对滞后的，从而使得小城市拥堵效应不断提高并超过中等城市。2003～2014年东部小城市民用汽车拥有量年均增加32.76%，而道路面积年均却仅增加6.41%，同期中等城市民用汽车数量和道路面积年均分别增加27.33%和10.52%，小城市交通基础设施发展的相对滞后导致了比中等城市更为明显的拥堵效应。

中部地区各等级城市交通拥挤的空间外溢效应及其作用边界均小于东部地区。中部Ⅰ型及以上大城市、Ⅱ型大城市、中等城市及小城市的交通拥挤外溢效应空间边界依次递减，分别为350公里、250公里、150公里和100公里。但出人意料的是，中部地区Ⅱ型大城市交通拥挤的空间外溢效应的作用效果在有效空间范围内最小。这一方面说明该地区中小城市在完善城市交通规划、改善交通基础设施方面可能滞后于城市车辆和人口增加的现实需要，从而使得中小城市拥堵效应有不断增强趋势，另一方面则说明该地区一些Ⅱ型大城市在现有城镇化水平和交通状况下仍具有进一步吸纳人口和车辆的潜力，城镇化有望进一步从Ⅱ型大城市的发展中获益。西部地区城市交通拥挤对城镇化的空间外溢效应具有明显的两极化倾向，表现为Ⅰ型及以上大城市、

Ⅱ型大城市交通拥堵效应在有效空间范围内普遍偏高，甚至高于东中部地区一些城市，而中等城市和小城市非但不存在明显交通拥挤，其交通密度进一步提高将对城镇化产生正向空间外溢效应（交通拥挤的外溢效应为负）。但与东、中、部相比，西部地区各城市交通拥挤的空间外溢范围最小，Ⅰ型及以上大城市、Ⅱ型大城市、中等城市及小城市分别为250公里、150公里、100公里和50公里，这可能与西部城市间的空间关联效应依然偏低有关。

十、小　　结

本章在新经济地理框架下构建交通密度影响城镇化的作用机制和空间计量模型，以中国2003～2012年和2003～2014年两个时间段的地级及以上城市面板数据为样本，利用空间杜宾模型和空间滞后解释变量模型识别城镇化进程中的交通拥挤效应及其空间影响。结果显示，伴随城市自身及其他城市交通密度提高，城镇化水平均呈现先上升后下降的倒“U”型发展趋势，且多数地级及以上城市的道路交通密度超过最优密度值，已出现明显的拥堵效应。因而中国城镇化进程中，交通拥挤效应并非仅限于本城市，而是能够扩展至除本市以外的更远空间范围。整体而言，城镇化进程中交通拥挤效应的有效空间作用范围平均为300公里，但不同等级城市差异较大，Ⅰ型及以上大城市、Ⅱ型大城市、中等城市及小城市的交通拥挤外溢效应空间边界分别为450公里、350公里、300公里和150公里，且城市规模等级越高则交通拥挤的空间外溢效应也明显。进一步综合考虑地区和城市异质性的估计结果显示，各等级城市交通拥挤效应的空间外溢边界均由东向西依次递减，但有效距离范围内不同地区各等级城市交通拥挤效应对城镇化的作用效果表现各异。其中，东部地区小城市的交通拥挤外溢效应大于中等城市；中部地区Ⅱ型大城市交通拥挤外溢效应低于中小城市；西部地区Ⅰ型及以上大城市、Ⅱ型大城市交通拥堵效应偏高，而中等城市和小城市交通拥挤的空间外溢效应为负。

第八章　产业集聚、公共服务供给与城市规模扩张

一、引　　言

新型城镇化以人的城镇化为核心，旨在合理引导人口流动，有序推进农业转移人口市民化①。城市人口规模的不断扩大是新型城镇化的最主要特征。1978～2016年，我国城镇常住人口从1.72亿人增加到7.93亿人，城镇化率从17.92%提升至57.35%，年均提高1.04个百分点②。大量人口向城市不断流动对城市创造就业、集聚人口的能力提出了更高的要求。探讨城市人口规模扩张的驱动机制对于推进以人的城镇化为核心的新型城镇化具有重要的现实意义。

除自然增长外，本章主要目的在于挖掘那些决定我国城市人口规模扩张的经济社会因素。经典的人口迁移“推—拉”模型将决定城市人口增长的因素归纳为“农村推力”和“城市拉力”两个方面。其中，“农村推力”主要来源于巨大的城乡差距（Schultz，1953；Henderson et al.，2013），而“城市拉力”则反映了城市中那些吸引劳动力转移和集聚的良好因素，主要指更多的就业机会、更好的公共服务水平、较高的劳动生产率和劳动收入水平等（Lewis，1954；Lucas，2004）。在中国，大量农业剩余劳动力滞留于农村，且城乡差距一直较大（钞小静和沈坤荣，2014），因而人口由农村向城市迁移的“推力”条件一直存在（刘瑞明和石磊，2015）。然而

① 参阅2014年3月国务院印发的《国家新型城镇化规划（2014－2020年）》。

② 2018年《中国统计年鉴》。

现实中，大量农业转移人口进入城市后却无法真正融入城市，时常游离于城市与乡村以及大城市与小城市之间。这一方面表现为大量流动人口无法在城市获得充分和稳定就业（陆铭和欧海军，2011；陈斌开和林毅夫，2013），另一方面则表现为多数农业转移人口未能享受到与原城市居民平等的公共服务，看病难、上学难问题普遍存在，无法从城市获得稳定生活的归属感和安全感。2016 年我国常住人口城镇化率尽管已到达 57.35%，但按户籍人口算仅为 41.22%，明显低于发达国家 80% 和同等发展阶段国家平均 60% 左右的城镇化水平。从这个意义上说，决定我国城市人口规模增长，进而人口城镇化的原因可能并非主要来自“农村推力”，而是更多地取决于“城市拉力”。

“城市拉力”或城市对人口的吸纳能力，不仅取决于城市产业发展和集聚水平，还与城市公共服务供给状况密切相关。首先，产业集聚不仅能够提高劳动生产率（范剑勇，2006；孙浦阳等，2013），从而提升劳动者收入水平，而且易于形成劳动力市场的蓄水池效应（Marshall，1890/1961），降低劳动者的岗位搜寻成本，提高劳动者与工作岗位的匹配效率（Duranton and Puga，2004；Puga，2010），从而为农业转移人口提供更多的就业机会。因而，产业集聚是城市人口实现稳定就业并能够在城市长期生存的基础和保障，缺乏有效产业支撑和集聚效应的城市将无法充分吸纳人口集聚并获得增长。其次，城市间公共服务供给的不均衡将导致城市消费者效用和福利水平的差异，致使劳动力不断向具有更高效用和福利水平的城市集聚（Tiebout，1956；夏怡然和陆铭，2015）。可见，充分且高质量的公共服务供给也是决定城市人口规模增长的重要因素。然而，与产业集聚通过提供良好就业机会、更高工资和未来更高预期工资而吸引人口集聚不同，公共服务供给则是通过提供优质的公共教育资源、完善的医疗卫生服务、多样化的文化服务设施、发达的交通通信设施以及良好的自然环境等影响城市居民生活质量和福利水平，进而作用于人口的迁移决策和城市间的人口分布（杨晓军，2017）。产业集聚和公共服务供给在驱动城市间人口流动和城市人口规模增长中可能具有互补性。一方面，在缺乏产业支撑和集聚效应的城市，即使短期内公共服务供给水平和供给质量再高，由于流入的人口缺乏稳定就业和长期收入来源，其人口规模增长也是不可持续的；另一方面，在公共服务供给短缺的城市，即使产业集聚创造就业、吸纳人口集聚的能力再强，其人口规模增长也是有限的，这是因为人口增加导致的巨大公共基础设施和公共服务供给压力将使城市产生拥挤效应，从而限制人口继续流入该城市（Han et al.，2018）。产业集聚和公共服务供给两种力量在推进城市人口规模增长中相辅相成、互为补充、相互强化，忽视任何一方都将导致城市人口集聚能力降低和人口规模增长受阻。然而，目前研究多基于公共服务供给或劳动力流动中就业和收入动机的某一方面来探讨城市人口规模增长的动因，对于就业和收入动机背后的产业集聚机制以及产业集聚和公共服务共同作用下的城市人口规模扩张机制却并未进行深入探讨，对于城市人口规模增长过程中产业集聚和公共服务供给的协同效应也未进行证明和检验，对于以上效应在不同规模等级城市中的异质性影响更未做进一步考察。

本章将在格拉泽等（1995）的城市人口增长模型基础上同时纳入产业集聚和公共服务供给因素，构建产业集聚和公共服务供给影响城市人口规模扩张的统一分析框架和理论模型，并利用 2003 ~2010 年地级及以上城市面板数据探讨产业集聚和公共服务供给对城市人口规模增长的作用机制，以期对已有研究进行有益补充，也为新型城镇化的顺利推进提供借鉴意义。与现有文献相比，本章贡献在于：首先，以集聚经济理论和城市经济理论为基础，通过扩展格拉泽等（1995）的城市人口增长模型构建产业集聚和公共服务供给影响城市规模增长的综合分析框架和理论模型；其次，不仅综合分析了产业集聚和公共服务供给对城市人口规模增长的相对作用效果，还进一步探讨了二者在推进城市人口规模增长过程中的协同效应；最后，更加深入探讨城市人口规模增长中就业和收入动机背后的产业集聚机制，通过采用容量耦合系数模型和协调度模型构建适宜性产业集聚指标，基于适宜性产业集聚视角探讨产业集聚和公共服务供给对城市人口规模的综合作用机制。

本章余下内容安排如下：第二部分梳理产业集聚和公共服务供给影响城市人口规模扩张的相关文献和理论机制；第三部分根据作用机制构建理论和计量模型；第四部分介绍本章的变量和数据；第五部分是实证分析和计量结果；第六部分是稳健性检验；第七部分是基于适宜性产业集聚视角，进一步探讨产业集聚和公共服务供给对城市人口规模的影响及其协同效应；第八部分是基于不同公共服务和不同等级城市的异质性分析；第九部分是本章小结。

二、相关文献综述

（一）产业集聚、外部性与劳动生产率和就业增长

城市人口增长主要得益于城市的集聚经济效应（王小鲁，2010）。Marshall（1890/1961）最早提出集聚和集聚外部性概念，认为当地的密集经济活动可使厂商受益于三个方面的集聚经济外部性：劳动力蓄水池效应、中间投入的规模经济和知识外溢，从而强调集聚规模和密度的重要性（Henderson，1974；Duranton and Puga，2004；吴建峰和符育明，2012）。首先，产业集聚不仅有助于降低劳动力市场剧烈波动带来的风险，保障劳动力供求的稳定性，而且有助于企业便捷地从劳动力蓄水池中获得所需技能的劳动力，提高工人和企业间的匹配性，从而降低培训成本和提高劳动生产率（Coles and Smith，1998；Abel and Deiz，2015；Haller and Heuermann，2016）；其次，产业集聚使产品的设计和生产更为匹配，提高了中间投入品生产的规模经济效应和产品多样化水平，进而使下游企业在分享中间品供给中降低成本、提高生产效率（Ethier，1982；Abdel-Rahman and Fujita，2006；Venables，1996；Hanlon and Miscio，2017）；最后，产业集聚提高了人们面对面接触的机会和交流频率，不仅使劳动者交换知识变得更加便利化，而且增加了人与人之间的学习机会和社会交往机会，促进了知识外溢，提高了个人和企业创新能力和技术进步水平（Koo，2005；Raspe and Van Oort，2011；He et al.，2017）。这些外部性因素通过厂商之间的相互作用和溢出效应而产生递增收益，从而成为推动要素和经济活动空间集聚的重要因素。城市人口规模增长与集聚效应导致的要素生产率提升和就业增长密不可分（Hoyt，1939；Glaeser et al.，1992）。在城市集聚效应的作用下，要素生产率的提升不仅有助于现有企业扩大生产规模，而且能够促进新企业建立和吸引新企业转移（Head et al.，1995；Rosenthal and Strange，2003；Raspe and Van Oort，2011；Koo and Cho，2011），从而进一步扩大企业劳动需求，增加城市就业机会，吸引更多农村剩余劳动力和其他地区劳动力向城市集聚；当更多的劳动力进入城市并逐渐成为城市居民，则城市人口规模随之扩大，而由此产生的集聚效应又会促使

城市生产率进一步提升，从而导致人口更大规模的迁移和集聚（Lee，2015）。库姆斯等（2004）认为地区就业增长受到企业就业规模和企业数量的共同影响，从而将本地就业分解为两个方面：每个企业的就业量和本地企业数量。范索斯特等（Van Soest et al.，2006）利用荷兰南部416个邮政编码区域的数据探讨了集聚经济对劳动就业和新企业产生的影响，指出集聚经济对就业增长和新企业产生均具有显著促进作用。陆铭等（2012）的研究也显示城市集聚效应有利于提高劳动力个人的就业概率，城市外来移民并不会挤占原有城市居民就业机会。可见，城市因拥有大规模专业化劳动力、便利的中间品市场以及高效的知识溢出机制而使人口和经济活动不断向城市集聚，进而促进城市竞争力提升和城市人口规模增长。

集聚经济是在企业和个人相互作用中产生并发挥作用的。在马歇尔集聚经济基础上，通过综合不同学者的研究贡献，一些学者（Duranton and Puga，2004；Puga，2010）进一步识别了集聚效应来源的三个微观机制，即共享、匹配和学习。当解释经济活动在不同地区间的空间分布时，这些集聚外部性被认为是静态的（静态外部性），而当与生产率增长和知识溢出相关时，这些集聚外部性被称为动态外部性（De Groot et al.，2007；Pessoa，2014）。根据一些学者（Rosenthal and Strange，2004；Barufi et al.，2016）的研究，这些外部性可能发生于特定行业之内或不同行业之间。前者可看作由专业化而产生的本地化外部性，即同一行业内各企业的专业化集聚产生了正的集聚经济外部性，促进了企业间技术外溢、投入产出关联和专业化劳动力市场的形成，从而提高了行业增长水平；后者则是源于生产多样化的城镇化外部性，即多样化集聚促进了不同行业间新思想、新观念的相互渗透和交互融合以及互补知识的传播、公共设施和公共服务共享中的规模经济效应，因而是提高企业间正外部性的有效途径，有助于促进区域增长。一般而言，由专业化导致的集聚经济外部性被称为马歇尔外部性（Marshall，1890/1961），而由多样化产生的集聚外部性被称为雅各布斯外部性（Jacobs，1969）。基于此，大量理论和实证研究通过在同一框架中纳入专业化集聚和多样化集聚，试图确定集聚经济效应产生的结构性来源。格拉泽等（1992）和亨德森等（1995）最早区分了专业化集聚经济和多样化集聚经济，并使用基本相同的模型分析了二者对就业增长的影响，但前者支持就业增长中存在雅各布斯外部性的作用，而后者则认为专业化集聚产生的马歇尔外部性更为重要（尤其对于成熟产业）。后续研究则沿用类似的方法，主要从两个方面展开了更为深入的研究。

一方面是继续探讨专业化集聚和多样化集聚对劳动就业的影响。布拉德利和甘斯（Bradley and Gans，1998）探讨了澳大利亚城市层面专业化集聚和多样化集聚对劳动力和人口增长的影响，发现专业化集聚的作用为负，而多样化集聚促进了就业和人口增长。库姆斯（2000）对法国1984～1993年341个区域就业数据的研究发现，专业化集聚和多样化集聚对大部分制造业行业就业产生了负向影响，仅对个别行业就业有促进作用；服务业部门专业化集聚对就业的影响为负，而多样化集聚的作用为正。苏伊德和布莱恩（Suedekum and Blien，2007）对德国26个地区15个制造业行业就业的动态面板数据的回归分析发现，仅多样化集聚促进了制造业就业增长，专业化集聚的作用不显著。谢尔穆尔和波尔塞（Shearmur and Polèse，2007）对加拿大的研究也显示，专业化集聚降低了地区就业水平，而多样化集聚则对地区就业产生了显著促进作用。此外，一些关于意大利的研究也得出了与格拉泽等（1992）、布拉德利和甘斯（1998）以及谢尔穆尔和波尔塞（2007）等一致的结论，即专业化集聚对地区就业有负向影响，而多样化集聚发挥着促进作用（Usai and Paci，2003；Mameli et al.，2007）。

由于生产率对经济增长的贡献更为直接（Thabet，2015），另一方面的研究则主要探讨专业化集聚和多样化集聚对劳动生产率、工资水平、技术进步、企业利润等与生产率相关的变量的影响。其中亨德森（2003）、辛加诺和斯奇瓦迪（Cingano and Schivardi，2004）、马丁等（Martin et al.，2011）、埃赫尔（Ehrl，2013）、范剑勇等（2014）、威克斯（Wixe，2015）和斯莱皮尔等（Slaper et al.，2018）分别利用美国、意大利、法国、德国、中国和瑞典企业层面微观数据和城市数据探讨了专业化集聚和多样化集聚对劳动生产率的影响，均发现专业化集聚有助于生产率提升，而多样化集聚未产生明显影响。法西奥和马尔提斯（Fazio and Maltese，2015）分析了马歇尔外部性和雅各布斯外部性对意大利企业生产率及其增长率的影响，发现马歇尔外部性显著提高了全要素生产率水平，而雅各布斯外部性则对全要素生产率增长率产生了显著促进作用。杨仁发（2013）和孙三百（2016）利用中国城市数据探讨专业化集聚和多样化集聚对劳动工资和收入的影响发现，多样化集聚对工资或收入产生显著促进作用，而专业化集聚影响不显著。但也有研究显示，专业化集聚和多样化集聚对劳动生产率的影响因行业不同而各异。乔弗雷蒙森（Jofre-Monseny et al.，2014）研究了西班牙城市层面三位码制造业行业专业化集聚和多样化集聚的影响效应，指出多样化集聚效应在知识密集型行业更为明显，而专业化集聚效应则在劳动密集型行业更易于得到发挥。萨比特（Thabet，2015）利用突尼斯制造业企业微观数据的研究则显示，多样化集聚是促进高技术行业生产率增长的重要因素。巴鲁菲等（Barufi et al.，2016）通过巴西不同行业专业化集聚和多样化集聚对工资水平的影响，指出不同技术部门中并不存在促使生产率增长的唯一的最优生产结构：对于知识密集型服务业，多样化集聚对生产率具有显著促进作用；而对于低中端技术制造业和非知识密集型服务业，专业化集聚对生产率的影响则更为明显；对于高端技术制造业，专业化集聚和多样化集聚均具有显著的生产率提升效应。除生产率和工资水平外，也有学者研究了专业化集聚和多样化集聚对创新的影响。其中张（Zhang，2015）利用中国 1998～2007 年工业企业数据探讨了集聚经济对企业产品创新的影响，结果指出中国企业产品创新更多的受益于多样化集聚，而专业化集聚的作用并不显著。阿戈维诺和拉波塞利（Agovino and Rapposelli，2015）利用意大利 20 个地区的面板数据探讨了集聚经济对技术效率的影响及其空间外溢效应，指出专业化集聚和多样化集聚不仅有助于提升区域技术效率，而且具有明显的空间外溢效应。尽管多数研究通过探讨生产率提升或成本降低等方式对集聚经济效应进行了成功识别，但阿斯奇等（Asche et al.，2016）指出这对于产业集群的成长而言可能是不充分的，这是因为利润才是衡量企业股权资本所有者从集聚中获得潜在递增经济收益的基本指标，因而是推动企业生产活动集中布局的重要经济激励。同时他指出考虑产业集群中集聚经济对企业利润的影响对于高支出集群中的厂商而言尤为重要，因为企业除需要不断提高劳动生产率、降低成本外，还需要使收益能够覆盖集群中较高的外在成本支出。阿斯奇等（2016）通过研究专业化集聚和多样化集聚对企业利润的影响，发现多样化集聚更有助于提高企业获利能力，而专业化集聚的影响并不明显。除研究集聚经济对行业或企业层面生产率及相关变量的影响外，巴蒂斯（Batisse，2002）还进一步研究了专业化集聚和多样化集聚对经济增长的影响。他利用中国 1988～1995 年 29 个省市 30 个制造业行业数据进行实证研究，发现多样化集聚有助于当地增长，而专业化集聚的作用为负。

通过文献梳理不难发现，在不同理论解释和各类实证证据支持下，空间集聚不仅可以对城市人口增长产生影响，而且由经济活动空间集聚导致的特定类型的外部性将在城市人口增长中各自扮演着重要角色。然而，目前大量研究探讨了专业化集聚和多样化集聚对生产率、工资、就业、经济增长、新企业产生及企业进入和退出的影响，直接研究专业化集聚和多样化集聚对城市人口增长的文献却较为鲜见，对于不同产业集聚模式究竟通过怎样的具体集聚机制对城市规模扩张产生影响更是不得而知。本章将在集聚经济理论基础上，探讨专业化集聚和多样化集聚及其外部性因素对城市人口规模的增长效应，以期准确反映拉动城市人口规模扩张的集聚经济机制。

（二）公共服务供给、便利性与城市人口增长

城市人口增长除与集聚效应拉动就业和生产率增长有关外，还取决于城市的公共服务供给能力。从人口增长的福利层面来看，城市公共服务供给水平将通过影响辖区居民的便利性和生活质量进而对人口流动或迁移产生影响（付文林，2007）。便利性是指令人愉悦的生活环境（Ullman，1954），是基于地方公共基础设施、公共部门就业人员而生产的公共服务产品（Glaeser et al.，1995；Glaeser and Gottlieb，2006）。蒂布特（1956）提出的“用脚投票”理论最早探讨了地方公共服务供给便利性对人口流动的影响，认为居民通过在不同地区间选择最优的公共产品和数量的组合来确定最优的居住地点。此后，公共服务在人口迁移决策和城市人口增长中的作用被大量研究所证实。奥茨（Oates，1969）利用美国新泽西州东北部 53 个城镇样本，探讨了公共服务和税收资本化问题，发现地方财产价值与公共教育支出正相关。由于地方财产价值（主要是房地产价值）与人口数量密切相关，因而一系列探讨公共服务供给与财产价值关系的研究（Carlsen et al.，2009；Feng and Lu，2013）均可看作对公共服务与人口增长关系的间接印证。由于财产价值提升不一定全部由公共服务带来的人口增长和住房需求所导致，通过地方财产价值提升来判断人口增长情况存在较大偏误，一些学者基于蒂布特（1956）的“用脚投票”理论转而探讨公共服务供给对地区人口增长的直接影响。夏普（Sharp，1986）利用美国住宅与城市发展署普查数据探讨了住房质量、教育质量等对人口迁移的影响，发现住房质量提高和教育质量高的城市更有助于吸引人口迁入。有一些学者（Day，1992）对加拿大省级地方政府公共支出与人口迁移决策的研究发现，健康和教育的人均支出水平越高的省份越有利于吸引人口流入和人口增长。比奈（Binet，2003）对法国财政竞争的城市面板数据的研究发现，在吸引外来移民方面，除少数城市采用降低税率的方式外，多数城市采取了增加公共产品和公共服务供给的策略。巴约等（Bayoh et al.，2006）利用1995年美国俄亥俄州富兰克林县17个学区内的微观家户调研数据的进一步研究，发现学校质量显著影响了家户的迁移选择。达尔伯格等（Dahlberg et al.，2012）也利用1990～1991年间迁往瑞典斯德哥尔摩的人口迁移微观数据研究了地方公共服务供给对人口迁移的影响，发现公共支出尤其是教育支出越多的地方更有助于人口迁入，并提高人口增长水平。

蒂伯特（1956）的"用脚投票"机制无论在理论和经验上均在西方国家得到了充分验证，但在中国，由于地方政府为获得最大利益而展开的税收竞争主要针对资本而非劳动力，且户籍制度限制了区际人口自由流动，公共服务影响人口流动和增长的"用脚投票"机制是否存在尚存在争论。一些学者认为西方的"用脚投票"机制在中国并不适用。中国城镇劳动力流动课题组（2002）通过对北京、无锡和珠海三市劳动力流动的调查研究发现，与城市非流动人口相比，流动人口在生活水平上明显低于非流动人口，表现为流动人口中存在较高的贫困率、工作时间长而报酬低、住房条件差、缺乏社会保障等。乔宝云等（2005）也认为，由于城市流动人口没有享受到与当地居民同样的教育、医疗等公共服务，中国并不存在西方的"用脚投票"机制。而另一些学者则认为中国各城市中已经出现了为获得更好的公共服务而更换居住地点的居民，蒂伯特（1956）的"用脚投票"机制在中国同样适用。丁维莉和陆铭（2005）通过探讨中国义务教育公平与效率的关系以及基础教育的财政分权体制的作用，指出基础教育财政的分权体制是激励地方政府提高教育供给质量和效率的有效机制，但不同地区教育支出的差异会导致居民为获得更好教育资源而变换居住地点的情况，因而他们认为，"用脚投票"机制同样适用于中国。此后，诸多学者针对公共服务供给与人口流动和人口增长的关系展开了一系列研究。付文林（2007）通过考察省际人才竞争中的公共产品供给因素和人口流动的结构性因素，指出地方公共服务供给水平提高有助于该地区户籍人口增加。汤韵和梁若冰（2009）对中国省级地方公共支出与居民迁移率的关系进行了探讨，发现地方公共支出在2000年以前未对居民迁移产生明显影响，而在2000年和2005年则显著促进了省际居民迁移。孙红玲等（2014）借鉴德国财政平衡方法探求出人均公共服务均等化的"标准人"计算公式，并以此分析人均公共服务均等化与人口城镇化间的关系，指出公共服务供给有助于推进人的城镇化。李拓和李斌（2015）采用中国城市面板数据的研究也发现，城市公共服务供给能力对于吸引外来人口发挥着重要作用。除探讨公共服务对城市人口增长的整体效应外，一些学者也将公共服务划分为不同类型并进一步探讨不同类型公共服务供给对人口流动及人口增长的异质性影响。夏怡然和陆铭（2015）采用2005年1%人口抽样调查中劳动力流动的微观数据和地级市的城市特征数据，研究了公共服务对劳动力流向的作用，指出劳动力流向某个城市不仅为了获得更多就业机会和更高工资，而且还为享受城市基础教育和医疗卫生等公共服务。侯慧丽（2016）将城市公共服务按照权利主体和内容分为工业公民资格公共服务和社会公民资格公共服务两大类，并利用全国流动人口动态监测数据的研究发现，城市提供的两类公共服务均有助于吸引人口流入，且城市规模越大，流动人口获得工业公民资格公共服务的可能性越大，而获得社会公民资格公共服务的可能性越小。杨晓军（2017）利用城市面板数据基于全国、区域和城市规模层面综合考察了公共服务供给质量对人口流动的影响，同样得出了城市公共服务供给质量有助于促进人口向城市流动的结论，但他同时指出，这一影响效果在东部地区表现尤为明显，且影响效应与城市规模呈正相关关系；从公共服务类型来看，医疗卫生服务对人口流动的影响最大。尽管公共服务在中国城市人口增长中发挥着如此重要作用，蔡翼飞和张车伟（2012）以及蔡秀云等（2012）却指出，中国各城市公共服务供给和人口增长并不匹配，既存在公共服务供给的缺口，也存在公共服务财政支出的较大缺口。而这可能与地方政府在流动人口公共服务供给中的财政激励扭曲有关（孙红玲等，2014；甘行琼等，2015），不仅表现为财政资源分配未能与人口流动相匹配，而且存在仅依据户籍人口而非常住人口来提供公共服务支出的倾向。

除基于蒂伯特（1956）的“用脚投票”理论探讨公共服务供给与地区人口增长的关系外，有的学者也在城市经济理论框架下研究公共服务供给便利性对人口增长的影响。亨德森（1988）通过分析1906～1970年巴西城市人口增长的决定因素，指出教育水平的提高对于城市人口增长发挥着至关重要的作用。格拉泽等（1995）构建了一个同时包含生产率因素和生活质量因素的城市增长模型，并利用城市数据探讨了各类城市特征对城市人口增长的影响，研究发现城市初始教育水平提高有助于提高城市人口规模水平，而失业率的提高则不利于城市人口增长。布鲁克纳（Brueckner，2003）也指出与公共服务相关的各类政府支出因素是决定不同地区人们生活质量差异的重要原因，由此导致人口不断向高生活质量城市集聚。罗索恩（Rowthorn，2009）构建了一个城市增长模型，用以探讨人口迁移在城市人口增长中的作用，其研究发现政府对公共部门的支出倾斜有助于抵消城市的高生活成本，提高居民生活的便利性，从而吸引人口迁入，促进城市人口增长。格拉泽（2011）指出城市人口增长既受益于集聚效应，也与完善的交通设施、清洁的生活用水、良好的生态环境、完备的社会保障等公共服务密切相关，二者在促进城市人口增长中具有互补性。达席尔瓦等（Da Silva et al.，2017）通过拓展格拉泽等（1995）的城市增长模型，探讨了生产率因素和公共服务因素对城市人口增长的共同影响。他们发现除人力资本、人均 GDP 和制造业或服务业份额等生产率因素有助于城市人口增长外，城市供水、安保和交通等公共服务设施的发展对本市和周边城市人口增长也具有明显促进作用。

综合而言，现有文献分别基于集聚经济理论和“用脚投票”机制探讨了产业集聚和公共服务对城市人口规模的影响。而实际上，居民在做出流动或迁移决策时可能既考虑城市集聚效应带来的工资增长和就业机会，又考虑城市公共服务供给带来的便利性，从而在二者的综合权衡下选择最优的城市进行迁移。换言之，集聚经济效应和用脚投票机制在城市人口流动和人口增长中同时发挥作用，单从某一方面进行探讨，将无法全面把握城市人口增长的真实动因，进而造成研究结果的偏误。这就需要在统一框架下对集聚效应和公共服务供给影响城市人口规模扩张的机制进行全面、综合探讨。不仅如此，城市人口增长中集聚效应与公共服务供给还可能产生协同效应。一方面，财政分权之后，地方政府财力日趋拮据，在将有限的财力用于生产性建设和招商引资之后，用于公共服务支出的就极为有限，从而导致公共服务支出和公共服务供给不足，而城市产业发展越充分、产业集聚效应越明显则意味着地方政府增加财政收入的空间也越大，对公共服务支出能力就越强，有助于提高公共服务供给的人口吸纳效应（冯建喜等，2016）。可见，产业集聚效应在吸纳劳动就业、提高城市人口增长水平的同时，还通过强化公共服务支出来提高对人口的吸纳能力。另一方面，公共服务供给水平的提高还有助于强化集聚经济效应（Humphreys and Zhou，2015；Hazledine et al.，2017）。汉弗莱斯和周（Humphreys and Zhou，2015）指出城市中专业体育设施的引入不仅有助于增加当地福利，而且能够产生集聚效应，改变服务和财产价值的组合。哈兹莱丁等（Hazledine et al.，2017）的研究也发现，改善公交专用道、完善铁路服务有助于提升城市中央商务区集聚效应，促使更多人口在城市就业。宁光杰和段乐乐（2017）也强调，地方政府提供的就业、社会保障、子女教育、保障房等公共服务有助于降低流动人口移民风险，促进流动人口创业，而这又在很大程度上促进了当地工业和服务业发展，进一步吸纳人口在城市集聚。可见，公共服务供给的增加又可以通过强化产业集聚进而提高城市人口增长水平。然而遗憾的是，目前关于城市人口流动或人口增长的各类文献，均未能在理论和实证上对产业集聚和公共服务供给的这一协同效应进行系统探讨。此外，集聚外部性和公共服务供给的便利外部性并非仅限于本地区，二者还可能具有明显的空间外溢特征（Brueckner，2003；Ke，2010），可是目前在统一框架下探讨产业集聚和公共服务供给空间效应的文献并不多见。鉴于此，本章将通过拓展格拉泽等（1995）的城市增长模型，将产业集聚和公共服务供给纳入统一的空间分析框架，利用空间计量模型探讨二者对城市人口增长的影响及其协同效应，以期对现有研究进行有益补充。

三、理论框架与计量模型

（一）理论分析框架

本章在格拉泽等（1995）的基础上构建中国城市人口增长的理论框架。格拉泽等（1995）构建的城市增长模型将经济系统中各城市视为相互独立的经济体，且假定各城市拥有相同的资本和劳动力禀赋，劳动力和资本可在不同城市间自由流动。这就意味着城市增长差异并非决定于城市本身所固有的储蓄水平和劳动力数量，而是取决于城市的生产率水平和生活质量。任何决定城市生产率水平和生活质量的因素都将导致人口在不同城市间的增长差异。该模型为本章从产业集聚和公共服务供给的综合视角探讨城市人口规模扩张问题提供了一个综合性的逻辑框架，但也存在内在的缺陷。首先，该模型假定劳动力和资本能够在城市间自由流动，那么不同城市必然通过劳动力和资本的流动而产生空间关联，但该模型并未控制城市间的这些空间交互影响。其次，不仅劳动力和资本流动会引起城市间的相互依赖，城市产业集聚也会通过商品贸易、人才流动、技术转移等与周边城市产生空间交互作用，并影响周边城市的生产率和人口规模水平（Feser，2002；Ke，2010；韩峰和柯善咨，2012）。最后，在公共服务供给的“用脚投票”机制作用下，城市间地方政府在公共服务供给方面存在策略性互动行为，即某一城市为吸引资源和要素流入而改善公共服务环境、提高公众福利方面的努力，将使其他城市相应增加在公共物品和服务供给方面的财政支出。这种地方公共服务供给的正向外部效应或示范效应也将导致城市间较强的空间关联效应。然而，产业集聚与公共服务供给的这些空间关联效应均未在格拉泽等（1995）的城市增长模型中得到体现。为此，本章将进一步在格拉泽等（1995）的城市增长模型中引入这些空间交互效应，构建城市人口规模增长的空间分析框架。假设代表性城市的生产函数可设定为：

$$Y_{it} = A_{it}E_{it}^{\alpha}K_{it}^{\beta}F_{it}^{\gamma},\ \alpha+\beta+\gamma=1 \tag{8.1}$$

其中，E_{it}为城市 i 在时间 t 的非农就业数量；K_{it}为国内资本存量，F_{it}为外资存量；A_{it}为城市 i 的生产效率水平。根据埃尔图尔和科赫（Ertur and Koch，2007）的研究，生产技术或全要素生产率不仅依赖于本城市的特征变量和生产要素，而且也受到其他城市技术进步的影响（经济系统中所有其他城市 j）。费瑟（2002）利用潜力模型探讨了马歇尔集聚经济的空间效应，指出集聚经济可超越地区边界而对周边地区生产率产生影响。柯（Ke，2010）也指出产业集聚和生产率在相邻城市间有明显的空间粘滞性和连续性；产业集聚不仅对本市生产效率产生影响，还对周边城市产生空间外溢效应。但费瑟（2002）、德鲁克和费瑟（2012）以及韩峰和柯善咨（2012）等同时也指出，在地理距离、社会经济和制度异质性等摩擦因素作用下，集聚经济的空间外溢效应具有明显的空间衰减特征。我们假定城市间生产率或技术进步的相互依赖通过集聚的空间外部性而起作用，且某一城市产业的专业化集聚和多样化集聚产生的技术外部性将突破城市界线并延伸到其他城市，但由于在地理距离以及由社会经济和制度等差异所导致的各类摩擦的影响，城市间存在的边界效应将导致空间外溢的强度逐渐减弱。鉴于此，生产技术或全要素生产率（A_i）可设定为：

$$A_i = A_0 S_{it}^{\theta_1} D_{it}^{\theta_2} \prod_{j\neq i}^{N} S_{jt}^{\vartheta_1 w_{ij}} D_{jt}^{\vartheta_2 w_{ij}} \tag{8.2}$$

其中，A_0为所有城市所共有的外生技术进步；N 为城市数量；S_i和 D_i分别为专业化集聚和多样化集聚；θ_1和 θ_2分别为专业化集聚和多样化集聚的弹性系数，且$\theta_1>0$，$\theta_2>0$；$S_{jt}^{\vartheta_1 w_{ij}}$、$D_{jt}^{\vartheta_2 w_{ij}}$分别为周边城市 j 的产业专业化集聚、多样化集聚的地理加权平均。θ_1、θ_2分别表示城市间专业化集聚和多样化集聚的相互依赖程度，且$0<\theta_1<1$，$0<\theta_2<1$。我们以外生的摩擦项 $w_{ij}(j=1,\ \cdots,$

N，$0 \leqslant w_{ij} \leqslant 1$）来表示城市 i 与其周边城市 j 间的关联程度，且 $j=i$ 时 $w_{ij}=0$；城市间关联程度越高，则 w_{ij}越大。

若将商品和国内资本价格均标准化为 1，劳动力工资水平以 I_{it} 来表示，则将式（8.2）代入式（8.1）并对资本和劳动力取一阶条件，可得到要素价格与要素边际产量之间的关系：

$$I_{it} = \alpha\left(A_0 S_i^{\theta_1} D_i^{\theta_2} \prod_{j \neq i}^{N} S_j^{\vartheta_1 w_{ij}} D_j^{\vartheta_2 w_{ij}}\right) E_{it}^{\alpha-1} K_{it}^{\beta} F_{it}^{\gamma} \tag{8.3}$$

$$K = \beta^{\frac{1}{1-\beta}} \left(A_0 S_i^{\theta_1} D_i^{\theta_2} \prod_{j \neq i}^{N} S_j^{\vartheta_1 w_{ij}} D_j^{\vartheta_2 w_{ij}}\right)^{\frac{1}{1-\beta}} E_{it}^{\frac{\alpha}{1-\beta}} F_{it}^{\frac{\gamma}{1-\beta}} \tag{8.4}$$

将最优化条件下的资本方程式（8.4）代入式（8.3），可得到劳动需求函数：

$$I_{it} = \alpha\beta^{\frac{\beta}{1-\beta}} \left(A_0 S_i^{\theta_1} D_i^{\theta_2} \prod_{j \neq i}^{N} S_j^{\vartheta_1 w_{ij}} D_j^{\vartheta_2 w_{ij}}\right)^{\frac{1}{1-\beta}} E_{it}^{\frac{\alpha+\beta-1}{1-\beta}} F_{it}^{\frac{\gamma}{1-\beta}} \tag{8.5}$$

式（8.5）的劳动需求函数显示，专业化集聚和多样化集聚引致的生产率水平越高、劳动力雇佣数量越少，则劳动力工资水平就越高。根据霍伊特（1939）的研究，城市总就业与城市人口规模之间存在一定的比例关系 $P_{it} = f \cdot E_{it}$，其中 $f>1$，P 为城市人口规模。进一步将城市劳动就业与人口规模间的比例关系代入式（8.5），可得到城市劳动力工资水平与城市人口规模（P_{it}）间的关系。

$$I_{it} = \alpha\beta^{\frac{\beta}{1-\beta}} f^{\frac{1-\alpha-\beta}{1-\beta}} \left(A_0 S_i^{\theta_1} D_i^{\theta_2} \prod_{j \neq i}^{N} S_j^{\vartheta_1 w_{ij}} D_j^{\vartheta_2 w_{ij}}\right)^{\frac{1}{1-\beta}} P_{it}^{\frac{\alpha+\beta-1}{1-\beta}} F_{it}^{\frac{\gamma}{1-\beta}} \tag{8.6}$$

假设城市居民作为消费者拥有柯布—道格拉斯形式的效用函数，且通过选择不同的产品（C_{it}）和住房（h_{it}）组合来实现效用最大化。进一步地，消费者效用除与商品和住房数量有关外，还与城市的便利性（Φ_{it}）有关。城市中便利设施（公共服务、环境设施等）的发展水平直接关系到居民的生活质量并对其效用产生影响。城市中代表性消费者效应函数可表示为：

$$U_{it} = \Phi_{it} C_{it}^{\varphi} h_{it}^{1-\varphi},\ 0 < \varphi < 1 \tag{8.7}$$

其中，φ 为常数。若住房价格为 $p_{h,it}$，消费者根据以下预算约束来最大化其效用函数：

$$C_{it} + p_{h,it} h_{it} = I_{it} \tag{8.8}$$

根据布鲁克纳（Brueckner，2003）的研究，一地区的便利性或非便利性不仅影响到当地居民，而且会使居住在其他地区的居民受益或受到损失。因而，与居民生活质量相关的一些便利性因素也将使不同地区存在空间关联性。在诸多便利性设施中，本章侧重探讨城市公共服务供给对消费者效用的作用。本章所涉及的地方公共服务主要是指与居民个人最基本的生存权和发展权密切相关、为实现人的全面发展而提供基本社会条件的基本公共服务，主要包括教育、医疗卫生、社会保障和就业、环境保护、基础公共服务（供水、供电、供气等能源资源基础设施公共服务和交通与通信基础设施类公共服务等）。城市公共服务供给在地方政府的策略性互动行为作用下，具有明显的空间外溢效应，同时影响着当地和周边城市的便利性。在财政最大化和政治晋升激励下，地方政府间的“邻里模仿”或策略性互动行为是地方公共服务供给产生空间外溢的主要原因（解垩，2007；李涛和周业安，2009）。根据蒂伯特（1956）、奥茨（1969）的财政俱乐部思想，“用脚投票”和“用手投票”机制决定了地方政府必然会竞相扩大公共服务供给，即面对其他地区在改善公共环境、提高公众福利方面的努力，地方政府必须相应增加在公共物品和服务供给方面的财政支出，否则，资源和要素就可能流失，而地方政府继续执政或晋升的前景也会受到影响（Gordon and Wilson，2003）。因而，地方公共服务供给在空间中存在正向外部效应或示范效应，一个地方公共服务供给的变化往往会同时引致其他地区的类似行为（Saavedra，2000；Wheaton，2000）。正是这种示范效应的存在，使得地方公共服务供给对本地区产生影响的同时，也有助于提高周边地区的便利性，从而增加整个区域的公众福利水平。包含公共服务供给空间交互效应的城市便利性函数关系可表示为：

$$\Phi_{it} = \Phi_0 G_{it}^{\delta} \prod_{j \neq i}^{N} G_{jt}^{\eta w_{ij}} \tag{8.9}$$

其中，Φ_0为常数，表示公共服务外影响城市便利性的其他因素，包括自然因素（比如气候、植被特征等）、制度因素等；G_{it}和$G_{jt}^{\eta w_{ij}}$分别为城市i的公共服务供给水平以及周边城市j公共服务供给的空间加权平均项；η表示城市间公共服务供给的相互依赖程度，且$0 < \eta < 1$。

根据格拉泽等（1995）的研究，城市中一些潜在的便利性或非便利性特征还可以由城市的人口规模反映出来。若人口规模快速扩张，而城市公共物品、基础设施及住房保障等公共服务跟不上人口增长步伐的话，人口迁移带来的交通拥堵、环境污染及房价攀升的负外部性可能越明显，人们的生活质量可能因此降低。从这个意义上说，人口的迁移成本将随迁入城市的人口数量增加而增加。然而，正如集聚外部性和公共服务等便利性设施会在空间中与其他城市的产业集聚和公共服务产生互动一样，某一城市人口规模也会受到周边城市人口规模变化的影响。如果城市居民的生活质量因城市人口规模快速扩张而降低，其人口必将流向其他生活质量更好的城市。因而与城市居民生活质量密切相关的城市便利化水平还与本市及周边城市人口规模负相关。结合以上讨论，式（8.9）可进一步表示为：

$$\Phi_{it} = \Phi_0 G_{it}^{\delta} P_{it}^{-\phi} \prod_{j \neq i}^{N} G_{jt}^{\eta w_{ij}} P_{jt}^{-\tau w_{ij}} \tag{8.10}$$

相应的效用函数则可进一步表示为：

$$U_{it} = \left(\Phi_0 G_{it}^{\delta} P_{it}^{-\phi} \prod_{j \neq i}^{N} G_{jt}^{\eta w_{ij}} P_{jt}^{-\tau w_{ij}}\right) C_{it}^{\varphi} h_{it}^{1-\varphi} \tag{8.11}$$

其中，$\phi > 0$，$\tau > 0$。式（8.11）显示，城市居民的效用水平除与产品数量、住房数量及本市和周边城市公共服务供给水平正相关外，还与本市和周边城市人口规模负相关。结合式（8.11）和式（8.8）求解消费者效用最大化问题，可得到消费者对住房的最优需求量为 $h_{it} = (1-\varphi) I_{it} / p_{h,it}$。由此，整个城市对住房的需求函数则为：

$$H_{it} = P_{it} \frac{(1-\varphi) I_{it}}{p_{h,it}} \tag{8.12}$$

根据城市经济理论（Mills，1967；Roback，1982），假设劳动力可在不同城市间自由流动，则经济系统中各城市在均衡状态下将具有相同的效用水平。若各城市在时间 t 的这一相同的效用水平为 $\bar{V}_t$，将消费者住房需求函数代入式（8.11），则有：

$$\bar{V}_t = V(p_{h,it}, I_{it}) = \Phi_0 \varphi^{\varphi} (1-\varphi)^{1-\varphi} I_{it} p_{h,it}^{\varphi-1} \left(G_{it}^{\delta} P_{it}^{-\phi} \prod_{j \neq i}^{N} G_{jt}^{\eta w_{ij}} P_{jt}^{-\tau w_{ij}}\right) \tag{8.13}$$

根据格拉泽（2008）的研究，住房在竞争性的市场环境中进行生产，其产量与住宅占地面积（L）和楼层高度（q）密切相关。假定代表性城市的上地供应是有限的，那么土地价格（$p_{L,it}$）和住房价格（$p_{h,it}$）都可内生地来决定。若住房的单位面积造价以 c 来表示，那么在面积为 L 的土地上建造 qL 面积住房的总造价可表示为 $cq^{\sigma}L$，其中 $\sigma>1$ 表示每增加一层房屋建造所增加的难度系数。开发商建造 qL 面积住房的利润函数为：

$$\pi = p_{h,it}qL - cq^{\sigma}L - p_{L}L \tag{8.14}$$

对式（8.14）中的住房高度 q 取偏微分，可得到利润最大化条件下 q 的决定方程：

$$q = \left(\frac{p_{h,it}}{c\sigma}\right)^{\frac{1}{\sigma-1}} \tag{8.15}$$

由式（8.15）可得到城市 i 的住房总供给为：

$$q\bar{L}_{it} = \left(\frac{p_{h,it}}{c\sigma}\right)^{\frac{1}{\sigma-1}}\bar{L}_{it} \tag{8.16}$$

其中，$\bar{L}_{it}$ 为城市 i 在时间 t 的住宅用地面积。由式（8.12）的住房需求函数和式（8.16）的住房供给函数，可得到城市 i 的均衡住房价格：

$$p_{h,it} = (c\sigma)^{\frac{1}{\sigma}}\left[\frac{(1-\varphi)P_{it}I_{it}}{\bar{L}_{it}}\right]^{\frac{\sigma-1}{\sigma}} \tag{8.17}$$

劳动力需求方程式（8.6）、间接效用函数式（8.13）和住房价格决定方程式（8.17）组成了一个联立系统，三者同时包含了城市人口规模（P_{it}）、劳动力工资水平（I_{it}）和住房价格（$p_{h,it}$）三个变量。通过内生化劳动力工资水平（I_{it}）和住房价格（$p_{h,it}$），并对城市人口规模（P_{it}）进行求解，可得到城市人口规模的决定方程：

$$P_{it} = \left[\Phi_0\bar{V}_t\varphi^{\varphi}(c\sigma)^{\frac{\varphi-1}{\sigma}}\alpha^{\frac{\sigma\varphi-\varphi+1}{\sigma}}(1-\varphi)^{\frac{1-\varphi}{\sigma}}A_0^{\frac{\sigma\varphi-\varphi+1}{(1-\beta)\sigma}}\beta^{\frac{\beta(\sigma\varphi-\varphi+1)}{(1-\beta)\sigma}}f^{\frac{\gamma(\sigma\varphi-\varphi+1)}{(1-\beta)\sigma}}\right]^{\frac{(1-\beta)\sigma}{(1-\beta)[(1-\varphi)(\sigma-1)+\sigma\varphi]+\gamma(\sigma\varphi-\varphi+1)}} F_{it}^{\frac{\varphi\gamma(\sigma-1)+1}{(1-\beta)[(1-\varphi)(\sigma-1)+\sigma\varphi]+\gamma(\sigma\varphi-\varphi+1)}} L_{it}^{\frac{(\sigma-1)(1-\varphi)(1-\beta)}{(1-\beta)[(1-\varphi)(\sigma-1)+\sigma\varphi]+\gamma(\sigma\varphi-\varphi+1)}}$$
$$\left(S_i^{\theta_1}D_i^{\theta_2}\prod_{j\neq i}^{N}S_j^{\vartheta_1 w_{ij}}D_j^{\vartheta_2 w_{ij}}\right)^{\frac{\sigma\varphi-\varphi+1}{(1-\beta)[(1-\varphi)(\sigma-1)+\sigma\varphi]+\gamma(\sigma\varphi-\varphi+1)}}\left(G_{it}^{\delta}\prod_{j\neq i}^{N}G_{jt}^{\eta w_{ij}}P_{jt}^{-\tau w_{ij}}\right)^{\frac{(1-\beta)\sigma}{(1-\beta)[(1-\varphi)(\sigma-1)+\sigma\varphi]+\gamma(\sigma\varphi-\varphi+1)}} \tag{8.18}$$

令 $\Delta=\left[\Phi_0\varphi^{\varphi}(c\sigma)^{\frac{\varphi-1}{\sigma}}\alpha^{\frac{\sigma\varphi-\varphi+1}{\sigma}}(1-\varphi)^{\frac{1-\varphi}{\sigma}}A_0^{\frac{\sigma\varphi-\varphi+1}{(1-\beta)\sigma}}\beta^{\frac{\beta(\sigma\varphi-\varphi+1)}{(1-\beta)\sigma}}f^{\frac{(1-\alpha-\beta)(\sigma\varphi-\varphi+1)}{(1-\beta)\sigma}}\right]^{\frac{(1-\beta)\sigma}{(1-\beta)[(1-\varphi)(\sigma-1)+\sigma\phi]+\gamma(\sigma\varphi-\varphi+1)}}$，

$\psi=(1-\beta)[(1-\varphi)(\sigma-1)+\sigma\phi]+\gamma(\sigma\varphi-\varphi+1)$，对式（8.18）两侧进一步取对数，整理得到：

$$\ln P_{it}=\Theta+\rho\sum_{j\neq i,j=1}^{N}w_{ij}\ln P_{jt}+\lambda_1\ln F_{it}+\lambda_2\ln L_{it}+\lambda_3\ln S_{it}+\lambda_4\ln D_{it}+\lambda_5\ln G_{it}+\kappa_1\sum_{j\neq i,j=1}^{N}w_{ij}\ln S_{jt}+\kappa_2\sum_{j\neq i,j=1}^{N}w_{ij}\ln D_{jt}+\kappa_3\sum_{j\neq i,j=1}^{N}w_{ij}\ln G_{jt}+\nu\ln\bar{V}_t \quad (8.19)$$

其中，$\Theta=\ln\Delta$，$\rho=\dfrac{(\beta-1)\sigma\tau}{\psi}$，$\lambda_1=\dfrac{\varphi\gamma(\sigma-1)+1}{\psi}$，$\lambda_2=\dfrac{(\sigma-1)(1-\varphi)(1-\beta)}{\psi}$，$\lambda_3=\dfrac{\theta_1(\sigma\varphi-\varphi+1)}{\psi}$，$\lambda_4=\dfrac{\theta_2(\sigma\varphi-\varphi+1)}{\psi}$，$\lambda_5=\dfrac{(1-\beta)\upsilon\delta}{\psi}$，$\kappa_1=\dfrac{\vartheta_1(\sigma\varphi-\varphi+1)}{\psi}$，$\kappa_2=\dfrac{\vartheta_2(\sigma\varphi-\varphi+1)}{\psi}$，$\kappa_3=\dfrac{(1-\beta)\sigma\eta}{\psi}$，$\nu=\dfrac{(1-\beta)\sigma}{\psi}$。由式（8.19）可知，城市 i 的人口规模除决定于本市的外资水平（F_{it}）、住宅用地面积（L_{it}）、产业专业化集聚水平（S_{it}）、多样化集聚水平（D_{it}）和公共服务供给水平（G_{it}）外，还受到周边城市产业专业化集聚水平（S_{jt}）、多样化集聚水平（D_{jt}）和公共服务供给水平（G_{jt}）的影响。该方程将产业集聚和公共服务供给纳入统一框架，探讨二者对城市人口规模的影响。式（8.19）中除包含专业化集聚、多样化集聚等解释变量空间交互效应外，还包含了被解释变量的空间交互项，该类模型在空间计量经济文献中被称为空间杜宾模型（SDM）（Elhorst，2014）。

产业集聚和公共服务供给除能够在统一框架中单独对城市人口规模有影响外，二者对城市人口增长还可能具有协同效应。一方面，产业集聚效应越充分的城市越有助于地方政府依靠实体经济发展增加财政收入，从而对公共服务支出能力就越强（冯建喜等，2016），有助于提高公共服务供给对人口增长的拉动作用。因而，产业集聚效应在吸纳劳动就业、提高城市人口增长水平的同时，还通过强化公共服务支出来提高对人口的吸纳效应。另一方面，公共服务供给还可能通过完善便利设施（Humphreys and Zhou，2015；Hazledine et al.，2017）、降低企业投资和创业风险（宁光杰和段乐乐，2017）等强化产业集聚效应，提高产业集聚对人口的就业吸纳能力。因而，式（8.19）中产业集聚对城市人口规模的影响弹性（λ_3、λ_4 和 κ_1、κ_2）又可看作公共服务供给的增函数[①]，即：

---

① 我们也可以通过在公共服务供给的弹性中引入产业专业化集聚和多样化集聚来构建交互项，其效果与在产业集聚弹性系数中引入公共服务供给变量一致。

$$\lambda_3 = \upsilon_0 + \upsilon_1 \ln G_{it},\ \lambda_4 = \upsilon'_0 + \upsilon_2 \ln G_{it},\ \kappa_1 = \bar{\upsilon}_0 + \upsilon_3 \ln G_{jt},\ \kappa_2 = \bar{\upsilon}'_0 + \upsilon_4 \ln G_{jt} \tag{8.20}$$

其中，υ_0、υ'_0、$\bar{\upsilon}_0$ 和 $\bar{\upsilon}'_0$ 为常数，υ_1 和 υ_2 分别为公共服务供给对 λ_3 和 λ_4 的弹性系数，υ_3 和 υ_4 分别为公共服务供给对 κ_1 和 κ_2 的弹性系数，且 $\upsilon_1 > 0, \upsilon_2 > 0$，$\upsilon_3 > 0, \upsilon_4 > 0$。将式（8.20）代入式（8.19）可进一步得到：

$$\begin{aligned}\ln P_{it} = {} & \Theta + \rho \sum_{j \neq i, j=1}^{N} w_{ij} \ln P_{jt} + \lambda_1 \ln F_{it} + \lambda_2 \ln L_{it} + \upsilon_0 \ln S_{it} + \upsilon'_0 \ln D_{it} + \lambda_5 \ln G_{it} \\ & + \upsilon_1 \ln S_{it} \times \ln G_{it} + \upsilon_2 \ln D_{it} \times \ln G_{it} + \bar{\upsilon}_0 \sum_{j \neq i, j=1}^{N} w_{ij} \ln S_{jt} + \bar{\upsilon}'_0 \sum_{j \neq i, j=1}^{N} w_{ij} \ln D_{jt} \\ & + \kappa_3 \sum_{j \neq i, j=1}^{N} w_{ij} \ln G_{jt} + \upsilon_3 \sum_{j \neq i, j=1}^{N} w_{ij} \ln S_{jt} \times \ln G_{jt} + \upsilon_4 \sum_{j \neq i, j=1}^{N} w_{ij} \ln D_{jt} \times \ln G_{jt} + \nu \ln \bar{V}_t\end{aligned} \tag{8.21}$$

式（8.21）反映了专业化集聚、多样化集聚、公共服务供给及产业集聚和公共服务供给的协同效应对城市人口规模的影响。

（二）空间计量模型设定

由于城市间人口的流动性，不同城市人口规模也必然存在空间联动性。这就使得决定某一城市人口增长的各类因素也会通过空间联动性对其他城市人口规模产生影响。因而式（8.21）中不仅要包含专业化集聚、多样化集聚和公共服务供给等变量及其空间交互项，还应进一步加入外资水平（F_{it}）和住宅用地面积（L_{it}）的空间交互效应。由于均衡时，各城市在特定时间 t 的效用水平相同，因而间接效用 $\bar{V}_t$ 是仅随时间而变的非空间变异变量，属于时间特定效应。而 Δ 中除包含各类参数的作用外，还包含除专业化集聚和多样化集聚以外的影响生产率的其他因素（A_0），以及除公共服务供给外的影响城市便利性的其他因素（Φ_0）。因而 $\bar{V}_t$ 和 Δ 都是空间计量方程误差项的重要组成部分。式（8.21）可进一步扩展为：

$$\begin{aligned}\ln P_{it} = {} & \Theta + \rho \sum_{j \neq i, j=1}^{N} w_{ij} \ln P_{jt} + \lambda_1 \ln F_{it} + \lambda_2 \ln L_{it} + \upsilon_0 \ln S_{it} + \upsilon'_0 \ln D_{it} + \lambda_5 \ln G_{it} \\ & + \upsilon_1 \ln S_{it} \times \ln G_{it} + \upsilon_2 \ln D_{it} \times \ln G_{it} + \bar{\upsilon}_0 \sum_{j \neq i, j=1}^{N} w_{ij} \ln S_{jt} + \bar{\upsilon}'_0 \sum_{j \neq i, j=1}^{N} w_{ij} \ln D_{jt}\end{aligned}$$

$$+\kappa_3\sum_{j\neq i,j=1}^{N}w_{ij}\ln G_{jt}+\upsilon_3\sum_{j\neq i,j=1}^{N}w_{ij}\ln S_{jt}\times\ln G_{jt}+\upsilon_4\sum_{j\neq i,j=1}^{N}w_{ij}\ln D_{jt}$$
$$\times\ln G_{jt}+\kappa_4\sum_{j\neq i,j=1}^{N}w_{ij}\ln F_{jt}+\kappa_5\sum_{j\neq i,j=1}^{N}w_{ij}\ln L_{jt}+\mu_i+\xi_t+\varepsilon_{it} \tag{8.22}$$

其中，κ_4 和 κ_5 分别为外资水平和住宅用地空间交互项的参数，μ_i 为不随时间而变的空间特定效应，ξ_t 为不随空间个体而变的时间特定效应，ε_{it} 为随机扰动项。除以上因素影响城市人口规模外，Moretti（2004）、Rodríguez-Pose and Tselios（2012）认为人力资本外部性也是决定人口向城市集聚的重要因素，因为平均受教育程度越高的城市，劳动者从中获得的学习机会就越多，因而更容易获得较高的工资和收入水平。Rosenthal and Strange（2008）也指出高等教育劳动者份额对劳动生产率的正向效应（人力资本外部性）并非仅限于本地区，还会对更大空间距离的其他地区产生影响。因而本章也在式（8.20）中进一步控制人力资本外部性（*EDU*）及其空间滞后项的作用。进一步地，为反映城市劳动力市场中就业机会对人口增长的影响，本章根据夏怡然和陆铭（2015）的做法，进一步控制城市产业结构（*IS*）和失业率（*UR*）的作用。由于第三产业和第二产业对劳动就业的吸纳力不同（Moretti，2010），因而产业结构对劳动力市场就业机会进而城市人口规模也必然产生影响。一个城市失业率越高，劳动力市场中的就业机会就越少，吸引人口集聚的能力就越低。纳入以上控制变量的空间计量方程可进一步写为：

$$\ln P_{it}=\Theta+\rho\sum_{j\neq i,j=1}^{N}w_{ij}\ln P_{jt}+\lambda_1\ln F_{it}+\lambda_2\ln L_{it}+\upsilon_0\ln S_{it}+\upsilon'_0\ln D_{it}+\lambda_5\ln G_{it}$$
$$+\lambda_6\ln EDU_{it}+\lambda_7\ln IS_{it}+\lambda_8\ln UR_{it}+\upsilon_1\ln S_{it}\times\ln G_{it}+\upsilon_2\ln D_{it}\times\ln G_{it}$$
$$+\bar{\upsilon}_0\sum_{j\neq i,j=1}^{N}w_{ij}\ln S_{jt}+\bar{\upsilon}'_0\sum_{j\neq i,j=1}^{N}w_{ij}\ln D_{jt}+\kappa_3\sum_{j\neq i,j=1}^{N}w_{ij}\ln G_{jt}+\upsilon_3\sum_{j\neq i,j=1}^{N}w_{ij}\ln S_{jt}$$
$$\times\ln G_{jt}+\upsilon_4\sum_{j\neq i,j=1}^{N}w_{ij}\ln D_{jt}\times\ln G_{jt}+\kappa_4\sum_{j\neq i,j=1}^{N}w_{ij}\ln F_{jt}+\kappa_5\sum_{j\neq i,j=1}^{N}w_{ij}\ln L_{jt}$$
$$+\kappa_6\sum_{j\neq i,j=1}^{N}w_{ij}\ln EDU_{jt}+\kappa_7\sum_{j\neq i,j=1}^{N}w_{ij}\ln IS_{jt}+\kappa_8\sum_{j\neq i,j=1}^{N}w_{ij}\ln UR_{jt}+\mu_i+\xi_t+\varepsilon_{it} \tag{8.23}$$

其中，$\lambda_6 \sim \lambda_8$ 和 $\kappa_6 \sim \kappa_8$ 为人力资本、产业结构等控制变量及其空间滞后项的系数。

四、变量测度与数据说明

本章样本为2003~2010年全国283个地级及以上城市的面板数据。为使面板数据一致和平稳，本章删除了拉萨、三沙、海东、巢湖、陇南和中卫六个地市。数据主要来自2004~2011年《中国城市统计年鉴》《中国城市建设统计年鉴》以及《中国人口和就业统计年鉴》。由于缺乏城市层面价格指数数据，本章采用省级层面的价格指数对城市数据进行调整。省级层面价格指数来自《中国统计年鉴》。以下具体说明有关变量和指标的界定和测度方法。

（1）城市人口规模（P）。本章采用市辖区年末总人口（万人）来表示城市人口规模，数据直接取自《中国城市统计年鉴》。2009年之前，《中国城市统计年鉴》主要报告了城市市辖区年末总人口和非农业人口数据；而从2009年开始，该年鉴开始报告市辖区年平均人口（万人）数据。年平均人口数据反映了城市在一年中各个时点（年初、年中和年末）人口的平均数。与年末总人口相比，该指标可在一定程度上更有助于衡量城市在全年的人口规模变化，但由于该指标仅从2009年开始统计，因而样本量较为有限，本章被解释变量依然以年末人口数来表示，而将年平均人口数作为一项替代性指标进行稳健性检验。另外，城市人口规模增长的直接原因在于城市就业量的增加，城市就业人口不仅是城市人口的重要组成部分，而且会带动其他家庭成员在城市集聚，从而扩大城市人口规模（Hoyt，1939）。因而本章也采用2003~2008年的非农业人口数据、2009~2010年的年末平均人口数据和2003~2010年的城市就业人口数据进行稳健性检验。

（2）专业化集聚（S）。该指标构建方法参考Combes（2000）的研究，即：

$$S_i = \frac{E_{i,m}/E_i}{E_m/E} \tag{8.24}$$

其中，S_i为城市i制造业总体的专业化水平，$E_{i,m}$代表城市i制造业总体的就业人数，E_i为城市i总就业人数，E_m表示全国制造业总体的就业人数，E为全国总就业人数。

（3）多样化集聚（D）。我们采用改进的Combes（2000）产业多样化指标来衡量制造业多样化集聚水平：

$$D_i = \sum_s \frac{E_{is}}{E_i}\left[\frac{1/\sum_{s'=1,s'\neq s}^{n}(E_{is'}/(E_i - E_{is}))^2}{1/\sum_{s'=1,s'\neq s}^{n}(E_{s'}/(E - E_s))^2}\right] \quad (8.25)$$

其中，D_i为城市 i 制造业的多样化水平，其值越大则多样化集聚水平越高；$E_{is'}$ 表示城市 i 中除行业 s 外的其他某个制造业行业 s' 的就业人数，E_i为城市 i 总就业人数，E_{is}为城市 i 中制造业行业 s 的就业人数，$E_{s'}$ 表示除行业 s 外的全国层面某制造业细分行业 s' 的就业人数；E_s代表全国制造业行业 s 的就业人数，E 则为全国总就业人数。

本章采用中国工业企业数据库中规模以上微观企业就业数据来计算各城市专业化集聚和多样化集聚指标。为了得到城市—产业层面的数据，本章进行了如下处理：一是根据聂辉华等（2012）的处理方法对《中国工业企业数据库》的指标异常值进行处理，并剔除了就业人数小于 8 人和年销售额低于 500 万的企业；二是城市—产业层面就业人数的计算，本章参考国民经济行业分类（GB－T－4754－2002）的分类标准，选取了数据库中企业三位码行业代码与制造业三位码行业代码进行匹配，并将就业人数加总到 283 个地级市层面，得到城市—产业层面就业人数的数据，再根据式（8.24）和式（8.25）计算各城市专业化集聚和多样化集聚指标。

目前，《中国工业企业数据库》中的企业数据可更新至 2013 年。然而，由于以下三个原因，本章中的数据仅可用到 2010 年。首先，就业指标在 2011 年是缺失的，因而我们无法测算城市的专业化集聚和多样化集聚指标；其次，当我们将 2012 年的数据匹配至城市层面后发现，湖南省地级及以上城市的企业和行业数据是缺失的；最后，2013 年数据使用的标准行业分类（SIC）（GB－T－4754－2011）无法在三位码行业层面与 2002 年的版本进行完全匹配。基于以上原因，本章使用城市层面制造业三位码行业数据测算了 2003～2010 年专业化集聚和多样化集聚指标。

（4）城市公共服务供给水平（G）。目前多数研究主要从两方面探讨地方公共服务供给水平：一是以省级行政单位为基本分析单元，采用指标体系法来测度地方公共服务供给水平（武力超等，2014）；二是以城市为研究对象，以某一类或几类公共服务为代表来分析城市公共服务供给水平（夏怡然和陆铭，2015；杨晓军，2017）。本章将通过构建地方公共服务供给的综合指标体系，衡量地级及以上城市公共服务供给质量。选择城市为公共服务的基本研究单元，具有以下两方面优势：一是城市是地方政府提供公共服务的基本决策单元，区际公共服务供给差异主要体现为城市间差异；二是省级行政单位与城市相比具有更大的地域范围和经济规模，即使公共服务供给水平相同的省份也无法真正反映其内部城市间公共服务发展的真实状态，而选择城市为研究单元则可更加准确地度量各地区公共服务供给水平。本章依据武力超等（2014）的做法，基于地方政府在公共服务方面取得的客观成果数据对各地级城市公共服务综合供给水平（G）进行评估。基本公共服务主要涉及保障基本民生所需的教育、医疗卫生、社会保障、环境保护、基本公共设施等方面。本章按照系统性、全面性、科学性和针对性原则，选择指标体系构建地级及以上城市公共服务综合指标体系，如表 8 - 1 所示。①

表 8 - 1　　城市公共服务供给指标体系

公共服务种类	具体指标
教育类公共服务	每万人普通中学及小学学校数（所/万人） 普通小学师生比（人/万人） 普通中学师生比（人/万人）
医疗卫生类公共服务	每万人医院、卫生院数（个/万人） 每万人医院、卫生院床位数（张/万人） 每万人医生数（人/万人）
能源资源基础设施类公共服务	居民人均生活用水量（吨/人） 居民人均生活用电量（千瓦时/人） 居民人均煤气使用量（立方米/人） 居民人均液化石油气使用量（吨/人）
交通运输类公共服务	每万人拥有公共汽车数（辆/万人） 人均城市道路面积（平方米） 城市路网密度（单位建成区面积道路里程，千米/平方千米）
环境保护类公共服务 *	人均绿地面积（平方米） 建成区绿化覆盖率（%） 人均工业烟（粉）尘去除量（吨/人） 工业固体废物综合利用率（%） 污水处理厂集中处理率（%） 生活垃圾无害化处理率（%）

注：* 由于《中国城市统计年鉴》中并未报告工业烟（粉）尘去除量、工业固体废物综合利用率、污水处理厂集中处理率及生活垃圾无害化处理率等指标的市辖区数据，本书以这些指标的全市数据来近似表示。尽管从各城市每一指标的数据来看与真实数据存在偏差，但这些指标所表征的各城市在所有城市中的位序及其相对重要性程度可能偏差不大，因而对主成分分析结果的影响并不会太大。

---

① 由于《中国城市统计年鉴》中城市层面社会保障类公共服务指标（城镇职工基本养老保险参保人数、城镇基本医疗保险参保人数、失业保险参保人数）从 2011 年才有统计，为保证面板数据的完整性和一致性，本书未将社会保障类公共服务列入表 1 的城市公共服务供给指标体系中。

本章采用主成分分析法对表 8－1 的指标体系进行降维处理，测算公共服务供给的综合指标。首先对各指标进行标准化处理，进而得到公共服务供给协方差矩阵的特征值、各指标的方差贡献率和累计贡献率，其次依据特征值大于 1 的原则得到了公共服务供给系统中前三个因子作为主成分个数，最后利用各主成分的方差贡献率进行加权平均得到地级及以上城市公共服务供给综合指数。该综合指数越大表示地方公共服务供给水平越高。

（5）其他变量。外资水平（F）以外商直接投资（FDI）存量来表示，FDI 存量用市辖区每年外商直接投资和公式 $F_{it}=(1-\rho)F_{i,t-1}+FDI_{it}/\omega_{i,t}$ 计算。式中 $F_{i,t}$ 是 FDI 存量；ρ 是年折旧率，设为 5%；FDI_{it} 是外商直接投资；$\omega_{i,t}$ 是各城市的累积资本价格指数，外商直接投资数据来自《中国城市统计年鉴》。住宅用地面积（L）使用城市建设用地中居住用地面积（平方千米）来表示，数据来自历年《中国城市建设统计年鉴》。人力资本水平（EDU）以中学及以上学生数占总人口比重表示。产业结构（IS）以城市市辖区地区第三产业与第二产业的比重（%）表示。失业率（UR）以城镇登记失业人员数占登记失业人数与从业人员数之和的比重（%）来表示，其中市辖区从业人员为单位从业人员数与城镇私营和个体从业人员数之和。所有货币价值的数据以 2003 年不变价计算。表 8－2 报告了中国地级及以上城市制造业专业化集聚、多样化集聚、公共服务供给及其他变量的样本统计值。

表 8－2　中国地级及以上城市制造业集聚、公共服务供给及其他变量的样本统计值

变量	均值	标准差	最小值	最大值
P（城市人口规模，万人）	129.1560	159.1545	14.0800	1542.7700
F（外商直接投资存量，万元）	1558824	4710627	0.0000	55637780
L（住宅用地面积，平方千米）	31.7515	68.7421	0.0100	1082.2610
S（制造业专业化集聚）	0.4993	0.2351	0.0115	1.1722
D（制造业多样化集聚）	0.8968	0.3688	0.0654	8.8908
G（公共服务供给）	1.4091	0.4731	0.3854	5.7994
EDU（人力资本水平,%）	10.4659	3.8105	2.0518	28.8085
IS（产业结构,%）	92.6811	52.1476	9.4317	494.4377
UR（失业率,%）	4.2402	3.4989	0.1453	82.8591

资料来源：作者整理测算而得。

五、空间计量估计与结果说明

（一）空间权重矩阵

构造适当的空间权重矩阵是准确度量个体间空间交互效应的关键。由于传统的0～1邻阶矩阵仅基于空间单元间是否相邻（是否有共同的顶点或边）来表征不同区域观测数据集的相互关系，因而无法反映地理上相互接近但并非相连的空间单元间的空间影响，也不能完全体现各空间单元间经济上的相互作用。本章构造了地理距离空间权重矩阵（W_d）、经济距离空间权重矩阵（W_e）和地理与经济距离的嵌套矩阵（W_{de}）三种空间权重矩阵。具体如下：

（1）地理距离矩阵。城市间的地理距离是影响产业和人口空间分布的重要因素。地理距离权重矩阵 W_d可设定为：

$$W_d = 1/d_{ij},\ i \neq j \tag{8.26}$$

其中，d_{ij}是使用经纬度数据计算的城市间距离，且 $i \neq j$。

（2）经济距离矩阵。根据张学良（2012）对经济距离的设置方法，本章采用人均 GDP 构建经济距离空间权重矩阵 W_e：

$$W_e = 1/|\bar{Q}_i - \bar{Q}_j|,\ i \neq j \tag{8.27}$$

其中，$\bar{Q}_i$ 和 $\bar{Q}_j$ 分别为城市 i 和城市 j 在2003～2015年的人均 GDP 均值。经济距离矩阵度量了城市间在经济发展上的相对位置；若两城市经济发展水平越接近，则其经济运行模式可能越相似。

（3）地理与经济距离嵌套矩阵。地理邻近和经济关联是影响经济活动空间布局的重要因素，地理距离矩阵和经济距离矩阵分别从相对地理区位和经济运行模式两个方面反映了空间个体间的相互关系。然而现实中城市间的关联效应可能并非仅来自地理区位或经济发展相似性的某一方面，而是受到地理邻近和经济运行模式的双重影响。综合不同空间个体在地理区位与经济特征等方面因素来构建的空间权重矩阵，对于表征数据集在空间上的分布特征及其空间联系更具优势。基于此，本章采用邵帅等（2016）的方法，通过构建地理和经济距离嵌套矩阵来反映空间个体在地理和经济上的双重空间邻近性。

$$W_{de} = \tau W_d + (1 - \tau) W_e \tag{8.28}$$

其中，$0 < \tau < 1$ 为地理距离矩阵的权重，表示空间交互作用中地理邻近性的相对重要性程度。为获得 τ 的最优值，本章分别对 τ 取 0、0.1、0.2、0.3、…、0.9 和 1 时的模型进行空间计量估计，以选取使参数估计和拟合优度达到最优的模型和 τ 值。

（二）空间计量估计策略

本章参考 Elhorst（2014）的检验思路，采用通常的拉格朗日乘数（LM），似然比（LR）和沃尔德统计量（wald statistics）来比较一个模型相对另一个的性能，确定空间计量模型的具体形式。首先，按照从具体到一般的检验思路，估计非空间效应模型（nonspatial model）并利用拉格朗日乘数法（LM）来检验是否使用 SAR 或者 SEM 模型。其次，如果非空间效应模型被拒绝，且存在空间或时间固定效应，那么需要进一步估计空间杜宾模型（SDM），利用似然比（LR-test）检验计量模型是否存在空间固定效应（spatial fixed effects，SFE）或时间固定效应（time fixed effects，TFE）。再次，进行 Hausman 检验，判断面板空间杜宾计量模型是采用固定效应还是随机效应估计方法。最后，通过 Wald 或 LR 检验法检验假设：H_0^1：$\theta = 0$ 和 H_0^2：$\theta + \rho\beta = 0$，用以判断空间杜宾模型是否会简化为空间自回归（SAR）或空间误差模型（SEM）。表 8－3 报告了空间计量模型的检验结果。[①]

首先，地理距离矩阵和地理与经济嵌套矩阵估计中 LM-lag 检验、R-LM-lag 检验、LM-err 检验、R-LM-err 检验均在 1% 显著性水平通过检验，说明 SAR 模型和 SEM 模型均适于估计式（8.23），而经济距离矩阵 LM-lag 检验、LM-err 检验和 R-LM-err 检验均通过显著性检验，R-LM-lag 统计量却未通过显著性检验，因而 LM（R-LM）检验在经济距离矩阵估计中指向 SEM 模型。其次，由于非空间效应计量模型的原假设被拒绝，因而需估计空间杜宾模型，并检验其是否具有固定效应。三类空间权重矩阵空间杜宾模型的空间、时间

① 由于表 8－4 显示 τ 取 0.7 时空间杜宾模型拟合优度和参数估计达到最优，因而这里仅报告了 τ 取 0.7 时的检验结果。

表 8-3　　各类空间权重矩阵下的空间计量模型检验

检验内容	检验方法	地理距离矩阵		经济距离矩阵		地理和经济嵌套矩阵	
		统计值	伴随概率	统计值	伴随概率	统计值	伴随概率
SAR 模型与 SEM 模型检验	LM-lag 检验	175. 07	0. 0000	89. 90	0. 0050	164. 35	0. 0000
	R-LM-lag 检验	331. 68	0. 0000	1. 73	0. 1890	34. 70	0. 0000
	LM-err 检验	2425. 06	0. 0000	129. 07	0. 0000	529. 65	0. 0000
	R-LM-err 检验	2581. 68	0. 0000	40. 90	0. 0000	400. 00	0. 0000
空间杜宾模型的固定效应检验	SFE-LR 检验	4515. 18	0. 0000	4912. 58	0. 0000	4715. 10	0. 0000
	TFE-LR 检验	30. 66	0. 0038	330. 49	0. 0000	106. 61	0. 0000
	STFE-LR 检验	4566. 92	0. 0000	5020. 82	0. 0000	4790. 72	0. 0000
SDM 模型的 Hausman 检验	Hausman 检验	123. 68	0. 0000	2772. 45	0. 0000	612. 83	0. 0000
SDM 模型的简化检验	Wald-lag 检验	732. 81	0. 0000	264. 64	0. 0000	384. 32	0. 0000
	LR-lag 检验	645. 90	0. 0000	259. 47	0. 0000	380. 61	0. 0000
	Wald-err 检验	117. 06	0. 0000	157. 64	0. 0000	77. 76	0. 0000
	LR-err 检验	126. 33	0. 0000	155. 87	0. 0000	82. 12	0. 0000

资料来源：作者利用 matlab 软件估计而得。

和时空双重固定效应 LR 检验结果均显示，固定效应的计量模型中应同时控制空间和时间双重固定效应。再次，进一步采用 Hausman 检验判断 SDM 模型是采用时空双重固定效应还是随机效应更为合适。检验结果显示三类空间权重矩阵估计中 Hausman 检验均支持时空双重固定效应的 SDM 模型。最后，各权重矩阵估计中时空双重固定效应 SDM 模型的 Wald-lag、LR-lag、Wald-err、LR-err 统计量均通过了显著性检验，表明双重固定效应的 SDM 模型不可简化为 SAR 模型或 SEM 模型。可见，双重固定效应的 SDM 模型更适用于估计本章的空间面板模型。

（三）空间计量估计结果

由于 SDM 模型中城市人口规模的空间滞后项为内生变量，因而本章使用最大似然法估计模型，以获得一致性的参数估计。为准确判断地理和经济嵌套矩阵中 τ 的取值，也便于比较和检验各变量参数估计的稳健性，本章分别测算了 τ 取 0、0. 1、0. 2、0. 3、0. 4、0. 5、0. 6、0. 7、0. 8、0. 9 和 1 时的空间权重矩阵，并采用 SDM 模型进行估计。表 8－4 报告了相应的面板空间计量估计结果。

本章综合拟合优度、自然对数函数值（*log-likelihood*）等统计量对表 8－4 中各空间计量模型的最优模型进行判断和选择，并以此确定 τ 的取值。表 8－4 结果显示，当 $\tau=0.7$ 时，空间杜宾模型的拟合优度值（$R^2=0.7017$）和自然对数函数值（log-*likelihood* = 1274.653）在各空间模型中最大，因而 $\tau=0.7$ 是地理与经济距离嵌套矩阵中地理距离空间权重矩阵的最佳权重，其所对应的空间杜宾模型则为本章实证研究中的最优模型。$\tau=0.7$ 意味着在城市人口规模的空间相互作用过程中，人口变动的空间外溢效应依赖于空间个体间地理距离和经济关联的共同作用，且城市之间在地理上的邻近关系比经济距离的邻近性更为重要。

表 8－4 中多数空间自回归系数 ρ 显著为正，说明在控制解释变量对城市人口规模的外生空间交互效应后，空间经济关联和地理邻近性共同促使人口规模在城市间产生内生空间交互效应，呈现空间集聚态势。当存在空间溢出效应时，某个解释变量变化不仅引起本地区人口规模随之变化，同时也会对邻近城市人口规模产生影响，并通过循环反馈作用引起一系列调整变化（邵帅等，2016）。然而，在包含全局效应设定的 SDM 模型中，变量的参数估计值及其显著性仅代表各变量的作用方向和影响效果，并非代表其对城市人口规模的边际影响。正如 LeSage and Pace（2009）所言，通过使用一个或更多空间回归模型设定的点估计（ρ 或 θ）来判定是否存在空间溢出效应的做法可能导致错误的结论，而对不同空间模型设定（spatial model specifications）中变量变化的偏微分解释则可作为检验是否存在空间溢出效应假设的更为有效的方法。因而我们并不能依据表 8－4 中 SDM 模型的点估计结果来比较分析不同模型专业化集聚、多样化集聚、公共服务供给及其他解释变量对城市人口规模的作用效果，也无法判定专业化、多样化集聚及其他变量是否对城市人口规模产生明显空间外溢效应。为此，本章采用 LeSage and Pace（2009）的方法，根据表 8－4 中 $\tau=0.7$ 时的参数估计结果进一步估算相应空间杜宾模型中专业化集聚、多样化集聚、公共服务供给及其他控制变量对城市人口规模的直接效应和间接效应。其中，直接效应反映了专业化集聚、多样化集聚及公共服务供给等解释变量对本市人口规模增长的影响，其中包含了空间反馈效应，即本市影响因素变动通过影响邻近城市人口规模，邻市人口规模又反过来影响本市人口变化这一循环往复的过程；间接效应则表示周边城市专

表 8 - 4　　产业集聚、公共服务供给影响城市人口增长的 SDM 估计结果

变量	经济距离矩阵	地理和经济距离嵌套矩阵									地理距离矩阵
	$\tau=0$	$\tau=0.1$	$\tau=0.2$	$\tau=0.3$	$\tau=0.4$	$\tau=0.5$	$\tau=0.6$	$\tau=0.7$	$\tau=0.8$	$\tau=0.9$	$\tau=1$
$\ln F$	0.0340*** (10.75)	0.0338*** (10.73)	0.0335*** (10.73)	0.0335*** (10.71)	0.0335*** (10.72)	0.0334*** (10.74)	0.0335*** (10.76)	0.0336*** (10.80)	0.0338*** (10.88)	0.0343*** (11.02)	0.0347*** (11.15)
$\ln L$	0.6457*** (52.32)	0.6466*** (52.55)	0.6516*** (53.32)	0.6497*** (53.07)	0.6520*** (53.37)	0.6546*** (53.65)	0.6574*** (53.90)	0.6596*** (54.07)	0.6611*** (54.15)	0.6616*** (54.20)	0.6608*** (54.24)
$\ln S$	0.3466*** (11.83)	0.3539*** (12.12)	0.3722*** (12.78)	0.3673*** (12.62)	0.3732*** (12.81)	0.3786*** (12.91)	0.3843*** (12.93)	0.3902*** (12.85)	0.3952*** (12.67)	0.3953*** (12.36)	0.3919*** (12.08)
$\ln D$	0.1280*** (6.35)	0.1329*** (6.62)	0.1469*** (7.38)	0.1426*** (7.15)	0.1475*** (7.41)	0.1519*** (7.64)	0.1551*** (7.78)	0.1554*** (7.74)	0.1497*** (7.36)	0.1367*** (6.63)	0.1226*** (5.90)
$\ln G$	0.6854*** (17.70)	0.6826*** (17.62)	0.6737*** (17.33)	0.6763*** (17.41)	0.6731*** (17.31)	0.6706*** (17.25)	0.6699*** (17.31)	0.6727*** (17.59)	0.6795*** (18.21)	0.6901*** (19.16)	0.7025*** (20.20)
$\ln EDU$	0.2607*** (3.33)	0.2751*** (3.20)	0.2749*** (3.04)	0.3244*** (3.05)	0.3651*** (3.05)	0.4210*** (3.10)	0.4926*** (3.19)	0.5693*** (3.27)	0.6388*** (3.34)	0.6806*** (3.43)	0.7188*** (3.77)
$\ln IS$	0.0187 (0.98)	0.0118 (0.62)	0.0062 (0.33)	-0.0012 (-0.64)	-0.0069 (-0.37)	-0.0113 (-0.60)	-0.0136 (-0.73)	-0.0129 (-0.69)	-0.0088 (-0.48)	-0.0032 (-0.57)	-0.0072 (-0.40)
$\ln UR$	-0.0126 (-0.88)	-0.0144 (-1.01)	-0.0203 (-1.42)	-0.0182 (-1.28)	-0.0207 (-1.45)	-0.0239* (1.79)	-0.0287** (-1.99)	-0.0367** (-2.52)	-0.0486*** (-3.33)	-0.0635*** (-4.37)	-0.0756*** (-5.25)
[illegible]	0.1500*** (3.85)	0.1650*** (3.85)	0.1880*** (4.16)	0.2070*** (3.89)	0.2470*** (4.12)	0.3020*** (4.45)	0.3720*** (4.89)	0.4770*** (5.87)	0.5710*** (7.12)	0.6260*** (8.40)	0.6120*** (8.39)

续表

变量	经济距离矩阵	地理和经济距离嵌套矩阵									地理距离矩阵
	$\tau=0$	$\tau=0.1$	$\tau=0.2$	$\tau=0.3$	$\tau=0.4$	$\tau=0.5$	$\tau=0.6$	$\tau=0.7$	$\tau=0.8$	$\tau=0.9$	$\tau=1$
$W\times\ln F$	-0.0185 ** (-2.48)	-0.0215 *** (-2.61)	-0.0294 *** (-3.23)	-0.0312 *** (-2.98)	-0.0395 *** (-3.27)	-0.0516 *** (-3.62)	-0.0691 *** (-4.01)	-0.0935 *** (-4.36)	-0.1204 *** (-4.40)	-0.1241 *** (-3.59)	-0.0593 (-1.63)
$W\times\ln L$	-0.1293 *** (-2.98)	-0.1546 *** (-3.27)	-0.1999 *** (-4.18)	-0.2200 *** (-3.86)	-0.2644 *** (-4.19)	-0.3107 *** (-4.43)	-0.3476 *** (-4.47)	-0.3706 *** (-4.32)	-0.3601 *** (-3.81)	-0.3731 *** (-3.56)	-0.5218 *** (-4.87)
$W\times\ln S$	-0.3556 (-1.18)	-0.3746 * (-1.92)	-0.3244 ** (-2.28)	-0.4141 ** (-2.44)	-0.4380 ** (-2.47)	-0.4316 ** (-2.32)	-0.4201 (-1.30)	-0.3501 *** (-2.60)	-0.2153 (-1.59)	-0.1485 * (-1.77)	-0.2894 ** (-2.10)
$W\times\ln D$	-0.0880 *** (-7.56)	-0.0769 *** (-7.24)	-0.0299 *** (-5.97)	-0.0456 *** (-6.43)	-0.0210 *** (-5.88)	-0.0372 *** (-5.19)	-0.0415 *** (-4.30)	-0.0778 *** (-3.12)	-0.0516 * (-1.70)	-0.0024 (-0.64)	0.1391 (0.92)
$W\times\ln G$	-0.3251 *** (-3.47)	-0.3477 *** (-3.43)	-0.3112 *** (-3.10)	-0.3892 *** (-3.23)	-0.4052 *** (-3.06)	-0.4106 *** (-2.83)	-0.3970 ** (-2.49)	-0.3571 ** (-2.06)	-0.2736 (-1.47)	-0.1539 (-0.79)	-0.0037 (-0.49)
$W\times\ln EDU$	-0.0515 ** (-2.16)	-0.0690 ** (-2.43)	-0.0908 *** (-3.21)	-0.0840 *** (-2.96)	-0.0920 *** (-3.25)	-0.1008 *** (-3.55)	-0.1099 *** (-3.85)	-0.1188 *** (-4.12)	-0.1254 *** (-4.31)	-0.1302 *** (-4.44)	-0.1362 *** (-4.63)
$W\times\ln IS$	0.3661 *** (7.84)	0.3769 *** (7.37)	0.2994 *** (5.53)	0.3933 *** (6.20)	0.3902 *** (5.43)	0.3742 *** (4.55)	0.3419 *** (3.58)	0.2773 ** (2.53)	0.2142 * (1.72)	0.1586 (1.15)	0.0661 (0.47)
$W\times\ln UR$	-0.0238 (-0.66)	-0.0270 (-0.68)	-0.0253 (-0.61)	-0.0321 (-0.65)	-0.0319 (-0.58)	-0.0234 (-0.37)	0.0053 (0.31)	0.0680 * (1.82)	0.1815 ** (1.96)	0.3234 *** (3.28)	0.4451 *** (4.61)
log-*lik*	1230.232	1234.351	1239.201	1245.058	1255.917	1246.040	1266.711	1274.653	1251.769	1220.920	1213.892
R^2	0.6847	0.6869	0.6927	0.6910	0.6929	0.6946	0.6960	0.7017	0.6999	0.6986	0.6973

注：***、** 和 * 分别表示在 1%、5% 和 10% 水平上显著，log-*lik* 为 log-*likelihood*，小括号中为 t 值。

资料来源：作者利用 matlab 软件估计而得。

业化集聚、多样化集聚和公共服务供给等变量对本市人口规模（或本市公共服务供给和专业化集聚、多样化集聚对邻市人口规模）的空间影响，反映了空间外溢效应。同时，本章理论分析显示不仅产业集聚和公共服务供给各自对城市人口规模有直接影响，产业集聚和公共服务供给对人口规模的影响还可能具有协同效应。为反映城市人口规模变化中产业集聚与公共服务供给的这一交互作用，我们进一步将专业化集聚、多样化集聚与公共服务供给的交互项引入空间杜宾模型中进行估计。表 8－5 报告了 $\tau=0.7$ 时地理距离和经济距离嵌套权重矩阵 SDM 模型的直接效应和间接效应。

表 8－5　产业集聚和公共服务供给对城市人口规模的直接效应和间接效应

	变量	(1)	(2)	(3)	(4)	(5)	(6)
直接效应	ln$F$	0.0356*** (10.83)	0.0474*** (15.84)	0.0328*** (10.44)	0.0404*** (12.97)	0.0480*** (16.23)	0.0340*** (10.91)
	ln$L$	0.5955*** (49.04)	0.6695*** (54.57)	0.6582*** (54.14)	0.6734*** (56.36)	0.6623*** (53.98)	0.6441*** (52.61)
	ln$S$	0.4054*** (13.39)		0.3930*** (13.77)	0.2427*** (7.49)		0.3314*** (9.56)
	ln$D$	0.1414*** (6.73)		0.1539*** (8.04)		0.1507* (1.77)	0.1147*** (5.41)
	ln$G$		0.6783*** (17.00)	0.6720*** (17.90)	0.6332*** (－15.15)	0.5461*** (8.76)	0.3656*** (5.70)
	ln$G$×ln$S$				0.0454** (2.54)		0.2264*** (2.64)
	ln$G$×ln$D$					0.1538*** (3.32)	0.2554*** (5.58)
	lnEDU	0.2120*** (7.19)	0.0398 (1.38)	0.1150*** (4.00)	0.0530* (1.83)	0.0603** (2.09)	0.1097*** (3.80)
	lnIS	0.0058 (0.82)	0.0102 (0.54)	－0.0101 (－0.53)	－0.0157 (－0.84)	0.0044 (0.67)	0.0225 (1.22)
	lnUR	－0.0341** (－2.32)	－0.0254* (－1.72)	－0.0363** (－2.53)	－0.0128* (－1.88)	－0.0149 (－1.02)	－0.0111* (－1.77)

续表

	变量	(1)	(2)	(3)	(4)	(5)	(6)
间接效应	lnF	-0.0950*** (-4.27)	-0.0549** (-2.34)	-0.1527*** (-3.08)	-0.0542*** (-3.23)	-0.0257 (-1.16)	-0.0507*** (-2.97)
	lnL	-0.3043*** (-3.64)	-0.3342*** (-3.23)	-0.1109 (-0.77)	-0.2205*** (-3.02)	-0.2787*** (-3.02)	-0.1834** (-2.50)
	lnS	-0.4314* (-1.75)		-0.5531*** (-2.69)	-0.6449*** (-2.78)		-0.7232*** (-4.36)
	lnD	-0.1133*** (-3.37)		-0.1764* (-1.06)		-0.2970*** (-4.01)	-0.2533*** (-3.93)
	lnG		0.3956* (1.77)	0.1877** (2.27)	0.5538*** (3.08)	0.1383 (0.72)	0.9415*** (2.88)
	lnG×lnS				0.5278*** (5.84)		0.6507*** (5.93)
	lnG×lnD					0.3868 (1.01)	0.3211 (1.10)
	lnEDU	-0.2658** (-2.36)	-0.5626** (-2.37)	-0.3080*** (-2.79)	-0.4557*** (-2.64)	-0.5983*** (-2.74)	-0.6216*** (3.70)
	lnIS	0.2883*** (8.91)	0.6242*** (5.30)	0.5235*** (2.61)	0.6044*** (7.19)	0.3863*** (3.33)	0.4723*** (4.81)
	lnUR	0.1820* (1.88)	0.1924* (1.71)	0.0747 (1.49)	0.0274 (0.36)	0.1884* (1.88)	0.1149* (1.85)

注：***、**和*分别表示在1%、5%和10%水平上显著。

资料来源：作者利用 matlab 软件估计而得。

首先来看控制变量的参数估计，各模型中外商直接投资（ln$F$）有助于本市人口规模增长，但对周边城市人口规模却产生负的空间外溢效应，意味着地方政府引进外资能够为当地创造更多就业机会，从而吸引周边人口向本地流动，扩大了本地城市人口规模的同时也降低了周边城市人口规模。城市住宅用地规模（ln$L$）增加有助于本市人口规模扩大，但对周边城市人口规模具有负向外溢效应，说明住宅用地增加有助于平抑房价上涨趋势，为更多居民提供居住空间，从而扩大本地人口规模，而居住机会增加对周边人口的吸纳效应则会降低周边城市人口规模。人力资本（lnEDU）的直接效应显著为正，但间接效应显著为负，说明人力资本外部性发挥越充分的城市更易于吸引人口集聚，从而扩大人口规模，而大量人口为获得更高生产率和更多学习机会流入本城市，则相对削弱了周边城市对人口的吸纳作用，从而产生负的空间外溢效应。产业结构（ln*IS*）的直接效应未通过显著性检验，间接效应显著为正，表明相对第三产业来说，第二产业并不具有更强的人口吸纳能力，因而并未带来本市人口的显著增加，但却显著提高了周边城市人口规模。陆铭和欧海军（2011）指出在政绩考核体制和税收最大化激励下，地方政府偏好发展资本密集型行业，从而降低经济增长的就业吸纳能力。陈斌开和林毅夫（2013）进一步认为旨在鼓励资本密集型部门优先发展的政府战略，造成城市部门就业需求相对下降，延缓城镇化进程。因而城市中第二产业占比越大，则其对人口的吸纳能力也越有限。而本市较低的人口吸纳能力，则会促使人口不断流向周边城市，从而带来周边城市人口增长。失业率（ln*UR*）的增加降低了本市人口规模，但对周边城市产生了正向空间外溢效应，说明本市就业机会减少在降低当地就业和人口吸纳能力的同时，也使劳动力流向周边就业机会相对较多的城市，从而扩大周边城市人口规模。

其次分析产业集聚和公共服务供给对城市人口规模的影响。各模型中专业化集聚（ln*S*）和多样化集聚（ln*D*）的直接效应参数估计显著为正，间接效应显著为负，说明马歇尔外部性和雅各布斯外部性在推进城市本身的人口集聚和增长中均发挥了显著促进作用，但集聚经济外部性并未有效扩散至周边城市并促使这些城市通过发挥集聚效应来吸纳人口，而是通过吸引周边人口向本市流动，降低了周边城市人口增长水平。可见，集聚经济对城市人口增长的影响往往在空间中体现为极化效应而非扩散效应，从而使各类集聚外部性因素（专业人才、中间投入品及技术外溢等）无法在地区间有效传播，削弱了集聚外部性的空间外溢效应，阻碍了城市间制造业协同集聚和城镇化的协同推进。进一步从专业化集聚和多样化集聚的影响效果来看，专业化集聚的作用明显大于多样化集聚。这意味着与雅各布斯外部性相比，马歇尔外部性（专业化集聚）的作用效果更为明显。在增长竞争和财政最大化驱动下，各地不仅实行了较大强度的地方保护主义政策，而且地方政府间以及地方政府与中央政府间的策略性行为促使各地区竞相发展政绩型产业和政策型产业（陆铭和欧海军，2011；吴意云和朱希伟，2015）。一方面，地方保护主义使各地区产业发展缺乏有效竞争，形成“大而全、小而全”的同质化产业体系（白重恩等，2004；胡向婷和张璐，2005）；另一方面，多数政绩型和政策型产业在发展中往往背离当地资源禀赋优势，导致各地区同类产业的重复投资和结构的同质化竞争和低水平雷同（周黎安，2004；蔡昉等，2009），由此最终形成制造业在各地区的低质量多样化集聚状态。这类多样化集聚由于带有明显的地方干预色彩和“非市场化”特征，并非建立在高度专业化基础之上，因而与专业化集聚相比，多样化集聚效应的发挥较为有限。第（2）~（5）列中公共服务供给（ln$G$）的直接效应显著为正，间接效应在多数情况下显著为正，说明公共服务供给水平提高有助于增强城市对人口的集聚作用和吸纳能力，在扩大本市人口规模的同时，也带动其他城市公共服务供给相应增加以推进人口规模的同向变化，从而对周边城市人口规模扩大产生正向空间外溢效应。由此可见，人口在空间中存在为公共服务而流动的动机，由此带动城市人口规模扩大，从而印证了人口流动在城市间的“用脚投票”机制。这同时也说明地方竞争目标正在以“为增长而竞争”为主，向以“为福利而竞争”为主转变。

在第（4）列和第（5）列中加入专业化集聚与公共服务供给的交互项后，不仅专业化集聚自身的直接效应和间接效应参数估计结果依然与第（1）列和第（3）列基本一致，而且公共服务供给自身的参数估计结果也与第（2）列和第（3）列基本一致，说明专业化集聚和公共服务供给对城市人口规模的影响效果具有较强的稳健性。专业化集聚和公共服务供给交互项的直接效应和间接效应参数估计均显著为正，意味着专业化集聚和公共服务供给在推进城市人口增长中存在协同效应和相互强化效应，二者互为补充、相互促进；不仅如此，二者的相互促进与联动效应促使集聚外部性和便利外部性克服极化效应而在空间中不断传导，对周边城市人口规模增长产生正向空间外溢效应。在第（5）列和第（6）列中加入多样化集聚和公共服务供给交互项后，多样化集聚和公共服务供给的直接效应和间接效应估计结果并未发生明显改变；其交互项的直接效应显著为正，但间接效应未通过显著性检验。这说明多样化集聚对城市人口规模的影响效果也较为稳健，且与公共服务供给的影响也存在明显的协同效应，但这一协同效应并未对周边城市人口规模产生明显影响。其原因可能在于，在多样化集聚和公共服务供给的综合作用下，多样化集聚外部性和便利外部性的扩散效应与其极化效应恰好相抵，从而未对周边城市产生显著的空间外溢效应。

六、稳健性检验

本部分从五个方面进行稳健性检验，其一更换被解释变量进行空间计量分析；其二，更换主要解释变量测度指标进行稳健性检验；其三，更换城市样本进行稳健性检验；其四，进一步在解释变量中控制经济发展水平和户籍限制的影响后探讨产业集聚、公共服务供给对城市规模扩张的作用；其五，利用空间滞后解释变量模型（SLX）来代替空间杜宾模型进行空间计量检验。

（一）被解释变量指标差异

本部分进一步以2003～2008年的非农业人口数据、2009～2010年的年末平均人口数据和2003～2010年的城市非农就业规模数据代替市辖区年末总人口进行稳健性检验。利用地理和经济距离嵌套矩阵得到的空间杜宾模型估计结果如表8-6所示。

表8-6 更换被解释变量的空间杜宾模型估计结果

变量	2003～2008年非农业人口规模		2009～2010年末平均人口规模		城市非农就业规模	
	直接效应	间接效应	直接效应	间接效应	直接效应	间接效应
lnF	0.0429*** (13.03)	-0.0057** (-2.38)	0.0441** (2.45)	-0.0107 (-0.74)	0.0452*** (12.57)	-0.0145 (-0.92)
lnL	0.7007*** (52.21)	-0.0937** (-2.40)	0.5862 (1.30)	-0.0500 (-0.70)	0.6905*** (51.79)	-0.0098** (-2.15)
lnS	0.2348*** (5.67)	-0.0313** (-2.23)	0.2230*** (2.76)	-0.7695* (-1.69)	0.2306*** (5.97)	-0.7521*** (-3.38)
lnD	0.0443* (1.84)	0.0059 (1.35)	0.0608*** (2.62)	-0.3843 (-1.65)	0.0634*** (2.69)	-0.4068*** (-3.70)
lnG	0.6182*** (8.71)	0.0815** (2.50)	0.4623** (2.31)	0.2754* (1.83)	0.4967*** (7.07)	0.5493*** (3.26)

续表

变量	2003~2008年非农业人口规模		2009~2010年末平均人口规模		城市非农就业规模	
	直接效应	间接效应	直接效应	间接效应	直接效应	间接效应
$\ln G \times \ln S$	0.3241*** (2.72)	0.0360*** (2.82)	0.3094* (1.80)	0.6675* (1.90)	0.2988* (1.93)	1.5113*** (4.53)
$\ln G \times \ln D$	0.2777*** (6.33)	0.0435 (1.33)	0.1311*** (2.81)	0.1310 (0.50)	0.1474*** (5.94)	0.0362 (1.29)
$\ln EDU$	0.1738*** (5.46)	-0.0233** (-2.14)	0.1542 (1.18)	0.0356 (0.21)	0.1712*** (5.67)	-0.3854** (-2.51)
$\ln IS$	-0.1529*** (-7.45)	0.0202** (2.40)	-0.1251 (0.81)	0.0812 (1.64)	-0.1200* (-1.74)	0.1308** (2.36)
$\ln UR$	-0.1891*** (-11.93)	0.0252** (2.34)	-0.1568* (-1.74)	0.3488* (1.86)	-0.1536*** (-9.27)	0.2705*** (3.84)

注：***、**和*分别表示在1%、5%和10%水平上显著。

资料来源：作者利用matlab软件估计而得。

表8-6显示，当被解释变量换为2003~2008年非农业人口规模时，专业化集聚、公共服务供给及其交互项的直接效应和间接效应参数估计与之前相比未发生明显改变；多样化集聚的直接效应显著为正，间接效应未通过显著性检验；多样化集聚与公共服务供给的交互项的直接效应显著为正，间接效应未通过显著性检验，与之前结果也基本一致；各控制变量的参数估计与表8-5相比，也未发生明显变化。当被解释变量换为2009~2010年末平均人口规模时，由于样本量偏小，专业化集聚、多样化集聚、公共服务供给及其他控制变量的参数估计显著性与表8-5相比明显下降，但各核心变量的符号及影响效果并未发生根本改变。比如专业化集聚和多样化集聚依然有助于本市人口规模扩张，但对周边城市产生负向空间外溢效应；公共服务供给的直接效应和间接效应均为正，且至少在10%水平上通过显著性检验；专业化集聚和公共服务供给交互项的直接效应和间接效应均在10%水平上显著为正；多样化集聚与公共服务供给交互项的直接效应显著为正，间接效应未通过显著性检验。当被解释变量替换为城市非农就业规模时，产业集聚、公共服务供给及各控制变量参数估计结果均与表8-5高度一致，因而城市人口规模扩张与城市就业增长密切相关，二者变化趋势具有高度一致性。可见，当被解释变量分别替换为非农业人口数据、年末平均人口数据和城市非农就业

规模时，本章的估计结果也就有很强的稳健性。

（二）主要解释变量指标差异

本部分主要通过更换核心解释变量产业集聚和公共服务供给的测度指标进行稳健性检验。首先，以上分析主要基于 Combes（2000）的方法来构建专业化集聚和多样化集聚指标，本章进一步根据国内学者常用的 Duranton and Puga（2000）的方法来构建专业化集聚和多样化集聚指标进行稳健性检验。专业化集聚和多样化集聚指标可设定为：

$$SP_i = \max_j(x_{ij}/x_j) \tag{8.29}$$

$$DV_i = 1/\sum |x_{ij} - x_j| \tag{8.30}$$

其中，x_{ij}为制造业行业j就业数量在城市i制造业总就业中的份额，x_j为制造业行业j就业数量在全国城市制造业总就业中的份额。表 8－7 中的第（1）列和第（2）列分别为专业化集聚和多样化集聚的稳健性空间计量估计结果。其次，本章也参考夏怡然和陆铭（2015）的做法，采用教育类和医疗卫生类公共服务的主成分分析结果（GS）作为公共服务的替代变量进行稳健性检验，结果如表 8－7 中第（3）列所示。

表 8－7　　更换主要解释变量和样本的空间杜宾模型估计结果

变量	(1)		(2)		(3)		(4)	
	直接效应	间接效应	直接效应	间接效应	直接效应	间接效应	直接效应	间接效应
$\ln F$	0.0349*** (11.73)	−0.0049*** (−3.40)	0.0449*** (15.78)	−0.0035* (−1.84)	0.0283*** (9.05)	−0.0042*** (−3.48)	0.0428*** (13.14)	−0.0038* (−1.93)
$\ln L$	0.6622*** (55.71)	−0.0936*** (−3.59)	0.6544*** (52.43)	−0.0513* (−1.86)	0.6381*** (51.30)	−0.0941*** (−3.80)	0.6980*** (52.39)	−0.0624* (−1.92)
$\ln S$	0.2470*** (6.98)	−0.0349*** (−3.15)			0.3162*** (8.59)	−0.0466*** (−3.43)	0.2410*** (6.05)	−0.1214* (−1.83)
$\ln D$			0.0347* (1.77)	−0.0274** (−2.15)	0.0895*** (4.33)	−0.0132*** (−2.82)	0.0437* (1.89)	−0.0396* (−1.86)
$\ln G$	0.6640*** (18.41)	0.0937*** (3.57)	0.5436*** (9.94)	0.0425* (1.85)	0.3510*** (5.36)	0.0515*** (3.23)	0.6426*** (9.39)	0.0569** (1.97)

续表

变量	(1)		(2)		(3)		(4)	
	直接效应	间接效应	直接效应	间接效应	直接效应	间接效应	直接效应	间接效应
$\ln G\times\ln S$	0.1543* (1.77)	0.0218** (2.55)			0.3636*** (4.07)	0.1538*** (2.72)	0.2840*** (3.09)	0.1254** (1.99)
$\ln G\times\ln D$			0.1608*** (3.60)	0.0126 (1.59)	0.2906*** (5.84)	0.0430*** (3.12)	0.1318*** (6.67)	0.0296 (1.58)
ln*EDU*	0.0922*** (3.19)	-0.0129** (-2.45)	0.0681** (2.33)	-0.0052* (-1.80)	0.1418*** (4.96)	-0.0209*** (-3.04)	0.1682*** (5.37)	-0.0194* (-1.81)
ln*IS*	-0.0161 (-0.86)	0.0238* (1.82)	0.0505 (0.75)	0.0322** (2.20)	-0.0232 (-1.29)	0.0351 (1.17)	-0.1565* (-1.83)	0.0138* (1.95)
ln*UR*	-0.0384*** (-2.76)	0.0054** (2.14)	-0.0344** (-2.36)	0.0272 (1.42)	-0.0378*** (-2.67)	0.0558** (2.14)	-0.1857*** (-12.09)	0.0165* (1.93)

注：***、** 和 * 分别表示在 1%、5% 和 10% 水平上显著。

资料来源：作者利用 matlab 软件估计而得。

表 8-7 显示，更换专业化集聚指标后，专业化集聚、公共服务供给的直接效应和间接效应参数估计与表 8-5 高度一致；专业化集聚与公共服务供给交互项的直接效应和间接效应估计结果均显著为正。更换多样化集聚指标后，多样化集聚、公共服务供给及其交互项的直接效应和间接效应估计结果与表 8-5 相比也未发生明显改变。而更换公共服务供给指标后，尽管专业化集聚、多样化集聚和公共服务供给的直接效应和间接效应估计结果与之前基本一致，但多样化集聚与公共服务供给交互项的间接效应也显著为正。这意味着当单纯考虑教育和医疗卫生两类公共服务时，公共服务供给与集聚效应的相互强化作用更为明显，使得多样化集聚外部性和公共服务供给增加带来的便利外部性超越城市边界而对周边城市产生正向空间外溢效应。夏怡然和陆铭（2015）也指出，基础教育和医疗卫生是城市公共服务供给中最重要的两个方面，二者对劳动力在城市间的空间流动具有显著促进作用。综合来看，更换产业集聚和公共服务供给变量后，模型估计结果并未改变原有经济含义，依然具有较强的稳健性。

（三）估计样本差异

本章样本中包含了北京、天津、上海和重庆等直辖市的数据，但由于直辖市在行政级别、人口规模及制度安排等方面均与其他地级及以上城市存在明显差别，本章进一步在地级及以上城市样本中剔除上述直辖市数据进行稳健性检验。表8－7中第（4）列报告了更换城市样本后的估计结果。与表8－5相比，第（4）列的直接效应估计结果并未发生明显改变，但间接效应参数估计的显著性有所降低，这可能因为删除直辖市数据后，城市间的空间外溢效应受到了一定影响。尽管如此，估计结果显著性的降低并未改变核心变量的影响效果和经济含义。其中，专业化集聚和多样化集聚依然有助于本市人口规模扩大，而对周边城市产生负的空间外溢效应；公共服务供给及其与专业化集聚的交互项对本市和周边城市人口规模均具有显著促进作用；多样化集聚和公共服务供给交互项显著促进了本市人口规模扩张，但对周边城市人口规模未产生明显影响。

（四）控制经济发展水平和户籍限制的影响

在理论框架构建中，本章将城市经济发展水平、劳动力工资水平（或劳动生产率）等进行了内生化处理，同时由于中国的户籍制度在很大程度上阻碍了城市间的人口流动，因而也势必成为城市人口规模增长的重要制约因素。如果不对这些因素加以控制，很有可能会导致遗漏变量问题，进而使得估计结果变得不可靠。为尽可能避免遗漏变量问题，并得到更加稳健的估计结果，本章进一步在解释变量中控制城市非农业GDP（*GDP*）、人均*GDP*（*AGDP*）等表示城市经济发展水平的变量以及户籍限制变量（*HJ*），对产业集聚、公共服务供给影响城市人口规模的结果进行稳健性检验。城市非农业GDP和人均GDP直接取自《中国城市统计年鉴》。城市户籍限制指标的构建主要采用两种方法，一是参考邹一南和李爱民（2013）的方法，基于所有城市常住人口都愿意获得本地户籍的假定，利用户籍人口除以城市常住人口得到的“户籍率”的倒数来作为城市户籍管制程度的衡量指标。该指标反映了愿意获得本地户籍人数与已获得本地户籍人数的比值，该指标越大，则表示城市户籍管制越严。城市常住人口以中国城市统计年鉴中地区生产总值除以人均地区生产总值来估计。由于2004年之后，各地的人均地区生产总值以常住人口来计算，因而包含户籍限制的样本区间为2005～2010年。二是采用侯新烁（2018）的方法，利用第五次和第六次人口普查分县市资料数据测算户籍转化率的倒数来衡量地级城市户籍限制程度。户籍转化率＝（户籍人口变动＋

户籍迁出人口）/（非户籍人口 + 实际落户人口），其中户籍人口变动以 2010 年户籍人口与 2000 年户籍人口差额表示。由于人口普查资料仅 2000 年和 2010 年两个年份有数据，因而最终测算的户籍转化率仅有 2010 年的 283 个城市样本。表 8 - 8 第（1）列和第（2）列报告了加入城市经济发展水平变量后的估计结果；第（3）列和第（4）列分别报告了加入户籍限制后的空间杜宾模型估计结果。

表 8 - 8　加入城市经济发展水平和户籍限制等控制变量后的空间杜宾模型估计结果

变量	(1)		(2)		(3)		(4)	
	直接效应	间接效应	直接效应	间接效应	直接效应	间接效应	直接效应	间接效应
lnF	0.0283 (0.88)	-0.0018 (-0.95)	0.0206* (1.87)	-0.0024 (-0.91)	0.0413*** (9.67)	-0.0447** (-2.51)	0.0331** (2.34)	-0.0419** (-2.19)
lnL	0.1318 (1.30)	-0.0387 (-0.97)	0.2918 (1.19)	0.0037 (0.94)	0.4134*** (7.20)	-0.1041*** (-4.46)	0.2602*** (2.80)	-0.1331* (-1.87)
lnS	0.3162*** (3.59)	-0.0223** (-1.97)	0.1551** (2.33)	-0.0802** (-2.27)	0.1258*** (7.92)	-0.1268** (-2.26)	0.3749*** (3.94)	-0.0909* (-1.92)
lnD	0.0895*** (4.33)	-0.0077* (-1.69)	0.0297** (2.16)	-0.0240* (-1.71)	0.0609** (2.55)	-0.0479** (-1.97)	0.1427** (2.07)	-0.0615** (-2.31)
lnG	0.3510*** (5.36)	0.0460** (1.96)	0.3543*** (5.83)	0.0851* (1.93)	0.4798*** (5.97)	0.0685*** (3.80)	0.3720*** (4.59)	0.1135* (1.85)
lnG × lnS	0.2618** (2.07)	0.0336** (2.57)	0.2788** (2.49)	0.1782*** (2.78)	0.2489*** (3.22)	0.1780** (2.39)	0.2001** (1.98)	0.0650* (1.94)
lnG × lnD	0.1106** (2.38)	0.0189 (1.12)	0.1479** (1.89)	0.0276 (0.40)	0.0820** (2.26)	0.0417 (1.03)	0.1030* (1.86)	0.0542 (1.32)
lnEDU	0.0922* (1.91)	-0.0062 (0.92)	0.1153 (0.74)	-0.0134 (-0.95)	0.1030*** (8.87)	-0.1401*** (-4.12)	0.0869*** (2.99)	-0.0568* (-1.81)
lnIS	-0.0060 (-0.68)	0.0140* (1.90)	-0.0195** (-2.22)	0.0181* (1.74)	-0.1424* (-1.80)	0.0419** (2.46)	0.0020 (0.79)	0.1085 (1.01)
lnUR	-0.0101** (-2.24)	0.0321* (1.89)	0.0532 (-1.28)	0.0622 (1.66)	-0.1260** (-2.36)	0.0799* (1.89)	-0.0207 (-1.46)	0.0602 (0.68)
lnGDP	0.4113*** (6.50)	-0.1079*** (-4.24)						

续表

变量	(1)		(2)		(3)		(4)	
	直接效应	间接效应	直接效应	间接效应	直接效应	间接效应	直接效应	间接效应
ln*AGDP*			0.2824 *** (4.06)	-0.1950 *** (-3.25)				
ln*HJ*					-0.0638 *** (-2.80)	-0.0425 ** (-2.44)	-0.1467 *** (-4.85)	-0.1009 ** (-2.49)

注：***、** 和 * 分别表示在 1%、5% 和 10% 水平上显著；第（3）列估计样本为 2005 - 2010 年 283 个地级及以上城市；第（4）列估计样本为 2010 年 283 个地级及以上城市。

资料来源：作者利用 matlab 软件估计而得。

表 8 - 8 显示，在空间计量模型中进一步控制城市经济发展水平（城市非农业 GDP 和人均 GDP）后，城市经济发展水平的直接效应和间接效应分别显著为正和为负，意味着经济发展水平越高的城市越有利于吸引人口流入、提升其人口规模水平，而本地人口流入可能使得周边城市人口减少，因而不利于周边城市人口规模增长。第（1）列和第（2）列中，专业化集聚、多样化集聚、公共服务供给及其交互项的直接效应和间接效应参数估计与表 3 中结果相同，表明产业集聚和公共服务等核心解释变量的符号比较稳健。然而，外商直接投资、住宅用地面积以及人力资本等控制变量的参数估计在多数情况下未通过显著性检验，而这可能与模型存在的多重共线性有关①。在第（3）列和第（4）列中加入户籍率倒数和户籍转化率倒数等表征户籍限制的变量后，户籍限制的直接效应和间接效应均显著为负，说明户籍制度确实限制了中国城市人口规模增长，不仅如此，某一城市通过各类户籍限制政策（比如有的城市要求必须有房或缴完三年社保才能落户）阻碍人口流入城市的做法，也使其他城市相互效仿，从而对周边城市人口规模增长也产生了显著负向空间外溢效应。加入户籍限制后，产业集聚、公共服务供给及其交互项的参数估计依然与表 8 - 5 高度一致，说明即使存在户籍限制情况下，产业集聚和公共服务依然对推动城市人口规模增长发挥着重要作用。由此可见，在控制了城市经济发展水平和户籍限制后，产业集聚和公共服务及其交互项的参数估计依然具有很强的稳健性。

---

① 经测算，非农业 GDP、人均 GDP 与外商直接投资、住宅用地面积以及人力资本的相关性系数分别为 0.9154、0.8891、0.8563 和 0.9038、0.8796、0.9246，城市经济发展水平与外商直接投资、住宅用地面积以及人力资本可能存在严重的多重共线性。

（五）对内生性问题的进一步处理

LeSage and Pace（2009）指出，空间杜宾模型产生的直接动因在于该模型可用于解决遗漏变量及其导致的内生性问题。然而，空间杜宾模型却无法解决由解释变量和被解释变量相互影响而产生的联立内生性问题。实际上，不仅产业集聚和公共服务供给影响了城市人口规模，而且城市人口规模变化反过来也会对产业集聚和公共服务供给水平产生影响。考虑到产业集聚、公共服务供给与城市人口规模间可能存在的联立内生性，本章使用 Vega and Elhorst（2015）提出的空间滞后解释变量模型（SLX），通过采用外生性指标作为产业集聚和公共服务供给的工具变量对 SLX 模型进行 2SLS 估计。Vega and Elhorst（2015）的研究显示，SLX 模型由于形式简洁，不仅可以灵活地使用各类估计方法进行实证分析，而且模型中解释变量空间滞后项的系数便反映了空间外溢效应。因而 SLX 模型是对 SDM 模型估计结果进行稳健性检验的良好工具。对于专业化集聚和多样化集聚，本章综合使用其滞后一期和滞后二期变量以及地表粗糙度和地面平均坡度两个指标作为各自的工具变量。地表粗糙度反映了地表起伏变化与侵蚀程度，而地面平均坡度则衡量了地面平均倾斜程度①。在地表粗糙度较高和地面坡度较高的地方，由于道路建造成本和维护成本较高，产业集聚水平一般较低，而且即使在同样集聚水平情况下，商品流动的时间成本和交易成本也会较高。因此，城市地形特征会对产业集聚产生重要影响。由于这些地理变量只是反映一个地区的相对地理位置和地形特征，因而从历史和现实来看，均无法断定地理因素本身是决定城市人口规模的直接因素，具有明显的外生性特征。对于公共服务供给，本章使用公共服务供给综合指标的滞后一期、滞后二期变量以及地级及以上城市时任党委书记受教育程度作为公共服务供给的工具变量。一般而言，城市时任党委书记受教育水平越高，便会更加关注和致力于当地经济的长期增长，更倾向于推进教科文卫等公共事业的发展，因而党委书记受教育程度与地方公共服务供给之间会有较高的相关性。而党委书记受教育水平高低却无法直接影响一个城市的人口规模，因而可作为城市公共服务供给的工具变量（杨义武等，2017）。SLX 模型的 2SLS 估计结果如表 8 -9 所示。

---

① Landsat TM 的土地覆盖数据、道路、高程、坡度、海岸线数据见网站 http：//www. dsac. cn/。

表 8-9　产业集聚、公共服务供给对城市人口规模的 SLX 模型估计

变量	(1)		(2)		(3)	
	系数	t 值	系数	t 值	系数	t 值
ln$F$	0.0357***	8.61	0.0339***	11.01	0.0501***	10.38
ln$L$	0.6182***	50.93	0.6444***	53.10	0.6419***	52.30
ln$S$	0.3162***	5.89	0.3395***	9.49	0.2229***	5.68
ln$D$	0.0729**	2.33	0.1096***	5.15	0.0599**	2.57
ln$G$	0.3510***	5.36	0.3691***	5.57	0.4674***	6.43
ln$G$ × ln$S$	0.3636***	4.07	0.2601***	5.63	0.3027**	5.98
ln$G$ × ln$D$	0.2906**	2.29	0.2032***	2.34	0.1400**	2.47
lnEDU	0.1418***	3.44	0.1252***	4.41	0.1544***	4.96
lnIS	-0.0232	-1.29	-0.0393**	-2.07	-0.1255***	-6.02
lnUR	-0.0378***	-2.67	-0.0169	-1.18	-0.1573***	-10.02
W × ln$F$	-0.0042**	-2.47	-0.0440***	-3.02	-0.0129	-0.81
W × ln$L$	-0.0941**	-2.03	-0.1562**	-2.16	-0.0658	-0.83
W × ln$S$	-0.4066**	-2.43	-0.7494***	-3.63	-0.8323***	-3.68
W × ln$D$	-0.3101**	-2.17	-0.3658***	-3.49	-0.4258***	-3.70
W × ln$G$	0.5015**	2.09	0.7945**	2.41	1.4289***	3.95
W × ln$G$ × ln$S$	0.5276**	2.27	0.8556***	5.94	0.9141***	5.06
W × ln$G$ × ln$D$	0.1430	1.11	0.4015	1.53	0.1852	0.64
W × lnEDU	-0.0209	-1.04	-0.1291*	1.77	-0.0254	-1.38
W × lnIS	-0.0035	-1.17	-0.0151	-1.29	-0.5348***	-4.16
W × lnUR	0.0558*	1.73	0.1114**	1.98	0.3850***	4.83
检验统计量	统计值	p 值	统计值	p 值	统计值	p 值
F-test 工具变量 ln$S$	93.16	0.0000	88.37	0.0000	93.76	0.0000
F-test 工具变量 ln$D$	90.37	0.0000	91.26	0.0000	97.61	0.0000
F-test 工具变量 ln$G$	87.92	0.0000	79.33	0.0000	85.44	0.0000
F-test 工具变量 W × ln$S$	86.75	0.0000	97.85	0.0000	86.52	0.0000
F-test 工具变量 W × ln$D$	107.29	0.0000	112.07	0.0000	97.81	0.0000
F-test 工具变量 W × ln$G$	91.81	0.0000	99.36	0.0000	94.36	0.0000
Sargan test χ^2	38.514	0.3319	40.120	0.3649	32.682	0.3071
R^2	0.6752		0.7075		0.7894	
N	1698		1698		1698	

注：***、** 和 * 分别表示在 1%、5% 和 10% 水平上显著。

资料来源：作者利用 matlab 软件估计而得。

表8－9第（1）报告了仅使用产业集聚和公共服务供给滞后一期、滞后二期变量作为工具变量的结果；第（2）列报告了产业集聚综合使用滞后一期、滞后二期变量以及地表粗糙度、地面平均坡度作为工具变量，而公共服务仅使用滞后一期、滞后二期变量为工具变量的结果；第（3）列报告了产业集聚和公共服务综合使用全部外生变量作为工具变量的结果。F检验结果均显示，所选的工具变量与内生变量高度相关；Sargan检验统计量均接受工具变量有效的原假设，因而本章选择的工具变量是合理的，估计结果也是可取的。从第（1）~（3）列的估计结果来看，专业化集聚、多样化集聚的直接效应显著为正，间接效应显著为负，而公共服务供给的直接效应和间接效应均显著为正。公共服务供给与专业化集聚交互项的直接效应和间接效应均显著为正，与多样化集聚交互项的直接效应显著为正、间接效应未通过显著性检验，从而得到了与表8－5基本一致的估计结果，进一步印证了本章结果的稳健性。从各方程的拟合优度（R^2）来看，第（3）列R^2值明显大于第（1）列和第（2）列，意味着综合使用核心解释变量滞后一期、滞后二期变量以及其他外生变量作为工具变量的计量模型解释力明显强于仅使用滞后变量作为工具变量的情况。可见，在控制联立内生性问题的影响后，本章的研究结论仍然成立。

七、基于适宜性产业集聚视角的分析

由于我国产业集聚带有明显的政府干预色彩，因而各城市产业并非纯粹基于市场原则而集中分布。在政治晋升和财政最大化激励下，地方政府对产业发展的过度干预不仅使产业分布的空间形态和内在市场机制相脱节（师博和沈坤荣，2013），而且改变着产业集聚应有的适宜性模式（邵朝对等，2016）。由于违背市场规律，为追求各类优惠政策带来的“政策租”而形成的表面产业集聚往往背离当地优势条件，不仅难以发挥集聚效应，而且会在低水平竞争中形成重复建设和资源配置扭曲，从而产生低质量、多样化集聚，降低产业集聚的专业化水平和应有绩效。林毅夫（2002）指出，只有符合当地比较优势的产业才具有自生能力和发展潜力。各城市只有在产业布局及其集聚模式与当地优势条件相适应条件下，推行适宜性产业集聚，才有助于充分发挥集聚效应，最大限度吸纳人口转移。事实上，适宜性产业集聚的市场主导性和区位优势匹配性两方面特点并非孤立存在，制度安排上体现市场主导性的产业必然充分利用了当地优势条件以提高发展效率，而产业选择和布局中体现了当地各类优势条件的产业，也必然符合市场的效率原则。因而，本章将进一步在比较优势理论和集聚经济理论基础上，识别和测度各城市中引起产业集聚的传统比较优势和各类集聚机制，并运用容量耦合系数模型构建适宜性产业集聚指标来衡量产业集聚与各类优势条件的吻合度，探讨产业集聚和公共服务供给对城市人口规模的深层次影响机制。

尽管专业化集聚和多样化集聚表现形式各异，但二者在本质上拥有共同的集聚经济来源（O'Sullivan，2009；Jofre-Monseny et al.，2014）。本章首先根据马歇尔集聚经济机制，构建反映各城市劳动力市场“蓄水池”效应、中间品共享及技术外溢效应的指标，刻画各地区产业集聚中所拥有的集聚经济优势（或空间外部性优势），进而在比较优势理论基础上构建决定城市产业空间分布的传统比较优势指标。

（1）劳动力市场“蓄水池”效应（LS）。处于同一市场或产业区中的厂商能根据产品市场需求的变化便捷地从劳动力“蓄水池”中获得所需的劳动力。本章依据韩峰和柯善咨（2012）的做法，用邻近各城市各行业富足劳动力之和来衡量对空间中专业化劳动力资源的可得性：

$$LS_i = \sum_{j=1}^{n}\left[\sum_{p,\ \mathrm{sign}\left(\frac{E_{jp}/E_v}{E_p/E}-1\right)>0} E_{jp}\left(\frac{E_{jp}/E_j}{E_p/E}-1\right)\right]d_{ij}^{-\delta} \tag{8.31}$$

其中，E_{jp}和E_j分别表示城市j产业p的就业人数和该城市全部就业人数，E_p和E分别表示全国层面产业p的就业人数和全国全部就业人数。如$\mathrm{sign}\left(\frac{E_{jp}/E_j}{E_p/E}-1\right)>0$，$E_{jp}\left(\frac{E_{jp}/E_j}{E_p/E}-1\right)$是城市$j$部门$p$为外区生产或服务的劳动力；$d_{ij}$为两城市之间的距离①；设定城市自身距离$d_{ii}=(2/3)R_{ii}$，$R_{ii}=\pi^{-0.5}S_i^{0.5}$，$S_i$为城市$i$的市辖区建成区面积；$\delta$为距离衰减参数，根据韩峰和柯善咨（2012）的研究，取值为1。该指标综合了各城市三位码制造业行业和二位码服务业行业的从业人员数。

---

① 利用城市中心坐标和距离公式 $\Omega\times\arccos[\cos(\alpha_i-\alpha_j)\cos\beta_i\cos\beta_j+\sin\beta_i\sin\beta_j]$ 来计算城市间距离d_{ij}，式中Ω为地球大弧半径（6378公里），α_i、α_j为两市中心点经度，β_i、β_j为两市中心点纬度。

（2）中间产品的空间共享。本章用两个指标来衡量中间投入品行业与制造业的关联效应。

一是中间制造业投入的空间可得性。本章改进了费瑟（2002）的制造业行业中间投入可得性指标，以城市 i 中所有目标产业 k 就业占城市制造业总就业的份额为权重对行业 k 的制造业中间投入可得性进行加权，得到城市 i 制造业整体的中间投入空间可得性指标 IS_i：

$$IS_i = \sum_k \frac{E_{ki}}{E_i}\left[\sum_j \left(\sum_m \frac{E_{mj} r_{mk}}{r_{Mk}}\right) d_{ij}^{-\delta}\right] \tag{8.32}$$

其中，E_{mj}表示城市 j 制造业行业 m 的就业人数，r_{mk}表示制造业行业 m 与被研究区域中目标行业 k 之间的完全消耗系数，r_{Mk} 为研究区域中目标行业 k 对所有制造业行业的完全消耗系数；E_{ki}为城市 i 中目标行业 k 的就业人数，E_i为城市 i 中所有制造业行业就业人数。

二是中间服务的空间可得性。本章以生产性服务业就业人数表示中间服务行业规模。令 E_{sj}为城市 j 中间服务行业 s 的规模，z_{sk}为制造业 k 单位产出对中间服务行业 s 的完全消耗系数，z_{Sk} 为制造业 k 单位产出对全部中间服务行业的完全消耗系数。城市 i 与所有城市构成的中间服务市场的接近性可表示为：

$$PS_i = \sum_k \frac{E_{ki}}{E_i}\left[\sum_j \left(\sum_s \frac{E_{sj} z_{sk}}{z_{Sk}}\right) d_{ij}^{-\delta}\right] \tag{8.33}$$

r_{mk}、r_{Mk} 和 z_{sk}、z_{Sk} 数值分别取自 2002 年、2007 年和 2012 年投入产出表，其中 2003～2005 年的完全消耗系数值取自 2002 年 122 部门 IO 表，2006～2009 年的完全消耗系数值取自 2007 年 135 部门 IO 表，2010 年完全消耗系数值取自 2012 年 139 部门 IO 表。生产性服务业主要包括“交通运输、仓储和邮政业”“信息传输、软件和信息技术服务业”“批发和零售业”“金融业”“租赁和商务服务业”“科学研究和技术服务业”以及“水利、环境和公共设施管理业”七个行业。

（3）空间技术外溢（TS）。由于《中国城市统计年鉴》等公开出版的数据资料中均缺乏城市层面的研发和创新数据，本章采用复旦大学产业发展研究中心寇宗来和刘学悦（2017）公布的中国城市创新指数来测度空间技术外溢指标。城市创新指数是一个更加微观、能够反映专利更新行为以及质量差异的创新指数，对于把握我国各城市技术创新行为具有重要的参考价值，从而为本章测算空间技术外溢指标提供了数据保障。若 U_j 表示城市 j 的创新指数，则城市层面空间技术外溢 TS 可表示为：

$$TS_i = \sum_j \frac{U_j}{d_{ij}^{\sigma}} \tag{8.34}$$

（4）第一自然集聚或传统比较优势（FN）。除集聚外部性优势外，产业空间集聚还与反映各城市资源禀赋特征或传统比较优势的第一自然集聚因素有关（Ellison and Glaeser，1999）。第一自然集聚因素主要指气候、区位、自然资源等外生于经济系统的地理特征对产业活动空间布局的影响。本章根据乔弗雷蒙森等（2014）的方法，采用制造业部门来自第一产业和自然资源部门的中间投入来衡量制造业集聚中对第一自然因素的依赖程度。一地区气候、区位条件越优越、农村剩余劳动力越丰富，则其农业发展水平便越高，而对农业部门高度依赖的制造业部门则倾向在该地区集聚；同样，一地区能源和自然资源越丰富，则密集使用这些能源资源的产业部门也会在此地呈现集聚状态。第一自然集聚因素可定义为：

$$FN_i = \sum_k \frac{E_{ki}}{E_i}\left(\sum_f E_{fi} r_{fk}\right) \tag{8.35}$$

其中，f 为农、林、牧、副、渔业和采矿业；E_f 为相应行业就业①，以《中国城市统计年鉴》中的农林牧副渔业和采矿业单位从业人员数表示。r_{fk} 为制造业行业 k 单位产出对第一产业和采矿业的完全消耗系数，通过对 2002 年、2007 年和 2012 年投入产出表相关行业进行合并，重新计算得到。

得到以上表征各城市优势条件的指标后，本章进一步采用容量耦合系数模型构建适宜性专业化和多样化产业集聚指标。首先利用极值处理法对专业化集聚、多样化集聚以及第一自然集聚、各类空间外部性指标进行标准化处理，标准化系数 ω_v 的计算公式为②：

$$\omega_v = (x_v - x_{\min})/(x_{\max} - x_{\min}) \tag{8.36}$$

其中，x_v 代表专业化集聚、多样化集聚及各类集聚外部性、第一自然集聚变

---

① 采矿业主要包括煤炭开采和洗选业、石油和天然气开采业、黑色金属矿采选业、有色金属矿采选业、采盐业、其他非金属矿采选业等。

② 采用极值法进行标准化处理不可避免的会产生零值数据，为便于在计量模型中进行对数化处理又不改变数据本身的性质，本书将所有零值数据设定为接近于零但又不等于零的极小值。

量，x_{max}和x_{min}分别为各变量的最大值和最小值。其次，将标准化后的数据代入容量耦合系数模型测算专业化集聚、多样化集聚与第一自然集聚因素及各类空间外部性优势间的耦合程度。若ω_S和ω_D分别为标准化后的专业化集聚和多样化集聚变量，则产业集聚与各类集聚优势耦合度C的函数表达式可表示为：

$$C_S = \{(\omega_S \times \omega_{v\neq S,D})/[(\omega_S + \omega_{v\neq S,D})/2]^2\}^{\frac{1}{2}} \tag{8.37}$$

$$C_D = \{(\omega_D \times \omega_{v\neq S,D})/[(\omega_D + \omega_{v\neq S,D})/2]^2\}^{\frac{1}{2}} \tag{8.38}$$

其中，$\omega_{v\neq S,D}$为除专业化集聚和多样化集聚外的各类地区集聚优势的标准化指标；C_S和C_D分别为专业化集聚和多样化集聚与各类地区优势条件的耦合程度，分别代表适宜性专业化集聚和适宜性多样化集聚。耦合度C的取值范围为［0，1］，数值越大，代表产业集聚和各类地区优势条件的耦合度越高，二者良性耦合、互动共振且趋向新的有序结构，产业集聚更符合市场规律和当地优势；反之则意味着二者处于无关状态，产业集聚和各类地区优势条件分歧越大，因而产业集聚受政府干预等因素的影响也越大。将适宜性产业集聚指标代入式（8.23）进行空间计量估计，结果如表8-10所示。

表8-10　适宜性产业集聚和公共服务供给对城市人口规模的直接效应和间接效应

	变量	(1) 第一自然集聚优势	(2) 劳动力市场蓄水池效应	(3) 制造业中间品空间共享	(4) 中间服务品空间共享	(5) 空间技术外溢	(6) 地区综合优势
直接效应	$\ln F$	0.0374*** (11.62)	0.0347*** (11.04)	0.0392*** (12.81)	0.0391*** (12.46)	0.0442*** (12.77)	0.0418*** (14.01)
	$\ln L$	0.6593*** (54.62)	0.6451*** (55.69)	0.6437*** (52.44)	0.6450*** (50.08)	0.6648*** (54.19)	0.6666*** (54.83)
	$\ln C_S$	0.0341*** (9.14)	0.0222*** (8.94)	0.0344*** (7.70)	0.0091** (2.47)	-0.0602*** (-6.68)	0.3549*** (6.60)
	$\ln C_D$	0.0113 (1.39)	0.0078*** (5.27)	0.0106*** (3.79)	0.0299*** (6.87)	0.1315*** (5.12)	0.0860*** (3.17)
	$\ln G$	0.4785*** (7.86)	0.3597*** (5.34)	0.3307*** (4.54)	0.3472*** (4.85)	0.6075*** (13.99)	0.4569*** (6.24)
	$\ln G \times \ln C_S$	0.0213*** (3.75)	0.0179*** (5.47)	0.0330*** (5.73)	0.0277** (2.52)	0.0546 (1.06)	0.2921*** (3.56)

续表

	变量	(1) 第一自然集聚优势	(2) 劳动力市场蓄水池效应	(3) 制造业中间品空间共享	(4) 中间服务品空间共享	(5) 空间技术外溢	(6) 地区综合优势
直接效应	$\ln G \times \ln C_D$	0.0073 (0.80)	0.0151*** (2.63)	0.0305*** (2.81)	0.0544*** (2.74)	0.1791*** (3.18)	0.1063 (0.86)
	$\ln EDU$	0.0965*** (3.50)	0.1062*** (3.63)	0.0981*** (3.38)	0.0975*** (3.39)	0.0472* (1.70)	0.0825*** (2.83)
	$\ln IS$	-0.0212 (-1.10)	-0.0275 (-1.44)	-0.0369** (-1.97)	-0.0319* (-1.73)	-0.0401 (-1.12)	-0.0284 (-1.49)
	$\ln UR$	-0.0131 (-0.86)	-0.0106* (-1.72)	-0.0122 (-0.87)	-0.0183* (-1.74)	-0.0169** (-1.99)	-0.0202* (-1.89)
间接效应	$\ln F$	-0.0554*** (-3.32)	-0.0527*** (-3.00)	-0.0481*** (-2.78)	-0.0521*** (-3.04)	-0.0260* (-1.77)	-0.0612*** (-3.38)
	$\ln L$	-0.1862*** (-2.68)	-0.1848** (-2.57)	-0.2032*** (-2.92)	-0.1898*** (-2.78)	-0.2647*** (-3.23)	-0.1940** (-2.41)
	$\ln C_S$	-0.0868*** (-3.36)	0.1643*** (3.99)	0.1247*** (4.03)	-0.0591*** (-4.39)	-0.2092 (-1.21)	0.1990** (2.40)
	$\ln C_D$	-0.0433 (-0.86)	0.0711 (1.60)	0.0642 (1.15)	-0.0905*** (-3.82)	0.0935** (2.20)	0.0744** (2.28)
	$\ln G$	0.8255*** (2.59)	0.7552*** (2.99)	0.8314*** (3.04)	0.8211*** (3.36)	0.3140*** (3.42)	0.7075** (2.53)
	$\ln G \times \ln C_S$	0.3459*** (5.23)	0.2388*** (5.80)	0.4257*** (5.68)	0.0671 (0.96)	0.1263 (1.11)	0.8544*** (4.61)
	$\ln G \times \ln C_D$	0.0326 (0.85)	0.0310 (1.43)	0.0709 (1.27)	0.1804** (2.25)	0.9282*** (4.88)	0.2008** (2.42)
	$\ln EDU$	-0.5329*** (-3.20)	-0.6202*** (-3.80)	-0.6387*** (-3.84)	-0.6326*** (-3.83)	-0.5587*** (3.01)	-0.4651*** (-2.77)
	$\ln IS$	0.5392*** (5.79)	0.4780*** (5.25)	0.4303*** (4.53)	0.4389*** (4.64)	0.4379*** (4.63)	0.5889*** (6.63)
	$\ln UR$	0.0481 (0.63)	0.0379 (1.50)	0.0439* (1.78)	0.0329* (1.85)	0.1476*** (2.88)	0.0619* (1.74)

注：***、** 和 * 分别表示在 1%、5% 和 10% 水平上显著；控制变量估计结果与表 8-5 的回归结果基本一致，在此不再赘述。

资料来源：作者利用 matlab 软件估计而得。

表8－10中前五列表示与各类集聚优势相吻合的专业化集聚和多样化集聚以及公共服务供给对城市人口规模的影响；最后一列是首先对以上五类集聚优势进行主成分分析，得到反映城市综合集聚优势的指标，进而利用式（8.37）和式（8.38）分别得到专业化集聚和多样化集聚与地区综合优势的耦合指数（专业化和多样化的适宜性产业集聚指标），最后利用空间杜宾模型得到直接效应和间接效应估计结果。

第（1）列报告了第一自然集聚优势或要素和资源禀赋优势作用下，专业化集聚、多样化集聚及公共服务供给对城市人口规模的影响。结果显示，专业化集聚的直接效应显著为正、间接效应显著为负，说明多数城市的专业化产业集聚模式与当地要素和资源禀赋优势实现了高度吻合，从而有利于发挥集聚效应、提高本市人口增长水平，但本市专业化集聚效应的充分发挥却不利于周边城市人口规模增加。由于作为第一自然集聚因素的要素和资源禀赋优势不具可移动性和可复制性，因而符合各地比较优势的专业化集聚可能主要对当地人口增长发挥集聚效应，并吸引周边人口向当地流动，从而在空间中产生极化效应。专业化集聚与公共服务供给交互项的直接效应和间接效应均显著为正，说明在公共服务的作用下专业化集聚对人口的吸纳效应得到了明显强化，同时促进本市和周边城市人口规模扩大。多样化集聚及其与公共服务交互项的直接效应和间接效应参数估计均未通过显著性检验，说明多样化集聚并未与各地区要素和资源禀赋优势有效吻合，即使在公共服务供给的强化作用下也未能对本市和周边城市产生明显的人口集聚效应。进一步从专业化集聚、多样化集聚与各地区要素和资源禀赋优势的耦合系数来看，专业化集聚与要素和资源禀赋优势的耦合系数均值为0.7602，明显大于多样化集聚与第一自然集聚因素的耦合系数0.4677。由于重复建设导致专业化不足和产业结构同质化，多数城市低质量、多样化的产业集聚模式违背了当地比较优势，限制了集聚经济效应的充分发挥，不利于充分提升城市对人口的吸纳能力。

在劳动力蓄水池效应和制造业中间品空间共享效应作用下，第（2）列和第（3）列专业化集聚和多样化集聚表现出近乎一致的估计结果。专业化集聚及其与公共服务供给交互项的直接效应和间接效应均显著为正，而多样化集聚及其与公共服务交互项的参数估计只有直接效应显著为正，且从估计的系数值来看，专业化集聚对人口的集聚效应明显大于多样化集聚。这说明，与多样化集聚模式相比，制造业企业更倾向以专业化的产业集聚模式来获得丰富的专业技能劳动力、分享专业化的制造业中间品供应商，并以此不断提升生产率水平和创造更多就业机会，从而吸引人口不断向城市集聚。第（2）列和第（3）列中专业化集聚的间接效应由表 8 - 5 中的显著为负变为显著为正，说明符合劳动力蓄水池效应和制造业中间品共享效应这两类集聚优势的专业化集聚更有利于充分发挥集聚效应，且集聚经济外部性的扩散效应大于极化效应，对周边城市人口规模扩大也产生了正向空间外溢效应。

在中间服务品空间共享效应作用下，第（4）列专业化集聚和多样化集聚的直接效应均显著为正，间接效应显著为负，说明制造业企业既可在专业化集聚环境中，也可在多样化的集聚环境中分享中间服务品供给的规模经济效益，但这类集聚外部性并未对周边城市人口增长产生扩散效应，而是体现为极化效应。这一结果的产生可能与中间服务品供给的本地化倾向有关。已有研究证实，生产性服务业对制造业的影响在面对面接触和距离衰减作用下具有明显的空间边界，而超过这一边界，集聚的扩散效应随之消失，极化效应将逐步显现（韩峰和柯善咨，2012；余泳泽等，2016）。进一步从专业化集聚、多样化集聚及其与公共服务交互项估计结果来看，多样化集聚的系数值明显大于专业化集聚，从而意味着与专业化集聚相比，制造业企业更倾向通过多样化的产业集聚模式来共享中间服务品供应商，并从价低质高的中间服务品供给中获得集聚效益，进而吸引更多人口在城市集聚；而符合中间服务品共享优势的多样化集聚，也更容易在公共服务供给的强化作用下发挥集聚效应和空间外溢效应。

第（5）列报告了与空间技术外溢优势相吻合的专业化集聚和多样化集聚以及公共服务供给等变量对城市人口规模的影响。结果显示，多样化集聚及其与公共服务交互项的直接效应和间接效应均显著为正，而专业化集聚的直接效应显著为负，专业化集聚的间接效应及其与公共服务交互项的参数估计均未通过显著性检验。这意味着与专业化集聚相比，制造业企业更容易在多样化集聚环境中获取空间技术外溢带来的好处；与空间技术外溢优势相吻合的多样化产业布局模式明显强化了集聚经济外部性，使得多样化集聚在充分吸纳人口在本市集聚的同时，也对周边城市人口规模产生正向空间外溢效应，且这一效应在公共服务供给的强化作用下更为明显。第（6）列估计结果反映了与地区综合集聚优势相吻合的产业集聚模式对城市人口规模的影响。与表 8 - 5 的结果不同，不仅专业化集聚和多样化集聚对周边城市人口规模扩大产生了显著的正向空间外溢效应，而且多样化集聚与公共服务供给交互项的间接效应也显著为正。这充分表明，产业发展和产业集聚模式只有符合并充分体现各地区优势条件，才能充分发挥集聚效应，并进一步从集聚外部性的空间扩散中获益，才能充分吸纳并集聚人口，最大限度推进人口城镇化。各地区区位不同、环境各异、经济发展水平差异明显，因而适宜产业发展和集聚的优势条件必然各异。一地区可能仅有一类，或者同时拥有多类优势条件，只要各地区遵循市场原则和产业发展规律，按照各自优势来选择发展适宜的产业、合理安排产业布局，就能在“工业化驱动城镇化”的良性作用过程中走出一条符合当地特色的持续发展之路。

八、 基于不同类型公共服务和城市等级的进一步分析

（一）基于不同类型公共服务供给的进一步分析

本章使用主成分分析法对教育、医疗、基础设施等领域的公共服务供给指标进行降维处理，得到了度量公共服务供给水平的综合指数。然而，这样得出的公共服务供给的综合指标实际上是一个“黑箱”，无法反映不同类型公共服务在城市规模扩张中的作用差异。本章进一步将公共服务划分为民生类和基础设施类两类公共服务，并分别构建民生类公共服务和基础设施类公共服务供给指标，以探讨二者对城市人口规模的作用差异。其中，民生类包括教育和医疗两类公共服务，基础设施类包括能源资源基础设施、交通运输和环境保护等三类公共服务。估计结果如表 8－11 所示。

表 8－11 产业集聚和不同类型公共服务供给对城市人口规模的直接效应和间接效应

变量	民生类公共服务				基础设施类公共服务			
	传统产业集聚视角		适宜性产业集聚视角		传统产业集聚视角		适宜性产业集聚视角	
	直接效应	间接效应	直接效应	间接效应	直接效应	间接效应	直接效应	间接效应
ln*F*	0.0283*** (9.05)	－0.0042*** (－3.48)	0.0457*** (4.65)	－0.0035** (－2.02)	0.0388*** (8.25)	－0.0461* (－1.89)	0.0487*** (8.99)	－0.0396** (－2.46)
ln*L*	0.6381*** (51.30)	－0.0941*** (－3.80)	0.4056*** (53.47)	－0.0500* (－1.72)	0.3497*** (46.09)	－0.0417** (－2.20)	0.4249*** (46.19)	－0.0746* (－1.94)

续表

变量	民生类公共服务				基础设施类公共服务			
	传统产业集聚视角		适宜性产业集聚视角		传统产业集聚视角		适宜性产业集聚视角	
	直接效应	间接效应	直接效应	间接效应	直接效应	间接效应	直接效应	间接效应
ln*S*	0. 3162 *** (8. 59)	-0. 0466 *** (-3. 43)	0. 2482 *** (4. 67)	0. 1372 ** (2. 53)	0. 1781 *** (6. 03)	-0. 2190 ** (-2. 46)	0. 2200 *** (8. 97)	0. 1834 ** (1. 97)
ln*D*	0. 0895 *** (4. 33)	-0. 0132 *** (-2. 82)	0. 0963 *** (3. 97)	0. 0249 ** (1. 99)	0. 0585 ** (2. 47)	-0. 1930 *** (-2. 68)	0. 1034 *** (4. 29)	0. 1260 * (1. 89)
ln*G*	0. 3510 *** (5. 36)	0. 1515 *** (3. 23)	0. 3762 *** (9. 59)	0. 1850 ** (2. 35)	0. 2061 ** (2. 45)	0. 0852 (1. 62)	0. 1676 *** (5. 70)	0. 0585 (0. 87)
ln*G*×ln*S*	0. 3636 *** (4. 07)	0. 1538 *** (2. 72)	0. 4234 *** (3. 70)	0. 1707 *** (3. 58)	0. 1165 ** (2. 13)	0. 0449 (1. 02)	0. 1396 *** (3. 97)	0. 0623 * (1. 73)
ln*G*×ln*D*	0. 2906 *** (5. 84)	0. 0430 *** (3. 12)	0. 2775 *** (4. 39)	0. 0593 *** (3. 34)	0. 0743 ** (2. 49)	-0. 0521 ** (-2. 28)	0. 0622 *** (5. 04)	0. 0581 (1. 07)
ln*EDU*	0. 1418 *** (4. 96)	-0. 0209 *** (-3. 04)	0. 1693 ** (2. 45)	-0. 0525 ** (-2. 33)	0. 1050 *** (8. 91)	-0. 1262 *** (-4. 19)	0. 1136 ** (2. 19)	-0. 0832 *** (-4. 07)
ln*IS*	-0. 0232 (-1. 29)	0. 0351 (1. 17)	0. 0283 (1. 57)	0. 1070 * (1. 76)	-0. 0047 (-1. 55)	0. 0577 * (1. 85)	-0. 0044 (-0. 86)	0. 0350 ** (2. 26)
ln*UR*	-0. 0378 *** (-2. 67)	0. 0558 ** (2. 14)	-0. 0438 *** (-2. 96)	0. 0338 * (1. 85)	-0. 0255 * (-1. 70)	0. 0316 (0. 72)	-0. 0202 ** (-2. 51)	0. 0171 (0. 70)

注：***、** 和 * 分别表示在 1%、5% 和 10% 水平上显著；控制变量估计结果与基准回归结果基本一致，在此不再赘述。

资料来源：作者利用 matlab 软件估计而得。

在民生类公共服务估计方程中，专业化集聚、多样化集聚及其适宜性集聚指标的直接效应和间接效应估计结果与之前基本一致；民生类公共服务供给与公共服务整体的直接效应和间接效应估计结果也高度一致。民生类公共服务不仅与专业化集聚交互项的直接效应和间接效应参数估计均显著为正，而且与多样化集聚交互项的直接和间接效应也显著为正。这意味着当单纯考虑教育和医疗卫生两类民生类公共服务时，公共服务供给与集聚效应的相互强化作用更为明显，使得多样化集聚外部性和公共服务供给增加带来的便利外部性超越城市边界而对周边城市产生正向空间外溢效应，且这一空间外溢效应在适宜性产业集聚的作用下更为明显。夏怡然和陆铭（2015）也指出，基础教育和医疗卫生是城市公共服务供给中最重要的两个方面，二者对劳动力在城市间的空间流动具有显著促进作用。在基础设施类公共服务估计方程中，基础设施类公共服务供给对城市人口规模扩张的影响只有本地效应而无空间外溢效应，这意味着基础设施类公共服务供给并未对周边城市人口规模增长产生明显的示范带动作用。传统专业化集聚指标与基础设施类公共服务交互项的直接效应显著为正，而间接效应未通过显著性检验，多样化集聚和基础设施类公共服务供给依然在本市人口规模增长中存在明显的协同效应，但二者的协同效应或相互强化效应对周边城市人口规模增长却产生了明显的极化效应。可见，单纯的基础设施类公共服务供给增加并无法与产业集聚在除本地之外的更大空间范围内形成协同效应，因而也就无法与其他城市在拉动人口增长中实现协同推进。这一方面可能与政府干预下的产业集聚效应发挥不充分有关，另一方面则可能意味着单纯提高基础设施类公共服务供给水平实际上进一步增加了对于企业的补贴和优惠，从而强化了产业的扎堆式集聚趋势，难以充分激发集聚经济效应。将传统产业集聚指标替换为适宜性产业集聚指标后，基础设施类公共服务供给与专业化集聚交互项的间接效应由不显著变为仅在10%水平上显著为正，与多样化集聚交互项的间接效应由显著为负变为正向不显著，从而说明与地方优势条件相匹配的产业集聚更加充分发挥了集聚经济效应，进而使产业集聚与基础设施类公共服务对于城市人口增长的协同促进作用有所增强，但这一作用效果并不十分明显。由此可见，与基础设施类公共服务相比，民生类公共服务对于城市人口规模增长的拉动作用以及其与产业集聚效应的相互强化作用更为明显。各城市在制定公共服务供给政策时，应给予教育、医疗等民生类公共服务供给更多的倾斜和支持力度，进一步强化其与产业集聚的协同效应，提升城市对于人口的集聚和吸纳能力。

（二）基于不同等级城市的异质性分析

城市规模不同，产业集聚的模式以及公共服务供给水平也各异。为揭示不同规模等级城市中产业集聚和公共服务供给对城市人口规模的影响，本章进一步构建了各等级城市虚拟变量，通过在空间计量模型中引入各等级城市虚拟变量与产业集聚和公共服务供给的交互项，检验城市人口规模扩张的城市异质性特征。本章城市规模等级划分标准参照2014年11月21日国务院颁布的《关于调整城市规模划分标准的通知》的要求，按市辖区常住人口将中国城市划分为Ⅰ型及以上大城市（人口300万人以上）、Ⅱ型大城市（人口

100万~300万人）、中等城市（人口50万~100万人）和小城市（人口50万人以下）四类。之所以将Ⅰ型大城市、特大城市和超大城市归为一类，是因为这些城市在全国分布较少且在城市群或某一区域发展中的功能基本一致，均扮演着中心城市的角色。本章以小城市为基准来构建城市等级虚拟变量，其中S取1表示Ⅰ型及以上大城市，0为其他城市；H为1表示Ⅱ型大城市，0为其他城市；M为1表示中等城市，0为其他城市。表8-12报告了各等级城市空间杜宾模型的直接效应和间接效应估计结果。

表8-12　产业集聚、公共服务供给对不同等级城市人口规模的直接效应和间接效应

变量	（1）传统产业集聚视角				（2）适宜性产业集聚视角			
	直接效应		间接效应		直接效应		间接效应	
	系数	t值	系数	t值	系数	t值	系数	t值
$\ln S$	0.0932**	2.11	-0.3474***	4.61	0.2073***	2.80	-0.3241***	-4.11
$\ln D$	0.0401*	1.87	-0.1642**	-2.43	0.1405	1.33	-0.2317	-1.24
$\ln G$	0.0079*	1.69	0.1244**	2.27	0.1288**	2.41	0.1790**	2.13
$\ln G\times\ln S$	0.1025**	2.31	0.1382*	1.71	0.2135**	2.15	0.5626***	2.76
$\ln G\times\ln D$	0.0713**	2.03	0.0416	1.19	0.0461	0.75	0.1369	1.27
$S\times\ln S$	-0.3549***	-5.46	-0.4063	-1.20	0.2002**	2.12	0.2519***	3.86
$S\times\ln D$	-0.2033***	-4.52	-0.3675***	-2.69	0.6226**	2.50	0.8193**	2.34
$S\times\ln G$	0.2827***	2.83	0.3549***	3.17	0.8290***	4.38	0.9317***	5.09
$S\times\ln G\times\ln S$	0.4164**	2.56	-0.1692	0.65	0.5274***	3.22	0.4781***	6.60
$S\times\ln G\times\ln D$	0.6158***	9.01	0.5237***	2.87	0.8534***	6.02	0.9312***	7.15
$H\times\ln S$	0.0511	1.50	0.4157	1.29	0.0124	1.36	0.0741	1.16
$H\times\ln D$	0.0315	1.44	0.1409	1.03	0.2153**	2.47	0.2377***	3.24
$H\times\ln G$	0.1592***	3.46	0.5028**	2.55	0.3399***	4.06	0.4185**	2.04
$H\times\ln G\times\ln S$	0.1278*	1.90	-0.2688	-0.83	0.1821*	1.69	0.1217	1.27
$H\times\ln G\times\ln D$	0.2513***	3.83	-0.4718*	-1.79	0.3212**	2.17	0.3198**	1.96
$M\times\ln S$	0.0241**	2.15	-0.4308**	-2.46	0.1692***	4.71	0.3445***	3.88
$M\times\ln D$	0.0451	1.58	-0.3858	-0.95	0.0731	0.91	-0.1577	-1.56
$M\times\ln G$	0.0392*	1.82	0.4610	1.55	0.2742**	2.32	0.3413	1.31
$M\times\ln G\times\ln S$	0.1619**	2.12	0.1596	1.07	0.2682***	3.14	0.3022**	2.09
$M\times\ln G\times\ln D$	0.0273	1.08	-0.1455	-0.89	0.0452*	1.73	0.0291	0.78
控制变量	控制		控制		控制		控制	

注：***、**和*分别表示在1%、5%和10%水平上显著；控制变量估计结果与基准回归结果基本一致，在此不再赘述。

资料来源：作者利用matlab软件估计而得。

表 8 - 12 显示专业化集聚、多样化集聚和公共服务供给对城市人口规模的影响在不同等级城市差异明显。Ⅰ型及以上大城市公共服务供给的直接效应和间接效应均显著为正，说明该类城市公共服务供给水平提高不仅有助于本市人口规模扩大，而且对周边城市吸纳人口具有显著的正向空间外溢效应。在传统产业集聚视角下，Ⅰ型及以上大城市专业化集聚不利于本市人口规模扩大，对周边城市未产生明显空间外溢效应，而多样化集聚的直接效应和间接效应均显著为负，说明随着产业专业化和多样化集聚水平提高，城市人口规模在不断降低，且多样化集聚水平越高的城市对周边城市人口规模的负向空间外溢效应也越明显。其原因可能在于，在现有制度安排和市场条件下，地方政府对产业发展和布局的过度干预使得Ⅰ型及以上大城市内部的产业分布过密，已呈现明显的拥挤效应，拥挤造成的非经济不利于人口规模的进一步扩大。公共服务供给和专业化集聚交互项的直接效应显著为正，间接效应为负但未通过显著性检验，而多样化集聚与公共服务供给交互项的直接效应和间接效应均显著为正，说明Ⅰ型及以上大城市公共服务供给水平提高显著弱化了产业集聚对城市人口规模带来的负向影响。对于Ⅰ型及以上大城市而言，公共服务供给水平提高有助于缓解因产业过度集聚而给城市人口增长带来的非经济影响，且在公共服务供给水平既定条件下，多样化集聚对城市人口的集聚效应明显强于专业化集聚。而进一步考虑产业集聚与当地优势的吻合程度（适宜性集聚指标）后，专业化集聚和多样化集聚的直接效应和间接效应不再为负，而是均显著为正，意味着当产业布局及其集聚模式与当地优势条件相符合时，Ⅰ型及以上大城市的产业集聚不再对人口规模增长产生拥挤效应，而是依然具有明显的集聚效应，且集聚的经济性超越城市边界，对其他城市也产生了正向空间外溢效应。Ⅰ型及以上大城市同时拥有高度专业化和多样化的产业集聚结构，二者共同发挥作用，不断拉动人口向该类城市及其周边城市集聚。公共服务供给水平提高依然对本市和周边城市人口规模有促进作用，且在其作用下，专业化集聚和多样化集聚的集聚效应和外溢效应也得到了显著增强。可见，从适宜性产业集聚视角来看，Ⅰ型及以上大城市不是过大，而是依然过小；越是基于Ⅰ型及以上大城市各类优势条件而产生的产业集聚，就越有助于充分发挥集聚效应，而弱化拥挤效应，从而能够进一步吸引人口向大城市集聚。不仅如此，Ⅰ型及以上大城市多样化集聚的作用效果还明显大于专业化集聚，说明Ⅰ型及以上大城市多样化集聚是建立在高度专业化基础之上的集聚模式，因而与专业化集聚相比，更有利于集聚

效应的充分发挥。

与Ⅰ型及以上大城市一致，Ⅱ型大城市公共服务供给水平提高均有利于本市和周边城市人口规模扩大，因而公共服务供给水平提高对于大城市进一步推进人口城镇化具有明显的政策含义。未考虑产业集聚的适宜性情况下，Ⅱ型大城市专业化集聚和多样化集聚的直接效应和间接效应均未通过显著性检验；专业化集聚、多样化集聚和公共服务供给交互项的直接效应均显著为正，间接效应为负。而在适宜性产业集聚作用下，尽管专业化集聚的直接效应和间接效应依然未通过显著性检验，但适宜性多样化集聚的直接效应和间接效应均显著为正，且其参数估计值明显大于专业化集聚，说明Ⅱ型大城市产业发展及其集聚模式越是符合当地优势条件，就越有利于发挥多样化集聚的经济外部性；该类大城市更适合那些在多样化集聚环境下获得集聚经济效益的产业成长，并由此拉动人口不断向城市集聚。公共服务供给与适宜性专业化集聚交互项的直接效应显著为正、间接效应为正但不显著，与多样化集聚交互项的直接效应和间接效应均显著为正，意味着公共服务供给增加有效强化了多样化集聚的外部效应及其空间外溢效应，而对专业化集聚效应仅起到微弱的强化作用。

中等城市公共服务供给仅对本市人口规模扩大有促进作用，对周边城市影响不显著。第（1）列专业化集聚的直接效应显著为正，间接效应显著为负，而第（2）列适宜性专业化集聚的直接效应和间接效应均显著为正；第（1）列公共服务与专业化集聚交互项直接效应显著为正，间接效应未通过显著性检验，而第（2）列中公共服务与专业化集聚的直接效应和间接效应均显著为正。这说明当中等城市产业集聚模式与优势条件相符合时，专业化集聚对城市人口规模扩张的促进作用得到明显增强，不仅对本市人口规模产生显著集聚效应，而且对周边城市产生了较强的正向空间外溢效应。多样化集聚及其与公共服务供给交互项的直接效应和间接效应在第（1）和第（2）列中均不甚明显。可见，与多样化集聚相比，专业化集聚是与中等城市优势条件更加吻合的集聚模式；专业化集聚模式越符合当地优势条件，就越有利于将集聚的经济性扩散至周边城市，进而使其与周边城市在人口集聚和增长中实现协同推进。

当虚拟变量 S、H、M 均取值为零时，产业集聚、公共服务及其交互项的参数估计便反映了小城市的估计结果。传统集聚视角下，小城市专业化集聚、多样化集聚和公共服务供给的直接效应和间接效应参数估计与全国样本估计结果基本一致，而考虑适宜性集聚后，小城市专业化集聚及其与公共服务交互项的参数估计并未发生明显改变，而多样化集聚及其与公共服务交互项的参数估计未通过显著性检验。这一方面说明与多样化集聚相比，小城市专业化集聚对人口的吸纳作用更加明显，另一方面则说明考虑产业集聚与当地优势的适宜性后，我国小城市产业发展模式和集聚特征更加明晰，与城市规模也更为匹配，因而依据各小城市资源禀赋优势、空间关联特征顺势促进特色产业的专业化集聚对于其扭转结构错配、推进人口城镇化持续发展具有更为重要的意义。

综合对比表 8 - 12 第（1）列和第（2）列估计结果可以看出，地方政府确实在城市发展和城镇化推进中存在过度干预的倾向，这种过度干预不仅导致产业集聚形态（或模式）与城市规模不相匹配、产业集聚与当地优势条件相脱离，而且使得公共服务供给长期处于短缺状态，进而引致拥挤效应等负外部性在中国城市中过早出现，限制了城市集聚效应的充分发挥和人口吸纳能力的持续提升。各城市唯有遵循市场规律，根据城市规模、等级特征以及各地区优势条件选择适宜的产业集聚模式，同时适时适地提高公共服务供给水平，才能最大限度提升城市人口吸纳能力，推进产业、人口和城市的深度融合，推动人口城镇化实现更充分、更持续和更高质量的发展。

九、小　　结

本章通过构建产业集聚和公共服务供给影响城市人口规模的统一分析框架和理论模型，利用 2003 ~ 2010 年地级及以上城市面板数据和空间杜宾模型探讨了产业集聚和公共服务供给对城市人口规模增长的综合作用机制。结果显示，专业化集聚和多样化集聚均有助于提高本市人口规模水平，但对周边城市人口规模却产生了负向空间外溢效应，且专业化集聚的作用效果明显大于多样化集聚；公共服务供给不仅显著提升了本市和周边城市人口规模，而且能够在城市人口增长中与产业集聚形成协同效应和相互强化效应。进一步的研究发现，产业集聚模式越符合当地优势条件，其集聚效应和空间外溢效应发挥得就越充分。其中，专业化集聚主要基于要素和资源禀赋优势、专业化劳动力蓄水池效应和制造业中间投入的空间共享机制而发挥作用，而多样化集聚则主要基于中间服务的空间共享机制和空间技术外溢效应而对本市和周边城市人口规模产生影响。基于不同类型公共服务和等级城市的估计结果还表明，民生类公共服务对城市人口规模增长的作用效果明显大于基础设施类公共服务；在现有的制度安排和市场条件下，大城市的产业集聚已显现出明显的拥挤效应，而公共服务供给增加和适宜性产业集聚水平提高则有助于缓解拥挤带来的非经济性，从而促使人口进一步向大城市及其关联城市集聚，且多样化集聚效应明显大于专业化集聚；中小城市专业化集聚对人口的吸纳效应明显高于多样化集聚，且公共服务供给亦能与产业集聚形成协同效应，但其作用效果明显小于大城市。

本章结论的主要启示在于以下三个方面。首先，各城市应选择与自身优势相适宜的、最能发挥该类优势因素的产业及集聚模式，强化城市间产业集聚的协调联动，最大限度吸引人口集聚。一些拥有丰富资源禀赋、各类专业技能人才以及制造业中间品厂商大量集聚的城市更适合选择专业化的集聚模式，而一些现代服务业较为发达、研发和创新活动较为活跃的城市则更适合在多样化的集聚环境中发展优势产业，增强城市人口吸纳能力。其次，各城市在依托适宜性产业集聚提升人口吸纳能力的同时，还应适时适地增加公共服务供给，尤其要加大对民生类公共服务的支持和倾斜力度，充分发挥产业集聚和公共服务供给在促进城市人口规模扩张中的协同效应，推进城市自身及其关联城市产业、人口和城市间的深度融合，有效推进人口城镇化。最后，对于不同等级城市而言，Ⅰ型及以上大城市和Ⅱ型大城市应根据其在现代服务业和创新活动外溢方面的优势，积极推进产业多样化集聚、努力大幅提高公共服务供给水平，通过发挥多样化集聚和公共服务的协同效应进一步提高城市的人口承载力；中小城市应根据各自集聚优势推进特色产业的专业化集聚，通过深化产业分工、增强城际联系，降低重复建设带来的多样化产业集聚水平和结构错配，提高城市对人口集聚和吸纳能力。

第九章　依托适宜性产业集聚推进人口城镇化区际协同发展的系统方案

本章在以上章节研究基础上，立足于适宜性产业集聚，着重从以下四个方面提出推进人口城镇化协同发展的对策：一是如何促进各地区充分发挥比较优势或集聚优势因地制宜地发展优势产业，增强当地城镇化的经济基础；二是如何促进各区域要素结构提升、市场结构调整、产业链完善与价值链重构，以加强区间经济联系与合作，利用区内、区际两种资源、两个市场推进城镇化；三是如何调整政府在城镇化中的功能，降低或避免地方保护主义、促进区间公共服务均等化，为推进城镇化提供良好的制度环境和政策保障；四是如何处理好对外开放与对内开放之间的关系，以促进城镇化朝着内外生力量双重驱动的方向发展。

一、充分发挥地区综合集聚优势，因地制宜推进人口城镇化

（一）依托差异化的内外市场和生产性服务业集聚措施有效推进人口城镇化

对于东部地区而言，由于国内、国际市场均有利于生产性服务业空间规模经济效应发挥，而且与国内市场相比，国际市场更增强了生产性服务业专业化和多样化集聚尤其是多样化集聚的技术溢出效应的作用效果，因而东部地区一方面要更加积极参与国际合作与竞争，依靠跨国生产组织和外商企业优化生产性服务业内部结构，提升生产性服务业技术含量和发展质量，有效促进生产性服务业在跨国企业与当地企业以及当地企业之间的技术溢出效应，

推进东部地区城市经济转型升级、提高城镇化质量；另一方面要在推进新一轮对外开放的同时，积极扩大国内城市之间的开放水平，消除制度障碍，加强城市间投入—产出关联，依靠国内国际两个市场促进生产性服务业空间规模经济效应的充分发挥，增强城镇化潜力。对于中部地区而言，由于国内、国际市场均对生产性服务业专业化和多样化集聚的技术溢出效应具有促进作用，且在对生产性服务业空间规模经济效应的影响方面，国内市场对该影响具有强化作用，而国际市场不显著，因而应积极利用国内、国际两个市场对生产性服务业专业化集聚和多样化集聚影响的互补性，根据城市经济发展阶段和产业结构状况，以国内、国际市场为参考，统筹规划、合理选择适宜的生产性服务业集聚模式，充分发挥生产性服务业集聚在城镇化进程中的技术溢出效应，与此同时，还应更加倚重国内市场制定使外贸企业由外销转内销的激励和优惠政策，鼓励企业依托国内市场形成生产性服务业链接的投入—产出体系，构建生产性服务链接的城镇化空间协同机制，促进大中小城市协同共进，以更大空间范围的规模经济效应推进城镇化协调发展。对于西部地区而言，国内市场依然在生产性服务业集聚对城镇化的规模经济效应中发挥着重要作用，且国内、国际市场共同加强了生产性服务业专业化集聚对城镇化的影响，因而应以立足国内市场为主，在充分发挥生产性服务业对城镇化推进的空间协同作用（以摆脱孤立发展境地）的同时，结合国际市场中跨国公司和外商企业在组织生产性服务中的先进经验和技术，以当地比较优势和主导产业为依据推进生产性服务业的专业化分工和集聚，增强城市产业部门发展潜力和综合竞争力，促进经济结构转型和城镇化有效推进。

（二）努力缩小地域间供求市场潜力差距，促进城镇化协调发展

积极促进成熟制造业产业向中西部地区转移，培育类似于长江中游城市群、成渝城市群和关中城市群等经济集聚地，进一步挖掘产业集聚、城市的需求和要素供给互动对就业和城镇化的带动作用。此外，由于产品市场需求潜力和劳动力空间可得性对城市就业影响的协同效应在中小城市存在，而在大城市中不显著，因而与中小城市相比，大城市通过各种限制性措施（比如户籍限制、公共服务政策等）对劳动力空间流动和就业的阻碍更为明显，从而使得产品市场与劳动供给市场的空间关联受阻，无法充分发挥协同效应。

各地区大城市应该逐步放宽对进程就业人员的户籍限制，努力为在城市中有稳定就业的劳动者提供公平、对等的公共服务，增强大城市劳动力市场厚度，强化大城市与中小城市劳动力市场的空间关联和相互作用，实现大城市和中小城市劳动就业和人口城镇化的协同联动。

（三）促进各地区制定符合本地实情的城镇化技术支撑战略

从国内市场来看，各地区应促进国内市场一体化、扩大国内市场的空间尺度，这不仅有利于发挥城镇化进程中的规模经济效应，还有利于提高各地区全要素生产率和技术进步水平，有助于城镇化进程中规模经济效应和技术进步效应的有效融合与协同推进。从国际市场来看，东部地区继续承接现有国际技术转移已无法进一步实现产业转型和城镇化顺利推进，只有主动推进经济结构转型，并积极引进与结构转型升级相匹配的先进技术，方能在新一轮技术变革和国际分工中获得发展机遇，进一步推进城镇化；中西部地区由于起步较晚，城镇化相对滞后，应借助当前“丝绸之路经济带”建设的有利契机进一步与邻邦扩大经济贸易往来，真正实现“以市场换技术”的开放升级战略，进而以国际市场和技术进步双重驱动力推进城镇化。

（四）利用各地区集聚优势和传统比较优势的互补性推进人口城镇化

中部地区各城市不仅具有明显的传统比较优势，而且已经逐渐具备制造业发展的集聚经济优势，应进一步落实中部崛起的发展战略，使中部地区在东西部发展中真正发挥承东启西的作用。西部地区制造业集聚环境的缺乏使得东部沿海地区制造业企业（尤其是中小企业）迁移存在很大成本和不确定性，为此，应从制度上和经济上着力创造有利于制造业投资和发展的良好环境，有效承接沿海产业转移，实现产业发展、吸纳就业和城镇化在各地区协调发展。第一，不仅要对向中西部地区迁移企业提供适当补贴，更应构建东西部地区产业发展的合作机制，将西部地区劳动力成本和优惠政策等优势与东部地区先进技术和雄厚资本结合起来；第二，加强西部地区高等教育、职业教育和专业技能人才培训，为东部制造业企业迁移和集聚提供丰富的专业化劳动力；第三，加快中西部地区基础设施建设、加强交通运输和物流业的发展，提高西部地区城市之间以及西部与东部地区之间的通达性和市场获得性；第四，鼓励和引导东部地区成熟产业以集群方式向中西部地区发展潜力较大的城市转移，不仅有利于巩固和增强当地产业基础而且能够有效降低制造业转移的风险。

（五）依据不同集聚优势选择适宜的产业集聚模式有效推进人口城镇化

首先，由于专业化集聚和多样化集聚有助于本市人口规模扩大，对周边城市人口规模起到抑制作用，而适宜性产业集聚作用下，专业化集聚和多样化集聚对本市和周边城市人口规模均起到了促进作用，因而各城市应充分、全面、科学识别自身在人口城镇化推进中的优劣势因素，趋利避害、取长补短，依据自身优势条件顺势发展相应优势产业、选择适宜的产业集聚模式，强化城市间产业集聚的协调联动，充分发挥产业集聚的经济外部性和空间外溢效应，促进产业和人口深度融合，提高城市产业对人口的支撑能力。其次，本章结论显示专业化集聚主要基于要素和资源禀赋优势、专业化劳动力蓄水池效应和制造业中间投入的空间共享机制而发挥作用，而多样化集聚则主要基于中间服务的空间共享机制和空间技术外溢效应而对本市和周边城市人口规模产生影响。因而各地区在依托产业集聚和工业化推进人口城镇化过程中，同一集聚模式可因不同的集聚优势而发挥作用，而一些城市则可能同时受到比较优势和各种空间外部性优势的一种或几种力量的共同作用，各城市应根据自身优势选择最能发挥该类优势因素的集聚模式以最大限度吸引人口集聚。一些拥有丰富劳动力、自然资源等传统比较优势以及各类专业技能人才和制造业中间品厂商大量集聚的城市更适合选择专业化的集聚模式，而一些现代服务业较为发达、研发和创新活动较为活跃的城市则更适合在多样化的集聚环境中发展相应优势产业，增强城市人口吸纳能力，持续推进人口城镇化。最后，由于城市人口增长中专业化集聚的作用明显大于多样化集聚，因而我国目前多数城市拥有较为明显的要素和资源禀赋优势、专业化技能人才优势和制造业中间品规模经济优势，但这些城市依然存在专业化不足、分工不够深化的问题，各城市应根据自身的这些优势因素发展相适宜的优势产业，深化分工、强化区间要素和人口流动，充分发挥专业化集聚的人口吸纳效应。

二、加强区间经济联系与合作，实现人口城镇化协同推进

各地区在培育新的集聚中心或增长极和制定区域发展战略时应综合考虑各方面因素，统筹规划、合理布局，要充分利用城市之间以及城市与其腹地之间在产业结构、市场需求偏好等方面的互补性因势利导，促进要素、技术、产品在城市之间、地区之间的自由流动和产业的有序转移。最终促使各地区各级城市根据自身及其空间优势趋利避害或化害为利、培育具有地域化特征的集聚中心和增长极，形成优势互补、互动合作的良性区域发展格局。

（一）发挥生产性服务业集聚的空间关联效应，实现人口城镇化协同推进

首先，各地区在制定生产性服务业和城镇化发展战略时，既要根据自身经济发展状况发展适宜的生产性服务业、调整和完善生产性服务业内部结构，从而充分发挥生产性服务业集聚的技术溢出效应，又要兼顾邻近城市生产性服务业、经济发展和产业结构状况，从而充分利用当地与周边城市的协同效应和规模经济效应，从要素供给和市场需求两方面推进生产性服务业集聚和发展，以生产性服务业改造和优化城市工业结构、促进产业和城市融合发展，更好更快推进新型城镇化。其次，各地区尤其是西部欠发达地区发展现代生产性服务业应更加注重专业化经营，通过不断调整产业结构发展与当地优势制造业或优势资源相匹配的生产性服务业，依托专业化的生产性服务激活当地制造业、加快产业结构调整，提高城市创造就业和吸纳劳动力能力，促进当地剩余劳动力就近转移；而东部和中部发达地区则需要在保证生产性服务业专业化规模的同时更加注重其多样化发展，通过构建形式多元、产业间协同共进的生产性服务业集聚区来满足当地多样化产业发展的需要，提升城镇化发展质量。最后，在保证东部地区城市间生产性服务业与城镇化协同关系的同时，更应从经济和制度方面综合关注中西部欠发达地区城市群和经济圈（带）建设。这些地区要在进一步调整经济结构、继续改善交通和通信条件以克服自然地理障碍、增强城市间通达性的同时，着力打破生产性服务业仅为当地服务的限制性措施和地方保护主义趋势，根据不同地区比较优势

和综合竞争优势构筑以生产性服务链接的协同城镇化机制，最大限度发挥生产性服务业的空间规模经济效应，促进中西部地区城市间城镇化进程的协同推进。

（二）加强最终市场和劳动力市场的空间互动，推进人口城镇化协同发展

首先，各级地方政府在制定城市发展战略时不仅仅需要关注城市自身的经济发展和本地劳动力市场就业，还应以城市群为新型城镇化的主体形态，合理确定城市群及各城市的定位，促使各级城市根据自身禀赋特征形成优势互补、互动合作的良性区域发展格局，以促进城市所在的整个城市群体系的发展与就业。其次，地方政府应加强与其他各级政府间的深入联系与合作，一方面，通过重大交通基础设施的建设和城市群内的公共服务供给均等化最大限度地打破行政区划障碍，降低劳动力迁移成本和商品的国内贸易成本以跨越城市间市场需求和要素配置界限，推进城市间联通联动，提高城市之间的通达性和要素及产品市场的获得性。另一方面，加大教育的公共财政投入力度，着力提升劳动者受教育水平，加强技能人才职业培训，满足城市发展和集聚对专业化劳动力的需求。完善劳动力市场的法规制度，消除性别及地域歧视，实现劳动力就业市场的公平性，推进区际人口城镇化公平、协同发展。

（三）加强区域间技术关联和技术外溢，推进人口城镇化协同发展

由于同等级城市及大城市与特大城市间均具有显著为正的空间技术外溢效应，因而技术进步有利于促进大城市间的协调发展。但是本书显示，特大城市和大城市在城镇化水平大幅提升的同时，造成中小城市的创新要素不断向大城市和特大城市流动，使其人口城镇化受到明显抑制。创新要素的这种两极化倾向不仅导致生产要素继续大规模集聚于特大城市，使特大城市地价持续攀升，生产、生活成本不断增加，逼近大城市人口承载力极限，而且造成生产率下降和要素配置扭曲，从而形成特大或大城市与中小城市间人口城镇化的“二元结构”。因此，新型城镇化应以城市群为主体形态，统筹特大城市、大城市与中小城市技术进步和技术协同发展，促进不同规模等级城市协调发展。

一方面，中小城市技术水平和生产服务水平落后，产业发展和转型升级的能力不足是造成人口和创新要素不断向大城市和特大城市流动的主要原因，因而必须在城市群框架内在充分利用大城市和特大城市规模效应及其空间外溢效应的同时，提升中小城市人口和要素集聚和产业发展水平，进而提高中小城市吸引创新要素集聚和人口集聚的能力。另一方面，要摒弃要素配置中的大城市偏向，推动政府投资向中小城市基础设施和公共服务倾斜，基于产业链互补、市场互补和功能互补等原则促进城市群中不同等级城市间形成合理高效的分工体系。要充分发挥不同规模等级城市区位和产业优势，强化大中小城市功能分工，推动特大城市全面转型升级，以培育和发展战略性新兴产业和现代服务业为契机优化国土空间格局，提升其对城市群内其他城市服务功能。同时引导其人口、要素和产业向中小城市扩散，增强中小城市产业集聚和人口、技术吸纳水平，构筑中小城市技术进步和人口集聚的基础。从市场和技术要素两方面推动形成以城市群为主体形态，大中小城市协调发展的良性格局，整体提升城镇化水平。

（四）加强区域间交通治理，推进人口城镇化协同发展

本书显示交通拥堵对城镇化的抑制作用并非仅限于本地区，而是能够扩展至300公里的空间范围，因而在城镇化进程中，任何仅关注自身交通状况，而忽视邻近城市拥堵效应的交通治理措施都将造成拥堵效应的低估，降低已有城镇化策略的有效性，并造成城镇化效率损失、降低城镇化推进潜力。各地区要切实提高城市群内城市间的互联互通水平、充分释放城镇化发展潜力，就需要将城际交通发展与城内交通治理结合起来，通过促进城内、城际交通效率的有机统一，实现城镇化进程中拥堵效应的标本兼治。对于各等级城市而言，除超大城市、特大城市、Ⅰ型大城市的平均拥堵水平较大外，小城市和中等城市也拥有较高的拥堵效应，而Ⅱ型大城市的则最小。因而在关注大型城市交通拥堵的同时，也应给予小城市和中等城市交通状况恶化的足够重视。伴随新型城镇化不断推进，应着力加强中小城市尤其是大型城市周边的中小城市交通基础设施的建设力度，使交通设施供给水平适应人口和车辆不断增加的需要。中小城市交通基础设施供给的增加不仅有助于缓解自身的交通拥堵状况，促进更多农村转移人口就地城镇化，而且有利于提升其区位优势，有效分流周边大型城市的拥堵车辆和人口，降低整片区域空间的交通密

度和拥堵效应。多数Ⅱ型大城市应在保持适度交通密度的前提下，合理引导拥堵城市人口向有潜力的Ⅱ型大城市集聚，使其起到疏导拥堵和调节城市群中各级城市人口配比的功能。而300万人口以上的大型城市交通治理则要更多关注于旧路改造、路网优化及管理系统升级等。对于不同地区而言，应切实加强西部地区各级城市的交通基础设施建设，利用多种交通方式相结合（比如道路交通与轨道交通相结合）的方法缓解城市交通压力，充分提升该地区城市对于人口和车辆的承载能力，破除城镇化顺利推进的交通障碍。东部地区则应在治理特大城市交通拥堵、提升中小城市交通能力的同时，进一步提升特大城市和Ⅰ型大城市的人口吸纳能力。而中部地区则应在着力缓解特大城市、Ⅰ型大城市和中小城市交通压力的同时，积极引导人口向有条件的城市集聚，培育超大城市、壮大Ⅱ型大城市。

三、优化地方政府治理和服务功能，构建人口城镇化协同推进的制度环境和政策保障

（一）发挥市场主导作用和政府引导作用，推进人口城镇化协同发展

首先，本书显示国际、国内市场潜力均显著推进了人口城镇化，而政府过度干预不仅直接阻碍人口城镇化，而且削弱了内外市场潜力对人口城镇化的促进作用，因而着力推进我国人口城镇化，应遵循以市场为主导的经济制度安排，通过转变政府职能、消除市场分割、推进市场一体化，切实提高各地区市场化水平，促使城镇化模式由“政府主导+市场推动”向“市场主导+政府引导”转变。目前，尽管以市场为中心的市场经济制度已在我国得以确立，但市场转型依然没有结束，城镇化推进中妨碍市场制度顺利运行的阻力依然存在，比如中央与地方的财政关系还未能明确界定、科学的地方政府政绩考核方案仍未确定、地区间市场化改革推进力度差异较大、地方政府产业发展盲目跟进中央政策等，因而进一步的市场化改革和制度设计势在必行。其次，由于政府干预对国内市场的影响明显大于国际市场，且对内外市场干预程度由东向西依次递增，因此各地区在城镇化推进中应着力优化政府

功能结构，在进一步扩大对外开放的同时更加注重国内市场的改革和整合。一方面，应改变目前纯粹以 GDP 和经济增长为主要标准的政府考核方法，将地方产业结构调整和有效人口城镇化作为政府政绩表现的重要衡量标准；另一方面，各地区尤其是中西部地区，应逐步摆脱政府主导的盲目城镇化发展模式，充分、全面、科学识别并挖掘自身的优势和潜在优势因素，依据市场原则因地制宜地发展适宜当地优势条件的产业，推行最大限度创造就业并充分吸纳人口的适宜性产业集聚模式，从而充分发挥市场在配置资源、引导人口有序流动中的主导作用。

（二）降低地方保护主义，推进人口城镇化协同发展

首先，由于地方保护主义降低了空间专业化劳动力可得性、中间投入可得性对制造业集聚的影响，而对商品市场影响不显著，因此应将应对地方保护主义的着力点由最终商品市场向劳动力、中间品等要素市场倾斜，取消要素市场仅为当地服务的限制性措施，促进各类专业劳动力、中间投入等要素在不同地区比较优势的作用下合理流动，为新的制造业集聚中心或增长极的形成准备充足、灵活的要素供给条件。其次，各城市可以在加强相互学习和合作的同时，努力构建区际人才共享机制和平台、加大专业技术人才的培养和引进力度，同时制定相应政策以减弱或消除地方保护主义，使一定地域范围内的各类人才能够在不同城市之间自由流动，通过不同专业技术人才之间的沟通、交流和接触实现知识共享，吸引内外资向该地域范围集聚，而新的集聚又会形成更广泛的交流，从而改善城市创新环境、提高生产效率，促进人口城镇化持续推进。最后，各地区在依托产业集聚和工业化推进人口城镇化过程中，应加强产业集聚模式与当地优势条件的匹配性和适宜性。各城市应充分、全面、科学识别自身在人口城镇化推进中的优劣势因素，依据自身优势条件顺势发展相应优势产业、选择适宜的产业集聚模式，强化城市间产业集聚的协调联动，以更大规模集聚经济效应提高城市产业对人口的吸纳能力。

（三）发挥公共服务均等化和产业集聚的协同效应，实现人口城镇化协同推进

公共服务供给不仅提高了城市本身及周边城市人口规模水平，而且能够

强化产业集聚的经济外部性和空间外溢效应，因而各城市在依托各自优势促进产业集聚以充分集聚人口的同时，还应适时、适地、适人增加公共服务供给，发挥产业集聚和公共服务供给在促进城市人口规模扩张中的协同效应，推进城市自身及其关联城市产业、人口和城市间的深度融合，有效推进人口城镇化。目前多数Ⅰ型及以上大城市的产业集聚已呈现明显的拥挤效应，不利于人口城镇化的进一步推进，但基于当地优势条件推进产业集聚并积极提高公共服务供给水平则有利于弱化甚至消除拥挤效应，进一步推进人口城镇化。对于该类城市，应根据其在现代服务业和创新活动外溢方面的优势，积极推进多样化集聚、努力大幅提高公共服务供给水平，通过适宜性的多样化产业集聚和公共服务的协同效应进一步吸引人口向大型城市集聚，提高城市的人口承载力。Ⅱ型大城市尽管还未表现出拥挤效应，但产业集聚也未对城市人口规模增加产生明显影响，应更加推进该类城市产业的多样化集聚，并提高公共服务供给水平，依托多样化集聚和较高的公共服务供给水平使其应有的人口集聚效应得到充分发挥。对于中等城市和小城市，应根据各自比较优势和空间外部性优势推进特色产业的专业化集聚，通过深化产业分工、增强城际联系，降低重复建设带来的多样化产业集聚水平和结构错配，提高城市对人口的吸纳能力和承载能力。

四、利用国际国内两个市场、两种资源推进人口城镇化

首先，产业集聚是吸纳就业、推进人口集聚和人口城镇化的根本条件，而国内外市场对制造业集聚的协同效应显示任何过分倚重对外开放而忽视国内市场的策略，将不利于当地经济持续增长和区域之间的协调发展。出于自身利益最大化的考虑，地方政府的保护主义使得各地区在与其他地区的“增长竞争”中更多地依赖国际市场，而忽视了内部市场的作用，但各城市、特别是市场发育程度相对较低的中西部地区城市应在继续开拓国际市场的同时，进一步加强与国内其他城市的联系与合作。更多的城市参与区域一体化进程将不断扩展国内市场、扩大内需，不仅为制造业集聚创造必要的市场条件，同时有助于城市之间形成协同效应，促进区域经济协调共进。其次，由于国际和国内市场对城镇化的影响在中部地区的替代效应大于东部的互补效应，而在西部地区不显著，因此各地区城镇化进程中亦应采取差异化的内外市场

发展策略。对于东部地区，城镇化推进应充分利用内外市场的联动效应，要在保持现有国际市场地位基础上统筹兼顾国内市场，综合国际、国内市场需求变化合理配置资源和要素，实现产业转型升级，以高新技术产业集聚和新型工业化有效推动城镇化发展；对于中部地区，由于存在以国际市场替代国内市场的趋势，应在城镇化进程中尽量避免过分夸大国际市场作用而排斥国内市场的倾向，需要在进一步深化对内开放——不断开拓国际市场、扩大国际影响的同时，根据自身优势条件积极调整经济结构，消除地方保护主义和恶性竞争行为，与周边地区建立密切的交流与合作关系，实现国内市场一体化与国际市场开拓的协同共进；而西部地区城镇化进程中，由于国际与国内市场并不存在明显相互作用倾向，应在经济发展和城镇化中采取更加严格的政府干预防控措施，防备地方政府出于自身利益而在与其他城市竞争中人为设置更高的行政壁垒，积极引导各级政府面向国内外市场调整自身产业结构、有效推进人口城镇化。西部地区应借助“丝绸之路经济带战略”实施的契机，在与陆路邻邦扩大经济贸易往来的同时，通过互联互通推进国内市场与国际市场的联动发展，实现各地区城镇化的持续、稳定、协调推进。

第十章　总结和展望

城镇化推进必然伴随着经济结构的深刻调整（Henderson，2003；Michaels et al.，2012；Gollin et al.，2014）。经典的人口迁移的“推—拉”模型认为，决定城镇化进程的因素来自“农村推力”和“城市拉力”两个方面。然而，中国的城镇化问题在根本上可能并非来自农村，而是更多地取决于城市。中国已经进入以人的城镇化为核心的高质量城镇化发展阶段。城市产业发展是否有动力、集聚效应发挥是否充分、制度安排是否合理、城际互动是否协同直接决定了农业转移人口是否能够以及能在多大程度上进入城市、留在城市，进而决定了人口城镇化是否能够真正实现高质量发展。本书基于适宜性产业集聚视角，主张各地区在市场规律主导、政府调控引导的共同作用下，通过发展与当地优势条件相吻合的产业、推行与区域优势相适宜的产业集聚模式，来激发区域产业发展活力、充分发挥集聚经济效应，最大限度吸纳人口转移，推进人口城镇化实现实质性进展和高质量发展。本书通过综合传统比较优势、集聚外部性、新经济地理、城市空间一般均衡理论和财政俱乐部理论，构建我国人口城镇化协同推进的空间分析框架，从供给和需求两个方面识别各地区产业布局中的“综合集聚优势”，并探讨其在市场和政府共同作用下对人口城镇化的影响机制。本章将对这些研究进行总结，并说明不足之处和未来的研究方向。

一、总结

（一）理论观点

1. 各地区在依托工业化推进城镇化进程中，要特别关注产业集聚的适宜性问题

目前，导致我国人口城镇化水平滞后及区间发展不平衡、不协同的一个非常重要的原因，便在于地方政府对城镇产业发展的过度干预，使各地区推行了与当地优势条件不适宜的产业发展和集聚模式，从而降低了产业集聚的就业吸纳能力及其对人口空间流动的有效牵引作用。本书提出的适宜性产业集聚下的人口城镇化空间推进机制，便是引导各地区在充分识别和挖掘自身优势的前提下，以市场为主导、政府为引导，有效利用当地优势条件因地制宜地发展适宜的产业、推行适宜的产业集聚模式，强化产业发展和集聚的自生能力和就业创造能力，充分发挥集聚效应，最大限度吸纳农业转移人口、促进人口城镇化。当各地区都能按照自身优势选择发展相应产业并推进产业集聚时，产业结构的空间同质化趋势便可得到缓解，各地区便会逐步形成各具特色、互通有无、协调联动的发展状态，集聚经济外部性也会由点及面、扩展至更大的空间范围。而与此同时，从属于各行业的不同种类劳动力也会根据自身技能所长和期望收益在空间中进行有效配置和合理流动，从而实现人口城镇化的协调联动。

2. 对于人口城镇化推进中的各类空间集聚优势，应从供给和需求两个方面进行综合识别

适宜性产业集聚要求各地区充分遵循比较优势和各类空间集聚优势来发展相应产业、推进产业集聚，以产业协同集聚推进人口城镇化协同发展。人口城镇化是在空间中各类要素供给驱动和市场需求拉动共同作用下的结果。一些地区的人口城镇化水平可能同时受到比较优势和各种空间外部性的一种或几种力量的共同作用。单纯基于某一种理论或单从某一方面难以把握人口城镇化驱动机制的全貌。要从要素供给和市场需求两个方面，综合识别各地区拥有的发展优势，通过发挥各类优势的合力，推进产业发展、就业吸纳和人口集聚的协调联动。与此同时，城镇化进程中不同产业集聚模式发挥作用的集聚经济来源也并非一致。各地区应根据自身集聚优势的类型和产业发展的需要有差别地选择适宜的专业化或多样化集聚模式，以更好发挥集聚效应，推进人口城镇化。

3. 人口城镇化进程中还应充分发挥适宜性产业集聚和公共服务供给的协同效应

产业集聚不仅能够提高劳动生产率，从而提升劳动者收入水平，而且能够通过发挥集聚效应增强企业自生能力，从而为农业转移人口提供更多的就业机会。因而，产业集聚是城市人口实现稳定就业并能够在城市长期生存的基础和保障，缺乏有效产业支撑和集聚效应的城市将无法充分吸纳人口集聚并获得增长。而公共服务供给则是通过提供优质的公共教育资源、完善的医疗卫生服务、多样化的文化服务设施、发达的交通通信设施以及良好的自然环境等影响城市居民生活质量和福利水平，进而作用于人口的迁移决策和城市间的人口分布。可以说，公共服务供给带来的便利外部性是促使人们留在城市并在城市安居乐业的保障。产业集聚和公共服务供给在驱动人口城镇化中相辅相成、互为补充。一方面，财政分权之后，中国地方政府财力日趋拮据，在将有限的财力用于生产性建设和招商引资之后，用于公共服务支出的资金却相对有限，从而导致公共服务供给不足和居民生活质量下降，而充分发挥产业集聚效应、提升产业自生能力则有助于地方政府扩大财政增收空间，缓解地方财政压力，提升公共服务供给能力，进而提高公共服务供给的人口吸纳效应。因而产业集聚效应在吸纳劳动就业、提高城市人口增长水平的同时，还通过强化公共服务支出来提高对人口的吸纳能力。另一方面，地方政府提供的就业、社会保障、子女教育、保障房等公共服务有助于降低流动人口移民风险，促进流动人口创业，而这又在很大程度上促进了当地工业和服务业发展，进一步吸纳人口在城市集聚。忽视产业集聚和公共服务供给任何一方都将导致城市人口集聚能力降低和人口城镇化受阻。各地区在依托适宜性产业集聚推进人口城镇化的同时，还要适时增加公共服务供给，充分发挥产业集聚和公共服务在推进人口城镇化中的协同效应。

4. 在依托适宜性产业集聚、通过充分发挥集聚效应推进人口城镇化的同时，还应关注因经济集聚而产生的拥挤效应的影响，即要从集聚效应和拥挤效应的综合视角来探讨人口城镇化的持续推进之路

伴随经济活动空间集聚，拥挤效应的产生不可避免。然而，通过识别拥挤效应在人口城镇化中的“密度边界”和“空间边界”，则有助于各地区提早预防、提前治堵，趋利避害甚至化害为利。各地区在制定城镇化发展战略及规划建设交通基础设施时，任何仅关注自身交通状况，而忽视邻近地区拥堵效应的交通治理措施都可能低估拥堵效应造成的人口城镇化效率损失，无法使已有城镇化战略真正得到有效贯彻和实施。而从空间关联视角推进城市交通治理，有助于增强城市对腹地的服务半径和服务效果，加强城市间互联互通，促进城内、城际交通效率的有机统一，实现城镇化中拥堵效应的联防联控和区域经济效率的整体提升。各地区应统筹城市自身及周边城市交通承载能力，从城市群的整体视角系统评估有效空间范围内交通密度的合理性及拥堵效应产生的可能性和大小，为降低交通拥堵损失、有效推进人口城镇化提供科学指导。

（二）主要研究结论

本书基于适宜性产业集聚视角，从要素供给和市场需求两个方面，在比较优势理论、外部性理论、新经济地理理论、城市空间一般均衡理论和财政俱乐部理论基础上，立足驱动人口城镇化协同推进的“四个结合”空间机制（要素供给外部性与市场需求外部性相结合、市场主导与政府参与相结合、集聚效应与拥挤效应相结合、集聚外部性与便利外部性相结合），构建统一的产业集聚驱动人口城镇化的空间分析框架，采用空间计量、宏观计量、微观计量等方法以及中国城市面板数据、中国工业企业数据和流动人口动态监测数据等对以上机制进行实证检验，并得到以下几个方面的研究结论。

一是在要素供给外部性和市场需求外部性相结合推进人口城镇化方面，本书主要探讨了市场潜力和生产性服务业集聚对人口城镇化的影响、市场潜力和劳动力蓄水池效应对人口城镇化的影响以及市场潜力和空间技术外溢对人口城镇化的影响三个方面。具体而言，在市场潜力和生产性服务业集聚相结合推进人口城镇化方面，本书发现，生产性服务业专业化和多样化集聚主要从供给方面通过技术溢出效应作用于城镇化，且专业化集聚的作用效果更明显；而生产性服务业空间集聚规模则侧重从需求方面通过规模经济效应作用于城镇化。国际、国内市场均增强了生产性服务业专业化集聚的本地技术溢出效应，但国内市场的作用效果更为明显；国际市场对生产性服务业多样化集聚的本地技术溢出效应具有强化作用，但国内市场的作用不显著。国内市场有助于生产性服务业空间规模经济效应的发挥，国际市场却抑制了这一效应的作用效果；国内、国际市场对生产性服务业空间规模经济效应的影响具有替代性；国内、国际市场均加强了东部地区生产性服务业空间规模经济效应、中西部地区生产性服务业专业化集聚效应以及中部地区多样化集聚效应的作用效果，但对东部地区生产性服务业专业化和多样化集聚效应、中西部地区空间规模经济效应的影响效果，国内和国际市场则存在明显差异，其中国际市场有助于前者作用效果的提高，但对后者影响效果起到抑制作用，而国内市场则弱化了前者的作用效果，对后者影响效果起到强化作用。

在市场潜力和劳动力蓄水池效应相结合推进人口城镇化方面，本书发现，具有较高水平产品市场潜力和较厚的劳动力市场的城市，其非农就业规模更大，劳动者个体在非农产业的就业概率更高。各级城市间的市场需求和劳动力要素供给的空间关联性是影响城市就业的关键因素，它们不仅会带来经济活动的集聚以及劳动生产率的提高，而且能够以大城市为依托带动腹地中小城市乃至整个城市群体系发展，使更多的劳动力实现就业。产品市场潜力和劳动力空间可得性对本地劳动力和外来劳动力的影响具有异质性，城市产品市场潜力对本地劳动力的就业市场存在一定的挤出效应而更加有利于外来人口的就业，城市的劳动力空间可得性同时提高了外来劳动力和本地劳动力的就业机会，但更有利于本地劳动力的就业；中小城市就业主要依赖产品市场的空间需求关联，而大城市则主要通过劳动要素的共享、匹配机制在供给方面促进就业，且二者协同效应主要存在于中小城市，而在大城市则影响不显著。

在市场潜力和空间技术外溢效应相结合推进人口城镇化方面，本书发现，国际市场与区际研发技术外溢对新型城镇化具有显著促进作用，而国内市场和区际沟通技术外溢却对其产生明显抑制作用。国内市场显著加强了新型城镇化进程中东部地区的技术溢出效应，却阻碍了区际研发技术溢出效应在中西部地区的有效发挥；国际市场对东部的区际研发技术溢出效应及西部的区际沟通技术溢出效应具有明显促进作用，但抑制了东部地区区际沟通的技术溢出效应。

二是在市场主导与政府参与相结合推进人口城镇化方面，本书发现，国际、国内市场潜力均对人口城镇化具有明显的促进作用，而政府过度干预不仅直接阻碍人口城市化，而且削弱了内外市场潜力对人口城镇化的促进作用；政府干预均削弱了全国层面以及中西部地区国际和国内市场潜力的人口城镇化效应，且对国内市场的抑制作用明显大于国际市场；而在东部地区，政府干预并未对国际和国内市场潜力产生明显影响；政府干预对城镇化进程中内外市场潜力的抑制作用由东向西依次递增。国际、国内市场潜力均对人口城镇化具有明显的促进作用，二者在人口城镇化推进过程中整体表现为互补性，但国内市场潜力对城镇化作用由东向西依次递减，而国际市场潜力对城镇化的影响效果在东部地区最大，西部次之，中部最小；在城镇化推进过程中，国内市场和国际市场在东部地区表现为互补性，在中部地区为替代性，而在西部地区却不存在明显相互影响。由于城镇化进程中政府干预对全国层面和中部地区国内市场的抑制作用明显大于国际市场，因而中部地区内外市场的替代效应可能大于东部地区的互补效应，表现为我国整体上存在着以国际市场替代国内市场的倾向。

三是在集聚效应和拥挤效应相结合影响人口城镇化方面，本书发现，国内市场潜力和国际市场潜力均有助于推动人口城镇化，但伴随城市自身及其他城市交通密度提高，城镇化水平均呈现先上升后下降的倒“U”型发展趋势，且多数地级及以上城市在空间上的道路交通密度超过最优密度值，已出现明显的拥堵效应。因而在中国城镇化进程中，交通拥堵效应并非仅限于本地区，而是能够扩展至除本市以外的更远空间范围。进一步的研究显示，交通拥堵效应的有效空间作用范围为300公里，且该范围内的最优交通密度为157辆/万平方米，小于169辆/万平方米的实际交通密度值。从全国层面看，Ⅰ型及以上大城市、Ⅱ型大城市、中等城市及小城市的交通拥挤外溢效应空间边界分别为450公里、350公里、300公里和150公里。超大城市、特大城市、Ⅰ型大城市的平均拥堵程度最高，小城市和中等城市次之，Ⅱ型大城市最小。西部地区在城镇化推进中产生的交通拥堵效应更甚于东中部地区，其中东部地区的拥堵效应主要来自超大城市和中小城市；而在中部地区，Ⅰ型大城市、特大城市及小城市是拥堵效应的主要来源；西部地区各等级城市中的交通拥堵效应则均普遍偏高。通过分析拥堵城市在空间中的分布特征发现，中国目前基本形成了两条拥堵城市带：第一，沿“京哈—包昆通道”、纵贯中国东北和西南的拥堵城市带；第二，以长三角、海峡西岸经济带为主的东部沿海拥堵城市带。拥挤效应已成为限制我国人口城镇化继续有效推进的重要阻力，应采取措施降低拥挤效应给人口城镇化带来的负面影响，积极发挥集聚效应提升人口城镇化发展水平。

四是在集聚外部性和便利外部性相结合方面，本书发现，专业化集聚和多样化集聚均有助于提高本市人口规模水平，但对周边城市人口规模却产生了负向空间外溢效应，且多样化集聚的作用效果明显大于专业化集聚；公共服务供给不仅对本市和周边城市人口规模扩大均起到了显著促进作用，而且能够在城市人口增长中与产业集聚形成协同效应和相互强化效应，其中公共服务供给和专业化集聚的相互促进与联动效应促使集聚外部性和便利外部性克服极化效应而在空间中不断扩散，对周边城市人口规模增长产生正向空间外溢效应，而与多样化集聚的协同效应未对周边城市产生明显影响。进一步的研究发现，产业集聚模式越符合当地优势条件，其集聚效应和空间外溢效应发挥得就越充分。具体而言，专业化集聚主要基于要素和资源禀赋优势、专业化劳动力蓄水池效应和制造业中间投入的空间共享机制而发挥作用，而多样化集聚则主要基于中间服务的空间共享机制和空间技术外溢效应而对本市和周边城市人口规模产生影响。细分城市样本估计结果还表明，Ⅱ型及以上大城市的多样化集聚效应明显大于专业化集聚；而中小城市专业化集聚对人口的吸纳效应明显高于多样化集聚，且公共服务供给及其与产业集聚的协同效应随城市规模增加而增大；适宜性产业集聚作用下，我国多数Ⅰ型及以上大城市不是过大，而是依然过小，基于这类城市当地优势而产生的产业集聚，有助于充分发挥集聚效应，化解因政府干预和企业扎堆式集聚而产生的拥挤效应，从而能够进一步吸引人口集聚；而与Ⅱ型大城市和中等城市相比，我国多数小城市的产业发展模式和集聚特征与城市规模间存在较为严重的错配倾向，根据自身特色和空间特征推行更为专业化的集聚模式则有助于其扭转结构错配、持续推进人口城镇化。

（三）研究价值

本书是根据我国工业化和城镇化实践对工业化与城镇化互动理论的一次拓展和补充，不仅进一步深化了我国人口城镇化推进的空间动力机制，而且为明确界定城镇化中政府和市场的边界提供了较为理想的理论基础。在实践层面上，本书研究成果不仅有助于各地区依托自身优势条件制定适宜的、有效的工业化驱动城镇化发展战略，而且能够帮助各地区全面认识自身在城镇化推进中的优势和短板，通过趋利避害、取长补短，利用“综合集聚优势”有效推进城镇化。因而，本书研究具有重要的理论和实践意义。

1. 本书研究的理论价值

第一，依托适宜性产业集聚推进城镇化，可为工业化与城镇化联动的理论研究提供一个崭新的视角和突破口。学界普遍认为，工业化与城镇化在本质上存在良性互动关系，即产业发展和集聚是推进城镇化的前提和经济基础，而城镇化则为产业集聚提供市场空间和创新动力。然而，这一良性互动关系是建立在完全市场经济条件下的。在我国城镇化进程由行政力量主导的情况下，由于各地区推行了与自身优势条件不相适宜的产业发展策略和产业集聚模式，不仅使得人口城镇化严重滞后于工业化，而且导致人口的跨区域无序流动，阻碍人口城镇化的协同推进和协调发展。因而，经典的工业化与城镇化互动理论可能并不适用于指导我国目前的城镇化实践。为此，本书基于我国各地区产业集聚及人口城镇化发展现状，提出依托适宜性产业集聚推进人口城镇化的新观点及新框架。适宜性产业集聚是以实现人口城镇化协同、有效推进为导向的产业集聚模式。这就意味着，各地区依靠产业集聚和工业化推进城镇化这一总体方向是对的，但其主导产业规划、产业集聚模式选择应在市场主导下由各地区自身优势条件而定。只有各地区推行了与当地比较优势、区位优势等因素相适宜的产业集聚模式，城市才具有创造就业、吸纳人口的内生动力，进而才能有效改善我国城镇化滞后及区际差异扩大的现状。

第二，从适宜性产业集聚视角出发，可将传统比较优势理论、集聚外部性理论、新经济地理理论、空间一般均衡理论与财政俱乐部理论统一于新的城镇化空间分析框架，从而拓展了城镇化推进的空间动力机制。目前探讨产业集聚推进城镇化的研究，多基于传统比较优势和集聚经济理论而展开（Henderson，2003；孙祁祥等，2013），忽视了产业集聚背后的知识外溢、劳动力蓄水池效应等集聚机制以及市场整合和异质性劳动力空间匹配的作用。而基于适宜性产业集聚视角探讨城镇化推进机制，不仅要研究各地区产业空间分布与比较优势、要素集聚优势和市场关联优势的适宜性问题，而且要分析异质性要素空间定位中市场选择的适宜性问题。单从某一理论视角难以对人口城镇化推进机制进行全面细致的分析。本书将比较优势、集聚外部性、市场关联以及便利外部性等因素置于同一理论分析框架，从而拓展了我国人口城镇化推进的空间动力机制。

第三，模型化城镇化空间分析框架中市场和政府行为，为城镇化实践中明晰界定市场与政府的合理边界提供理论依据。伴随我国经济发展进入新常态，政府主导的传统城镇化模式难以为继，发挥市场在产业发展和要素配置中的主导作用已然成为各地区城镇化实践中的政策取向。然而，目前鲜有文献在正规的城镇化理论框架中纳入市场和政府干预因素，来综合分析市场化改革与政府干预下的人口城镇化推进效果。本研究在新经济地理模型基础上纳入政府干预因素，构建市场和政府共同作用下的城镇化空间驱动模型，来综合探讨人口城镇化进程中市场和政府的作用效果及其差异。

2. 本书研究的应用价值

第一，从适宜性产业集聚视角推进城镇化，有利于科学界定城镇化中政府与市场的合理边界，促进各地区根据自身优势条件制定适宜的、有效的“工业化驱动城镇化”发展战略。城镇化进程中适宜性产业集聚策略的提出，将有助于打破我国行政力量主导的城镇化推进模式，有效界定政府与市场在区域产业发展中的合理边界，促进城镇化模式由“政府主导＋市场推动”向“市场主导＋政府引导”转变。各地区在市场主导和政府引导的作用下，依据市场原则和自身优势条件发展适宜的产业、推行最大限度创造就业并充分吸纳人口的适宜性产业集聚模式，能够充分发挥市场在配置资源、引导人口有序流动中的主导作用，推进真正意义上“工业化驱动城镇化”发展战略的有效实施。

第二，城镇化综合分析框架的提出，有助于各地区全面认识自身在人口城镇化推进中的优势和短板，从而趋利避害、取长补短，利用区域“综合集聚优势”有效推进城镇化。作为不均质大国的组成部分，各地区推进城镇化的优势条件各不相同，产业集聚及城镇化推进模式必然各异。一些地区的城镇化可能同时受到比较优势和各种空间外部性优势的一种或几种力量的共同作用；而另一些地区可能仅存在传统比较优势，而缺乏外部性优势，反之亦然。因此，各地区探寻自身有效的城镇化推进模式，关键在于充分、全面、科学识别自身优劣势因素，进而发挥“综合集聚优势”的作用。本研究基于传统比较优势、集聚外部性、新经济地理、城市空间一般均衡理论和财政俱乐部理论而构建的人口城镇化综合理论框架，将为各地区城镇化中科学识别各类优势、挖掘“综合优势”提供理论依据和保障。

第三，本书可为各地区提供差别化的人口城镇化协同推进路径，从而实现人口城镇化的区间相互促进与联动。人口城镇化的协同推进依赖于产业集聚而产生的各类空间外溢效应及异质性要素的协同定位。在适宜性产业集聚策略驱动下，各地区依据市场原则和自身优势发展适宜产业、推进产业集聚，有助于深化区间产业分工，促进要素和人口在空间中的有序流动和优化配置。通过估计和测算各地区城镇化中各类空间驱动机制的空间边界及其作用方式差异，来帮助各地区识别有别于其他地区的差别化的城镇化推进模式，进而精准制定符合自身优势条件的城镇化发展战略。

二、研究展望

在经济高质量发展背景下，本书探讨适宜性产业集聚对人口城镇化协同发展的影响具有重要的理论和现实意义。由于涉及的理论较多，在同一框架中系统梳理适宜性产业集聚推进人口城镇化协同发展的机制是本书的一个难点。由于本书的研究工作前后经历了五年多的时间，书稿形成时各章节所用样本数据的时间段难以统一。作者试图更新所有实证分析的样本区间，但在大量稳健性检验支撑下，增加样本区间的实证结果与使用原有时间区段的结果相比并未发生明显改变，再加上有些章节微观数据可得性限制，最终作者没有对样本区间进行全部更新。纵观目前关于产业集聚与人口城镇化关系的文献以及本书所涉及内容，仍有一些问题需要做更为深入的研究。

一是户籍制度是导致劳动力市场扭曲、制约人口城镇化有效推进的重要因素，被学术界诟病已久，然而即便如此，这一看似不合理的制度安排在经过这么多年讨论研究后依然未能得到根本改善。其原因究竟何在？我们认为，只要城市产业结构得不到实质性的转型升级，产业发展和集聚无法真正适应当地优势条件，中国的户籍制度就无法得到根本改变。户籍制度内生于中国的城市经济发展过程。在工业优先发展战略引导下，中国城市产业结构最初以重工业为主，资本密集型行业为主的产业结构无法为更多进城人员提供足够就业岗位和福利待遇，地方政府出于城市安全稳定的需要而设计出了户籍限制这一制度安排，通过户籍制度将城市无法提供工作岗位和福利待遇的人员排斥在外，从而人为达到城乡间要素配置的均衡。这种户籍约束下的“城乡均衡”限制了劳动力的自由流动和资源的有效配置，严重影响了人口城镇化进程。在增长竞争和财政最大化激励下，各地区更是忽视当地优势条件而争相引进、发展和集聚能够短期带来政绩的资本密集型行业，加剧地区产业结构同质化趋势，降低了产业发展与当地优势的协同性和产业发展的自生能力，既无法创造大量就业岗位来持续充分吸纳农业转移劳动力，也无法为农业转移劳动力提供稳定的财政保障。这种情况下，为减轻城市就业压力和财政负担，户籍制度便成为地方政府实现高增长、充分就业[①]、稳财政的重要抓手。因而，在城市产业发展尚无法为农业转移劳动力提供充足就业且无法产生保障农业转移人口稳定公共服务的财政收入之前，户籍制度是不可能被完全取消的。而各地区依托自身比较优势和空间集聚优势来发展优势产业、促进产业集聚，则有助于充分发挥产业的集聚经济效应，创造更多就业岗位和财政收入，为进城人员留在城市提供保障。从这个意义上说，适宜性的产业集聚实际上能够弱化户籍制度对人口城镇化的抑制效应。然而，目前囿于

① 这里的充分就业实际上是仅满足城市产业能够提供的低水平的充分就业。

数据可得性限制，无法准确度量各城市户籍限制指标，进而也无法对这一机制进行更为深入的论证。未来研究则可通过寻找或测算城市层面较为全面可靠的户籍制度替代指标，进而利用本书构建的城市层面适宜性产业集聚指标，在适宜性产业集聚和户籍影响的综合框架内探讨人口城镇化的推进机制，为从产业集聚和发展层面从根本上推进户籍制度改革、实现人口城镇化高质量发展提供思路。

二是本书探讨了劳动力个体流动和城市规模间的匹配性，进而分析了这种匹配效应可能给城市就业和人口城镇化带来的促进作用，但是这样的研究显得较为粗糙。企业是吸纳人口在城市集聚并为其提供就业的基本单元，只有劳动力迁移决策与企业区位选择实现相互匹配和协同，才是城市得以集聚人口、实现农业转移人口市民化的根本途径，遗憾的是，我们目前尚未能得到企业层面劳动力的流动数据，无法更为细致地探讨企业和劳动力在城市间的协同定位机制，从而使得该项研究仅能做到流动人口与城市规模间的互动层面。为深入拓展这项研究，可能需要深入企业对企业员工开展更为细致的调研工作，了解企业员工的户籍性质、流动意愿等信息，从而为探讨人口城镇化中企业和劳动力的协同定位机制提供数据支撑和现实依据。

参考文献

［1］安礼伟，张二震．对外开放与产业结构转型升级：昆山的经验与启示［J］．财贸经济，2010（9）：70－75．

［2］白重恩，杜颖娟，陶志刚，仝月婷．地方保护主义及产业地区集中度的决定因素和变动趋势［J］．经济研究，2004（4）：29－40．

［3］蔡昉．中国劳动力市场发育与就业变化［J］．经济研究，2007（7）：5－15＋23．

［4］蔡昉．城市化与农民工的贡献——后危机时期中国经济增长潜力的思考［J］．中国人口科学，2010（1）：2－10．

［5］蔡昉，都阳，王美艳．劳动力流动的政治经济学［M］．上海人民出版社、上海三联书店，2003．

［6］蔡昉，王德文，曲玥．中国产业升级的大国雁阵模型分析［J］．经济研究，2009（9）：4－14．

［7］蔡昉，王美艳，曲玥．中国工业重新配置与劳动力流动趋势［J］．中国工业经济，2009（8）：7－18．

［8］蔡秀云，李雪，汤寅昊．公共服务与人口城市化发展关系研究［J］．中国人口科学，2012（6）：58－65．

［9］蔡翼飞，张车伟．地区差距的新视角：人口与产业分布不匹配研究［J］．中国工业经济，2012（5）：33－45．

［10］钞小静，沈坤荣．城乡收入差距、劳动力质量与中国经济增长［J］．经济研究，2014（6）：30－43．

［11］陈斌开，林毅夫．发展战略、城市化与中国城乡收入差距［J］．中国社会科学，2013（4）：81－102．

［12］陈飞翔，居励，林善波．开放模式转型与产业结构升级［J］．经济学家，2011（4）：47－52．

［13］陈国亮，陈建军．产业关联、空间地理与二三产业共同集聚——来

自中国212个城市的经验考察［J］. 管理世界，2012（4）：88－106.

［14］陈昊. 中国出口贸易的劳动力流动效应：基于扩展的文凭信号显示模型的再检验［J］. 国际贸易问题，2014（3）：96－103.

［15］陈健，蒋敏. 生产性服务业与我国城市化发展——产业关联机制下的研究［J］. 产业经济研究，2012（6）：33－41.

［16］陈敏，桂琦寒，陆铭，陈钊. 中国经济增长如何持续发挥规模效应？——经济开放与国内商品市场分割的实证研究［J］. 经济学（季刊），2008（1）：129－154.

［17］陈甬军，景普秋. 中国新型城市化道路的理论及发展目标预测［J］. 经济学动态，2008（9）：4－15.

［18］陈钊，陆铭. 在集聚中走向平衡——中国城乡与区域经济协调发展的实证研究［M］. 北京：北京大学出版社，2009.

［19］程大中. 中国生产性服务业的水平、结构及影响——基于投入—产出法的国际比较研究［J］. 经济研究，2008（1）：76－88.

［20］程时雄，柳剑平. 中国工业行业R&D投入的产出效率与影响因素［J］. 数量经济技术经济研究，2014（2）：36－51.

［21］戴永安. 中国城市化效率及其影响因素——基于随机前沿生产函数的分析［J］. 数量经济技术经济研究，2010（12）：102－117.

［22］丁守海. 劳动剩余条件下的供给不足与工资上涨——基于家庭分工的视角［J］. 中国社会科学，2011（5）：4－21＋219.

［23］丁维莉，陆铭. 教育的公平与效率是鱼和熊掌吗——基础教育财政的一般均衡分析［J］. 中国社会科学，2005（6）：47－57.

［24］豆建民，汪增洋. 经济集聚、产业结构与城市土地产出率——基于我国234个地级城市1999－2006年面板数据的实证研究［J］. 财经研究，2010（10）：26－36.

［25］杜宾宾，白雪. 论纠正城市化偏态发展的新型城市化变革［J］. 经济体制改革，2014（2）：5－9.

［26］范红忠. 有效需求规模假说、研发投入与国家自主创新能力［J］. 经济研究，2007（3）：34－45.

［27］范红忠. 交通住房政策效应与生产和人口的过度集中［J］. 经济研究，2008（6）：73－84.

［28］范剑勇. 产业集聚与地区间劳动生产率差异［J］. 经济研究，2006

(11): 72-81.

[29] 范剑勇，冯猛，李方文. 产业集聚与企业全要素生产率 [J]. 世界经济，2014 (5): 51-73.

[30] 范剑勇，谢强强. 地区间产业分布的本地市场效应及其对区域协调发展的启示 [J]. 经济研究，2010 (4): 107-119.

[31] 范剑勇，张雁. 经济地理与地区间工资差距 [J]. 经济研究，2009 (8): 73-84.

[32] 冯建喜，汤爽爽，杨振山. 农村人口流动中的“人地关系”与迁入地创业行为的影响因素 [J]. 地理研究，2016 (1): 148-162.

[33] 付文林. 人口流动的结构性障碍：基于公共支出竞争的经验分析 [J]. 世界经济，2007, 30 (12): 32-40.

[34] 高鸿鹰，武康平. 集聚效应、集聚效率与城市规模分布变化 [J]. 统计研究，2007, 24 (3): 43-47.

[35] 甘行琼，刘大帅，胡朋飞. 流动人口公共服务供给中的地方政府财政激励实证研究 [J]. 财贸经济，2015 (10).

[36] 葛立成. 产业集聚与城市化的地域模式——以浙江省为例 [J]. 中国工业经济，2004 (1): 56-62.

[37] 顾朝林，庞海峰. 基于重力模型的中国城市体系空间联系与层域划分 [J]. 地理研究，2008, 27 (1): 1-12.

[38] 顾乃华. 对外开放门槛与服务业的外溢效应 [J]. 当代经济科学，2010, 32 (6): 74-81.

[39] 顾乃华. 我国城市生产性服务业集聚对工业的外溢效应及其区域边界——基于 HLM 模型的实证研究 [J]. 财贸经济，2011 (5): 115-122.

[40] 顾乃华. 城市化与服务业发展：基于省市制度互动视角的研究 [J]. 世界经济，2011 (1): 126-142.

[41] 辜胜阻，李华，易善策. 均衡城镇化：大都市与中小城市协调共进 [J]. 人口研究，2010, 34 (5): 3-11.

[42] 郭锐欣，毛亮. 特大城市出租车行业管制效应分析：以北京市为例 [J]. 世界经济，2007 (2): 75-83.

[43] 郭文杰. 改革开放以来 FDI、城市化对服务业的影响研究 [J]. 财贸经济，2007 (4): 91-95.

[44] 韩峰，柯善咨. 追踪中国制造业集聚的空间来源：基于马歇尔外部

性与新经济地理的综合视角 [J]. 管理世界, 2012 (10): 55 - 70.

[45] 韩峰, 柯善咨. 空间外部性、比较优势与制造业集聚——基于中国地级市面板数据的实证分析 [J]. 数量经济技术经济研究, 2013, (1): 22 - 38.

[46] 韩峰, 王琢卓, 李玉双. 生产性服务业集聚与城市经济增长——基于湖南省地级城市面板数据分析 [J]. 产业经济研究, 2011 (6): 19 - 27.

[47] 韩峰, 阳立高. 内外市场需求, 产品多样化与劳动生产率——基于中国城市面板数据的实证分析 [J]. 财经研究, 2014, 40 (1): 25 - 39.

[48] 韩峰, 郑腾飞. 空间供给外部性、经济集聚与城市劳动生产率——对中国城市面板数据的实证分析 [J]. 上海经济研究, 2013 (4): 59 - 73.

[49] 韩小亮, 邓祖新. 城市交通拥堵的经济学分析——基于计算经济学的模拟检验 [J]. 财经研究, 2006 (5): 20 - 32.

[50] 何平, 倪苹. 中国城镇化质量研究 [J]. 统计研究, 2013, 30 (6): 11 - 18.

[51] 侯慧丽. 城市公共服务的供给差异及其对人口流动的影响 [J]. 中国人口科学, 2016 (1): 118 - 125 + 128.

[52] 侯新烁. 户籍门槛是否阻碍了城市化? ——基于空间异质效应模型的分析 [J]. 人口与发展, 2018 (3): 26 - 36.

[53] 侯新烁, 张宗益, 周靖祥. 中国经济结构的增长效应及作用路径研究 [J]. 世界经济, 2014, (5): 88 - 111.

[54] 胡向婷, 张璐. 地方保护主义对地区产业结构的影响——理论与实证分析 [J]. 经济研究, 2005 (2): 102 - 112.

[55] 黄玖立, 黄俊立. 市场规模与中国省区的产业增长 [J]. 经济学季刊, 2008, 7 (4): 1317 - 1334.

[56] 黄玖立, 李坤望. 出口开放, 地区市场规模和经济增长 [J]. 经济研究, 2006 (6): 27 - 38.

[57] 黄玖立, 李坤望. 对外贸易、地方保护和中国的产业布局 [J]. 经济学季刊, 2006, 5 (2): 733 - 758.

[58] 黄亮雄, 王贤彬, 刘淑琳, 韩永辉. 中国产业结构调整的区域互动——横向省际竞争和纵向地方跟进 [J]. 中国工业经济, 2015 (8): 82 - 97.

[59] 黄新飞, 陈珊珊, 李腾. 价格差异、市场分割与边界效应——基于长三角 15 个城市的实证研究 [J]. 经济研究, 2014 (12): 18 - 32.

[60] 简新华，黄锟. 中国城镇化水平和速度的实证分析与前景预测［J］. 经济研究，2010（3）：28－39.

[61] 江小娟. 服务经济理论的引进借鉴和创新发展——《服务经济译丛》评价［J］. 经济研究，2013（5）：154－160.

[62] 柯善咨，郭素梅. 中国市场一体化与区域经济增长互动：1995－2007年［J］. 数量经济技术经济研究，2010（5）：62－72.

[63] 柯善咨，韩峰. 中国城市经济发展潜力的综合测度和统计估计［J］. 统计研究，2013，30（3）：64－71.

[64] 柯善咨，向娟. 1996—2009年中国城市固定资本存量估算［J］. 统计研究，2012，29（7）：19－24.

[65] 柯善咨，赵曜. 产业结构、城市规模与中国城市生产率［J］. 经济研究，2014（4）：76－88.

[66] 柯善咨，郑腾飞. 中国城市车辆密度、劳动生产率与拥堵成本研究［J］. 中国软科学，2015（3）：65－79.

[67] 寇宗来，刘学悦. 中国城市和产业创新力报告2017，复旦大学产业发展研究中心，2017.

[68] 赖明勇，包群，彭水军，张新. 外商直接投资与技术外溢：基于吸收能力的研究［J］. 经济研究，2005（8）：95－105.

[69] 李宏兵，赵春明，文磊，张群. 市场潜能促进了制造业女性就业吗？——基于中国工业企业数据的实证分析［J］. 财经研究，2014，40（3）：52－62.

[70] 李金滟，宋德勇. 专业化、多样化与城市化集聚经济——基于中国地级单位面板数据的实证研究［J］. 管理世界，2008（2）：25－34.

[71] 李磊，白道欢，冼国明. 对外直接投资如何影响了母国就业？——基于中国微观企业数据的研究［J］. 经济研究，2016（8）：144－158.

[72] 李树，陈刚. 幸福的就业效应——对幸福感、就业和隐性再就业的经验研究［J］. 经济研究，2015（3）：62－74.

[73] 李涛，周业安. 中国地方政府间支出竞争研究——基于中国省级面板数据的经验证据［J］. 管理世界，2009（2）：19－29.

[74] 李拓，李斌. 中国跨地区人口流动的影响因素——基于286个城市面板数据的空间计量检验［J］. 中国人口科学，2015（2）：75－85＋129.

[75] 李文秀，谭力文. 服务业集聚的二维评价模型及实证研究——以美

国服务业为例［J］. 中国工业经济，2008（4）：55－63.

［76］李晓萍，李平，吕大国等. 经济集聚、选择效应与企业生产率［J］. 管理世界，2015（4）：25－37.

［77］李煜伟，倪鹏飞. 外部性、运输网络与城市群经济增长［J］. 中国社会科学，2013（3）：22－42.

［78］梁琦. 分工、集聚与增长［M］. 北京：商务印书馆，2009.

［79］林毅夫. 自生能力、经济转型与新古典经济学的反思［J］. 经济研究，2002（12）：15－24.

［80］林毅夫，蔡昉，李周. 中国的奇迹：发展战略与经济改革［M］. 上海人民出版社、上海三联书店，1998.

［81］林毅夫，陈斌开. 发展战略、产业结构与收入分配［J］. 经济学（季刊），2013，12（4）：1109－1140.

［82］刘冰，周绍东. 基于技术和市场内生互动的中国产业升级路径研究［J］. 管理世界，2014（2）：180－181.

［83］刘鉴强. 中国环境发展报告（2013）［M］. 北京：社会科学文献出版社，2013.

［84］刘和东. 国内市场规模与创新要素集聚的虹吸效应研究［J］. 科学学与科学技术管理，2013（7）：105－112.

［85］刘力，黄虎波. 内外联动、区域合作与广东省外源性经济转型的研究［J］. 国际贸易问题，2010（5）：47－52.

［86］刘瑞明，石磊. 中国城市化迟滞的所有制基础：理论与经验证据［J］. 经济研究，2015（4）：107－121.

［87］刘生龙，胡鞍钢. 交通基础设施与中国区域经济一体化［J］. 经济研究，2011（3）：73－83.

［88］刘修岩，殷醒民. 空间外部性与地区工资差异：基于动态面板数据的实证研究［J］. 经济学（季刊），2008（4）：77－98.

［89］刘万霞. 职业教育对农民工就业的影响——基于对全国农民工调查的实证分析［J］. 管理世界，2013（5）：70－81.

［90］刘志成，刘斌. 贸易自由化、全要素生产率与就业——基于2003—2007年中国工业企业数据的研究［J］. 南开经济研究，2014（1）：101－117.

［91］陆立军，刘乃全，任光辉. 专业市场与产业集聚互动研究：来自

浙江的案例［J］. 经济学家，2009（8）：45－52.

［92］陆铭. 建设用地使用权跨区域再配置：中国经济增长的新动力［J］. 世界经济，2011（1）：107－125.

［93］陆铭. 为什么要让市场发挥决定性作用——对中国经济发展的纠偏［J］. 上海交通大学学报（哲学社会科学版），2014（2）：10－14.

［94］陆铭，高虹，佐藤宏. 城市规模与包容性就业［J］. 中国社会科学，2012（10）：47－66.

［95］陆铭，欧海军. 高增长与低就业：政府干预与就业弹性的经验研究［J］. 世界经济，2011（12）：3－31.

［96］吕朝凤，朱丹丹. 市场化改革如何影响长期经济增长？——基于市场潜力视角的分析［J］. 管理世界，2016（2）：32－44.

［97］吕政. 以结构调整促进发展方式的根本性转变［J］. 求是，2009（17）：40－42.

［98］马弘，乔雪，徐嫄. 中国制造业的就业创造与就业消失［J］. 经济研究，2013（12）：68－80.

［99］马丽梅，刘生龙，张晓. 能源结构、交通模式与雾霾污染——基于空间计量模型的研究［J］. 财贸经济，2016（1）：149－162.

［100］毛宇飞，曾湘泉. 互联网使用是否促进了女性就业——基于 CGSS 数据的经验分析［J］. 经济学动态，2017（6）：23－33.

［101］苗艳青，陈文晶. 空气污染和健康需求：Grossan 模型的应用［J］. 世界经济，2010（6）：142－162.

［102］聂辉华，江艇，杨汝岱. 中国工业企业数据库的使用现状和潜在问题［J］. 世界经济，2012（5）：142－158.

［103］宁光杰，段乐乐. 流动人口的创业选择与收入——户籍的作用及改革启示［J］. 经济学（季刊），2017（2）：335－356.

［104］潘文卿. 中国的区域关联与经济增长的空间溢出效应［J］. 经济研究，2012（1）：54－65.

［105］潘彦江，方朝阳，缪理玲，等. 基于交通状态分析的南昌市区区际联系通达性研究［J］. 地理研究，2014（12）：113－122.

［106］裴长洪，彭磊，郑文. 转变外贸发展方式的经验与理论分析——中国应对国际金融危机冲击的一种总结［J］. 中国社会科学，2011（1）：77－87.

［107］祁毓，卢洪友. 污染、健康与不平等——跨越“环境健康贫困”

陷阱 [J]. 管理世界, 2015 (9): 32-51.

[108] 钱学锋, 黄云湖. 中国制造业本地市场效应再估计: 基于多国模型框架的分析 [J]. 世界经济, 2013 (6): 59-78.

[109] 乔宝云, 范剑勇, 冯兴元. 中国的财政分权与小学义务教育 [J]. 中国社会科学, 2005 (6): 37-46.

[110] 乔为国, 周卫峰. 中国三次产业结构特征及解释 [J]. 数量经济技术经济研究, 2004 (11): 46-43.

[111] 桑瑞聪, 刘志彪, 王亮亮. 我国产业转移的动力机制: 以长三角和珠三角地区上市公司为例 [J]. 财经研究, 2013 (5): 99-111.

[112] 邵朝对, 苏丹妮, 邓宏图. 房价、土地财政与城市集聚特征: 中国式城市发展之路 [J]. 管理世界, 2016 (2): 19-31.

[113] 邵帅, 李欣, 曹建华, 等. 中国雾霾污染治理的经济政策选择——基于空间溢出效应的视角 [J]. 经济研究, 2016 (9): 73-88.

[114] 沈能. 局域知识溢出和生产性服务业空间集聚——基于中国城市数据的空间计量分析 [J]. 科学学与科学技术管理, 2013, 34 (5): 61-69.

[115] 申玉铭, 吴康, 任旺兵. 国内外生产性服务业空间集聚的研究进展 [J]. 2009, 28 (6): 1494-1507.

[116] 盛斌, 牛蕊. 国际贸易、贸易自由化与劳动力就业: 对中国工业部门的经验研究 [J]. 当代财经, 2009 (12): 88-94.

[117] 师博, 沈坤荣. 政府干预、经济集聚与能源效率 [J]. 管理世界, 2013 (10): 12-24+193.

[118] 隋映辉. 科技产业与市场: 需求导向及其互动 [J]. 产业经济研究, 2003 (2): 42-48.

[119] 孙红玲, 唐未兵, 沈裕谋. 论人的城镇化与人均公共服务均等化 [J]. 中国工业经济, 2014 (5): 18-30.

[120] 孙军. 地区市场潜能、出口开放与我国工业集聚效应研究 [J]. 数量经济技术经济研究, 2009 (7): 47-60.

[121] 孙浦阳, 韩帅, 许启钦. 产业集聚对劳动生产率的动态影响 [J]. 世界经济, 2013 (3): 33-53.

[122] 孙浦阳, 武力超. 基于大推动模型分析外商直接投资对城市化进程的影响 [J]. 经济学家, 2010 (11): 66-74.

[123] 孙祁祥, 王向楠, 韩文龙. 城镇化对经济增长作用的再审视——

基于经济学文献的分析 [J]. 经济学动态, 2013 (11): 20-28.

[124] 孙元欣, 于茂荐. 上海扩大消费需求与产业转型分析 [J]. 上海经济研究, 2010 (2): 98-104.

[125] 汤韵, 梁若冰. 中国省际居民迁移与地方公共支出——基于引力模型的经验研究 [J]. 财经研究, 2009 (11): 17-26.

[126] 王锋, 吴丽华, 杨超. 中国经济发展中碳排放增长的驱动因素研究 [J]. 经济研究, 2010 (2): 123-136.

[127] 王丰龙, 王冬根. 北京市居民汽车使用的特征及其影响因素 [J]. 地理学报, 2014, 69 (6): 771-781.

[128] 王恕立, 胡宗彪. 中国服务业分行业生产率变迁及异质性考察 [J]. 经济研究, 2012 (4): 15-27.

[129] 王文甫, 明娟, 岳超云. 企业规模、地方政府干预与产能过剩 [J]. 管理世界, 2014 (10): 17-36.

[130] 王曦, 陈中飞. 中国城镇化水平的决定因素: 基于国际经验 [J]. 世界经济, 2015 (6): 167-192.

[131] 王向, 城市化进程与服务业发展的动态互动关系研究——来自上海的经验 (1949-2010) [J]. 上海经济研究, 2013 (3): 125-134.

[132] 王小鲁. 中国城市化路径与城市规模的经济学分析 [J]. 经济研究, 2010 (10): 20-32.

[133] 王永进, 李坤望, 盛丹. 地理集聚影响了地区出口比较优势吗? ——基于不完全契约的视角 [J]. 世界经济文汇, 2009 (5): 61-75.

[134] 魏后凯. 中国城镇化进程中两极化倾向与规模格局重构 [J]. 中国工业经济, 2014 (3): 18-30.

[135] 武力超, 林子辰, 关悦. 我国地区公共服务均等化的测度及影响因素研究 [J]. 数量经济技术经济研究, 2014 (8): 72-86.

[136] 吴建峰, 符育明. 经济集聚中马歇尔外部性的识别——基于中国制造业数据的研究 [J]. 经济学 (季刊), 2012, 11 (2): 675-690.

[137] 吴意云, 朱希伟. 中国为何过早进入再分散: 产业政策与经济地理 [J]. 世界经济, 2015 (2): 140-166.

[138] 吴玉鸣. 工业研发、产学合作与创新绩效的空间面板计量分析 [J]. 科研管理, 2015, 36 (4): 118-127.

[139] 吴玉鸣, 何建坤. 研发溢出、区域创新集群的空间计量经济分析

[J]. 管理科学学报, 2008, 11 (4): 59-66.

[140] 夏怡然, 陆铭. 城市间的"孟母三迁"——公共服务影响劳动力流向的经验研究 [J]. 管理世界, 2015 (10): 78-90.

[141] 冼国明, 严兵, 张岸元. 中国出口与外商在华直接投资——1983-2000年数据的计量研究 [J]. 南开经济研究, 2003 (1): 45-48.

[142] 解垩. 政府效率的空间溢出效应研究 [J]. 财经研究, 2007 (6): 102-111.

[143] 徐保昌, 谢建国. 市场分割与企业生产率: 来自中国制造业企业的证据 [J]. 世界经济, 2016 (1): 95-122.

[144] 徐康宁, 冯伟. 基于本土市场规模的内生化产业升级——技术创新的第三条道路 [J]. 中国工业经济, 2010 (11): 58-67.

[145] 宣烨. 本地市场规模、交易成本与生产性服务业集聚 [J]. 财贸经济, 2013 (8): 117-128.

[146] 薛继亮. 技术选择与产业结构转型升级 [J]. 产业经济研究, 2013 (6): 29-37.

[147] 许和连, 赵德昭. 外商直接投资、劳动力异质性与农村剩余劳动力转移——基于新古典一般均衡拓展模型的分析 [J]. 财贸经济, 2013 (1): 82-92.

[148] 徐曌, 欧国立. 交通拥堵收费的理论依据和政策分析 [J]. 中国工业经济, 2012 (12): 18-30.

[149] 杨励雅, 朱晓宁. 快速城市化进程中居民出行的方式选择 [J]. 中国软科学, 2012 (2): 71-79.

[150] 杨仁发. 产业集聚与地区工资差距——基于我国269个城市的实证研究 [J]. 管理世界, 2013 (8): 47-58.

[151] 杨晓军. 城市公共服务质量对人口流动的影响 [J]. 中国人口科学, 2017 (2): 106-116+130.

[152] 杨义武, 林万龙, 张莉琴. 地方公共品供给与人口迁移——来自地级及以上城市的经验证据 [J]. 中国人口科学, 2017 (2): 95-105+130.

[153] 易苗, 周申. 开放与我国跨区域劳动力流动——一个新的理论解释 [J]. 人口与经济, 2014 (4): 51-64.

[154] 袁冬梅, 魏后凯. 对外开放促进产业集聚的机理及效应研究——基于中国的理论分析与实证检验 [J]. 财贸经济, 2011 (12): 120-126.

[155] 俞国琴. 城市现代服务业的发展 [J]. 上海经济研究, 2004 (12): 58-63.

[156] 余泳泽. 中国区域创新活动的“协同效应”与“挤占效应”——基于创新价值链视角的研究 [J]. 中国工业经济, 2015 (10): 37-52.

[157] 余泳泽, 刘大勇, 宣烨. 生产性服务业集聚对制造业生产效率的外溢效应及其衰减边界——基于空间计量模型的实证分析 [J]. 金融研究, 2016 (2): 23-36.

[158] 张川川. 出口对就业、工资和收入不平等的影响——基于微观数据的证据 [J]. 经济学 (季刊), 2018, 14 (4): 1611-1630.

[159] 张国胜. 本土市场规模与产业升级: 一个理论构建式研究 [J]. 产业经济研究, 2011 (4): 26-35.

[160] 张颖熙, 夏杰长. 区域市场开放与地区服务业增长——基于省级面板数据的动态分析 [J]. 产业经济研究, 2013 (5): 35-44.

[161] 张勇, 蒲勇健, 陈立泰. 城镇化与服务业集聚——基于系统耦合互动的观点 [J]. 中国工业经济, 2013 (6): 57-69.

[162] 张学良. 中国交通基础设施促进了区域经济增长吗? ——兼论交通基础设施的空间溢出效应 [J]. 中国社会科学, 2012 (3): 60-77.

[163] 赵增耀, 夏斌. 市场潜能、地理溢出与工业集聚——基于非线性空间门槛效应的经验分析 [J]. 中国工业经济, 2012 (11): 71-83.

[164] 赵永亮. 中国内外需求的市场潜力研究——基于工资方程的边界效应分析 [J]. 管理世界, 2011 (1): 28-37.

[165] 赵永亮, 才国伟. 市场潜力的边界效应与内外市场一体化 [J]. 经济研究, 2009 (7): 119-130.

[166] 赵曌, 石敏俊, 杨晶. 市场邻近、供给邻近与中国制造业空间分布——基于中国省区间投入产出模型的分析 [J]. 经济学 (季刊), 2012, 11 (3): 1059-1078.

[167] 郑吉昌, 夏晴. 服务业与城市化互动关系研究——兼论浙江城市化发展及区域竞争力的提高 [J]. 经济学动态, 2004 (12): 49-52.

[168] 郑思齐, 霍燚. 低碳城市空间结构: 从私家车出行角度的研究 [J]. 世界经济文汇, 2010 (6): 54-69.

[169] 周黎安. 晋升博弈中政府官员的激励与合作——兼论我国地方保护主义和重复建设问题长期存在的原因 [J]. 经济研究, 2004 (6): 33-40.

[170] 周其仁. 工业化超前 城市化滞后 [J]. 中国对外贸易, 2012 (5): 37-37.

[171] 周其仁. 城市化滞后拖累经济转型 [N]. 经济观察报, 2012-04-30.

[172] 周亚虹, 宗庆庆, 陈曦明. 财政分权体制下地市级政府教育支出的标尺竞争 [J]. 经济研究, 2013 (11): 127-139.

[173] "中国城镇劳动力流动"课题组. 中国劳动力市场建设与劳动力流动 [J]. 管理世界, 2002 (3): 74-79+100.

[174] 中国经济增长与宏观稳定课题组. 城市化、产业效率与经济增长 [J]. 经济研究, 2009 (10): 4-21.

[175] 祝树金, 戟璇, 傅晓岚. 出口品技术水平的决定性因素: 来自跨国面板数据的证据 [J]. 世界经济, 2010 (4): 28-46.

[176] 朱永中, 宗刚. 时间价值偏好下北京交通拥堵收费设计研究 [J]. 中国软科学, 2014 (9): 67-77.

[177] 邹一南, 李爱民. 户籍管制、城市规模与城市发展 [J]. 当代经济研究, 2013 (9): 59-66.

[178] Abdel-Rahman H. M., and Fujita M., Productivity Variety, Marshallian Externalities and City Size [J], Journal of Regional Science, 2006, 30 (2): 165-183.

[179] Abel J. R., and Deitz R. Agglomeration and Job Matching Among College Graduates [J]. Regional Science and Urban Economics, 2015, 51: 14-24.

[180] Accetturo A. Agglomeration and growth: The Effects of Commuting Costs [J]. Papers in Regional Science, 2010, 89 (1): 173-190.

[181] Agovino M., and Rapposelli A., Agglomeration Externalities and Technical Efficiency in Italian Regions [J], Quality & Quantity, 2015, 49 (5): 1803-1822.

[182] Allen T., and Arkolakis C. Trade and the Topography of the Spatial Economy [J]. The Quarterly Journal of Economics, 2014, 129 (3): 1085-1140.

[183] Andersson F., Burgess S., and Lane J. I. Cities, Matching and the Productivity Gains of Agglomeration [J]. Journal of Urban Economics, 2007, 61 (1): 0-128.

[184] Au C., Henderson V. Estimating Net Urban Agglomeration Economies: with an Application to China. Working Paper, Brown University, 2004,

January 9.

[185] Au C., and Henderson J. V., Are Chinese Cities too Small? [J], The Review of Economic Studies, 2006, 73 (3): 549 –576.

[186] Armington P. S., A Theory of Demand for Products Distinguished by Place of Production [J]. International Monetary Fund Economic Review. 1969, 16 (1): 159 –178.

[187] Asche F., Roll K. H., and Tveteras R. Profiting from Agglomeration? Evidence from the Salmon Aquaculture Industry [J]. Regional Studies, 2015: 1 –13.

[188] Aslesen H. W., and Isaksen A. New Perspectives on Knowledge-intensive Services and Innovation [J]. Geografiska Annaler: Series B, Human Geography, 2007, 89: 45 –58.

[189] Barro, and Robert J. Inequality and Growth in a Panel of Countries [J]. Journal of Economic Growth, 2000, 5 (1): 87 –120.

[190] Barufi A. M. B., Haddad E. A., and Nijkamp P. Industrial Scope of Agglomeration Economies in Brazil [J]. The Annals of Regional Science, 2016, 56 (3): 707 –755.

[191] Batisse C., Dynamic Externalities and Local Growth: A Panel Data Analysis Applied to Chinese Provinces [J]. China Economic Review, 2002, 13: 31 –251.

[192] Bayoh I., Irwin E. G., and Haab T. Determinants of Residential Location Choice: How Important Are Local Public Goods in Attracting Homeowners to Central City Locations? [J]. Journal of Regional Science, 2006, 46, doi. org/10. 1111/j. 0022 –4146. 2006. 00434. x.

[193] Behrens K., Mion G., Murata Y., and Suedekum J. Spatial frictions, DICE Discussion Paper, No. 160, ISBN 978 –3 –86304 –159 –5, 2014.

[194] Bigazzi A. Y., and Figliozzi M. A. Marginal Costs of Freeway Traffic Congestion with On-road Pollution Exposure Externality [J]. Transportation Research Part A, 2013, 57: 12 –24.

[195] Binet M. E. Testing Fiscal Competition among French Municipalities: Granger Causality Evidence in a Dynamic Panel Data Model [J]. Papers in Regional Science, 2003, 82: 277 –289.

[196] Blien U., Suedekum J., and Katja W. Productivity and the Density of Economic Activity [J]. Labor Economic, 2006, 13 (4): 445 - 458.

[197] Boarnet M. Services and the Productivity of Public Capital: The Case of Streets and Highways [J], National Tax Journal, 1997, 50 (1): 39 - 57.

[198] Bradley R., and Gans J. Growth in Australian Cities, Economic Record [J]. 1998, 74: 266 - 278.

[199] Brakman S., and Marrewijk C. V. Transfers, Returns to Scale, Tied Aid and Monopolistic Competition [J]. Journal of Development Economics, 1995, 47: 333 - 354.

[200] Brakman S., Garretsen H., Gigengack R., et al. Negative Feedbacks in the Economy and Industrial Location [J]. Journal of Regional Science, 1996, 36 (4): 631 - 651.

[201] Broekel T., and Boschma R. Knowledge Networks in the Dutch Aviation Industry: The Proximity Paradox [J]. Journal of Economic Geography, 2012, 12: 409 - 433.

[202] Brueckner J. K. Strategic Interaction among Governments: An Overview of Empirical Studies [J]. International Regional Science Review, 2003, 26: 175 - 188.

[203] Bryson J. R., Taylor M., and Daniels P. W. Commercializing Creative Expertise: Business and Professional Services and Regional Economic Development in the West Midlands, UK [J]. Politics and Policy, 2008, 36 (2): 306 - 328.

[204] Capello R. Regional Economics. Routledge 2 Park Square, Milton Park, Abingdon, Oxon OX14 4RN, 2007.

[205] Carlsen F., Langset B., Rattso J., et al. Using Survey Data to Study Capitalization of Local Public Services [J]. Regional Science & Urban Economics, 2009, 39 (6): 688 - 695.

[206] Cingano F., and Schivardi F. Identifying the Sources of Local Productivity Growth [J]. Journal of the European Economic Association, 2004, 2: 720 - 742.

[207] Coase R., and Wang N. How China Became Capitalist, New York: Palgrave Macmillan, 2012.

[208] Coffey W., and Bailly A. Producer Services and Systems of Flexible

Production [J]. Urban Studies, 1992, 29 (1): 857 -868.

[209] Coles M. G. , and Smith E. Marketplaces and Matching [J]. International Economics Review, 1998, 39 (1): 239 -254.

[210] Combes P. P. Economic Structure and Local Growth: France, 1984 - 1993 [J]. Journal of Urban Economics, 2000, 47 (3): 329 -355.

[211] Combes P. P. Démurger Sylvie and Li Shi, Migration Externalities in Chinese Cities, IZA Discussion Papers, No. 8923, 2015.

[212] Combes P. P. , Magnac T. , and Robin J. M. The Dynamics of Local Employment in France [J]. Journal of Urban Economics, 2004, 56 (2): 217 -243.

[213] Combes P. P. and Overman H. The Spatial Distribution of Economic Activities in the European Union, In: Henderson, V. and J. -F. Thisse (eds.), Handbook of Urban and Regional Economics. Amsterdam: Elsevier-North Holland, 2004.

[214] Crozet M. Do Migrants Believe in Market Potential [M]. Universite de Paris I, 2000.

[215] Crozet M. Do Migrants Follow Market Potentials? An Estimation of A New Economic Geography Model [J]. Journal of Economic Geography, 2004, 4 (4): 439 -458.

[216] Da Silva D. F. C. , Elhorst J. P. , and Da Mota Silveira Neto R. , Urban and Rural Population Growth in a Spatial Panel of Municipalities [J]. Regional Studies, 2017, 51 (6): 894 -908.

[217] Dahlberg M. , Eklof M. , Fredriksson P. , and Jofre-Monseny J. Estimating Preferences for Local Public Services Using Migration Data [J]. Urban Studies, 2012, 49 (2): 319 -336.

[218] Day K. M. Interprovincial Migration and Local Public Goods [J]. The Canadian Journal of Economics, 1992, 25 (1): 123 -144.

[219] De Groot H. L. , Poot J. , and Smit M. J. , Agglomeration, Innovation and Regional Development. Technical report, Tinbergen Institute Discussion Paper, 2007.

[220] Debaere P. , Lee J. , and Paik M. Agglomeration, Backward and forward Linkages: Evidence from South Korean Investment in China [J]. Canadian Journal of Economics, 2010, 43 (2): 520 -546.

[221] Dinkelman T., and Schulhofer-Wohl S. Migration, Congestion Externalities, and the Evaluation of Spatial Investments [R]. Working Paper 700, Federal Reserve Bank of Minneapolis, 2015.

[222] Donaldson D., and Hornbeck R. Railroads and American Economic Growth: A "Market Access" Approach [J]. Quarterly Journal of Economics, 2016, 131 (2): 799-858.

[223] Drennan M. P. The Dominance of International Finance by London, New York and Tokyo, In P. W. Daniels, & W. F. Lever [J]. The Global Economy in Transition, 1996: 352-371.

[224] Drucker J., and Feser E. Regional Industrial Structure and Agglomeration Economies: An Analysis of Productivity in three Manufacturing Industries [J]. Regional Science and Urban Economics, 2012, 42: 1-14.

[225] Duranton G., and Puga D. Micro-foundations of urban agglomeration economies. In: Vernon Henderson, J., Thisse, Jacques-François (Eds.), Handbook of Regional and Urban Economics, Vol. 4. North-Holland, Amsterdam, 2004: 2063-2117.

[226] Duranton G., and Puga D. Diversity and Specialization in Cities: Why, Where and When Does It Matter [J]. Urban Studies, 2000, 37 (3): 533-555.

[227] Ehrl P. Agglomeration Economies with Consistent Productivity [J]. Regional Science and Urban Economics, 2013, 43 (5): 751-763.

[228] Elhorst J. P. Matlab Software for Spatial Panels [J]. International Regional Science Review, 2014, 37 (3): 389-405.

[229] Elhorst J. P. Applied Spatial Econometrics: Rising the Bar [J]. Spatial Economic Analysis, 2010, 5 (1): 9-28.

[230] Elhorst J. P, Lacombe D. J., and Piras G. On Model Specification and Parameter Space Definitions in Higher Order Spatial Econometrics Models [J]. Regional Science and Urban Economics, 2012, 42 (1-2): 211-220.

[231] Ellison G., and Glaeser E. L. The Geographic Concentration of Industry: does Natural Advantage Explain Agglomeration [J]. The American Economic Review, 1999, 89 (2): 311-316.

[232] Ertur C., and Koch W. Growth, Technological Interdependence and

Spatial Externalities: Theory and Evidence [J]. Journal of Applied Econometrics 2007, 22: 1033 - 1062.

[233] Eswaran M., and Kotwal A. The Role of Service in the Process of Industrialization [J]. Journal of Development Economics, 2002, 68 (2): 401 - 420.

[234] Ethier W. J. National and International Returns to Scale in the Modern Theory of International Trade [J]. American Economic Review, 1982, 72 (3): 389 - 405.

[235] Ezcurra R., Pascual P., and Rapùn M. Regional Specialization in the European Union [J], Regional Studies, 2006, 40 (6): 601 - 616.

[236] Fazio G., and Maltese E. Agglomeration Externalities and the Productivity of Italian Firms [J]. Growth and Change, 2015, 46 (3): 354 - 378.

[237] Feder G. On Exports and Economic Growth [J]. Journal of Development Economics, 1983, 12 (1): 59 - 73.

[238] Feng H., and Lu M. School Quality and Housing Prices: Empirical Evidence from a Natural Experiment in Shanghai, China [J]. Journal of Housing Economics, 2013, 22: 291 - 307.

[239] Fernald J. Roads to Prosperity? Assessing the Link between Public Capital and Productivity [J]. The American Economic Review, 1999, 89 (3): 619 - 638.

[240] Feser E. J. Tracing the Sources of Local External Economies [J]. Urban Studies, 2002, 39 (13): 2485 - 2506.

[241] Forslid R., and Ottaviano G. I. P. An Analytically Solvable Core-periphery Model [J]. Journal of Economic Geography, 2003, 3: 229 - 240.

[242] Fujita M., and Thisse J. F. Economics of Agglomeration [M]. Cambridge: Cambridge University Press, 2002.

[243] Fujita M., Krugman P. When is the Economy Monocentric?: von Thünen and Chamberlin Unified [J]. Regional Science and Urban Economics, 1995, 25 (4): 505 - 528.

[244] Fujita M., Krugman P. and Venables A. The Spatial Economy: Cities, Regions and International Trade [M], MIT Press, Cambridge, MA, 1999.

[245] Ge Y. Globalization and Industry Agglomeration in China [J]. World Development, 2009, 37 (3): 550 - 559.

[246] Glaeser E. L., and Gottlieb J. D. Urban Resurgence and the Consumer City [J]. Urban Studies, 2006, 43 (8): 1275-1299.

[247] Glaeser E. L. Cities, Agglomeration and Spatial Equilibrium [M]. Oxford: Oxford University Press, 2008.

[248] Glaeser E. L. Cities, Productivity, and Quality of Life [J]. Science, 2011, 333: 592-594.

[249] Glaeser E. L., Scheinkman J. A., and Shleifer A. Economic Growth in a Cross-section of Cities [J]. Journal of Monetary Economics, 1995, 36: 117-143.

[250] Glaeser E. L., Kallal H. D., Scheinkman J. A., et al., Growth in Cities [J]. Journal of Political Economy, 1992, 100 (6): 1127-1152.

[251] Glaeser E. L., and Kahn M. E. Sprawl and Urban Growth [A]. in V. Henderson, J. F. Thisse (eds), Handbook of Regional and Urban Economics [C]. North Holland, Amsterdam, 2004, 56 (4): 2481-2527.

[252] Gollin, Douglas, Remi J., and Dietrich V. Urbanization with and without Industrialization [M]. Unpublished manuscript, Oxford University Department of International Development, 2014.

[253] Gordon R. H., and Wilson J. D. Expenditure Competition [J]. Journal of Public Economic Theory, 2003, 5 (2): 399-417.

[254] Graham, D. J. Variable Returns to Agglomeration and the Effect of Road Traffic Congestion [J]. Journal of Urban Economics, 2007, 62: 103-120.

[255] Griliches Z., and Schmookler. Inventing and Maximizing [J]. American Economic Review, 1963, 53: 725-729.

[256] Haller P., Heuermann D. F. Job Search and Hiring in Local Labor Markets: Spillovers in Regional Matching Functions [J]. Regional Science and Urban Economics, 2016, 60: 125-138.

[257] Han F., Xie R., Lai M., et al. Traffic Density, Congestion Externalities, and Urbanization in China [J]. Spatial Economic Analysis, doi: 10.1080/17421772.2018.1459045.

[258] Hanlon W. W., and Miscio A. Agglomeration: A Long-run Panel Data Approach [J]. Journal of Urban Economics, 2017, 99: 1-14.

[259] Hanson H. G. Market Potential, Increasing Returns and Geographic

Concentration [J]. Journal of International Economics, 2005, 67 (1): 1 -24.

[260] Harris C. D. The, Market as a Factor in the Localization of Industry in the United States [J]. Annals of the Association of American Geographers, 1954, 44 (4): 315 -348.

[261] Hazledine T. , Donovan S. , and Mak C. Urban Agglomeration Benefits from Public Transit Improvements: Extending and Implementing the Venables model [J]. Research in Transportation Economics, 2017, 66: 36 -45.

[262] He M. , Chen Y. , and Schramm R. Technological Spillovers in Space and Firm Productivity: Evidence from China's Electric Apparatus Industry, Urban Studies, 2017, DOI: 10.1177/0042098017720338.

[263] Head K. , and Mayer T. Market Potential and the Location of Japanese Investment in the European Union [J]. The Review of Economics and Statistics, 2004, 84 (6): 959 -972.

[264] Head K. , and Mayer T. Regional Wage and Employment Responses to Market Potential in the EU [J]. Regional Science and Urban Economics, 2006, 36: 573 -594.

[265] Head K. , and Mayer T. The empirics of Agglomeration and Trade, in Handbook of Regional and Urban Economics, 2006.

[266] Head K. , Ries J. , and Swenson D. Agglomeration Benefits and Location Choice: Evidence from Japanese Manufacturing Investments in the United States [J]. Journal of International Economics, 1995, 38: 223 -247.

[267] Helpman E. , Krugman P. R. Market Structure and Foreign Trade: Increasing Returns [M]. Imperfect Competition, and the International Economy. MIT Press, 1985.

[268] Helpman E. The Size of Regions [C]. In: David Pines, Efraim Sadka, and Itzhak Zilcha, eds. , Topics in Public Economics: Theoretical and Applied Analysis. Cambridge: Cambridge University Press, 1998: 33 -54.

[269] Henderson J. V. The Sizes and Types of Cities [J]. American Economic Review, 1974, 64 (4): 640 -656.

[270] Henderson J. V. Urban Development: Theory, Fact, and Illusion [M]. Oxford University Press, 1988.

[271] Henderson J. V. , Kuncoro A. , and Turner M. Industrial Develop-

ment in Cities [J]. Journal of Political Economy, 1995, 103: 1067 - 1090.

[272] Henderson J. V. Marshall's Scale Economies [J]. Journal of Urban Economics, 2003, 53: 1 - 28.

[273] Henderson J. V. The Urbanization Process and Economic Growth: The So-What Question [J]. Journal of Economic Growth, 2003, 8 (1): 47 - 71.

[274] Henderson J. V. Urbanization in China: Policy Issues and Options. Report for China Economic Research and Advisory Program, 2009.

[275] Henderson J. V., Adam S., and Deichmann U. Has Climate Change Promoted Urbanization in Sub-Saharan Africa? Unpublished manuscript, Department of Economics, Brown University, 2013.

[276] Hendriks P. Why Share Knowledge? The Influence of ICT on Motivation for Knowledge Sharing [J]. Knowledge and Process Management, 1999, 6 (2): 91 - 100.

[277] Holl A. Market potential and firm-level productivity in Spain [J]. Journal of Economic Geography, 2012, 12 (6): 1191 - 1215,.

[278] Hoyt H. The structure and growth of residential neighborhoods in American cities [M]. U. S. Government Printing Office, 1939.

[279] Hoyt H. Homer Hoyt on the Development of Economic Base Concept [J]. Land Economics, 1954, 1: 82 - 187.

[280] Humphreys B. R, and Zhou L. Sports Facilities, Agglomeration, and Public Subsidies [J]. Regional Science and Urban Economics, 2015, 54: 60 - 73.

[281] Hymel K. Does Traffic Congestion Reduce Employment Growth? [J]. Journal of Urban Economics, 2009, 65: 127 - 135.

[282] Jacobs J. The Economy of Cities [M]. New York: Vintage, 1969.

[283] Jacobs W., Koster H. R. A, van Oort F. Co-agglomeration of Knowledge-intensive Business Services and Multinational Enterprises [J]. Journal of Economic Geography, 2013: 1 - 33.

[284] Jeffrey K. Structural Determinants of Peripheral Urbanization: The Effects of International Dependence [J]. American Sociological Review, 1981, 46 (2): 201 - 211.

[285] Jofre-Monseny J., Marín-López R., and Viladecans-Marsal E. The

Determinants of Localization and Urbanization Economies: Evidence from the Location of New Firms in Spain, Journal of Regional Science, 2014, 54 (2): 313 - 337.

[286] Kam W. C. Fundamentals of China's Urbanization and Policy [J]. The China Review, 2010, 10 (1): 63 - 94.

[287] Ke S. Agglomeration, Productivity, and Spatial Spillovers across Chinese Cities [J], The Annals of Regional Science, 2010, 45 (1): 157 - 179.

[288] Ke S., He M., and Yuan C.. Synergy and Co-agglomeration of Producer Services and Manufacturing: A Panel Data Analysis of Chinese Cities [J]. Regional Studies, DOI: 10.1080/00343404.2012.756580, 2013.

[289] Keeble D., and Wilkinson F (eds). High-technology Cluster, Networking and Collective Learning in Europe. Ashgate: Aldershot, 2000.

[290] Kunst R. M., Marin D. On exports and productivity: a causal analysis [J]. The Review of Economics and Statistics, 1989: 699 - 703.

[291] Koo J. Technology Spillovers, Agglomeration, and Regional Economic Development [J]. Journal of Planning Literature, 2005, 20: 99 - 115.

[292] Koo J. Determinants of Localized Technology Spillovers: Role of Regional and Industrial Attributes [J]. Regional Studies, 2007, 41 (7): 995 - 1011.

[293] Koo J., and Cho K. R. New Firm Formation and Industry Clusters: A Case of the Drugs Industry in the U. S [J]. Growth and Change, 2011, 42 (2): 179 - 199.

[294] Krugman P. Geography and Trade [J], Cambridge: MIT Press, 1991.

[295] Krugman P. A dynamic Spatial Model [R]. National Bureau of Economic Research, 1992.

[296] Krugman P. Increasing Returns and Economic Geography [J]. Journal of Political Economy, 1991, 99: 483 - 499.

[297] Krugman P., Venables T. Globalization and the Inequality of Nations [C] The Quarterly Journal of Economics, 1995, 110 (4): 859 - 880.

[298] Lall S. V., Chakravorty S. Industrial Location and Spatial Inequality: Theory and Evidence from India [J]. Review of Development Economics, 2005, 9 (1): 47 - 68.

[299] Lee C. I. Agglomeration, Search Frictions and Growth of Cities in De-

veloping Economies [J]. The Annals of Regional Science, 2015, 55 (2-3): 421-451.

[300] Lemp J. D., and Kockelman K. M. Quantifying the External Costs of Vehicle Use: Evidence from America's Top-selling Light-duty Models [J]. Transportation Research Part D: Transport and Environment, 2008, 13: 491-504.

[301] LeSage J. P., and Pace R. K. Introduction to Spatial Econometrics, Boca Raton, FL, Chapman Hall/CRC, 2009.

[302] Lewis A. Economic Development with Unlimited Supplies of Labour [J]. The Manchester School, 1954, 22 (2): 139-191.

[303] Lin J. New Structural Economics: A Framework for Rethinking Development and Policy [M]. Washington DC: World Bank Publications, 2012.

[304] Lucas R. E. Life Earnings and Rural-Urban Migration [J]. Journal of Political Economy, 2004, 112 (S1): S29-S59.

[305] Lychagin S. Spillovers, Absorptive Capacity and Agglomeration [J]. Journal of Urban Economics, 2016, 96: 17-35.

[306] Mameli F., Faggian P., and Mccann P. Agglomeration Economies and Employment Growth in Italian Local Labour Systems, in Joint Congress of the European Regional Science Association and Association de Science Régionale de Langue Française, Paris, 2007.

[307] Marshall A. Principles of Economics: An Introductory Volume [M]. 9th edn. London: Macmillan, 1890/1961.

[308] Martin P., Mayer T., and Mayneris F. Spatial Concentration and Plant-level Productivity in France [J]. Journal of Urban Economics, 2011, 69: 182-195.

[309] Martinez-Galarraga J. The Determinants of Industrial Location in Spain, 1856-1929, Working Papers in Economics 244, Universitat de Barcelona, 2011.

[310] Michaels G., Ferdinand R., and Redding S. J. Urbanization and Structural Transformation [J]. The Quarterly Journal of Economics, 2012, 127 (2): 535-586.

[311] Midelfart-Knarvik K. H., Overman H. G. and Venables A. J. Comparative Advantage and Economic Geography: Estimating the Location of Production in the EU, CEPR Discussion Paper, No. 2618, 2000.

[312] Mills E. S. An Aggregative Model of Resource Allocation in a Metropolitan Area [J]. American Economic Review, 1967, 57: 197 -210.

[313] Monte F., Redding S., and Rossi-Hansberg E. Commuting, Migration, and Local Employment Elasticities [J]. American Economic Review, 2018, 108 (12): 3855 -3890.

[314] Moretti E. Human Capital Externalities in Cities, in: Henderson, J. V. and J-F. Thisse, (Eds.), Handbook of Regional and Urban Economics, Vol. 5. North Holland, Amsterdam, 2004: 2243 -2291.

[315] Moretti E. Local Multipliers. American Economic Review [J]. 2010, 100 (2): 373 -377.

[316] Morten M., and Oliveira J. The Effects of Roads on Trade and Migration: Evidence from a Planned Capital City. NERR Working Paper, No. 22158, 2018.

[317] Murata Y., and Thisse J. F. A Simple Model of Economic Geography à la Helpman-Tabuchi [J]. Journal of Urban Economics, 2005, 58: 137 -155.

[318] Oates W. The Effect of Property Taxes and Local Public Spending on Property Values: An Empirical Study of Tax Capitalization and the Tiebout Hypothesis [J]. Journal of Political Economy, 1969, 77: 957 -971.

[319] O'Sullivan A. Urban Economics [M], 7th edn. Boston, MA: Irwin McGraw Hill, 2009.

[320] Ottaviano G. I. P., Tabuchi T., and Thisse J. Agglomeration and Trade Revisited [J]. International Economic Review, 2002, 43: 409 -436.

[321] Pace R. K., and LeSage J. P. Introduction to Spatial Econometrics [M]. Boca Raton, FL: Chapman & Hall/CRC, 2009.

[322] Pessoa A. Agglomeration and Regional Growth Policy: Externalities versus Comparative Advantages [J]. Annual of Regional Science, 2014, 53: 1 -27.

[323] Picard P. and Zeng D. Agricultural Sector and Industrial Agglomeration [J]. Journal of Development Economics, 2005, 77: 75 -106.

[324] Poncet S. A Fragmented China: Measure and Determinants of Chinese Domestic Market Disintegration [J]. Review of International Economics, 2005, 3: 409 -430.

[325] Poon J. H., Casas I., He C. The Impact of Energy, Transport, and

Trade on Air Pollution in China [J]. 2006, 47 (5): 568 - 584.

[326] Puga D. The Rise and Fall of Regional Inequalities [J]. European Economic Review, 1999, 43 (2): 303 - 334.

[327] Puga D. The Magnitude and Causes of Agglomeration Economies [J]. Journal of Regional Science, 2010, 50 (1): 203 - 219.

[328] Raspe O., and Van Oort F. Growth of New Firms and Spatially Bounded Knowledge Externalities [J]. Annual of Regional Science, 2011, 46: 495 - 518.

[329] Redding S. and Venables A. J. Economic Geography and International Inequality [J]. Journal of International Economics, 2004, 62: 53 - 82.

[330] Roback J. Wages, Rents, and the Quality of Life [J]. Journal of Political Economy, 1982, 90: 1257 - 1278.

[331] Rodríguez-Pose A., and Tselios V. Individual Earnings and Educational Externalities in the European Union [J]. Regional Studies, 2012, 46 (1): 39 - 57.

[332] Romer P. M. Increasing Returns and Long-run Growth [J]. The Journal of Political Economy, 1986: 1002 - 1037.

[333] Roodman D. How to Do Xtabond2: An Introduction to "difference" and "system" GMM in Stata. Center for Global Development, Working Paper, No. 103, 2006.

[334] Rosenthal S. S. and Strange W. C. The Determinants of Agglomeration [J]. Journal of Urban Economics, 2001, 50: 191 - 229.

[335] Rosenthal S. S. and Strange W. C. Geography, Industrial Organization, and Agglomeration [J]. Review of Economics and Statistics, 2003, 85 (2): 377 - 393.

[336] Rosenthal S. S. and Strange W. C. Evidence on the Nature and Sources of Agglomeration Economies, In: Henderson J. V, Thisse J. F. (eds) Handbook of regional and urban economics, Elsevier, Amsterdam, 2004, 4: 2119 - 2171.

[337] Rosenthal S. S. and Strange W. C. The Attenuation of Human Capital Spillovers [J]. Journal of Urban Economics, 2008, 64 (2): 373 - 389.

[338] Rowthorn R. E. Returns to Scale and the Economic Impact of Migration: Some New Considerations [J]. Spatial Economic Analysis, 2009, 4 (3):

329 - 341.

[339] Saavedra L. A Model of Welfare Competition with Evidence from AFDC [J]. Journal of Urban Economics, 2000, 47 (2): 248 - 279.

[340] Schultz, and Theodore W. The Economic Organization of Agriculture. New York: McGraw-Hill, 1953.

[341] Sharp E. B. Citizen Demand-making in the Urban Context, Birmingham: University of Alabama Press, 1986.

[342] Shearmur R., and Polèse M. Do Local Factors Explain Local Employment Growth? Evidence from Canada, 1971 - 2001 [J]. Regional Studies, 2007, 41 (4): 1 - 19.

[343] Slaper T. F., Harmon K. M., and Rubin B. M. Industry Clusters and Regional Economic Performance: A Study Across U. S. Metropolitan Statistical Areas [J]. Economic Development Quarterly, 2018, 32 (1): 44 - 59.

[344] Suedekum J., and Blien U. Stimulating Employment Growth with Higher Wages? A New Approach Toaddressing an Old Controversy [J]. Kyklos, 2007, 60: 441 - 464.

[345] Thabet K. Industrial Structure and Total Factor Productivity: The Tunisian Manufacturing Sector between 1998 and 2004 [J]. Annual of Regional Science, 2015, 54: 639 - 662.

[346] Tiebout C. M. A Pure Theory of Local Expenditures [J]. Journal of Political Economy, 1956, 64: 416 - 424.

[347] Wood P. Urban Development and Knowledge-intensive Business Services: Too Many Unanswered Questions? [J]. Growth and Change, 2006, 37: 335 - 361.

[348] Ullman E. L. Amenities as a Factor in Regional Growth [J]. Geographical Review, 1954, 44 (1): 119 - 132.

[349] Usai S., and Paci R. Externalities and Local Economic Growth in Manufacturing Industries, in European Regional Growth, ed. by B. Fingleton, Berlin: Springer-Verlag, 2003.

[350] Van Soest D. P., Gerking S., and Van Oort F. G. Spatial Impacts of Agglomeration Externalities [J]. Journal of Regional Science, 2006, 46 (5): 881 - 899.

[351] Vega S. H., and Elhorst J. P. The Slx Model [J]. Journal of Regional Science, 2015, 3: 339 -363.

[352] Venables A. J. Equilibrium Locations of Vertically Linked Industries [J]. International Economic Review, 1996, 37 (2): 341 -359.

[353] Wang A. Spatial Agglomeration and Dispersion: Revisiting the Helpman Model [J]. Hitotsubashi Journal of Economics, 2014, 55: 1 -20.

[354] Wheaton W. Decentralized Welfare: Will There be Under Provision? [J]. Journal of Urban Economics, 2000, 35 (2): 229 -240.

[355] Wixe S. The Impact of Spatial Externalities: Skills, Education and Plant Productivity [J]., Regional Studies, 2015, 49 (12): 2053 -2069.

[356] Zhang H. Y. How does Agglomeration Promote the Product Innovation of Chinese Firms [J]. China Economic Review, 2015, 35: 105 -120.

[357] Zheng S., and Kahn M. E. China's Bullet Trains Facilitate Market Integration and Mitigate the Cost of Megacity Growth [J]. Proceedings of the National Academy of Sciences, 2013, 110 (14): E1248 -E1253.